北京航空学院文革资料选编

Selected Archival Documents on the Cultural Revolution of Beijing Institute of Aeronautics (V)

第五卷

口述与回忆

启之 编

美国华忆出版社
Remembering Publishing. USA

Copyright © 2025 by Remembering Publishing, LLC. USA

ISBN: 978-1-68560-158-4 (Paperback)
978-1-68560-159-1 (eBook)
Remembering Publishing, LLC
RememPub@gmail.com

Selected Archival Documents on the Cultural Revolution of Beijing Institute of Aeronautics (V)

By Qi Zhi

北京航空学院文革资料选编 第五卷

口述与回忆

啟 之 编

出　　版：　美国华忆出版社
版　　次：　2025 年 5 月 第一版 第一次印刷
字　　数：　307 千字

All Rights Reserved.

No part of this book may be reproduced in any form or by any electronic or mechanical means, including information storage and retrieval systems, without permission in writing from the publisher. The only exception is by a reviewer, who may quote short excerpts in review.

作品内容受国际知识产权公约保护，版权所有，侵权必究

目 录

第一辑　口　述 1

韩爱晶口述　2010 年 3

附录一　北京市中级人民法院刑事判决书
　　　　（82）中刑字第1155号 217

附录二　北京市高级人民法院刑事终审裁定书
　　　　（83）高刑终字第43号 220

第二辑　回　忆 223

回忆45年前三次见毛主席　　石兴国 225

铭记毛主席对红卫兵的教诲　　石兴国 234

北航红旗成立经过　　韩爱晶 246

驳《毛泽东私人医生回忆录》的作者李志绥　　韩爱晶 250

《逝者如斯》——戴维堤长篇回忆录（节选）　　戴维堤 259
　　上部　渠河风云 259
　　中部　《文革风云》 274

编后记 403

第一辑

口 述

韩爱晶口述

2010 年

口述者简介：韩爱晶，江苏省涟水人，1945年9月14日生，生父是革命烈士，继父是地委干部。1964年考入北京航空学院。文革中曾任"北航红旗战斗队"总勤务员、北京航空学院革命委员会主任、"首都大专院校红代会"核心组副组长、北京市革命委员会常委。与北京大学的聂元梓、清华大学的蒯大富、北京师范大学的谭厚兰以及北京地质学院的王大宾并称为学生造反派的"五大领袖"。

革命的家庭、红色的理想

我的人生观、我的世界观的形成，我的能力、我的基本素质是在20岁以前形成的。审视我文化大革命时的言行，其根基恰恰是在初中、高中，甚至是小学、童年、家庭的影响、社会的影响，这个阶段是一个根，从某种意义上说我思想里许多东西还停留在18岁。

文化大革命时，从1966年6月1号，到1969年12月三年半，是我20岁到23岁，我是紧跟毛泽东主席参加文革的。其中，21岁到23岁是我掌权阶段。

在我的家里，母亲言行对我有最直接的影响。我母亲叫韩乃桂，1925年生。她年轻的时候，重复最多的就是日本鬼子坏，可以说是咬牙切齿。日本鬼子烧了她家的房子，烧了家里的小船，抓走了我外婆，日本鬼子搞得我母亲家破人亡。母亲有时边讲边唱流亡歌曲……

母亲无家可归，到江苏涟水县去投奔她的舅舅，吃住都很困难。1943年，她参加新四军，是黄克诚的部下，所以她讲起黄克诚或者是部队啊，很有感情。1946年，我母亲参加共产党。

毛主席开玩笑对我说："你是韩信的后代啊"。实际我不是韩信的后代，我生父叫许一德。我祖父是从苏州跑到苏北涟水的，也是因为日本鬼子占领上海、杭州、苏州、无锡那一片。老百姓待不下去了，跑到苏北农村去避难。如果讲家谱的话，苏州许氏归宗于许慎。编著《说文解字》的许慎应当是我们家祖先。我生父1941年前后参加了新四军，参加了共产党。

1948年底，解放战争的时候，在淮海战役开始，我们那一片打得稀巴烂，来来回回的拉锯，就是来回进了退了。我父亲后来回到地方部队，因为国民党飞机扫射，俯冲追赶，父亲病重吐血，后来就不治离开了人世。母亲讲，父亲希望我成为共产党员。

母亲常讲，那个时候背着枪，还得背着我，与国民党反动派周旋，苦难深重。我是一个农民的孩子，革命后代，自己和解放战争是连着的，我对日本侵略军和国民党反动派极为仇恨，心里种下了根。理所当然我要做共产党，要革命。

新中国成立后，我母亲从部队调到地方，到小学校教书。有时候要往远处去，过河时，母亲不但要背着包，还要抱着我，到河这边，把背包放下，得淌着河先把我抱到河那边，再回过来把背包抱过去。我记得在苏北一个叫百禄的小学。下课以后，在小学校的平房后面树下，我母亲和那些老师，唱《茉莉花》《拔根芦柴花》等苏北民歌。

后来，我母亲把我放到我外祖父那，涟水县石湖地河，我们家后边是黄河发水改道的一个旧河道，水干可以看到河底。农民贫穷，吃稀饭，喝完了外祖父要把碗拿起来，把碗里边舔干净。房子是茅草的，成年人进房子是要低头才能进门。房子的横梁成人可以举手挂一个篮子上去，房梁就那么高，过年的时候，外祖父买一点馒头，上面有几个红点点，篮子总是挂在那，一天到晚抬头看着，想吃够不着，留下深深的印象，馒头一年只能吃几回。外祖父到田里去锄草干活啊，把我带到田边，渴了想喝水，就哭啊叫啊。

村子里有一个榨油坊，那就算是宏伟的建筑了，大房子里边用黄豆榨油，小时候看到的工业就这一点。

后来母亲和我的继父组成新的家庭。继父原来是八路军营教导员，解放后转业到涟水县的法院当院长，把我从农村里接出来了。我是坐手推木制独轮车离开石湖地河，后来坐过自行车的后座，就以为这就是汽车。

我们到涟水的机关里生活的时候，应该说到县政府。点的还是用手一捻一捻的小油罩的煤油灯。在那里听到得多的是苏联。我们国家要搞社会主义。什么是社会主义呢？就是像苏联一样，楼上楼下，电灯电话，小包车一挂，吃的是牛奶面包。看到一个电影，拖拉机，集体农庄，这个时候种下一个苏联和社会主义的印象。甚至于听大人讲，有人还到莫斯科去了，但不知道莫斯科是什么样？但非常向往。

再大一点呢，这个社会环境，宣传工具，学校教育，家庭教育，影响思想。

社会上显眼的现象给小孩教育是很明显的：宣传《婚姻法》，大街上贴的那个画，从图画上看到，在旧社会女的弯身被男的踩在脚下，什么丁黄氏，什么压迫妇女，把小孩扔在马桶里……

后来朝鲜战争爆发，可以看到外面画的杜鲁门、李承晚、艾森豪威尔、蒋介石，那些形象都是妖怪，嘴上叼着刀，穿着大皮鞋，跨越三八线，他们是大坏蛋。

大人唱的歌：斯大林毛泽东，像太阳在天上照，全世界人民心一条，争取世界和平，保卫人民民主……

大人还唱"嘿啦啦啦，嘿啦啦啦，天空出彩霞呀，地上开红花呀，中朝人民力量大，打败美帝国主义回老家。"

社会上的视觉上，听觉上可接触到的，那就是毛泽东、斯大林、社会主义，坏的就是蒋介石、李承晚、杜鲁门、美国。

在记忆里，1953年斯大林逝世，那年我才6岁，看到大人带着黑纱，自己也站在大人的队伍里边，带着黑纱低着头，也已经进入这个社会的政治生活，6岁小孩的社会生活里，就是中苏友好。

小孩听大人讲，说苏联斯大林死了。从马林科夫、布尔加宁到赫鲁晓夫上台，大人打牌的时候，今天说布尔加宁，明天马林科夫又怎么回事。当时就以为他们都是像斯大林一样的领袖，大人有时候议论，怎么过几天又是赫鲁晓夫？在大人打牌的时候，小孩在旁边玩儿也听见，大人讲毛泽东、周恩来。在我们家乡就是周恩来影响大。周恩来是淮安人，他在淮安念的中学，长到十来岁离开的，老家人说到周恩来的能力、才华、本事，内政外交，简直成了神话。毛泽东之后就是周恩来，对林彪、郭沫若、梅兰芳，大人有时候也议论议论。

我小时候在涟水机关里还是供给制，拿盆按人头打饭，后来到了淮阴，说改变供给制。我们家人多，就感觉到生活要有困难了。我们家也算是副县级吧，应该说在当时一个农业社会里，在中国已经算是条件可以的了，但是，还是要为吃饭考虑，要改变供给制，以后家里人吃饭还能不能得到保障？供给制是大锅饭的大锅饭，原始的社会主义。

小学、中学生活

1955年，我还亲眼看到货币变化，我小时候还用一百元、一千元。一百元就是现在的一分钱，一千元就是现在的一毛钱，一万元就是现在的一块钱，后来大人说要换钱了，把一百元换成一分钱，当时两分钱一个包子，现在两块钱一个包子，货币又变了100倍，亲身感受了社会的变化。

这些东西对于一个思想上一片空白的小孩来讲，是一点一点在影响，还有合作化，统购统销，说粮食要定量，我不懂，再往后，再大一点，就说到"肃反"，还有"打老虎"——打击贪污。我继父晚上回来得很晚，说法院"打老虎"去了。那时候"打老虎"实际上就是阶级斗争，反对资产阶级的斗争。

再往后记事一点，我们就搬到我母亲的工作单位专区工会办事处去住。单位里有个戴眼镜的男的，三四十岁，文质彬彬，说是空军飞行员。我很好奇，这个人开过飞机，再听到大人说，他是国民党的飞行员，再过些日子就发觉这个人被关起来了，在我们大院子里一个房子里被关起来了，有人晚上看着，再过些日子说死了，说他偷偷攒了一些安眠药，吃了死了。这就是阶级斗争——"肃反"。

1957年，我小学五年级，大人出去贴大字报，"整风""反右""大鸣大放"，小孩子不知道怎么回事，看少先队的报纸，报纸上已经有了罗隆基、章乃器这些人了。《少年报》上说有人提出，不要戴红领巾，这是学苏联。比我大一点的学生说你看这个《少先队》上画的画，是用手指着那个罗隆基、章乃器，他们肯定不是好人，如果是好人，怎么画一个人手指着呢？

我在小学里边，就亲眼看到反右派，一大群孩子，几十个人，中间围着一个女教师，这个女教师叫张洁清，小学数学老师，好像也给我们上过几堂算术课，戴个眼镜，皮肤白白的，那个样子肯定家里也是个什么知识分子，有钱人家，她拿着一个墨水瓶，一个沾水笔放进去，笔的笔尖和杆脱落了，那个笔尖掉进去了，她用笔杆在墨水瓶里转着捞。大一点的学生指着她嚷嚷：你为什么不让我们戴红领巾？你为什么反对苏联？这个"右派"老师站在那很窘，脸涨红了，笔尖也捞不出来，学生们围着责问她。

1958年上初一，"大跃进"来了，老师说，人民公社是金桥，共产主义就是天堂。通过人民公社的金桥就到共产主义，到了共产主义就过好日子。小孩子想得很简单，不明白吃穿从哪里来？小孩子相信马上"大跃进"了，人民公社了，对"总路线"三个字不懂。

到农村去，看到敲锣打鼓，乡下成立人民公社，我们学生去田里帮助农民掰玉米，掰完了到大食堂吃饭，那么大的窝头，玉米大窝头，白菜水煮，农民集体在食堂里吃。没感觉这个饭有多好。

1959年大炼钢铁，我的家长晚上去机关的院子里加班，用小高炉炼钢铁。我上初二，到大运河边上，有船运来矿石，码在河边一堆一堆的，我们围坐地上用小铁锤把大的石块砸成小块，市里边的人运走去炼钢铁。

小孩子响应号召炼钢铁，家里能拿的东西就想拿出去，放学问家里还有什么东西可以拿出去炼铁，我妈妈也不好说，但是她说不能把锅拿出去，锅拿出去今后不能做饭。

音乐老师教唱歌："小高炉遍地开花，新中国跨上骏马，村村舍舍把铁炼，人人都是专家，人人都是专家。"老师唱的是兴高采烈。

忽然开始说吃不饱了，我们家还是属于在地委里面，我继父已经任地委中级法院的副院长，已经不是县委法院，那时候地委就是现在市委，管十几个县，我们家已经是很优越了，但是也已经吃不饱了。吃饭的时候，要先煮南瓜，每人盛半碗南瓜，先把南瓜吃了，把肚子里的空隙填一下再来吃饭，或者盛半碗榨过油的豆饼，连南瓜都不如，榨了油的豆饼是喂猪的，还能买到一些，把豆饼炒一炒，每个人分半碗豆饼，把豆饼吃了，再吃饭，如果开始就盛饭吃，饭不够吃，有时候我放学回家跟我弟弟为吃饭就发生纠纷，我是中学生，我定量多，你定量少，盛饭的时候怎么你跟我一样？

后来，我就住校了，那个时候发糕点票，就是每个学生每个月发一张可以买点心的票，有票才能买，买这么一个小包，比如说果子一类的东西，那时是很难得，能解解馋。

星期六星期日回家，还有十来里路，走在半路上饿得不行了，就在路边买一碗清水煮的萝卜，两毛钱，那个萝卜是没有油的，光吃萝卜是很剐人的。

我们这样的家庭，经常尝到饿的滋味，我父亲母亲都已经浮肿了，腿用手指按下去，就一个坑，那个坑起不来。

但是这个时候还可以听到专员，什么地委书记家的小孩还扔吃的东西，很敏感，就很愤怒，觉得他们特殊化，竟然还会扔吃的东西，实际上我们家这个层次比农民强很多了。

大跃进，当地也要加快建设，当地要发展工业，农村广阔，有棉花，建纺织厂。学生一个星期参加一天劳动，两个人抬一筐土，先挖土，肚子里饿，再抬土，小孩才十一二岁，抬不动，都得咬着牙抬，积极性是有的。到冬天放假的时候，跟着大人带着铁锹去挖河，开学向老师报告，这个假期我挖了几方土。"除四害"积极性也是很高的，虽然苦，但是那种热情，想给人民公社，给社会主义做事，很自觉。没有什么报酬，也没人想过报酬，就是觉得自己应该去，很愿意去。

农民一到冬天就修水利，人都漫在河沿上，冬天把水渠修好，才能搞好农业。

1959年底1960年初，听到彭德怀成了"反党分子"。学校政治课里教育，说彭德怀反对总路线，反对人民公社，反对大跃进。此前，我看过杜鹏程的《保卫延安》对彭德怀还是很有好感的，觉得他很了不起，在元帅里面知道朱德、林彪，彭德怀算是知道得多的。

1959年我只有13岁，毛主席、党中央给彭德怀定性，说他是"反党分子"，是我们党造成的。具体他有什么罪，小孩子知道什么？

1961年，到了初三，写《入团申请书》加入共产主义青年团，在中学我就读到了李锐写的《毛泽东同志初期革命活动》，当时对我影响很大，恰恰是李锐宣传了毛泽东。主席的形象，对我影响很大，就是说献身社会。

同时阅读方志敏《狱中纪实》《可爱的中国》。尤其方志敏说：清贫洁白是共产党人战胜困难的地方，方志敏那个情操对我影响也很大，就觉得一个信仰共产主义的人是不能计较私利的，在生活上是不追求享受的，是更不能沾公家一点东西，这一点对我影响很大，到文化革命我始终记住方志敏说过的话，认为共产党人就应该这样。

再后来读吴运铎《把一切献给党》，吴运铎就是中国的保尔·柯察金。他是新四军军部修械所的工程师，是著名的"枪炮大王"和"兵工专家"。他研制了多种新式武器，包括平射炮、枪榴弹和地雷等。研制过程中，枪榴弹随时会爆炸，人会被炸死的，这些人的形象鼓舞着我。

虽然也感到饿，不能瞎议论，乱说犯错误，社会上实际上有阴暗面，有苦难，当时不能讲，讲是要犯错误的。那时脑袋里对政治，就这个概念。

在初中高中也读很多小说，古典名著以及楚辞和唐诗宋词，读鲁迅、郭沫若、茅盾、艾青、巴金、杨沫的书，外国的也读，海涅的诗，俄罗斯作家的作品读得相对的多，普希金、高尔基、果戈里、屠格涅夫、契诃夫也在脑子产生影响，但不管这些书有多少影响，都比不上《毛泽东同志初期革命活动》和方志敏的书，革命的影响是最深的。他在我的思想里起的是主导作用。政治课堂内外也读到马克思青年时代的故事、巴黎公社、十月革命。

童年听到社会主义和共产主义，电灯电话，楼上楼下很简单。读到巴黎公社的时候，说是普选，这个巴黎公社领导人的待遇是不能高于熟练工人的，接受监督，可以说在更换的，巴黎公社那个简单的社会民主的模式，以及领导人的待遇，在我思想里头种下的根太深了，在文化革命中，不仅是我，我们北航的其他头头也是，就是崇尚巴黎公社的民主，以及巴黎公社领导人为民众的服务的公仆精神，接受监督，可以选举更换，这几乎是北航红旗从成立到后来的宗旨。

我的世界观就是这么形成的，小时候贫穷，对农民有感情，也渴望自己过好日子。后来在机关里看到一些腐败特权，我头脑里有很朴素的平民意识，平等的意识，反对特权的意识，在学习巴黎公社历史就有一个具体的样板，认为工人阶级取得解放是社会平等。毛泽东改造中国社会的活动，方志敏那样坚贞不屈和清贫洁白的高尚品格，这些东西比其他的文艺小说在思想里的影响要大得多，真没想到，后来我追随毛泽东，也坐牢了。

我的少年成长接受的主要是阶级斗争的教育，革命的教育，社会主义的教育，民主意识，很简单的平等意识，巴黎公社普选，官员受监督，可以更换，待遇不能高。在我十六七岁，成为我世界观里一个很重要的组成部分，直到今天，仍然在我的思想里深深地扎根和发生影响，不仅是我在文化革命时言行和做事的一个重要的模式，也是我今天观察社会的重要准则。

说我是乌托邦也好，理想主义者也好，空想主义者也好，总之在我脑子里，社会主义和工人阶级的解放必然是要走向民主的，当然，现在说社会主义民主，文化革命的时候叫作无产阶级专政下的民主。这些带世界观性的东西恰恰是在中学时候形成的。

我在初中是我们班的劳动委员，班主任看我是一个老实干活的，还让我记账管钱，班里种白菜，种橄榄头，学生抬大粪桶施肥，下水塘捉鱼卖钱。那时候不懂得账和钱分开，严格讲是不规范的，我积极参加劳动，热爱集体，反映老师对我的信任。

每学期放假前，班主任王静贞主持评优秀生，她不讲政治，只说班里评几个优秀生，评的标准期终考试成绩，几门第一的，第二谁，第三谁，不管你班长不班长，团支书不团支书，班主任纯粹就是分数第一，大家看着黑板上成绩排序前几名，这几个人评为优秀生满意不满意，就鼓掌通过。我考得好被评上。

评上优秀生可以拿到四块钱奖学金票,四块钱相当于下学期全部学杂费书本费,我拿这张纸去交了学费,那就是说,我当时初中的时候是班里头老老实实的乖学生。

别人评价说韩爱晶,就是死读书,不懂得玩,劳动委员,共青团员,也不是班长。

高 中

1961年九月上高中,我从市里的第一中学考到全地区重点中学,最好的中学,十个县的尖子生汇聚一起。虽然我成绩在班里还是好的,但还是觉得考大学怎么办,在高中没有担任什么,别人给我起个外号叫,"隐士",就是考试啊,由于念书的时候,死读书,星期六星期天偶尔回家,拿着一本书卷在手里一边走,一边背,死记硬背。我是个典型的高分低能,各门功课,理工科,历史地理自然,都考好分,但是你叫我动手,我不会。至今也是我的弱点,当时培养学生就是考试考试,学校旁边有电影院也不敢看电影,就觉得要考不好,丢人。

听院子里干部说,地委机关老干部里还有一个是大学生,觉得很好奇,想去看看大学毕业的干部是什么样子,地委领导十个县,大学生参加革命的凤毛麟角,后来听说某某干部的小孩,考上了北京外语学院,某某干部的小孩考到了南京航空学院,觉得四面八方都考上大学了,自己也应该进这个队伍,去进大学。

高二高三就"中苏论战",那时候还饿着呢,还没有完全改变过来。校长来讲,"反修防修"我们校长讲话煽动性极强,尤其对赫鲁晓夫的挖苦,学生听报告的时候都(笑)得前仰后合。总之对赫鲁晓夫是嘲骂得很,校长传达陈毅的报告,陈毅答记者问:我们就是饿着肚子也要把原子弹搞出来。那时学生过得很苦,但这个志气就是小孩子也是有的。尤其校长讲这个"反修防修",政治考试也是考,以及后来学焦裕禄、学雷锋、学英雄,学《毛选》《矛盾论》《实践论》,关于国际共产主义运动总路线的建议,都是背的准备高考。我回家,家长也很惊讶,一说起毛泽东的《矛盾论》《实践论》,说起关于国际共产主义运动总路线,一大段一大段地背出来,大人感到很奇怪,这是大人学的文件，怎么小孩一段一段地都背出来，那是为了考试，高考要考，要考大学。

我不是什么干部，是共青团员，参加团组织活动，也还是比较要求上进的，在高中里问过校长，比如说写《入党申请书》怎么回事，有人高中里已经入党的了，那是凤毛麟角。这个信念是坚定地，有一种抱负未展的感觉。就是说不管是国际共产党主义运动也好，中国社会的变革也好，就是一个小小的小鸟儿，想飞，想去看，想到远方去看看，有一种不服气，就是觉得好像别人能做成的事，我也能做，有这个信念，尤其到进大学很明显。

高考：一颗红心、两种准备

高中毕业前复习功课，同时学习董家耕，在我面前已经有一个红心，两种准备了，考得上就上，考不上就下农村。邻居问韩爱晶考不上的打算，我说我考不上肯定去，但是我宁可考上大学不去上，也不能考不上，我考不上算什么？

填志愿的时候呢，我们校长和班主任都是劝我考清华，我问班主任去年考清华的人是个什么水平，班主任当着全班同学的面说去年考清华的也不如你，搞得我当时我大红脸，但是我还是填了北航，实际上我第一志愿还不是北航，我第一志愿是哈尔滨工业大学，我看我的朋友寄回来的照片，穿着军装，在一个学校里包吃包穿，可以减轻家里的负担，又是个军人，出来以后当军官，自己一想考上哈军工，又解决家里又减轻我一个人的生活费，又当一个年轻的解放军，出来就是排长待遇，在学校里士官待遇，就很羡慕，就报的哈军工，第二志愿报了北航，但是学校里对于去哈军工是采取内部报送，我们班有个孤儿，出身也好，生活更没有来源，校长后来跟我说，那边给我们学校两个名额，他去吧，你不要去了，你既然硬要去北航，那你就去北航。就这样去的北航，如果不是这么点差错，可能我进了哈军工，那成了毛远新的校友了。

高考一考完，管它考上考不上，回家把书从桌上推下去了。就觉得这个书真是念得烦死了，真的，物理化学什么书都念了不知道多少遍，那个书真的都翻烂了。都在肚子里了，还要做，你不做怎么办，还要准备考试，那种压抑，年轻人，平常又不能玩儿，解放了，我跟家长说念了 12 年的书，有什么用，就认了几个字，学了一门外语。家长就说这不是瞎说吗？怎么能说念了 12 年没学到东西，那时候觉得物理化学念了有什么用，实际上当时的高中所学的这些基础知识，就是很重要的基础，我们那工业不发达，又没有到工厂里好好学习，不懂工厂，只对农业村有一点了解，书一推，干吗？玩儿去了。

买个车票，就跟家里说，明天我要到洪泽湖去，大人怕小孩不安全，第二天就把我那门外面插上了，我从窗户上爬出去跑了，到了洪泽湖，头一回洪泽湖的湖面的水看不到边，浩渺连天，什么感觉？真好！《岳阳楼记》，"沙鸥翔集，锦鳞游泳，岸芷汀兰，郁郁青青。"水天连在一块儿，就看到沙鸥往那飞，我往大坝上一躺，解放了，好，看到了像海一样的湖面，头一回看到这么个场面。

回家去又策划，也可能考不好就去插队去了，去当农民了，还得出去见见世面，平常攒了一点小钱，又要了点钱，有十来块钱，带了一些馒头和大蒜，往包里一装，去上海，去看看中国的巴黎，到底是个什么样子，坐船一路下去到南京，上海，也第一次看到火车，第一次看到山，到南京看到中山陵，看到孙中山，到雨花台，尤其到雨花台，我这个人可能受方志敏，另外家史的影响，一到雨花台，不管路上怎么玩，最后最触及灵魂的，最震撼的还是雨花台，从 1927 年蒋介石发动"四一二"政变叛变革命到 1949 年新中国成立前夕，这二十二年中，约有近十万的共产党人、工人、农民、知识分子等革命志士、爱国人士在雨花台被杀害，这里撒满了烈士们的鲜血。

我看到革命先辈为了中华民族的解放，怎样献身，参观雨花台给我的影响是最大的。

然后又到上海，到大世界，真是看西洋景，原来上海南京路也就是这个样子，大世界也就是这个样子，黄浦江就是这个样子，知道了火车是什么样的，山是什么样的，上海是什么样子，这个所谓最繁华的，世界上数得着大城市的是什么样子，了这个心愿，而留下最深的恰恰是雨花台。

可能我跟文化革命活该有缘，跟中国的这种政治运动有缘。我带着这样的思想，上大学了，进北京了，在我上大学之前，思想里最深的就是将来要入党，成为无产阶级革命事业接班人，就是对我说即使走革命的路，就是像毛泽东，像方志敏这些人学习，就是建立巴黎公社那样平等的社会主义，朴素的平等，民主，反对特权，同情农民和底层老百姓的生活，就这些朴素的概念，以及要学英雄人物。这些，就是我在文革前，在18岁考上大学之前，我世界观的主要的组成部分，也有对政治运动的那种，说叫风险也好，或者叫作政治斗争的残酷也好，也有所感触，在文化革命前也就这么一个思想进了北京。

文革前大学生活

这样到了北航，北航是清华大学航空系分出来的，抗美援朝的日子，1952年10月25日，把其他外地一些大学的航空系弄过来合并成一个北京航空学院，学校里的很多教授，如沈元，他们参加校友会既参加清华校友会，也参加北航校友会，北航跟清华的渊源也是很深的。

清华那些专业看来看去，又是土建，又是水利，这个那个，这是搞得什么啊？而北航什么都尖端，哪个专业都尖端。就这样进入北航了。

进大学以后，看到报纸上登了毛主席和钱学森、陈永贵握手的大照片，心里很明确——我也应该做出成绩，也应该跟毛主席握手，受到毛主席接见，成为这样的人。

我高中没有当什么干部，也没有出头露面。我立志成为革命接班人，可到底革命接班人是什么样并不清晰。坐火车到北京火车站，高年级的学生打着欢迎的横幅，接下车新生上校车，路过天安门，才来北京的学生几乎都有个印象，就是在车上看的天安门并不高，车上一看好像不像原来想的那样，直到后来真的到广场参加活动，感觉到这个天安门广场太宏伟了，后来才明白，世界上找不到第二个这么宏伟这么开阔的广场。

从苏北一个比较贫穷，政治上，经济上不发达地方，一下子进了中国首都，这个变化比较大，北航是一个半军事性的院校，1952年10月25号，北航因抗美援朝这个日子作为建校日，为国家国防航空培养人才，主要是制造和设计。设计飞机，制造飞机，以及零部件。

学校里的教学楼，完全是按莫斯科的航空学院的图纸建的，大楼里边连走廊，甚至挂衣服的钩子都是按照莫斯科那个图纸搬过来的。苏联很冷，所以他那个里面挂棉大衣的东西，都是按照莫斯科航空学院搬过来的。

1964年的9月1号，到了学校就军训，入学教育讲学校的历史。崭新的学校，海淀区有北京航空学院，北京石油学院，北京钢铁学院，邮电学院，林学院，北京医学院八个院校，建校时间差不多。我们那儿集中了一片大学，学院路那一带，挨着清华北大，形成了北京的高校区。

生活区恐怕跟一般的大学差别不大，但是上课就是不一样了。上课的地方，有解放军站岗，学生进教学区的时候，要把学生证亮出来，有一个警卫连，一个连的警卫战士在学校里，这就增加了一个神秘感。学校里有两个系，一系搞算计，五系搞导弹，这两个系在我们那些系里有保密一项。这就使学校的学生，本来不同程度有些优越感，觉得好像进了真的红色保险箱。另外自己受到了党和国家信任培养的，这个心情是不一样。那么，除了这个计算机和火箭导弹之外呢，别的系基本上围绕飞机来的。我就在飞机设计系，我学的是安全防护救身，说难听点就是让飞行员"活得下去，跑得出来"。就是座舱里边这一套，你让飞行员上天以后，有个正常的温度，压力啊，各方面的生长环境，战斗环境，一旦飞机出事能够座舱弹射出来，弹射座椅，降落伞，到水里面去，有一个简易得小得像笼子一样，然后比如联系通讯，在这个神舟五号就很明显，就是在太空中，在天上跟人相关的，所以我们把它叫作"活得下去，跑得出来"。专业老师带我们到实验室，有时候看座舱，说中国的宇航很落后，将来搞宇航离不开我们，我们这个专业在我们国家属于是后来才有的，所以当时有一种成为国家航空工程师，这么一个为国防如何做事，和革命二字连得比较紧，那好了就念书，大学一年级的时候思想跟高三可不一样。

又在北京，又是航空学院，又是大学一年级，专业呢，进来的学生，基本上都是工人、农民、军人的孩子，有一部分干部子弟、高干子弟，高干子弟像刘伯承的女儿，贺龙家的了，苏静将军家的，建材部部长赖际发家的，有一些部长、将军家的孩子。高干子弟比哈军工要少得多，中层干部的孩子和工农兵子弟占多数，也有一部分学生，家里是市民，或者是教师，甚至也有个别的学生，家里是教授。总的来讲，政治上审查比较严。

入学教育首先党史教育和阶级教育，再就是国防专业教育，实际上和文化革命连着，北航1952年学校建立以后，第一任院长叫武光，这是北航文革中一个是个焦点人物，我们进校他已调任新疆自治区副主席，一到校庆他就发一个电报，祝贺学校的什么多少周年校庆，文革后在北京市政协大概是副主席还是常委，快100岁了还经常去办公室。

时任北航党委书记叫王恒，当然要登台主讲，他原来是涿县航校的校长，只有大校军衔，身材比较魁梧，虽然戴领章帽徽，那黄呢子军大衣，一步一摇走出来的，空军军官到地方上来了，给人威严军事化的感觉。他讲中共党史。

入学教育肯定要讲到武光，他的光荣在哪里，没讲他个人历史，讲他1958年带着北航的学生，在学校里搞教育革命，教育和生产劳动相结合，教育为无产阶级政治服务，学校制造了新中国第一架飞机，"北航一号"，彭真一看北京大跃进出了一架飞机，改叫"北京一号"。这是大跃进的伟大成果，也是毛主席教育路线成果，是武光领导下北航的辉煌。

再一个登台的是党委副书记程九柯，他们的入学教育就和后来，入学教育讲革命历史，把他自己历史端给学生了，也和后来文化革命连上了。他跟毛泽民、陈潭秋、方志纯等同在新疆监狱，包括毛远新以及毛远新的母亲朱丹华，他们都在一个监狱。后来毛泽民、陈潭秋被盛世才杀害。说后来中央到通过谈判，把他们放出来了。

程九柯给学生讲监狱斗争。学生以为监狱都像电影里一样，严刑拷打什么，他讲得很平淡，没什么惊心动魄。陈潭秋和毛泽民牺牲了，反而留下疑点。

主持大会的党委副书记兼政治部主任周天行，广东干部，那广东话，北方学生听得不是太顺。学校的代院长王大昌不露山水，是个山西人。

入学教育连同这些主要校领导的言行风格及自身情况初入为先，自然就种在了新生的脑海里，凡此种种后来竟都与北航文革斗争以及这些领导个人政治命运一脉相连。

入学教育之后正巧国庆节，学生自然欢欣鼓舞去天安门广场参加国庆群众游行，接受毛主席检阅。

早上四五点钟起来，坐要坐火车过去，在东长安街等着，上午十点钟开始，随着学生队伍游行，这可算是人生参加第一次最盛大的活动，在群众队伍里面从天安门前欢呼前进，翘首仰望，看到毛主席身影。到北京见到毛主席，那就是比到外地去念大学更高兴一点，能看到毛主席在金水桥面前走过，这个人的政治记忆里面，或者是思想影响很大的，你没有比这更大的政治上的事件。

新学生是有惯例的，如说我们高中考到北京来10个人，过了国庆节，就联名写信给母校，汇报说来北京，国庆节见到了伟大领袖毛主席，就是作为一个像报喜一样，母校会把这汇报信抄贴在最光亮张目之处。骄傲自豪激励下届高三考生。

首都的政治生活与在外地截然不同，中央近在身边。文革前新闻纪录片很有影响啊，看电影之前，肯定先放新闻纪录片，与报纸一致，当时比较显赫耀眼的是彭真、罗瑞卿，像我们不懂政治的小孩子，十八九岁从外地一来就有感觉，除了重大节日登着毛主席一张相，刘少奇一张相之外。彭真的显得非常厉害，遮天之势，再一个是罗瑞卿，报上大版的文章跟林彪是一样的版面，觉得彭真、罗瑞卿这两个人好像腾腾地往上升，好像这就是未来接班人一样，学生们就感觉这两个人厉害。周恩来等中央领导形象是固有的，是很伟大的，但引起刺激的是彭真和罗瑞卿，这就是文革前的政治文化的一部分。

言归正传、读书学习，进实验室、考试。上大课，有时一两百人、座位又不固定，讲师教授认不清下面学生谁是谁，到与不到也没人管，全凭自觉。听了大课各班回自己小教室自修做作业、课代表、学习委员联系同学与助教，班长和辅导员负责生活与政治。

虽然主要时间是上课，外语、高等数学、机械制图、材料力学等在学生大脑里好像是进储备仓库积聚、而影响青年心灵的恰是越来越浓政治空气。上战场的肃然气氛在漫延。

学校先后传达毛主席跟王海容，跟毛远新的谈话，毛主席讲阶级斗争是主课，我听得还是比较过瘾，我的性格深处就感觉毛主席跟王海容的讲话听得过瘾，高兴高兴，心理为之一振，就是舒畅，就得这样做。思想深处有一种反抗精神、变革精神，传达毛主席对徐寅生的评语。系总支书记胡孝萱传达23条。高年级学生分批去农村搞社会主义教育运动。

但是呢，要成为接班人，要入党，毛主席传达下来的东西和刘少奇的东西不一样，给人的感觉截然不同，刘少奇的书又是另外一个影响，毛主席讲话很解放，很符合年轻人的心，你想干就干，像毛主席讲的，又怕迟到，又怕学校处分，又怕什么什么，有什么可怕的，上课你可以看小说，是很有个性的东西，解放的东西。刘少奇呢，就是规规矩矩小媳妇那一套，不一样，很不一样，这个真的截然不同。听毛主席的报告，和学刘少奇的《论共产党人的修养》这之间完全是两种境界。我也学刘少奇的《论共产党员的修养》，要求入党的人是必读的，刘少奇的这本书的影响是非常大，说难听点，平常群众学《毛选》做好人好事学雷锋，而要成为一个党员，恰恰《论共产党员的修养》影响最大，涉及到一个党员，对党组织之间关系，这个服从等等，难怪后来主席批判。

北京搞了巴黎公社的展览，法国过来的。我去看那个展览的时候，看到一张画，画的是巴黎公社的遗孀，对那些孩子讲，这个墙是资产阶级枪杀工人阶级的地方，这些孩子就是要继承工人阶级。毛主席讲革命接班人五个条件，整个气氛是和自己在中学那个思想完全接上了，除了说成为航空工程师之外，一个很大的念头就是入党，成为无产阶级革命接班人，做到毛主席说的五条，思想里非常强烈。

毛主席说的接班人的五个条件都是什么呢？第一个是马克思主

义者，第二个是为人民服务，从群众中来到群众中去，还有自我批评和批评，团结不同意见的人，犯了错误的人等等，大概这五条。每一条里都针对赫鲁晓夫，比如说不像赫鲁晓夫那样只为少数人民服务，不像赫鲁晓夫那样把一切功劳归于自己，把一切错误归于别人。无产阶级革命事业接班人的五条是在跟苏联论战的文章里提到了。

我当时就是想入党，成为无产阶级革命事业接班人。可是上课以后是迷茫的。一个是设计飞机部件，这是很具体的，然后就是争取入党，参加"四清"。那么到底这个东西和巴黎公社，和十月革命，和无产阶级革命接班人是什么关系？我并没有完全理解，不知道在和平环境下怎么成为无产阶级革命事业接班人。

学习解放军，军事化，早上出操，上课往返排队，大唱革命歌曲。自由散漫越来越少，强调突出政治，恰恰在这个问题上就出现分歧了。

可是现实的东西也就是画图、计算，拉计算尺，那时候的计算尺是两条板一样的，拉过来拉过去地，对那个格格，不像现在这样。那个很简陋，每天搞这些公式，思想里也有迷茫和苦闷。

学解放军突出政治，突出政治，学校里就要落实，学生突出政治落实到哪？这是一个重大的理论课题，不仅在文化革命前是个课题，今天仍然是个课题。以为林彪垮了，这个问题解决了，没有，没有，或者说原来的争论已经有个结果了，没有，没有。

在文革快开展的时候，为了这个问题，《解放军报》跟《人民日报》就像拼刺刀一样，《人民日报》发表文章论突出政治，《解放军报》针锋相对。

学生一看，怎么回事？《解放军报》在批《人民日报》，批什么呢，就是突出政治落实到哪里？实际在我们高级干部里面，这个问题也没有完全解决，认为突出政治应该落实到业务上，这是相当一部分高级干部的观点。

不要以为这个问题现在就解决了，一个飞行员突出政治落实业务，飞机飞得好，技术高超。在天上什么动作都能做，全天候飞得好，请问这个飞行员就突出政治了吗？

《人民日报》的观点,是突出政治,要落实到业务。《解放军报》问,欧阳海、刘英俊、雷锋突出政治落实在哪了?这让《人民日报》很被动。

实际都有片面性。说飞行员飞得好了,就是政治好了;学生成绩好了,就是政治好了;医生医术高了就是政治好了,每个行业都有他的专业,突出政治就是落实到业务上,好,飞行员技术好,把飞机开跑了,管你下雨天,雷雨天,都能把解放军飞机开台湾去了,请问技术好的飞得还快了,跑得还安全了,请问是突出政治了吗?

但反过来说讲,各行各业的人都天天在那喊口号,今天"批林批孔",明天学《盐铁论》,飞机也不会开,枪也打不准,图也不会画,医生也不会看病,农民不种庄稼,工人造不出合格的零件来,行吗?变成空头政治。

实际上,在阶级社会里,政治和业务之间的关系是个辩证的关系,对于一个民族,对于一个国家来讲,这个问题永远存在,国家总是有阶级性的,如果国家为资产阶级服务,那必须使得你的公民和你的高级技术人员忠诚于资产阶级,这就是政治。政治是什么,政治就是阶级斗争,一切政治斗争都是阶级斗争,一切阶级斗争都是政治斗争,这是马克思基本观点。

一个社会主义色彩严重的人,美国会让你进要害部门吗?政治不可靠的人,美国可能让你进他们最尖端最上层最核心的部门吗?不管你的国家是什么性质,是地主阶级的,是皇权的,是资产阶级的,还是无产阶级的,只要有国家政权,那么,国家政权就一定是为某个阶级,某个集团的利益服务的。

国家要求的人才,第一是阶级性,为统治阶级服务。离开这个的政治就是骗人的。即使你技术高明,也只能在二线。用你,但不会把你当作最可靠的人对待。所以政治和业务的关系,不仅仅在文革前有,今天有,在阶级社会里到处都有。第二是听话,老是给党支部写汇报,今天我的思想怎么样,明天我看到他怎么样,再告点状,甚至巴结支部书记,就这两条。

有第二条,成绩好不好都不要紧,要紧的是会写报告。我发觉特别会写报告的人能入党，咱呢，家庭出身好，思想里也没有什么压力。我们系里的报，叫《飞机报》。每个系都有报，就是黑板报，也不是文字报，当个什么编辑，看看稿子啊，审一审，人家来抄一抄，就是说做这么一点工作，自己感觉自己怎么能入党，拿什么成绩来？苦闷，班里有四个党员了，自己写入党申请书，都不能成为重点培养对象，有一种失落感，可是从国防科委树下来的学校的典型，系里的典型就是突出政治，落实业务。就是把毛泽东思想怎么落实到学习上去。

学习好，是应该的。学习好就能入党？还是会汇报，贴紧支书能入党？

具体到我们班，像我一样的，还有几个工人农民的孩子，也积极要入党。实际上，你没找到门道，这个门道很重要的一条就是要会写报告，要跟支部书记之间贴得很紧，说难听点，这个一种人性，恐怕你我当权也喜欢人家跟自己亲近，向自己汇报什么事情。

自己好像挺失落，怎么办？是不是自己世界观有问题，反省自己，学毛主席的文章来批判自己，说自己是不是有什么地方不对？那时学毛主席的《青年运动的方向》，主席说，革命的或不革命的，或反革命的，最后分界就是看他是否愿意并实行跟工农结合。这条毛主席的语录对我影响几十年，从大学开始，老觉得自己先天不足。心虚，虚在哪里呢？自己没当过工人，没当过农民，没当过解放军战士。要想成为无产阶级革命事业的接班人，毛主席说你必须和工农结合，为工农服务，感觉自己缺这一大课。念了12年的书现在进了大学，再往下念怎么办？不能入党，思想苦闷。当时甚至想，给学校写个报告，休学一年，到工厂当一年工人再回来。那时对工厂有一种神秘感，我生长在农村，周围都是农村，几乎没有跟机械制造接触，所以对工厂有一个神秘感。当时的世界观，认为这是自己的薄弱环节。去当一年工人，这又不现实。一个是写报告需要勇气，再一个你写了报告，学校会批准吗？还有曾经在专业上，我也有过改动的念头，认为考北航是不是对的，自己对工厂不熟悉，将来涉及这些零件，好像去实验室上课，跟死记硬背不一样。高中的时候是靠死记硬背，什么都是背的，背的好就能考满分。到大学要考动手，画图是我的薄弱环节。当时曾经有过一个很荒唐的念头，给陈毅外长写信，要求转学到他那儿念去吧。

最后，我想，这样吧，每天下午两节课下了以后，不是体育活动时间吗？我就一个人静悄悄地跑到学校里的锅炉房，北方冷，工人在那烧锅炉。我就到那弄个小推车，也不讲话，也不问，就用锹铲上煤，帮他往里头运。每天下课干干活再走，把体育活动的时间变成劳动的时间，实现了一种愿望，觉得自己跟工人结合了。就是因为在入党问题上，有点迷茫，想主动接受工人的改造，改造世界观。

这个时候，文化革命的序幕已经拉开了，发表姚文元的文章，开始批电影，但我没有去写过批电影的文章，也没有去参加姚文元文章的辩论，还是觉得自己劳动吧。但是在发展党员的问题上，我和党支部有了一点分歧。不仅是我，我们班有五个人，一个工人的孩子，一个农民的孩子，一个是我，一个也是干部的孩子，还有一个是市民的孩子，这五个人也都要求入党，可这五个人都觉得培养进去那个好？，说心里话，我认为他们能入，我们怎么不能入？学校树的典型，就是成绩好就是突出了政治，就是毛选学得好。可是我觉得，毛泽东思想用在业务上是对的，但是不代表学习好，就真的成为无产阶级革命事业接班人。我认为，陈毅讲的又红又专是对的，你既要在技术上要成为专家，又要为无产阶级服务。今天是不是这样，我们不知道。

那时候，党支部发展党员要征求意见，我们几个就有一些不同意见，和党支部之间有了分歧。慢慢地，我就感觉不对了——你的意见提得激烈了一点，系里就做报告，说1957年北航出了一个马云凤，也是出身很好，但成了有名的大右派，后来还开着大汽车到天安门撞人去了，成了刑事犯，可能枪毙了。把马云凤作为一个反面典型，对我们进行教育，我们就感觉到压力了。那时候，我没有政治经验，不知道政治厉害，小时候在机关里听大人说不要瞎说，不要犯错误，这时候可真有点体会了——你与党支部有不同意见，你的态度又过分地坚决，是要出问题的。如果不搞文化革命，后来这个疙瘩也不好解，也没好果子吃。

要成为一个党员，就要成为党的驯服工具，不要说党委书记、总支书记，就是党小组长，也是神圣的。

我们从外地来的，虽然也是机关，但是毕竟在政治上的见识还是不行的。北京的高干子弟，他们的家长就是中国共产党的元老，革命几十年，他们家里给他们言传身教的东西，政治教育、政治经验到政治阅历，肯定比我们和工农子弟要多得多，也深得多，他们消息也快得多，这是我们不能相比的。

学校里有个池塘，叫"绿园"。有水，有荷花，有树，像树林一样。有时候，我在那里坐一坐。有一天我坐在椅子上休息，正好碰到苏静将军的儿子苏晓前，他坐到我旁边，我们两人说说话，他冷不丁地冒出一句：彭真出事了。他可能是出于一种信任吧？像我这样小地方来的人，听了很惊讶。彭真是北京市委书记兼市长，眼看就要接班了，忽然这位比我高一点点的同学说彭真出问题了。虽然没有发议论，但是对我的影响很大，比报纸上登的《海瑞罢官》，批判的电影的影响都大。

这个时候已经到了 1966 年的 5 月份，看样子要出大事了，自己一天到晚在锅炉房推煤，劳动锻炼，而实际上发生的事情和自己想得太不一样了——文革就要开始了。

发表姚文元《评海瑞罢官》文章

1965 年毛主席重上井冈山，在江西跟张平化说，看来社教还是不行。毛主席认为他 73 岁了，他要找个办法，就是让全国老百姓都起来，把这个掌权的班子好好整一整，你认为有什么问题，就提什么问题，你认为他哪不对，你就提出批评，甚至揭发。就是允许群众监督，允许群众批评，各单位可以批评自己领导了。

中国文化革命前的政治统治是由战争形成的，1957 年反右以后，党的一把手，党委书记就是党，要是跟党组织有不同意见，不要说反对党委，反对支部书记，甚至对党员有意见，都会被慢慢地划到另外一个圈，随着政治运动的出现，有可能被送去劳改，送去教养。工作、家庭，一切的一切都有可能由此走上毁灭的道路，这就是文化大革命前政治统治状况。

党员学《论共产党员的修养》，既然是党的驯服工具，党叫你干嘛你就干嘛。我到工厂劳动，工人们议论，厂里的副厂长原来是地下党员，解放后管后勤，叫哪个护士陪他睡觉，哪个护士就得跟他睡觉。这个副厂长说，组织叫你这样做。那个时候，对组织上的安排，人们是赴汤蹈火的。党组织要自己这样做，是神圣的，不可改变的。这就是毛主席说的奴隶主义，这个里面包含着对党的忠诚，也造成了党内一些干部的官僚主义。

加上1957年的反右，你要是有不同意见，就是和党二心，就是"反党活动"，就是"反党小组织"。1959年庐山会议，党内外造成了这样一种状况——党的领导班子，尤其是第一书记，下面是总支书，下面是党小组长，下面是党员，已经提不得不同意见了，更不用说反对二字。我们在大学里稍微有不同意见，领导就给你做报告，讲1957年反右：一些人出身很好，对党怎么怎么样，最后走上反党道路。

所以在文化大革命前，你要让群众揭发党的干部的问题，或者对比较好的干部的错误提意见？都不能。更不用说有的干部已经演变了，有经济问题、政治问题，或者生活作风问题，群众不能批评。除了上级来处理之外，群众是不能批评的，否则你的下场很惨。

在这种情况下，对我们干部进行批评监督甚至揭发，对有问题的人进行处理，由群众来做，而且全国都搞，请问，这是多大的事情？

毛主席讲，1965年11月10号发表姚文元的《评海瑞罢官》算文革的开始，我只是在图书馆里从报纸上看到有这么一个事，没有太关心。姚文元的文章也好，清官贪官的讨论也好，我都没兴趣，也没有那样的知识去关心，这些事对我没产生什么影响。

向全国广播聂元梓、杨克明的大字报

1966年6月1号，毛主席批准向全国广播聂元梓、杨克明大字报，中央人民广播电台向全国广播。全国一下子就像炸雷一样，沸腾

了。这是我参加文化大革命的开始，完全是出于对毛主席的热爱，对党中央的响应。一种很自然的很朴素的很单纯的感情，毛主席党中央指出北京大学是一个被反党反社会主义的黑帮分子把持的地方，现在被打破了。

毛主席批准北大七人的大字报，在全国点火，聂元梓的政治地位和影响是非常特殊的，用反对她的人的话讲，聂元梓有两吨的黄金政治资本，不是轻易能搞倒的。有人说聂元梓有缺点有问题，毛主席说有缺点也要保护，聂元梓打响了第一枪。

从政治意义上说，聂元梓至今不知道自己是谁，她也不知道毛主席为什么说第一张马列主义大字报是《北京公社宣言书》，比《巴黎公社宣言书》还伟大。她不懂，我问过她，她莫名其妙。包括刘少奇在天安门上也问，说看不出来这个大字报就是《北京公社宣言书》，怎么比巴黎公社宣言书还伟大？

我相信很多人也不理解这一点，我还叫聂元梓给我抄了她的大字报，我有她亲笔抄的稿子，我反复研究，大字报内容似乎没有什么太高的东西，有多高呢？就是陆平、彭珮云你们在干什么？

但是，如果站在毛主席发动文化大革命的目的、意义，以及方法上来看，毛主席这个说法是绝对有道理的。为什么？"社教"不行，"四清"不行，什么办法都不行，干部搞特殊化，干部演变，干部搞修正主义，搞资本主义。毛主席找了一种方式，想采取一种自下而上，发动群众来揭露共产党的阴暗面，好好地让民众来监督和批评我们的干部。

我一个19岁20岁的学生和广大同学一样，参加文化革命的主观动机是革命的，中国共产党的领导是符合宪法的。后来有人整像我这样的人，千方百计去定反革命罪，找反革命动机，他们胡说八道，只能歪曲、捏造、诬陷。这些人是可耻的、低级的。

北京大学离我们很近，我到了北大，群众的洪流把北大淹没了，聂元梓不得了啦，像被潮水包围着，高高地站在车上说句话，群众就鼓掌，工人、农民、市民、学生就鼓掌。为什么？因为毛主席、党中央说，她把反革命黑帮把持的北大打破了。无论是我，还是当时的其他群众的情感，都是很单纯的，很革命的。

很多老干部不理解，包括被点名打倒的彭珮云，当时把她定成反党分子了，她感到很痛苦，可学生怎么知道？我们离她们那么远，毛主席说她反革命黑帮分子，这是政治逻辑。我们从不同的角度看，要讲公道话。

今天看来，她当时也不是反革命。听说现在彭珮云还给党中央写信呢，认为党中央现在这个政策有问题。反映出老党员、老干部对中国社会的关心。

巴黎公社是夺取政权，工人要建立革命政权，要走上领导岗位，要取得解放。现在已经创建新中国了，共产党是工人阶级的先锋队，工人阶级的政党，领导工农联盟为主体，建立社会主义国家，经济基础已经变了，这个时候我们的干部，开始演变了，有一部分人想在中国搞西方资本主义，还有一部分人特殊化，脱离群众，甚至对群众打击报复，群众能不能提意见，能不能批评，从这个意义上讲，文化革命是对的。让群众来监督我们的干部，甚至对干部的错误进行批评，揭发甚至处分，这是巴黎公社的原则，也是社会走向民主，不管资产阶级运动，无产阶级民主，总而言之社会主义的民主，人民有监督权。

什么叫民主？民主就是人民当家作主，人民是主人，人民有权选自己的领导人，有权监督他们，有权罢免他们，有权处分他们，包括对他们的待遇提出要求和限制。从这个意义上讲，毛主席广播聂元梓的大字报，全国各单位都开始给领导贴大字报，怎么不比《巴黎公社宣言书》意义还大？巴黎公社在法国就那么一点地方，前后不过70几天。中国七亿人口，这么大一个掌权的党，全国的民众，工人农民学生机关干部，都出来给领导提意见，巩固无产阶级专政，让我们的领导班子革命化，为人民服务，不比巴黎公社伟大吗？在这个意义上，聂元梓的大字报是《北京公社宣言书》，毛主席说的意义就在这。

聂元梓明白吗？聂元梓不知道，他们的大字报为什么被毛主席评价为《北京公社宣言书》，比《巴黎公社宣言书》的意义还大。毛主席说聂元梓有毛病也要保护，因为她打响了第一枪，就像南昌起义打响了第一枪，虽然失败了，但是中国组建了工农自己的军队，建立了根据地，中国共产党和中国民众有了自己的武装，得了解放。聂元梓的大字报的意义，就在于全国民众可以起来监督政府，可以起来批评，可以起来揭发，可以起来处罚他们。熊熊烈火，蔓延全国。

参加北航文革

我也没想过刘少奇是坏人，北航的消息比清华闭塞多了，我怎么会成为文化大革命一个重要的头头？一个大造反派？这是命运。我根本不是大造反，或者被工作组打成大的右派和黑帮，挨多大的整。不是的，我不像蒯大富那样，我根本谈不上。

现在我就讲北航这个运动，就这样一个入学教育，学校的领导班子给人的印象，自己是一个学生，搞不清应该怎么办，是观望，我也没有很注意地去打听消息，去弄清什么问题，想去参加什么呀，没有。

聂元梓的大字报一广播，我就马上紧跟毛主席这个号召。这是理所当然的——自己要求入党，要求做无产阶级革命事业接班人，又热爱毛主席，又学《毛选》。如今毛主席有了具体号召，而北大就在跟前，所以我第二天就去北大了。北航并不太赞成学生去北大，但是那个时候的热情，觉得无论如何要去。看到聂元梓在汽车上面讲话，感觉太崇拜了。看到那人山人海，大字报成海洋，北京市都涌进去了，北大被挤得水泄不通，当时并没想到回来对学校党委怎么样。但是《人民日报》和《解放军报》的辩论，使《人民日报》处于检讨的位置，我感觉到，在入党问题，在政治和业务关系的问题上，我们对了。

就是那一天，31号晚上，陈伯达带人接管了《人民日报》。第二天发表的《横扫一切牛鬼蛇神》，让我感觉到，自己的思想和中央，和毛主席的许多指示蛮合拍的。虽然在底下有一种受压抑的感觉，但是感觉到只要毛主席有什么声音，就觉得松了一口气。但是，没有想到我们的院党委是修正主义的。具体学校运动怎么搞也不太知道，只是很关注。

我们学校的领导，一个是解放军干部，一个是坐过牢的老革命，一个是政治干部，另外还有一个院长叫王大昌，不怎么做报告，但是有的时候看到在学校的布告栏里贴着他的任命书，任命谁谁谁处长，谁谁谁怎么样，下面有他的签字。武光走了，他任代院长。这个领导班子基本上还是神秘的，威信很高的，是很威严的，得到尊敬的，他们的干部级别是比较高的。我没有接触过这么高级别的干部，在家乡接触到的是地委，地委书记才十二三级，就是聂元梓也就是地委书记一级。而北航的领导是九级，武光大概是五级还是几级。

这个时候，学校里出现了给党委贴的大字报，甚至说得很过分，像一系，是空气动力学系，有两个学生，一个叫张伯其，一个叫胡少南。胡少南是广州市公安局长的小孩，是跟赵紫阳搭档的干部，也算高干了。他们贴了大字报，不知道他们和班里边的党员干部有什么矛盾。文革前，就提前出什么小老鼠不要跟着大老鼠。我当时感到，怎么能这么说呢？怎么能把党支部、党员说成是大小老鼠呢？我当时并没有站在造反这边，还是主张提意见，怎么不能提意见？这个思想符合我的心理，你怎么把党组织，党员干部说成大老鼠小老鼠？这不是丑化党的组织吗？这也反映我的思想比较中性。后来才知道，党委书记、副书记组织人马抄大字报，做准备。国防科委的工作组来之前，也都有布置，要登记入册，做秋后算账的准备。这已经成了1957年后的政治统治的一种习惯模式了，一有风吹草动，马上就记下来，谁有什么表现，将来谁是右派，谁是反党分子。

当然，这个发明者还是毛主席。1957年反右是我们毛主席发明的，但是这已经成为各级党委对待不同意见，对待反对党委，反对党员的人的一种思维模式了。那就是有异己分子，有值得怀疑的，有什么动向，把阶级斗争，阶级异己分子，反党分子，右派分子，全弄到这了，而且习惯布置党员抄、观察、记录、汇报，这个你说怪谁？1957年反右是你毛主席发明的，刘少奇他们后来搞的这套玩意儿，也是在党的这套模式上训练出来的。说难听点，刘少奇、邓小平他们不是这套模式的发明者，发明者还是毛主席。

到后来，党员干部就开始围剿了，党委是革命的，是好的，说你这里边有反革命，什么反党，铺天盖地就下来了。各个大学一样，有人贴大字报，马上有人组织抄记材料，组织围攻，准备整这些人。北航的党委书记是个大校，胡少南父亲起码至少也是大校，甚至将军。等到那个围剿压下去以后，胡少南肯定要做一点自我检查。检查什么呢？就是你得承认你主观上有反党动机，这才算整人成功了。不整到这一步怎么算成功？都得挖出一个反党动机。你说他爸是广州公安局长，他能反共产党吗？现在说来这是天方夜谭，不可能的，过分了，包括后来学生挨整，你说他们主观上就反对共产党，反对社会主义？那个年代真不大可能。

一围剿，胡少南也开始做检讨，王恒平常跟他还是有来往的，他后来跟我讲，王恒跟他说，年轻人不要灰心，就是去劳动教养，或者是劳改，那将来还是有出路的。你看看，这个党委书记给他的安慰是什么，这个安慰就是说，你看你犯政治错误了，得去劳动教养或者劳改，你不要悲观，还是有希望的。这个很宽大的话里包含着什么，就包括了这种逻辑——你已经反党了。你受得那种处理是应该的，但是你看我还表现党的宽大，你不要悲观，你还是可以改邪归正的。这个思维模式，他，党委书记认为他是正确的，这是后来的事了。

胡少南说，孙茜玲、苏晓前他们，大概还有李明清，就是那些干部级别最高的几个小孩跑来跟他说，不要瞎检讨，不要给自己瞎扣帽子。你贴了大字报没什么了不起的，没什么事。比他父亲级别更高的北京干部的孩子的感觉就是不一样。矛头对着党委，他们不认为有什么了不起。所以应该说，北京最早的造反派是一批高干子弟。他们有信息来源，知道北京市要垮台了，中央里怎么怎么样了，包括成立红卫兵。

我基本上还是处于这种状态中——工作组曾经做个报告，拿反右来吓唬我们。这种做法太过分了。现在搞运动了，你们这些错误是应该检查的。我无非觉得，应该出这口气。觉得自己是热爱毛主席的，自己没有错，仅此而已。我是中间偏左，偏造反。我并没有贴党委什么大字报，我不是个对党委造反的人。

但是，工作组来了以后，党委这个事情，慢慢你想不到的。党委一问，这个也是对的，我也没有事实，我也不了解他，我怎么能贴他大字报呢？这也是有根据的（此句意思不明）。

学校这个盖子从哪揭开的？从北京师范大学，我们的党委副书记周天行在北京师范大学搞"四清"，大学搞"四清"互相派干部，那边是大学部的副部长宋硕，大学部的部长吴子极。宋硕就是聂元梓的大字报里点名的那个人。宋硕跟我们学校的副书记周天行在一个工作组，在师大搞"四清"，搞社教。我们学校没动静，师大的人送大字报过来了，往学校一贴，你们学校周天行跟宋硕什么什么关系，跟吴子极什么什么关系，那个真是震动太大了，因为彭真水泼不进、针插不进的"黑市委""反革命"都端掉了，我们学校竟然有这么一个副书记，跟那伙人关系那么亲密。学生很纯的思想，怎么能接受这么黑的事呢？一下子就完了。学校一看，这还得了，那时候的思维标准，你要跟彭真沾上边，跟"黑市委"沾上边，这个言论，那个行动那么密切，马上学校大字报就上去了，就全集中在他身上来了。北航党委里竟然有个反党反社会主义这么一个有问题的人，所以工作组进来以后，第一个把他停职反省，把他作为"黑党委"的干部，那些造反派的学生就缓一口气了——看看，怎么能说北航党委没问题，出问题了。这个保党委的，尤其当时是就是他布置的，这时候当委员干部就开始瓦解了，持不同意见的同学慢慢就开始抬起头了。

担任班文革小组组长，与工作组有分歧

这个时候，各个班要成立文革小组，那些对党委有些批评的人，不一定就是造反派。开始选的时候，学生很单纯，哪怕你一天表现差，一天你表现对了，学生就心服口服，认为人家对了，咱都错了。很纯净的，像我们，我在我们班里被选为文革小组组长，因为大家觉得韩爱晶积极要求入党，对系里边的一些做法，早就提出一些不同意见了，受压制，我就成为工作组依靠的文革小组的组长，成为我们班二十几个人的组长。还有两三个也是原来我周围跟我一块几个积极分子。根本还谈不上造反派，只能说是有一点点不同意见，有一点点矛盾的这么样的人。但是在我们系里来讲，已经是算比较明显的了。从我们飞机设计系来讲，像我这样的事情已经是很典型了，别的系还

没有出现这种情况。等于我在我们里有了一点点影响,然后我们系里再选文革的领导人,就是赖传珠将军的儿子,是不是叫赖真游?我记不得了。他是老革命,红军干部的小孩,是系里边的高干子弟。

这样运动就这么搞呗,上面布置什么干什么了,当时对我们思想影响还有个很大的,就是毛主席的《湖南农民运动考察报告》这个因为中学课本就讲,所以学生并不是在平常学《毛选》时看到的,而是在高中课本里学到的。这个文章在文化革命中应该说起了作用很大,这个报告有副作用——戴高帽子游街。是不是?文化革命的时候,主席有个讲话,好像说戴高帽子的发明人好像最早应该是我了。他是开玩笑说这话,他还暗示,我的父亲在的话,他不高明肯定也戴高帽子。他也承认这个问题,他们家出身也不怎么好。另外,群众运动中,应该说这个问题,主席是有责任的。你不能怪学生,而且主席在文化革命中好像还有这样一句话说,地主豪绅能戴高帽子游街,怎么彭真能戴,这些黑帮就不能戴高帽子?好像有这句话。我当时在大字报上看到了,现在没有找到了。这个话对不对?那些地主、土豪劣绅,农民起来了,让他们戴高帽子游他们一下子,是革命的行为。现在你们这些黑帮分子,革命英雄起来戴你们一下,也不过分。这个说法现在我不知道在哪找这个根据,但是在当时的大字报上看到过。就是主席这篇文章以及他在文革中是对群众运动的一种理解,或者一种支持,一些表态,现在看来,恐怕真正搞政治运动,我感觉(听不清),恐怕高级领导人任何一句话,一点尺寸都不能过,过一点在底下都可能造成无可挽回的社会损失,真是浪漫不得一点儿,尤其权力越大的人,说这些话,恐怕还是要很注意的。就比如说不能怎么怎么样,不能怎么怎么样。平心而论,主席这个浪漫,这种气魄,有时候的一些表达,可能给群众运动造成了负面影响。尤其年轻人这么一执行,你看造成什么后果,这个就不好说了。

谈谈工作组,北航,无论是整个学校和工作组的斗争,以及我与工作组的关系,不是太激烈,没法和清华比。文化革命时候,党委,我也没好好反对过,我也不是批判党委的大造反派,几乎连大字报都谈不上,只是在过去和他们有点分歧,就变成了文革小组的组长,成了工作组依靠的对象，到工作组开展工作的过程中间，我也没跟工作组发生太大的分歧，只是发生了一点小分歧，我既然作为班里的负责人，那就按部就班，上面怎么传达，我就怎么工作。后来学校里的领导干部一个个出问题了，出什么问题呢？这在当时很神秘。周天行刚才说了，由于跟北京市委的干部连的。王恒是党委书记、军队干部，没啥吧，别人贴他大字报，可能还是他身边的秘书。说他让涿县的空军的飞机从航校给他运王八，当然现在看来也不算什么，也可能是顺便带的。带来以后呢，弄王八血，弄了是打针还是怎么着。然后又有人揭发，也还是他身边的人，说他去疗养，到疗养地讲，学校里的这个女的屁股大，那个女人屁股小。一个很有威严的解放军干部，平常做政治报告，一本正经地教育学生，忽然知道他用飞机专机运王八，起码这个正面形象完了。过去我们党的干部，在群众面前一本正经，是多么高举，要你们怎么样怎么样，等那真的把他们的工作和生活弄出来，有的可能很糟糕，有的不是很糟糕，但也不像原来那么光环照人，就把这个迷信打破了。有人开了头，再有人在政治上说，王恒来把武光排挤走，武光是无产阶级教育路线的代表，他来是排挤武光。原来灌输武光是毛主席教育的典型，1958年红旗，人是排挤他的（此句不明）。实际上这些东西还是来源于干部，来源于他身边的人，学生不知道，不是学生先造反，恰恰还是那些总支书记、政治干部。这一下，这个形象就完了，你这还什么政治教育，现在大家都在学焦裕禄学英雄模范，学《毛选》，搞了半天你在那搞王八血，在那谈论这个女的屁股大，那个女的屁股小。在当时那种政治空气下，他的威信没了，学生在大字报里，就把他叫"王八恒"了。只要你把这个口子一开，再跟原来的武光连上，再跟红线连上，说他是黑线了，越积就越多。就有人在他作的报告里面挑毛病，这句话不恰当，那句话不恰当。一看，哎呦怎么这个水平。这第二个干部又完了，等于第一书记和副书记两个都完了。这个党委还有什么？

这时候呢，贴党委大字报的人自然翻身了，工作组也不得不先后宣布对他们停职反省。在那个时候停职反省就是打倒了。学生可从来没听说过一个干部叫停职反省，那时候公布某某某停职反省，开大会批判反革命修正主义思想，什么什么黑线，实际就是被打倒了。变成了工作组领导，党委不就垮了吗？反党委的那批人就成了造反派，自然就成了工作组依靠的对象。像清华发生那么多大的事情，大辩论，打反革命，我真是无知，我就在学校里，我也没跑到清华去串联，到北大去看，或是想弄明白什么，然后去造反，没有，真没有。我就是按部就班，说实在的，还是一个循规蹈矩的人。

我们系和工作组发生一点什么矛盾呢？我们系里一个总支书记叫胡孝萱，后来也被批判了，说他是大地主出身，然后搜出来好多邮票，有蒋介石的像，有国民党的党徽什么的。学生就想，我们大家所尊敬党总支书记，一点天到晚给我们讲 23 条，讲四清，讲阶级教育，搞了半天他收藏蒋介石和国民党的东西，而且是大地主出身. 这个威信就没了，没了群众就斗他，就给他戴高帽子了。也不是我戴，我也没参加，我只是路过，就看到工作组，系里的工作组组长把高帽子拿了，当场就给群众一些难看. 我这个脑子里是毛泽东思想，《湖南农民运动考察报告》在哪呢. 对群众运动，只有陈独秀才这样，农民运动来了，你到底是好得很，还是糟得很，是支持还是反对？你怎么能站在群众对立面？这叫什么工作组？毛主席号召文化革命，这个人这么糟糕，群众给他戴高帽子，也没打他，也没怎么着，批判批判，你们马上就那个样子，倍加爱护似的。实际工作组也是讲政策，不要戴高帽子，不要简单化。

但是从群众运动的角度，正是轰轰烈烈的时候，我看不惯了。于是，我给工作组贴一张大字报，有点话可能有点过激，我觉得意思就是说，你们工作组和黑党委干部是什么关系？你们都是黑的，还是怎么回事？是个问号，是个讽刺。这下子就不受信任了，大概是 7 月 22 号，天安门开百万人大会，抗美援越什么大会的时候，好像刘少奇是不是去了，学校有若干班，班里有些不受信任的人，就布置说明天开会，你们几个在学校，但也不是说你不能去，实际上留下个把积极分子，监督几个人。自己还没明白过来，感到挺纳闷，怎么天安门开大会，不让自己去了呢？然后改选，就把我选掉了。这时候才明白，罢官了，不受信任了。

工作组批判石兴国

北航7月21号出了张大字报。就是所谓北航的蒯大富，叫石兴国。石兴国的父亲也是一个中层干部，比如说局级干部，大概是常州还是哪里，一个轻工业局什么，还是商业局。他也是干部子弟，这个人很文静，也很有才华，他就写了一张大字报，叫《一条无头的黑线》。他这个大字报说什么呢？他说了这么一段话，他说我院的领导，一段时间积极贯彻突出政治，落实业务的方针，有许多错误的做法，违背了毛主席的无产阶级教育路线。那么，这条黑线是从哪来的呢？他的上头不是周天行，不是"黑市委"，那么这条无头的黑线是谁呢？石兴国这张大字报影响很大，它的中心意思就是说工作组领导大家批判党委，批判党委突出政治落实到业务上。这不是周天行布置的，不是周天行连着的北京市委。实际上他是说，这条线是哪来的呢？

这个大字报当时大家看了，学生感到很过瘾，哎呀，提出这么重要的问题！学生是本来要搞运动，要批判黑帮黑线，那好，既然你这地方是黑帮的，上面就要有人承担责任嘛。学生很天真，可是工作组一看，你说学校的黑线，不是从黑市委下来的，并且问从哪来的，这不明显指向了国防科委了吗？

工作组组长是国防科委派下来的八局局长，就是教育局局长，国防科委分管大中院校的，管北航、西工大、西军电等八九个全国国防内的院校。工作组认为，你这不是指向国防科委，不是指向自己的头顶上司聂荣臻了吗？工作组就开始盯上了写大字报的。学生中肯定有人支持大字报，那好，都记录在案。石兴国写了大字报，有人写了支持他的大字报。我没参加这个事，正好这时候外面的形势，北大的"618事件"，清华的蒯大富问题，李雪峰的报告，和学校里的这个小形势联合一块儿了。总的来讲，是学生对工作组的一些做法提出不满意，又对工作组提出批评，贴了大字报，就是这么一个事。

这个时候，从北京市，到刘少奇，到邓小平，把各单位对工作组提出意见的，都定性为要夺工作组的权，是反党，要抓右派，抓游鱼。李雪峰的报告讲，一条游鱼三条浪。实际上这是毛主席的话，最早还是毛主席说的。但被李雪峰引到这来，就是说这个学校里出现了游鱼，要抓右派，抓反革命。

在李雪峰讲话之后，全北京的高校就把斗争的矛头针对了学生。那么这个问题在本质上是什么呢？就是说，我们给党委提意见，变成反革命分子。好，工作组来了，党委的那一套被冲垮了。人家也听你领导了，包括蒯大富等人。但是，人家就不能给你提意见，就不能对工作组有个怀疑。说了半天，还是同样的思维逻辑。一提意见，好，又是反革命，又是右派，又是整材料，又是排队。这种抓右派的思维逻辑从刘少奇、邓小平到各级党委，到李雪峰，到工作组组长都已经习惯了，你只要给当权的提不同意见，更不用说提反对意见，没有人提打倒，也没有人说炮轰，仅仅是问个问题，是一个怀疑，这就不行了。就要组织围剿，就是把矛头指向了无产阶级司令部，你看，我们学校工作组组长讲的，跟李雪峰说的一样：当牛鬼蛇神纷纷出笼开始攻击我们的时候，不要急于反击，要告诉左派，要硬着头皮顶住善于掌握火候，等到牛鬼蛇神大部分暴露了，就要及时组织反击。对大学生中反党反社会主义分子一定要把他们揪出来，高中应届毕业生经市委批准，可以斗争和戴高帽子。在大学生里要抓右派抓反革命，高中生里都要抓，这个东西实际上是刘少奇、邓小平的指示。请问这么一个方向能说对吗？怎么能在大学生和高中生里抓右派？戴高帽子呢，要排队呢？跟文化大革命的方向是相反的，就算不搞文化大革命，平心而论，群众给你提意见，贴大字报，有疑问，就是反党分子，就是右派这种做法对吗？绝对不对！不管现在怎么给文化革命做结论，你把这个摆出来，让全国老百姓评评，给你贴个大字报，怀疑一下，问一下，这个黑线是怎么回事？就是反革命，就是反右派分子，支持他的也要被排队，每个班都排，这个班里四类是谁，三类是谁，一类二类是谁，就把班里的同学划分为一二三四。像我这样的，就不能参加天安门大会了，看看这不是坏分子了吗？群众中是可能有过头的现象，但是像我们学校群众过头现象没什么东西，仅仅是石兴国贴的大字报，有人支持，有人共鸣，觉得这个问得好。工作组就说这是反党的，动机是不纯的。

更可笑的是，北航闹出了这样一个政治笑话：工作组组长说大标题说有一条无头黑线，毒就毒在……。一二三四五六等等，说了一大堆理由。过了几天查到了那张大字报的底稿，发现没有……，工作组组长又说没有点点点更毒。你这就有点不讲理了，学生肯定心里不平。

当然有一部分人保工作组，保得厉害，那就是组织围剿。我是属于已经不受信任，被罢了官，但是我也没有贴大字报，我也没有像蒯大富，或者跟他们进行战斗，就我们班几个人感到愤愤不平，觉得受到了压迫，但还不知道被别人排成四类和三类，只觉得自己受了压罢了官天安门的会不能参加了。

学校里头的运动重点是整石兴国，围剿，但是北航的工作组没有出现很过激的，多么残酷的斗，小会斗一斗，对同情他的人整一整，基本上也就这么多。

我们学校还有一个人叫曹伟康，个子小小的，脸皮也是白白净净的男学生，瘦瘦弱弱的。就在全校围剿石兴国的时候，他在贴大字报，还对工作组提不同意见。那个字写得又小，大字报若干张。我当时从他身边走过的时候，全校正在围剿，可他还在贴。他就是批评，他就是不屈服，工作组也没有说对于这不屈服的怎么样，揪来斗怎么怎么样，也没有很过激。

总之这个政治气氛是非常厉害了，从运动开始，像这种厉害已经是少见的了，他就若无其事还在写，从我来讲，我就感到太了不起了，心里头肯定同情他，因为我是被压抑的就感觉到，真有胆量，真不怕死，我没写什么大字报，因为我没有别的东西，参与什么战斗，就这样的。

8月3号，学校里出现了红卫兵

学校的墙上出现了红卫兵宣言，红卫兵总部，很奇怪，包括学校里的工人就认为，有共产党搞什么红卫兵？实际上，他们消息来得很快，8月1号左右就有毛泽东给清华附中红卫兵的信，而且没有公开寄出，是王任重向北京的一些高干子弟透露的，他们这个圈子知道了。今天看来，人家有消息，苏静的儿子苏晓前，建材部部长赖际发的儿子赖锐锐，我们系赖传珠的儿子等等一些高干子弟，贺龙家的，李井泉家的，人家一大帮高干子弟成立了红卫兵。我还跑去找我们系的红卫兵发起人赖传珠将军的儿子，我还是一股热气，就是说虽然闹不懂怎么回事，但是觉得我还有热情想参加一个组织去活动。我说这个红卫兵我也想参加，实际上人家已经内定了，对工作组有怀疑的，对工作组不保的，有不同意见的不要。如果要我，我成了老兵了。这里边有些偶然因素，因为7月底蒯大富这边已经平反了，主席点名让他去人民大会堂。

1号就开八届十一中全会了，这么重要大的事情我们基本不知道，我没有积极到各处去看大字报，接受信息，回来去学习人家在学校里造反，没有。就是被压，心里感到不平不满，没有办法，消息很闭塞，我哪像造反派，就是处在这么一个状态。我们学校的大造反也不是我，对党委，对工作组都不是我，挨整的大的也不是我，我看着人家老兵成了红卫兵自己也想参加，你看天真不。真是有点一种热情的，很是纯真的简单的那种政治上的想法，没有清华北大有很重要的去学习和研究，然后决定怎么样，没有。很平淡，过得很平淡，真有点目光短浅，鼠目寸光。就是把眼光看着脚底下那点事，没有怎么样。

哪里知道外面发生那么大的事情，知道发生那么大的事情，说不定会写大字报，你看我也没有什么大字报，参加红卫兵人家不要，不要后来就这么挨着。我们学校的工作组还有这么一个特点，毛主席的女儿李敏就是工作组成员，你说清华是王光美是工作组顾问，北航是毛泽东的大女儿李敏，就是工作组组员，她就在国防科委八局是工作组人员，她就是在工作组里头，我们也多少听到一些，说主席的女儿在这，但是也没有去看看哪个是主席女儿，她也是个普通成员，她个性比较内向，又不张扬，撤了以后到了7月29号，工作组宣布成立筹委会，按照文化革命委员会，筹委会来领导文化革命。北航成立了12个人的筹委会，其中就有苏晓前就是苏静将军的儿子。主任是谁呢，孔令华，毛主席的大女婿。工作组的组员是毛主席的女儿，上面的顶头上司是聂荣臻。这样一个单位的文化革命，恐怕跟中国大多数单位一样，更有普遍意义。就是说那个单位不是黑帮，上面领导甚至是正确或者都是比较正确的。在这样的单位里要不要搞文革？怎么搞文革？北航的普遍意义很可能就在这里。

清华、北大是中央指定了黑帮，哪没得说，反革命修正主义分子，黑帮党委。北航没有人指定，就两个人停职反省。上面是聂荣臻，工作组组员是毛主席女儿，工作组撤了是毛主席女婿当权。主任就是孔令华。这个特殊性，造成了不是那么激烈。筹委会的出现，外校形势的变化，原来以"一条无头的黑线"为分野的，支持这条无头黑线的，被罢官的，不是慢慢抬头了吗？提出一条无头黑线是毒草，说人家点点点是毒草，没点点点更毒，这是什么话？这是反革命，就开始又抬头。

另外慢慢也知道了，工作组给大家排队了，整黑材料了，一个班都有一两个挨整的，再加上这一两个挨整的周围再有几个同情分子。比如说我们班有22个人，坚定地站在我这边的有五个人，基本上占了不到四分之一，再加上一两个同情的。五千学生，如果说有四分之一是挨整的，四类三类就是挨整的，就已经划入另册了，就等于工作组培养了起码一千五到一千六百人，这一千五六百人就是要批判工作组的，因为随着事情越来越明朗，搞了半天，你把我们排成反党反社会主义，和有严重政治问题的人。这部分学生能甘心吗？这部分学生可能也没有贴你什么大字报，也没有什么行动，仅仅是说对于那个大字报有点同情，对你有点意见，你就罢官，罢官也罢了，你换上你信任的当，还不让参加天安门集会，然后秘密地准备材料，材料上写着你反党反社会主义，四类分子三类分子。

我是四类，我们班有两个四类，有一个是我的什么"狗头军师"，叫陈良，说他是我的军师，说我好像是往前冲的。这个东西慢慢在工人、学生和一些基层干部和学生里面明朗化以后，培养了一个对立面，一明朗，你本来已经有不同意见，可能你不怎么样，一听说你是反党反社会主义分子，你能干吗？你工作组说走就走，这个问题怎么说？你把我们划成四类和三类，你不做检查，你原来送的那个是什么反右派分子，什么黑线，什么反党反社会主义毒草，是不是？你跑了。

反工作组的队伍，是工作组培养的，是我们党在工作中一种错误的思维模式培养的。工作组问题说难听点，真不是学生要造反。别的学校也是那样。大多数地方可能是，对党委或对工作组，提了不同意见，或者揭发，或者审查。这是社会主义国家公民应该有的权利。这种权利，只存在纸上。一旦你行使，你就是反革命、反党分子、右派分子。这种不正常的政治生活，导致了反抗。而由于毛泽东的支持，这股反抗力量得到了发展，得到了斗争的机会。

在这个意义的，这种反抗是革命的，是代表人民的。人家没有说你党委是反革命，也没有说你工作组是反革命，就提个不同意见，你就把人家一千多人，一两百人变成了四类和三类，打击面不宽？但是毕竟北航没有把谁整死，惨无人道，没有。也就是压着，大家鸦雀无声了，没人敢说话了。得，他又往前走，走着走着，工作组又跑了。跑了，他也安排好了，他支持老红卫兵高干子弟红卫兵和毛主席女婿接了这个班子，你们继续领导吧，就走了。就这么一个局面，北航的运动就是从这慢慢进入斗争激化的。

1966年，在北航运动里，在元帅里边，介入的还有一个人恰恰是贺龙。贺龙跟北航没有关系，但是到现在，我们知道，他介入的是蛮具体的。当然，贺龙在文化革命中的命运也是很悲惨的，作为这个南昌起义的主要领导人，中国工农红军的主要创建者，贺龙在中国革命历史上的地位应当是很高的，更不用说后来二方面军等等。但是在解放后，文革前，他就是个元帅，管体育，所以学生不甚了解。

尤其又很早就被打倒，被整。他这个问题是一个悲剧，也是一个谜。他和北航运动什么关系呢？他家里有一个人，好像叫贺新州，在北航读书。他跟贺鹏飞经常在一起，包括清华的一些高干子弟，对清华运动有很大影响的人，经常聚会。就在贺龙家里，聚会时谈到北航的运动，从我现在看到的资料来说，1966年7月19号，我们学校的李明清，李井泉的儿子，北航的高干子弟；还有孙茜玲，孙大光的女儿，孙大光是个部长，贺龙说，就要依靠你们这些干部子弟。北航乱，才能出右派。他们的思想是一样的，贺龙还直接对李井泉的儿子李明清讲，你们班还能没有右派？我们家里都有左中右。他们在家里还讨论说，贺龙给国防科委工作组给你们北航增派干部。

你看，贺龙具体介入到这个程度。他还对贺鹏飞讲，毛主席的路线是错误的，刘少奇的检查是被迫的。刘涛、刘菊芳、李黎风、孙菊？，一些清华文革中的风流人物也都经常在贺龙家里开会，后来贺鹏飞在他们家里成立霹雳兵团，有油印机，费用啊等等。后来他挨整那么惨，我也感到非常同情，这是文革的悲剧。但他贺龙在运动一开始，就很主动积极介入大学和海陆空军运动，整干部整学生。我们引申来谈谈这些政治责任、法律责任。贺龙可怜不可怜？可反过来讲，他要是不挨整，他抓右派的劲也蛮足的。你大学生你们班能没右派？看看，是吧，这是当时的政治气氛。

说到家里左中右，主席也有这句话，主席也讲，我们家有小保皇，当时从主席到贺龙他们，就是思想里面，包括毛主席对毛远新讲，你将来能不当右派，当中间派就不错了。

这样一种思维模式，从主席说起，到刘少奇，到邓小平，到贺龙，恐怕里边有它的共同点。

就今天来说，大学生有没有左中右？也有。今天也有。但是当时讲右派的概念可是和1957年右派是等同的。在学生里边划右派，抓右派，定右派，是政治上一个很合理的思维，而且是普通的思维。

积极参加批判工作组的斗争

工作组宣布要撤了，就算一部分学生要工作组检讨之后再走，但也没法阻止他们。

以苏静将军的儿子苏晓前为首，他们以高干子弟为核心成立老红卫兵，学校辅导员和老工人成立赤卫队，给工作组戴大红花，欢送工作组。工作组明明有错误了，不好好检讨，还很光荣走了。这是干什么，就是有权啊，做错了还是很光荣，要如此统治，社会公正怎么体现？社会主义民主怎么体现？受到错误打击的学生、工人的公道到哪去求？这样就造成一个矛盾。

工作组本应该好好做检查，当众宣布，我们当时把你们划为四类、三类，整你们的黑材料，是错了。中央已经做结论了，你们大家好好团结起来，好好搞文化革命。这不就过去了吗？他不，之前在工作组领导下积极整人的另一大派拼命地保护，给工作组戴大红花。制造新矛盾。

要工作组检查的这一派就做红灯，表明态度。交警是红灯，做红灯笼，有的一个宿舍里发生这个情况，要工作组检查的学生床上挂有红灯笼，而同意工作组走的学生床上就没有红灯笼。学生之间这种对立，已经形成了。

那一派人非要护送他走，戴大红花，敲锣打鼓和送英雄一样的，我们就举个红灯，在马路边举个红灯，或者举个牌子，就是那口气咽下不去。你不检查，你不给我解决问题，我不同意你走。群众对立来源于谁？群众本身受到了不同对待，是一个原因。根本上还是工作组，你是领导，你如果好好做工作，说我们已经错了，不要再给我们增加错误，姿态高点，这个问题就解决了。就是不能认错，不能放下面子，不但不能很好彻底地解决他们所做的错事，而且激化了这种对立。

工作组撤了，你跑哪去？不就是在北海跟前那个国防科委大楼里吗？在那办公。那儿也是国防部，总参什么，就是国防科委，总政，都在那个地方。宿舍也在那附近，你说你能跑哪去？我们进城有十几二十里路。

后面就引发了这个问题，去，学生去找他们。

北航红旗成立

在 1966 年 8 月 20 号北航红旗成立之前，早就不停地有学生到中央接待站和国务院反映问题，反映问题得到了答复，想解决还是解决不了。中央管那么多地方，怎么解决，还是要靠国防科委来解决。靠国防科委自己系统的领导来解决。为什么说谢富治当时受欢迎呢？他在公安部这个系统，司法这条线上，把受工作组压制的人解放了。这口气不就过去了吗？谢富治一开始就站在主席这一边。

自己系统的领导不解决,大家就去上访,群众有不平就去上访,上访解决不了,一部群众就自发地跑国务院接待站,军委接待站三座门,有时候晚上就不回来了,就在那等着,想见中央领导。群众上访是自发的。

这就是去国防科委大楼附近静坐28天28夜前的情况。北航红旗1966年8月20号成立了。成立以后,我们总部,就是总勤务站,20个领导人,都没有来得及好好坐下来,在一个会议室开会,说最近北航红旗工作安排。

我们是新成立的红卫兵组织,想得到学校和社会的认可,想堂堂正正站立起来活动,怎样使得自己能形象好一点呢?就请来了湖南一个女中学生谢若冰,这个人在"八一八"在天安门上发言的,她是毛主席在天安门上接见过的革命红卫兵,借点光彩,她是造反派,她同情北航红旗,我们请她作报告,我们北航红旗第一次开如此隆重的大会。在东操场搞了麦克风、喇叭,我们系的何金国,是跟我同时被选为飞机系的两个负责人,声音洪亮,煽动性强,他主持了这个会。我们大家请谢若冰签字,我也拿着毛主席语录,谢若冰签字,感到高兴坏了,这个人是"八一八"见过毛主席的,我们也有人支持了!

后来别人找我们支持也是这么一回事,人们需要把自己和中央政权,和毛主席的光辉连在一块儿,显示自己在社会上有一个正当的地位,去进行合法的斗争。

北航红旗成立了,还能有这样的大活动,就把队伍往一起凝聚。此时,北航红旗成立之前的上访活动仍在继续,要求工作组解决问题,其中大部分师生的身份已变为红旗战士,这个上访活动不是由北航红旗总勤务站开会决定每个系派多少人到哪里去,找工作组干什么,不是的。

学校里大字报、大标语针锋相对,一派说工作组是革命的,另一派不敢说工作组要检查。这边说先别下结论。我举个牌子在马路边,写着不破不立,先调查再下结论。这是弱势的对抗。

我们举红灯,工作组不能走,必须说清再走,被人家打击之后,想翻身。工作组临走前宣布成立筹委会,主任是孔令华,毛主席大女婿。北航 405 教研室化学老师，而毛主席的大女儿李敏恰恰是工作组一般工作人员。这个非同一般。

在大字报栏看到传抄的毛主席大字报，心头感觉到很振奋，大字报说的话太解渴了，正好是在几十天，毛主席说是打击革命派，站在反动的资产阶级的立场上，实行资产阶级专政，将无产阶级轰轰烈烈的文化大革命运动打下去，颠倒是非，混淆黑白，围剿革命派，压制不同意见，实行白色恐怖。

大字报上这段话比自己那个期望高多了，自己的要求无非是说工作组把我们定成四类，不公道，得还我们一个公道。而毛主席已经把它上纲上到这个地步了。虽然不知道大字报是不是真的，但是觉得这不是一般来头。可是得不到一个验证，怎么知道是不是真的，我们又够不到中央领导。

有一次我去游泳池游泳，那时候天热，路过学校的大字报区，无意看到一张大字报，标题叫"工作组是革命的"，只有几句话，下面签名的第一个人是孔令华，虽然当时他是什么筹委会主任，大家心里明白，这是工作组借着毛主席的影响，树毛主席的亲戚在这。大家不觉得孔令华是个跟大家过不去的人，虽然有时候他说的我们不能接受，比如对工作组的肯定，但是大家对他呢，毕竟还是体谅的。到底是毛主席女婿。但是他的话也不是那么太当真，就觉得你是那个身份，你不能支持我们，我们也不把他作为我们的目标。我看到的大字报，他签名在第一个，说工作组是革命的。我到了游泳池，一点游泳的力气也没有了，往地上一躺，整个人几乎就半瘫，那个打击和失望啊！到这个时候，孔令华还说工作组是革命的，看样子这个事情严重了，如果工作组真是革命的，那我们这个事情就不麻烦了吗？你看，这就是孔令华的影响，1966 年夏天的事情。

两年后，1968 年夏天，我问他，我说你知道你那次签名给我的打击吗，他说哎呀，那个大字报又不是我写的，别人替我把名签上的。我说你不觉得，你不想想你多大影响力，你不想想你的身份，你知道你的一个态度，对我们来讲，是多重要吗？我们看着你的态度，我们要决定我们做的对不对，我们自己是不是跟着毛主席了，你可是毛主席家里人。

1966年8月19号，赵如章又做了第二次检查，还读了聂荣臻元帅一封信，这封信里别的都没什么，就是有一句话，说，6月27日，工作组在反干扰时犯了方向性、路线性错误。

这句话承认工作组犯了方向性、路线性错误，是在反干扰中犯的。反干扰在这句话里还是肯定的。反干扰就是扫除障碍，我们一听，那个时候在北航我们对聂荣臻，没有人喊过炮轰，没有人喊过火烧，更没有人喊过打倒，我们把希望寄托在聂荣臻主任身上，希望他能够对工作组做一个批评和否定。

北航文化革命有一个很重要的特色，不像别的单位，上级领导受到了巨大冲击，去斗，去批，去抓，没有。对聂荣臻，我们始终把他当作一个正面形象，希望他能给我们说公道话。可是这个时候，聂荣臻承认派的工作组犯了方向性路线性错误，但是在反干扰中，那等于说群众还是干扰的，这个时候我们感到很失望，非常失望，觉得哎呀，聂荣臻元帅怎么这样呢，我们尊敬这位主任，感觉到这对我们受压制受打击的群众是不公道的。可又无可奈何，无可奈何。没有人说聂荣臻写的这信，根子本来在聂荣臻，你是反动路线，炮轰、火烧、打倒，没有，没有。北航那个运动就是温吞水，双方都没有到了怎么的地步，都用一种很文明的方式来表示，文明的反抗，有点打太极拳那个劲。

大会上也出现过比较激烈的场面，比如说工作组组长在上面，下面的群众一边有几百盏红灯，举起来，那边就举牌子说工作组是革命的，上万人，几千人的大会，那种对立，那种温度往上升，双方已经很对立，但是还没有发生肢体冲撞，或者是说非要把对方某个人抓起来，关起来，都没有。双方都保持在一种可容忍的文明，和一种自己意志的表示。

1966年8月18号，毛主席接见红卫兵

1966年8月18号，毛主席在天安门接见红卫兵，我们全校都去了。在天门广场开会，毛主席在上面，毛主席戴着袖章，把帽子（走

到东边，走到西边观礼台那儿？）对着群众挥。他那个地位是太阳在天上照着，是党的化身。我们把党的功劳，军队的功劳都以毛主席为代表来抒发的。这种习惯有中国的文化特点在里边，是有很多历史背景的。我们作为一个20岁的孩子，见到毛主席能不激动吗，作为学生，一看到伟大的领袖戴了袖章，出来了，怎么不欢呼？！

组建北航红旗

报纸上登红卫兵，很自然，为什么人家能当红卫兵，咱们怎么不能当红卫兵？

毛主席给清华附中的信里讲的是红卫兵，我们学校的高干子弟叫红卫兵，咱想参加人家不要。

普通工人农民老百姓的孩子，干部子弟，"红旗"里边也有，像副省级的将军一级的孩子也都是有的。我们就成立"红旗"了，也是很单纯很自然的事情，不存在就是说要成立学生组织来搞反革命活动，都是处于很顺势而为的这个潮流里边，对毛主席，对党中央，对文化革命形势的一种追求，很自然。

1966年8月20号，我们成立了北航红旗战斗队，在创建策划的过程中，我只是北航红旗的直接策划者之一，谈不上北航红旗的一号人物或者最重要的人物。就是成立之后，巴黎公社式选举，从小班开始推举，到系里边，每个系推举两个头到院里，8个系就是16人，加上教师工人，20个人左右，就是勤务站，我参加了这个20个人的班子，是这个20个班子里面的之一，也没有选常委，也没有选一二把手，但是，当时有召集人，这个召集人是北航受打击最大的，知名度最高的石兴国同学。

"八二四"恐怖

1966年8月24日，在北航红旗成立之后，有个"八二四"事件。这是后来知道的，当时并不知道。就是学校里突然听到队伍开进来的声音，我在宿舍里，感到好像出事了，进队伍了，有人喊口号、唱歌。感到一种恐怖，当时叫"红色恐怖"。然后就在广播出现了歌声和脚步声。我当时在宿舍里都感到很恐怖，不敢出去，因为你不知道出去会不会挨打。那个时候正是8月8以后几天，大街上"扫四旧"正是厉害的时候。我们那时候处在受压制的地位。

现在有的人说扫四旧、打人是造反派干的。造反派那时候被压在脚底下，被人打成反革命还没翻身，没平反呢，哪有权利到街上砸牌子、打人？自己不挨打就算好的了。现在把文化革命的脏水都往造反派身上泼，这在学术上和历史上是要有明确区分的。不管是蒯大富，还是后来影响大的造反派，北京的这些造反派，在1966年的"八一八"，在八月二十几号，在九月份都还没翻身，都还受压抑，还被人家打成反革命，自己还不知道怎么样。还能到外面搞"红色恐怖"？谈不上。怕人家说自己出身不好，怕人家说右派造反，自己的队伍里，一个出身不好的都不敢吸收，始终有个外围组织，不能让他们进来。

往前倒，就是"八二四"。学校里发生了撕大字报的事。可能是因为清华、北大有贴刘少奇大字报的大字报，甚至还有贴毛主席大字报。现在知道，是王任重下的命令，组织北京的中学生清华附中的，包括贺鹏飞他们，纠集了中学生来采取暴力的行为。他们是来抓右派，抓反革命的，抓右派造反的。

在北航最后撕下来的大字报，最严重的是炮轰中央文革小组。谁写的呢？当时说是李明清写的，李明清是李井泉的儿子。他后来遭遇不幸。后来说是赖锐锐，赖际发的儿子写的。实际上不是他写的，他是觉得他爸爸没打倒，这是个问题放在他身上，后果可能会小一些。赖锐锐这个人还是很仗义的，他也是北航老红卫兵很有影响的一个人物，后来一中队被抓，他是被我们整的比较厉害的人。我后来知道这些事情的时候，是很感动的。我这个人也是喜欢仗义的人，尤其在困难的时候，我看不起投降屈膝的。

你得势以后，趾高气扬不讲理，等到自己挨整的时候，跟奴才一样去投降，去求饶，我看不惯这个。就是我斗别人的时候，看挨斗的人比较硬的话，我内心感觉，这个人还行。虽然我也打了彭德怀，真是不应该。他当时就是没认。

"八二四"那个事,揪出来竟然是他们自己。另外那个对联"老子英雄儿好汉,老子反动儿混蛋"就是从北航附中出来的,我们学校的附中是发源地。这个对联贴出来的时候,说心里话,我,包括我们北航红旗,不是太在意。既觉得这个对联有替我们出气得一面,运动之前,我们出身好,却受不到重视。又感觉这个对联是冲造反来的,有压制我们的一面。当时开大会,你要讲话,就得先报出身。你不报出身就没资格发言。你只有报了你是革军、革干、工人、贫农,你上台讲话才硬气。首先就喊报出身,再加上派别,我们也感到一种可怕,虽然我们知道,报出身你怎么不了我们,我们都是响当当的红五类,但还是感到一种恐怖。我当时躲在宿舍里,觉得你出去,人家那么多人,打了你怎么办,打了白打。

但是晚上出来,说今天的"红色恐怖"弄出来的反动大字报是炮轰中央文革小组,中央文革是中央派来的工作组,难道毛主席不知道吗?你变成炮轰毛主席。等于他们自己队伍里出现问题了。我们当时觉得,那是8月,红旗才成立几天,我们知道这是冲着我们来的,我们只要没挨打,只要没被你们抓住什么东西,这事就算过去了,你人走了。大学生在学校里有点幸灾乐祸:你看看,你们搞"红色恐怖",想整我们,没想到整出来的反革命大字报是你们的。看你们怎么收场!你们炮轰中央文革,炮轰到毛主席头上去了。所以这种大字报也是他们后来倒霉的一个原因。

双方都是七八十度,没有很激化,就在这样的气氛下,工作组走了,遗留的问题没解决。

找工作组长赵如璋澄清问题

1966年8月23,24号少数人去跟工作组谈,工作组答应了,说那25号上午几点见面。这个问题已经有了解决的默契了。按约定的时间,学生去了,可工作组不来了,毁约了。说赵如章开会,不能来,实际上就是打政治太极拳。他们不是化解矛盾,而是激化矛盾。

赵如章是国防科委八局的领导,是国防科委负责高校教育的局长,他答应与我们见面。我们无非是问问他,为什么整我们黑材料?

为什么搞了这么多四类、反党反社会主义的学生？怎么抓右派？那个文章是不是毒草？实际上想叫他认真做检查，澄清问题。我们这个口号提得真够策略的，多温和啊。

他不来，就把问题激化了，学生回学校，说赵如璋答应见了又不见，出尔反尔，这下大家就火了，不但没有撤，去的人更多了。我不是第一批去的，我是后来听到这个出尔反尔消息之后去的。我以前也去过国务院接待站，去过三座门接待站，都没有结果。

好多红旗战士都去了，总勤务站并没有商定哪几位勤务员去，去后怎么办。是群众自发的，是由于对方毁约造成的，我就跟去了，就是8月25号晚上。

就在国防科委，也就是国防部门口地上，坐了一片。我当时只知道这是国防科委，不知这也就是中华人民共和国国防部，又没挂牌子，高中生考到首都读大学，幼稚得很。

一两百人坐了一片，国防科委副主任罗舜初中将来见大家，他是个长征干部，一个很不错的人，当时林彪四野的一个纵队的司令员还是政委。罗舜初来见大家，双方都还很客气，也是鼓掌欢迎。罗舜初副主任讲话问大家有什么问题，学生既单纯又直接，告诉罗：赵如章在我们那做了这些事情，答应和我们见面澄清问题，怎么说见我们又不见呢？

罗舜初说话不太流畅，文化也不很高。在我们心目中的将军，领导我们国家导弹、原子弹，以前那个高级领导人跟群众不怎么见面，学生心目中的这些首长，都是很神秘，很高大的。我们这些人也是第一次直接接触到一个中将，跟我们面对面。

等到他一讲话，学生就失望了。为什么呢，学生念了大学，肚子里有点墨水，就像过去柯庆施讲的，念了小学瞧不起农民，念了中学瞧不起工人，念了大学连毛主席也瞧不起了。学生有点文化以后，虽不至于如此，但已自有见解，雏鹰初飞。

罗舜初，小知识分子参加革命，当年红小鬼，基础知识肯定达不到大学，长征干部，打仗打过来的，再加上他说话不连贯，这个这个……啊……，他在边想边应对。群众运动的形势也造成他没法回答，态度还得好，你们有什么要求，你们说啊，我可以给你们转达，他在打政治太极拳。咱们分析，一、聂荣臻是正确领导，当了政治局委员，升了一级了，他能不保卫吗？二、北航的学生矛头直指而来，他又不愿意放下架子真正做检讨，把这个问题解决了。三、于是打政治太极拳。

　　罗舜初对学生也是很客气，很文明的。他出来干吗的？他是哄学生回去，有问题我们慢慢谈，对不对，有什么问题告诉我，我转告。他想把这个矛盾就这么解决了，学生能干吗？你打了我们反革命，打了右派，打了毒草，你跑了，我们来找你，你答应见面又不见了。就这么着，我们就回去了，这个矛盾不就僵化了吗？

　　罗舜初就讲，啊这个这个，啊这个这个，你们回去啊这个这个，我会反映，他没法讲话，他既不敢说国防科委工作组是正确的，又不敢说国防科委工作组不正确。他也不能说怕，实际他怕不怕？怕，社会上的运动已经是越来越激化。如果工作组真的跟学生见面，会不会出事啊？还有他们的面子往哪儿搁？威信怎么维持？这是官府的习惯思维。

　　真的见面，认错，检查，了不起开个批判会，学生能怎么着？既不会打他，也不会骂他，最后就是不了了之。可是他不，他怕。就是不能和你见面澄清问题。副主任可以见，为什么工作组长不能来？就是这么微妙。他不来，学生就拿报纸念，社论说怎么对待人民群众，就念毛主席的指示，念得他哑口无言。学生感觉一个中将，我们的领导，怎么这样？我也很失望，觉得一个中将怎么这个水平？

　　在我们青年人心目中的水平是什么？是理论的言辞，是革命的口号，是激情。这些他都没有，我们看不到他革命的经历，他的领导才能在哪？这个中将怎么这样没水平，结结巴巴，结结巴巴，问题都不好好回答，也说不出个怎么来，大家挺失望，就觉得这样的人领导我们啊，跟没见面时候，对高级领导人那个形象有了一个大反差。当然，学生的标准也有问题，也不懂事。但这时候学生占理。

　　这就在那儿磨，你说过来，我念过去，学生东一句，西一句，这个一句，那个一句，罗舜初中将在应付，八点过了九点，九点过了十点，十点过了十一点，怎么办？最后得收场，他得走啊，那你走走吧，我们又不是找你，我们找工作组组长赵如璋。

罗舜初中将走了，学生很失落，也很无奈。回去吧，没见着，不回去吧，在大门口待着算是怎么回事？幸好那时是8月底，气温还比较高，早晚略有凉意，大家就在那晃悠，有的在那坐着，有的就站起来散散步。没有去处。已经到了8月25号，大家就熬着，熬到深夜，略有凉意。有的人就到周围，比如远的跑到北海大桥，往北边一走，可以看到中南海，站在桥上看，哎这是中南海的灯光，毛主席就在那儿，这个时候你才体会到，学生对毛主席真有感情。这个感情是产生自一种被压制，希望得到解放，希望得到一个公正的对待。我们离毛主席这么近，怎么会这样无奈无助呢？学生造反派对毛主席那个感情，不是无缘无故来的，他希望他个人命运的解放。他有一种希望，他把希望寄托在谁那呢？就是毛主席，我跟同学们看到中南海，当时我就问，反映我的幼稚，我说毛主席知道我们在这儿吗？毛主席应该知道。

我说的毛主席应该知道，不是说，会有人把这个事情报告给毛主席。不是的，不是这么理解，我是感觉到毛主席那么伟大，他能不知道吗？我是带着一种伟大神圣，至高无上的，把毛主席当成救星的感情。虽然不叫神，但内心的个人崇拜，相信毛主席就自然会知道的。

为什么外地唱"抬头望见北斗星，心中想念毛泽东"，他是在斗争中处在一种被压迫的无奈的状况下，他把他的解放和未来和公正的诉求寄托在毛主席的身上，这个感情是他的命运导致和极点，你看中南海离北海桥就这么近，也可能哪个窗口的灯光就是毛主席的，可是你有什么办法呢？

最后的希望，包括绝望，在毛主席，最大的力量的来源，可以说，我们在北京，在首都，在毛主席跟前，从物理距离看，就离毛主席这么近，几百米，难道说我们的问题就解决不了，我们就得不到正确对待。我们就提了跟工作组组长赵如璋见面，澄清问题，让他讲讲清楚，他凭什么把我们一千多学生划成三类、四类。见面谈清楚都不行，这个简单的要求都不行。

我本来是跟潮流去的，没想到出师不利，这一两百人被抛在大门外边，进退两难，我是北航红旗勤务站的勤务员，这时候需要有人出来拿办法，组织对话。需要有人出面应对僵局。形势逼人。

　　在这样一种斗争场合，需要有人站出来，并不是总勤务站开会分工说韩爱晶你去负责这一块，这一两百个人里，大概正好有几个是勤务员，我、屠海鹰两个为主，年轻教师张树泉。在一个无可奈何斗争中形成了这么一个，好像小领导班子，周围有一帮铁杆红旗战士，李明启、韦仁、尹聚平、王以理几个勤务员顺理成章要商量，回又回不得，问题又解决不了，怎么办？

　　熬过夜晚，盼来第二天黎明，稍微缓和点了，首先有一个吃饭问题，有的人在街上吃点早点，这不是办法，午饭怎么办？自然的就有一部分学生想着，站出来跟大家说，你们把饭票拿来，一顿饭撕一张票，回学校去找桶找车，把饭打过来给大家吃啊，不可能老在街上吃，没钱啊。

　　还好，饭从学校拉来，盖着被子保温。晚上又露宿道旁。

　　白天又去传达室，联系要求见工作组长赵如璋。还在门前，向上班的干部散发传单，说明我们为什么要求见工作组长赵如璋。

　　这样过了几天，在离国际科委门口大概一百米左右地方，发现一个业余体校的训练馆空置着，里边待千把人都没问题，当时是怎么解决这个问题的，我也搞不清楚。这个门开了，训练馆后面有院墙，前面有一个门厅，正门口有百十平方空地，外面有值班岗亭。这个地方成了根据地，里面地上有运动员训练翻跟头的大毯子，又长又宽，很多不用的都卷起来了，一卷一卷的，这样又有铺的又有枕头，到房子里暖和了，有了营地了，你说28天28夜，后来是晚上就住这了，这给学生坚持下去提供了一个物质条件。

　　这地方成了一个根据地，大家轮流抽空回去，有的人来回跑，这个回学校，那个又来了，就把生活用品慢慢转移来了，带件衣服、牙缸、碗、笔、书、大字报纸、浆糊。

　　在行动中自动形成分工，有几个学生解决吃饭，每天那个车把学校的饭盖好了，用棉被捂住了保暖，饭啊菜啊，汤啊弄过来。有一部分人就自动负责保卫，轮流值夜班。还有的负责写抄大字报、大标语，有的负责油印传单，还有的与学校交换信息，互相声援。

学校里大字报论战，形成两个战场，保工作组的散布说，红旗的学生去到国防部门口静坐，要冲进国防部，是反革命行为。红旗的说，我们去澄清问题。他答应我们来又不来，出尔反尔，今天不来明天来，明天不来后天来，昨天开会，今天还开会，我们等你。

科院门口就僵持下来了，局面就是这么造成的。大家慢慢有规律了，越来越正规了。在这个国防科委门口就一二百个学生，哪怕今天少点，明天多点，是个流动的。有一部分人基本上不走，早晨出来排队唱歌、做操、跑步、喊口号，唱的也还是老兵的歌：拿起笔做刀枪……谁要是敢说党不好，马上叫他见阎王。

我们唱的和高干子弟为主的老红卫兵一样，我们腰杆挺得直直的，我们是捍卫共产党，我们捍卫共产党比你们还厉害，自然在本质上啊。毛主席、共产党、解放军，这一切都是自然的，没有一点歪心。

老兵、西纠、联动中的一部分人也认为，北航红旗跟他们本是一家子，他甚至认为是有点叛变，因为北航出身太好了。他没法说我们造反是反共产党，我们都是响当当的红五类，不是红五类不能参加北航红旗，不是工人、农民、贫下中农、干部、革军子弟，不能参加北航红旗。

一方面由于我自己思想里有成分论很重，再一个是由于怕别人说我们队伍杂，是右派造反，不让人抓住把柄。所以参加北航红旗一定要出身好的，出身不好的不要，一直到后来都不要。北航这个队伍，我这个血统论影响很重，"自来红"思想很重要的。

当时主要任务两条：对内组织协调这一两百个人行动，要能听取并集中大家意见，一般晚上大会讨论，各抒己见，我们今天晚上怎么办，明天怎么办，之后需要有人集中，安排。对外是要让工作组长赵如璋出来见面，要澄清问题，要与科委交涉，要有谈判能力，应对能力，要能抓住对方这个要害，这个战场上需要有这么一个人，我显示了一点点长处。斗争把我推到这个角色的位置上。

这个时候，我们慢慢地进入常态了。早上跑步，做操，唱歌，喊口号，然后吃饭，学校也规律了，饭都送来了，大家吃了以后，一部分人把晚上油印机出来的传单，"赵如章，我们已经等你三天了，我们要求澄清问题"，站在国防科委门口，上班的解放军干部来的时候，给人家发。有的人跑到附近贴大标语，强烈要求赵如章出来澄清问题。比如说是几天了，有一部分人去国务院接待站，去三座门。去哪去找中央首长，分工了，找领导的，想办法找到线索把这个反映给中央的，有人去解决生活的，有人管写大字报贴标语的有人管印传单的，有人管写东西的，有人管保卫。形成了一个小的战斗集团，有序了，大家情绪慢慢稳定了。当然这个过程中间肯定也是很曲折的，因为学校里不断传来消息，他给你加码，说那个地方是右派翻天了，造共产党反了。

有一天，在我们驻地边附近出现了一个什么，冒黑烟。派出所来了人，你们在这静坐，在那出现东西会不会爆炸，是不是在这个地方搞破坏，总有事情在出现。

最严重的是，保护赵如章的那些高干子弟，就是苏晓前他们。他们联合了三十九中的学生，三十九中在附近，开着卡车，往我们小体育馆里冲，卡车冲学生吃得消吗？群众运动你也挡不住卡车啊，他就打开大门往里冲，他不能冲进房子里，大家退到里头，喊口号，"要文斗不要武斗"，"捍卫毛主席给的权利"。他们冲进来把我们大字报给扯了，然后刷上，"只许左派造反，不许右派翻天。"

中学生拿出扫"四旧"时候在大街上横行的本事，把油印机砸了，把你的东西毁了。这是武斗的开始。文化革命为什么会有武斗呢？强势的一方在弱势的一方不能妥协的时候，想通过暴力把他们驱散，或者解决。这种螺旋式的历史现象今天也是一样。弱势呢，一个是躲，逃，要么就是不干了。还有一个就是捍卫，文攻武卫从哪来的？

文攻武卫不是江青创造的。如果说是江青创造的，江青说这个话有什么责任是另外一回事，但是在这么大规模急风暴雨的政治斗争、社会斗争、阶级斗争的情况下，由于意见的对立分歧，战争是政治的延续，武斗就是一种战争。棍棒也是一种武斗，也是一种战争，只不过原始的战争。保护自己的安全，不要被人家打伤了，不要被人家破坏了，不要被人家驱赶了。你如果自卫，你往前一步自卫，就发生肢体冲突，就发生器械的冲突，就可能出现个别人员伤亡，伤亡之后再报复就是小规模的武斗。

这种武斗产生，首先是强势一方干涉剥夺弱势方的正当权利，也有弱势方争取权利方法不恰当，双方冲突。

以我们为例，我们在这坐着，就是贴大字报，散发传单，提我们的要求。你干你的，我干我的，是不是，四大，四大自由。你来了汽车压我们干吗？你撕我们东西干吗？你扯我们人干吗？你毁我们东西干吗？会有人去判他们刑吗？说他们是打砸抢的挑起者吗？没有，永远不会有！他们就是打死了人，也不会有人追究。为什么？因为他们是高干子弟。

这是中国几千年皇权特权社会留下来的，有权势者的亲属是不会得到法律处理的，不会的。哪怕再贪污，再特权再胡搞，再打死人。历史总会想办法把它掩盖起来。最后挨整的是下层人。你要是做了一点错事，抓住了，没完没了。这就是毛主席讲的，哪有什么法律面前，人人平等？我也主张法律面前，人人平等；我也主张真理面前，人人平等。可是到现在为止，我也没见过平等，一回也没见过。谁对谁平等了？是谁挑起来武斗，用暴力来解决？

他们撕了，砸了，一片狼藉，我们就认了，人家走了，我们重新再把东西收拾收拾，没有办法，又不能找他们打架，也打不过人家，人家力量也比咱强。

我们还处在先解决正常吃饭，正常生存，哪一天说不给送饭，吃的可能成问题了，有的食堂说右派翻天，不让他们吃饭，然后又说他们绝食，实际上我们真的没有闹绝食，他们说闹绝食，向无产阶级示威，要冲国防部，实际这些事我们都没有干过。

不停地去到各个地方找中央领导，去递报告，有专门想办法递报告的，去上访的，目标直接找到中央，反映情况，让中央，让赵如章出来，使得我们能够取得这个斗争的胜利。

中学生三番五次来干扰你，你学校里要贴大字报说你那地方反革命，学校里想办法制造舆论，说既然是右派造反，不给他送饭，一直惊动到周总理的秘书长周荣鑫，他给了我们很多帮助，我们反映问题，见到他，我也见到他，他态度很好，这个人态度很好，是我们见到的陈述我们的要求最高领导，国务院秘书长。

1966年8月25号开始静坐，当时，周荣鑫那和周总理那已经很明了了，中央里的形势，清华北大的局面，中央文件，毛主席讲话。所以周荣鑫表态说，无论如何要给这些学生吃饭，工作组组长也应该见学生，周荣鑫表了态能解决问题吗？解决不了，周恩来的秘书说，赵如章应该见你们，你们要求是正当的，赵如章照样不见你，你能怎么办？中央已经形势变化了，后来连周恩来也讲话了，说赵如章应该见，应该给学生澄清问题，他还是不见。

甚至又一次赵如章答应见，来到半路上，我们学校的红卫兵又把他抢走了，高干子弟红卫兵老进来搅，搅什么？

这就导致我们在这一天天的拖延，我还去接待站呢，我还见过谭震林，那时候还想要谭震林递材料，说谭副总理，请您帮我们递一下，我们是北航的，我们要求见赵如章，他态度很好，个子也不高，小老头也很和善，他也答应了，我帮你们反映，谁知道他自己那地方，后面对他还正是没完没了了。

也就在这个时候，在我们旁边不远的地质部，朱成昭带着一帮队伍，比我们早得多，进驻地质部。我见到朱成昭，和朱成昭周围的人，我感到，我们那个队伍和我们的领导班子，简直就是秀才。朱成昭从年龄上，气势上，从力量上，就像一个运动员。他那个队伍是很强悍很勇猛，他那个气势，那个要求，那个口号之强硬，比我们整个高八度，高十八度。他们还有一个比我们凶得多的要求——炮轰地质部，罢何长工的官，工作组怎么怎么着。

朱成昭个子大，年龄也大，三十几岁，政治上比我成熟多了，他跟我坐在会上，我提了这个问题。何长工的问题是要经过政治局的，我都不懂政治局是什么东西。那个时候我的政治常识差远了，我不懂政治局这个概念，不知道它的分量。政治局委员怎么样，候补委员又怎么样？朱成昭比我大十来岁，政治上成熟了，他说的我听不懂。就像以前听苏晓前跟我讲彭真出问题一样。我很封闭，就是一个很简单的想法——你做了坏事,打了这么多的四类三类,你答应见面不见面,你凭什么?我们要求是正当的,我非要你见不可。既带有我自己的要求,又带有一种好像路见不公,打抱不平一样——这事你不公道,你凭什么不见?仅此而已。

我被逼上造反派头头的位置,头脑里政治常识差得远。朱成昭跟我见面,整个谈话都不一样。朱成昭后来讲,他在文化大革命中最看重的一个是彭小蒙,一个是韩爱晶。1990年前后,我再见到朱成昭的时候,他说,哎呀,我最可惜的是你韩爱晶。最后竟然落到这种地步,我真替你痛心。那时候,我跟他见面就像小弟弟见到老大哥,我是一个很幼稚很单纯的大学二年级学生,他很成熟,他对政治斗争的理解,他思想的深度,以及他用的那些词汇,我不能完全听懂。

北航、地质我们两家互相声援,大家都需要得到支持。我们也开始给他们送大字报,表示支持:"坚决支持地质学院东方红的战友们,在地质部的斗争"。他们也带着人过来,互相鼓舞。实际上我们跟地质应该是最亲的,北航和地质是患难之交,是风雨兄弟。

而且我发现,朱成昭以及他带的那个队伍,具有一种强悍的气势。我们的队伍真是文质彬彬的,我们只是要求澄清问题。

1967年9月以后,造反派分成"天派""地派","天派"以北航为名,"地派"以地质为名,都是莫名其妙,莫名其妙我们两个学校隔一条马路,马路那边地质,这边就是北航。

所谓28天28夜,要说北航红旗就是赵如章培养的,他如果出来,这件事情就没有了,他不出来。我们的斗争很文明,每天去贴大标语:"我们等赵如章同志已经十天十夜了"。这不是影响吗?第二天:"我们等赵如章同志已经是11天11夜了""我们强烈要求工作组组长赵如章同志澄清问题"。这是多么简单的一点要求,来上班的干部,任何一个人看了传单标语都会对我们有些同情。

大标语贴的范围越来越宽,从小胡同贴到周围街道,再往长安街,北航红旗的影响就是这么出去的,字也越贴大了,他也越来越没理了——为什么10天变成18天,19天,人家就问怎么回事?就连国防部哪地方上班的干部也感到奇怪:怎么北航学生要工作组见面,都等了 18 天 18 夜，怎么就不见？那时候形势都已经明朗了，中央那边，还有那些干部已经同情我们了：为什么还不见？见了谈谈就行了，怎么那么怕？

北航红旗在社会上逐步地扩大影响的同时，在学校里却处在一种很艰难的地步。这里有两派在较劲，领导是关键。这地方又在寻找，斗争的方式也在改，写的文章和散发的传单，也越来越有深度了。社会上的信息就进来了，我们学校有个"红风战斗组"，都是研究生和老师。他们的理论水平就比较高，其中为首的叫吴介之，这个人就是后来跟着王力、谢富治去武汉的四个人之一。他的文笔、理论、年龄比我们就大多了。他们出来总结，写了两条路线斗争，开始把北航的运动和中央的斗争结合起来，写出一些大字报，也贴到我们这儿了。这个时候我开始从理论上，把这个斗争和中央的斗争，和两个司令部斗争，两条路线的斗争联系起来了。

看到朱成昭和我们学校的一些大字报，以及清华一些信息，才使我感觉到，我们这么点问题解决不了，原来是两个司令部、两条路线的斗争。这是全国性的。我的思想在这时候开始升华。九月十来号三个司令部的成立，一司我们北航的红卫兵参加了，我们当然就不可能参加。他们是由高干子弟和保卫工作组的为首的人组成的。中央领导人讲话了，我们参加不了。二司和三司同时在筹备，二司大部分是保工作组的，少部分是反对工作组的，是一个混合体。三司都是反工作组的，是少数派，三司是以朱成昭为首的，朱成昭派了他下面一个人，叫什么我记不得了，去筹备，去串联。

我对于成立、参加司令部兴趣不大，我的兴趣集中在怎么能通过参加一个司令部在主席台见到中央首长，把我们的信递上去。中央能帮我们解决问题，我的思想核心在于把问题解决了，工作组怎么能见了，我们就胜利了。我的全部身心集中在这个焦点上。当时已经到了什么程度，鞋都不穿了，顾不上了，头发乱糟糟，一天到晚就是全身心投入，我每天光着脚，来来回回，不管上哪去，顾不上穿鞋，那个鞋也脏了烂了，没法穿了。衣服也顾不上换，晚上比别人睡得晚，操心别人多，已经很辛苦了。

当时觉得三司是少数。感觉他们要成立,中央领导不可能像成立第一司令部时那样,去得那么齐全。

另外,我感觉三司好多造反派出身不好,我当时有红五类思想,还不愿意和他们搞在一块儿。我觉得我们多纯啊,我这个思想你看多么的"血统论"。二司虽然大多数是保守的,但是出身好。另外我觉得中央领导出来的可能性也大一些,所以当时三司来串联,我婉言谢绝。后来地质学院聂树人,写了几十万字的回忆,他说很奇怪,不知道为什么北航红旗不参加三司。

我跟他们关系那么亲,仍然保持有距离,我没参加三司,但是在二司成立的时候,想通过这条线见到中央首长,但是也没有达到愿望。

红楼座谈会

问题是解决什么时候解决的呢?是红楼座谈会,这是一个少数派座谈会。9月18日到9月20三天,在北大红楼,这是五四运动的发源地,就是沙滩那个地方。我2007年及2005年,我跟阎长贵两个人又去了一趟,去找那个地方。毛主席在那当过图书管理员。

当时我们系的田东,就是贴大字报主张成立北航红旗的田东,从学校来找我,说韩爱晶,最近有一个中央文革见少数派的座谈会,你看你是不是去啊?看看能不能把这个意见反映上去?我一听,这是个机会,我就想找中央,还能不去吗!

这个会是个转折点,会开了三天,我去了两天。第一天不知道,北工大东方红的武加穗和田东去了。北京工业大学当时被认为出身最差的,是彭真搞了北京出身最不好的学校,当时我有偏见,思想也是左的,是不公道的,对于出身不好的同学是不公道的。虽然我没有怎么对待人家,但是应该说说这个是有偏见的。那个学造反很厉害,谭力夫好像就是那个学校的。

第二天,我带了一两个人去了。在那见到了张春桥、戚本禹、王力、关锋、谢镗忠、刘志坚、李曼村。也见到了李讷、蒯大富和谭厚兰。我没发言,因为还轮不到我。那个会议室很简陋,就是一般的木头椅子,前面有个平地,平地上是主席台,坐的就是张春桥、刘志坚好像去过一次。我第一次这么近的见到中央领导人,除了以前见周荣鑫、谭震林之外,这样近地见到影响很大的中央领导人。北大、清华有中央领导去讲话,当时我们那没有。

我们听人家发言,才知道蒯大富。在会上,李讷把蒯大富叫到一边。有人说这个可能就是李讷。我心里就更加有希望了,觉得这里有中央文革的军队领导,又有毛主席的女儿,这回递材料可以了,反映情况有把握了。这时候就听到他们一个一个站起来讲,这个那个,我听了没有引起什么震动,我觉得讲得比较平淡,就是一般反映学校的问题解决不了,少数派受压制,希望中央怎么怎么样。

我的思想已经变化比较大了,具体问题的解决,已经在思想里占得分量轻了。不像原来一心一意只想与工作组见面,澄清问题。到了第三天,我讲话了,我说我们北航当时处在这么一个情况,我们仅有一个很低的要求——请工作组出来澄清问题。已经 26 天 26 夜了。我们既没有要求打倒谁,就是要求你见面,还不让见。汽车还来冲我们,说我们右派翻天、反革命。我们什么也没干,就贴了大标语,贴大字报。就是唱歌、训练、做操。然后,我阐发了我的观点,我说,我感觉这个事情已经不是这么简单了。我们学校筹委会主任是毛主席大女婿,我们当然更难,我们不可能对主席家里的人怎么怎么样,但是我现在已经感觉到,这个事情不是像我们原来想的局部问题,这是两个司令部和两条路线的斗争,我说我现在对运动的有我的一些看法,比方说前一段"扫四旧",我说"扫四旧"当然对,但是"扫四旧"应该扫什么,旧文化,旧思想,旧习惯,而不是去砸牌子。更何况毛主席讲,这次运动的重点是整党内走资本主义道路的当权派。把运动引导到那么简单化对吗?再一个问题呢,我认为我们这场斗争,与美国在越南有联系,这是他们这条锁链的一个环。如果我们这个地方斗争胜利了,可能产生重大影响。我们的斗争是对整个资产阶级压制群众的一个重大斗争,这场斗争有一个全局性的意义,它会使别的地方挡不住。我们和地质东方红冲破了反动路线以后,别的地方也会垮台,会引起一连串的反映。我说我们斗争的意义已经不再于我们这个点了，而在于两条路线，两个司令部斗争，所以我们要坚决斗争下去，就是要扩大影响，我要求中央文革向上面反映我们的问题。我们这个具体要得到满足，但是他如果不见，我现在无所谓了，他不见，我们就一天天地等。就大字报、大标语满城刷，那时候已经刷到东单、西单，刷成一片了。传单越散越远，影响越搞越大。我说他不见我，我正好有这么一个战场，我说他不见，我不着急，咱们就扩大影响，去宣传。他越搞越被动。当然我也请求把我的意见反映到中央。

另外，我说这场斗争这么进行下去的话，恐怕工厂、农村都要涉及，甚至于军队搞不好要出现开枪的事情。我说，比如你们中央文化革命小组在座的过去也是受压制，现在翻身了，你们不要忘了，我们下面很多群众，并没有得到中央帮助翻身，你们不要地位变化了就只顾你们自己，而不很好地支持下面被压迫的群众的斗争，我将他们一军。张春桥和戚本禹、王力都鼓掌，我发言以后，引起了一片掌声。

我发言以后，李讷把我叫到旁边去，她说你怎么连鞋都没有呢，要不我给你买双鞋？这时候我开始感到温暖，感觉到这个地方，有同类的声音，有比较倾向于自己的中央领导，还有人来关心自己。虽然我跟他们不熟，但是我相信我的发言是引起了他们的注意。李讷也找我，首先就问你家里是干什么的，我讲，我们学校都是红五类。她一问我就讲我家里受到一些冲击。我们家恰恰是走资派和保守派。你想，我继父是公检法，中级法院院长，公检法那个大牌子挂着斗，我母亲和弟弟都参加保守派。所以后来我对这个运动中的造反派和保守派的看法，还不是那么太激烈。

朱成昭坐在前排跷着腿，抽着烟，跟关锋，戚本禹那是哥们一样，我在底下是红卫兵的一个，就是向上反映问题，求解放，同时我阐述了一些全局性的见解。

那天张春桥做了个讲话，他说我们会把意见向中央汇报。实际这座谈会是主席让召开的，主席让他们听意见，后来座谈会的内容报到主席那去了，中央文革实际上也都知道这些事情，张春桥讲，你们不要以为中央做了决定，下面都会执行，有些人还是不执行的。表示对我们的支持。我说心里话,当时对张春桥,对王力他们是很感激的。他们当时代表的是中央文化革命小组,那真是见到了中央。

现在有的人写文革史,说是中央文革召开了造反派会议,蒯大富在会上攻击总理等等。实际上,是蒯大富反映有人说总理抹稀泥。这个会是主席让他们来听意见的,回去他们也向主席报告了。

就在这前后,毛泽东、林彪、周恩来都有讲话,毛泽东的意思是说,搭个棚子,不要让学生坐在地上,让他们闹,怎么怎么样。孔令华回家说,毛主席说我们家小保皇回来了。主席家也分成造反派和保守派了。

陈伯达、王力来看望

过了这一天,9月21日,我们还是照样,因为受过人家冲击,很警戒,那是第28天了。

我见了中央文革的第二天,我们因为受过人家冲击和打砸,所以晚上那个小门,值班就很警戒,值班的人也增加了。那天晚上,我有事出来,到门口看一眼,听到门口闹闹嚷嚷的,怎么回事?五六个人在那,是外人来了。值班的问,你是干吗的?我往前一看,是王力,另外一个人我不认识。我一看王力,赶紧迎上去说,王力同志,你怎么来了?王力赶紧给我介绍:这是伯达同志。我更高兴了。

陈伯达是中央文化革命小组组长,中央排在第五号的人物——毛、林、周、陶铸、陈伯达。这对我们是太意外了,人家只是参加北大、清华的会,哪里参加我们的。现在跑到我们驻地来了,我说赶快让开,进去。

那里边晚上还在搞油印,还在写大字报,一看我带人来了,他们不认识。我说大家赶紧聚拢,并马上宣布,说请大家欢迎中央文化革命小组组长陈伯达同志和王力同志。大家高兴坏了,那种喜悦,那种意外。今天人们说,中央文革小组就没做好事,不能那么说。他们给予了部分受压制,受到不公正对待的群众,工人、学生支持,是做过好事的。

不要说一个人打倒了就全黑了,不是那样。我现在讲文革,回忆当年的事情，我不管你什么观点，张三、李四、王二麻子，我一概不管。我完全回到我当时的思想，我当时就是对陈伯达、王力充满了感激，充满了惊喜。当时大家也高兴。陈伯达可能是听说了我们要赵如章澄清问题，他就问，你说说，你们到底要赵如章澄清什么问题？我们系的何经国，口才很好，在欢迎谢若冰的那个会上他是主持。他就讲一二三，停留在具体的事情上。他说了一会儿，我就发言了，我说伯达同志，刚才这些问题是我们要向工作组澄清的问题，但是实际上，我们对澄清这些问题已经看得不那么重要了。这跟大家的观点不一致了，大家说韩爱晶你怎么说这个话呢？我就把我在少数座谈会的那些观点，两个司令部的斗争，两条路线的斗争，这个地方的斗争，这个地方就是越南，就是战场，这个地方只要打破了这个锁链，那会影响全局。这是路线斗争和司令部斗争的一个战场，以及它的深刻意义。这正好和在中央全国工作会议上写的两条路线的斗争连在一块儿的。我这番话引起了陈伯达的重视。陈伯达后来讲过一句话，说我看韩爱晶是一个英雄。我看他意外地感觉到，这里还有人讲理论问题。他看我们问：你们还有照相机？我说我们不是这一点，我们有一两千人。他很惊讶：你们有这么大力量？我说，我们现在的战场转到这来了。实际上，我们是将近两千人的队伍，不可小觑。

陈伯达见了学生，发现这些学生并不凶。他就给罗舜初写了军令状，说把赵如章请他出来和学生澄清问题。如果打死了，陈伯达偿命。他面对聂荣臻，聂荣臻政治局委员，他也政治局委员，现在咱可以理解中央文革的地位。陈伯达在聂荣臻面前高不了多少，聂荣臻人家是元帅，功劳那么大，所以他也不得不采取立军令状的办法，出问题陈伯达偿命。

这时候毛主席讲话了，林彪也讲了，赵如章不出来，派一个排把他押解出来。这时候聂荣臻没有什么办法了，把赵如章放出来，就放到我们这个驻地。从陈伯达进来之后，赵如章也就到了我们的小体育馆。他真的到了群众之中，问他问题，他说明澄清。跟说好了，得随叫随到，他签字同意。学生还能怎么着？你不能打他，不能骂他。我们得到的就是一个道义上胜利。道义上胜利之后，原来问题就不是问题了。我们唱歌，开大会，他都在场。大家觉得不方便，讨论问题因为我们是民主式的，什么事大家发表意见，所以开会的时候，就请一个学生把他带到后面去，后面有一个小院子，就带他到哪里去，不要他听。

陈伯达见面后两天，体育馆又被冲了一次。大概是九月二十三四号，又被冲了一次。

北航红卫兵伙同西纠学生来冲

陈伯达一见面，学校里边大字报一贴，北航的老师干部都比较单纯。北航没有很复杂的斗争，大多数中间群众一看，中央表态了，陈伯达已经去了，王力也去了，赵如章也见了。胜利了，就开始往学校里撤了。除了少部分和你对立的人之外，大部分人都认为，哦，中央表态了，北航红旗胜利了。

实际上这个时候，去不去澄清什么问题，已经是个次要问题了。澄清也罢，不澄清也罢，我们已经胜利了，你已经失败了。那就是一个道义和政治上的较量。学校里虽然有些人不服，但只能是心里不服，嘴上必须服了。陈伯达是中央文革小组组长，中央文革在北大、清华的影响，现在介入到北航运动里来了。工作组组长也和我们见面了，北航文革的形势发上了根本性的逆转，应该说受压迫的少数派，取得了平等的地位。甚至在政治上，在舆论上开始占优势了。

外面的中学生，他们还是不服气，还搞。但由于我们影响越来越大，除了和地质学院结成了一个患难与共的战斗集体之外，一些军事院校，尤其是西安军事电讯学院，搞不清现在改成了什么名字，他们也来了。他们穿的军装大概是没有领章帽徽，强悍得很。包括河北的军事院校，军队院校的运动也已经起来了，也到这里来，那就不一定找聂荣臻，而是找军委文革了，或者军队的什么干部，来解决问题来了。我们影响越来越大，他们就不停地和我们接触。我们就相当于接待站，成立了接待小组。不仅军事院校的人，甚至外地的造反派也跑到这来讲他们的事情，建立联系。还有北京市的。北航成了一个标志。

最突出的是军事院校，人家可不像我们，我们还有个房子在里面待着，军事院校就在门口坐着，甚至就往里冲。厉害的时候到什么程度，我们真是太书生气了，跟人家没法比。我们就是在外头散散传单，贴贴大标语，离得远远的，递个传单。人家军事院校聚集起来几百人，人头上走人，有学生特点，又有军人特点。往里冲的时候，那里头就有军警什么的，开始挡，不让往里进，军队院校的人就站在自己队伍的人头上，往里冲。

在这期间，张春桥还来过，那是9月21之后了。我们队伍虽然在逐步撤，但跟赵如章还有些问题要澄清，因此又待了一些天。张春桥有一次把我叫去，说韩爱晶，你们可不能冲国防部，那是白虎节堂。是啊，国防部能冲吗？中国只有国防部的名字，实际上就是总政总参总后和国防科委等军事机关。国防部是牌子，做事的是总参。我说我们没有冲。张春桥说，不但你们不能冲，你们还要做工作，让那些军事院校不能冲。你们往后撤。我们不但自己没冲，也做军事院校的工作。有的时候他们听，有的时候他们不听。我们和军事院校，和西安军事电讯工程学院结下的友情最深，他们在这待的时间最长。

北航与军队院校的来往，埋下了后来的"九一三"以及黄吴李邱，和三军"无革"派的矛盾。北航不仅成了北京两大派中的一派，还和军事院校结下了密切关系。林彪建立他的军事小集团，林彪的黄吴李邱可以说是一个军事宗派，实际上林彪是党内有党，是党内的一个派别，一个小集团。林彪小集团的形成，以及后来北京造反派和他们的关系，也从这儿开始。

北航和军事院校结下的关系，没想到，发展到黄吴李邱和叶群、林彪的关系。北航红旗是个红卫兵组织，这个组织从这里开始进入了军队的斗争，而且进入了军队最高层次的斗争。虽然这种介入是一种很单纯的进入，但又是非常复杂的政治斗争的进入，这是起点，这个点开始变成线。

北航红旗在政治上基本上翻身了，静坐的学生返校了，大部队九月二十八九号，国庆节前夕撤的。由于小体育馆颇有影响，成了北航红旗接待站，一些外地造反派和军事院校造反派还到这里联系，这里有几个人没随静坐的学生返校，有四五个人在那守着，一直到冬天冻得不行了，才回学校。

大部队回校融入我们校内两千人的队伍，国庆节快到了，在第二司里是一个大组织，虽然二司领导班子没有我们，但是当时还得讲起码的公道，分配国庆节上天安门的观礼票，有北航红旗一张。总勤务站石兴国等讨论，最后说这个票应当由韩爱晶去。考虑在这个地方起这个作用。

斗争过程中，尤其我们在最困难的时候，内外重压，前途不明，经常辩论，有人认为方向是不是错了，是不是在这个地方不能待，也有人主张撤，也有红旗勤务员贴大字报说辞职了，不干了，不干也是革命，实际上是自己给自己找个台阶下，看不到前途和光明，不知道将来会不会打成反革命。在斗争中，我觉得他们好像总在某一方面不太能适应，，感到不尽人意，那我自己就往前，这个时候没谁想当前线的头头，这个时候只是来讲一个公道，觉得这事凭什么就不能解决，而这个战场又需要一个人来做组织，来接受大家意见，来领着大家，来坚持，我也是被逼上了战场。我是义不容辞，逼上梁山。

这个时候怎么会想到后来当革委会主任，离题万里，在这个期间。学校实际上石兴国和刘金荣等在主持北航红旗，在学校里头也占了小楼，在院长被赶走的小楼里，有个女红旗战士有个叫安小兵，我们大班的，在那守电话，有时候晚上趴在桌上就那么睡着了。没谁非要她那么坚持守着，可是前线随时可能有情况与学校联系。后勤和这边联系要有人。

石兴国当时应该承认他实际是北航红旗的一把手，虽然说大家没有坐下来说我们选，谁是一把手，谁是二把手和常委，北航红旗总勤务连个正规会都没有来得及开，但他在行使着，在学校相当于北航红旗总勤务员站负责人，在这期间他也来过，在斗争阶段还跟刘金荣来过，跟这里的勤务员碰头说，韩爱晶做谈判的组长，因为这个战场上主要就是与科委谈判，谁当宣传组组长，好像有这么一封，我们根本没有在意，他在这待一待回校去了，我和屠海鹰在做组织和谈判工作，以及去找中央，少数座谈会找到了中央，使这个局势整个的扭转，取得了胜利。

上天安门见毛主席、出任北航红旗一把手

回去以后，国庆了，就传达。也就这之前，我才理了发，弄干净一点，去参加这么一个活动。

毛主席说没地方住中南海啊，我住进了中南海，参加了红卫兵集体。中南海里面分若干区，有一个区划出来，这时候才知道中南海的房子也是普通的砖头垒的，房子里也没啥东西，腾出来以后，大屋子摆几张床，来了几个红卫兵，这里多少人，那里多少人。分组参加活动，然后去打饭，伙食比外面略微好一点。然后就跟我们讲，国庆参加礼仪，看焰火晚会。宴会就不要参加了。可能有少数代表去参加。我就是分批参加不同的活动。中南海这个墙，走到那个地方，有解放军站着，原来有很高的神秘，这时候感觉到，中南海里都是很普通的，和想象中的是不一样的。

参加活动，周总理见这个劳动模范等等啊，我们参加那种接见，照相，总理来，跟中央领导人在前面鼓掌，见大家，像王进喜，都在那个队伍里面。

10月1号上午，先讲好了，就是见毛主席。毛主席在那检阅革命群众的时候，从毛主席面前走过，离毛主席就是手一伸碰得到。讲好了，毛主席很辛苦，大家不要跟毛主席握手，自觉一点，你每个人都握手，毛主席怎么受得了。先讲好了，都答应了。那么就排着队，从主席面前，他那个栏杆前面慢慢地走过，你可以仔细看一看，但你不准伸手。刘少奇也在那边，也就在那看到了刘少奇、邓小平，中央的这些领导，从远远地见到主席往那边走，眼睛就盯着主席，回头也还是看，到主席面前稍微走慢一点，不敢伸手。有胆大的红卫兵，也可能觉得这个机会不能放过，跟毛主席握手的，握也就握了，回来你说吃亏没吃亏？不管怎么说，见到毛主席了，是在毛主席跟前见的，上了天安门，住了中南海，看了焰火晚会，这在当时是级别很高的活动了。

那前面就是1964进大学的国庆节，1965五一，国庆、1966五

一、八一八，都是在天安门广场，在广场下面能看到上面的毛主席。

1966年10月1日，国庆，住中南海里头，住了几天，然后就是上了天安门，这都是梦寐以求的。到天安门上面，在主席跟前，没敢去握手，但是太高兴了，太幸福了，就觉得心中这个愿望，也可以说在北航也还没有，就算是"八一八"可能有人上天安门，也不一定住中南海。

伟大神圣，没有一个具体的，像后来握手了，说话了，因为这个时候顾不上，没有那个机会，只是一种幸福的满足。另外也是感觉到，我是代表北航红旗去的，是对北航红旗政治上一个肯定，实际上这个是名额分配，并不是对北航红旗的肯定。我回去开大会，向全体红旗战士传达。

在我们跟中央领导小组的接触中，我们开始最尊敬的是周荣鑫，周荣鑫和我们接触多，关心我们吃饭，过几天见到一回，过几天见到一回。很具体关心，我们要见工作组组长。在周荣鑫之后，就是陈伯达、王力，再往后上天安门，北航红旗这个队伍在政治上所受到的对待也越来越正面，越来越高了。

到1966年10月4号前后，井岗山当时是游击队队长，叫延安游击队，在北航第一次8月20号成立总勤务站，他还不是总勤务员，还不是二十个人之一，他是带着队伍一会儿在学校写大字报，在学校里跟他们战斗，一会儿到科委来，两边跑。他对两边的情况也比较了解，到了斗争形势一出现转机，他和一部分人就开始提出了，我们北航红旗翻身了。这时候出了一点瑕疵，就是石兴国和刘金荣，刘金荣是女的，两个人产生感情了，别的学生也有所感觉了，斗争这么艰苦，前线那个样子，并没有公开说出来，以及包括其他一些事情，就有人提出了，说我们北航红旗，现在经过这么长时间，应该正式的把总勤务站进行一下改选。

1966年10月4号，北航红旗"改选以后，我担任了北航红旗的一把手。常委有我、井岗山、田东、仇北秦、杜玉荣。北航红旗的勤务站的领导班子，基本上正规化地进入这个局面。

北航红旗改选的事可以补充一下，北航红旗这个选举，从一开始到后来都是这样的，一说改选，等于以前的上一届的所有领导统统作废了，不存在了。不是说你上一次当总勤务员，你这次还当总勤务员，没有了，重新在小班就选举，一个班一个班地选，各班选各班的，各个班人数多少，我们就不管了，这个班比如40个人，50个人，20个人，他选的不同，班里选个小组，说我们班里选个红旗的三个人领导小组，谁是组长。

这就产生了班里的领导，北航红旗到后来占优势，包括到掌权，红旗不随便发展，不是说你想进来就进来。不行，一，出身要好，二，班里的20个人、30个人、有八九个或者六七个是红旗战士就是核心，领导从红旗里边选，已经形成，因为上边从中央到下面都已经是有红旗连着，这已经自然了，在班里人家自然的选，我们班选谁，那就肯定是在八九个红旗里面选两三个人，也有可能从不是里面选个把人，但是各个小班掌权的肯定是红旗，然后呢还不随便能加入，一要红五类，二要斗争中间经过考研，就是说不恰当的话说，他不是党，但是他是一个核心的组织，那别的人就是外围，同意谁，谁谁才能进来，到后来曾经扩大过一回，说一下子膨胀，扩大，扩大以后，在北航里面成立了叫作北航红旗红卫兵，

就等于把原来出身好的这部分又变成红旗里边的红卫兵，还产生了一个北航红旗代表大会，开会的时候人太多了不行，说全体都来，说举手表决，又产生红旗代表，每个单位比如说有两三个红旗代表，代表来开代表大会，来讨论北航红旗的事情和我们全校的事情，所以在组织上，一直保持着相当的规范和民主。选举呢，班里面选的比如说三四个人，就是班里的领导小组，然后各班的头头坐在一块儿选几个人，是系里的领导小组和系里的组长，系里选三五个，这几个人一分工，在系里边，也有的同时还兼班里的组长。系里的在一起，又选了院里边，说我们在一个系推举了两三个，几十个人选个常委。一开始选五个常委，后来选了七个常委，推举谁是一把手。近一次选举的时候，上一次当选的都不算数，重新再选。

从 1966 年 10 月 4 号到 1966 年底，政治大潮扑面而来

从 1966 年 10 月 4 号到 1966 年底，11 月 12 月，一个学生参加文革，许多重要的事情发生在这个时候，此阶段北航，学校里的筹委会，还是存在的。以孔令华为首的领导班子也没有废除，但是呢，统治已经极其虚弱了，北航红旗逐渐在学校影响变大。我这个时候稍微有一点空闲的时间了，我当了一把手，内心有点惶恐，首先不知道一把手怎么当，处在相对茫然阶段，我真是没拿出办法来，心里有点虚，并不明白我当一把手了我要怎么怎么样，有一个什么主观见解，没有，没有，真不知道。北航红旗两千人，怎么来组织领导，不知道。其次对于文化革命下一步怎么搞不知道。怎么办呢？那时候没手机，找人不到，就是到广播台广播，广播是当时一个最重要的手段，广播说找某某人，或者是红旗总勤务站开会，或者说开全体红旗战士会，在某某地方。

后来想出个办法，在主楼五层北侧有个化学实验室，那实验室里有很多水池，试管。决定总勤务站的二十几个勤务员都住到一起，铺连铺，这样的话，白天不管怎么跑，晚上要回来，晚上见面有事都可以说一说。

文革风暴中，北航红旗像一只船，开到海里去了。往哪开？怎么驾驶这个船？不知道。可是这个风浪、暗礁、鲨鱼、天气，不以你的意志为转移，一件一件地涌上来了。

这个时候，学校处在一种人自为战，各自为战、自主自为的状况。有人出去跑跑信息，外面发生了什么事，下面出现很多小的游击队啊，不以班串在一块儿的，贴贴大字报。

当时有点空闲，我也出去走走，就跑到到三司司令部看看，找到宋元离，三司那个办公室里，也是乱七八糟，没有一点我想象中的三司司令部，挺失望的，觉得怎么搞的？学校里的队伍那么厉害，到了三司司令部不怎么成气候？三司的灵魂人物是朱成昭。地质学院、林学院、外语学院、政法学院等大学，都是比较强势的造反派，团结在朱成昭周围，蒯大富参加的时候，连清华井冈山还没成立，连组织都

没有，蒯大富进三司是个人，因为他在清华的影响，还有一个叫宋远丽，北京外语学院的，实际上，副司令是蒯大富和宋远丽，而宋远丽有时候在三司守着，主持工作。蒯大富就是一个名，给人的印象是三司司令。

我在中学对陈毅印象就好，到大学还想转学到外语学院去，工作组时候整我的黑材料里还有一句话，我说像陈毅这些人，井冈山过来的，你不能要求他们像社会上老百姓一样对待毛主席，他们说的话有的时候随便的，他的位置，身份在那儿。

我心里对陈毅一直有一种感情，所以去外语学院看看，到那感觉到，矛盾的尖锐，跟我想象中的陈毅不太一样，感觉很强烈。看到在北京外语学院大字报栏里和陈毅的矛盾，工作组所造成的恶果比北航要严重得多。在操场上看到北京外语学院队伍在练操的时候，这支队伍跟我北航的队伍比不相上下，我们比他们更文雅一点，他们仅次于地质学院那么个强悍，外语学院也很强悍，而且他们当时斗争和诉求非常强烈，大字报上可以看到对陈毅有一种恨。这个恨来源于运动初期，是学生挨整的后果。就是说，学生对当权派的恨不是无缘无故的，包括清华那些学生去抓王光美。后来我问，你们去骗人家王光美干嘛？他们说，捉鬼队那班人快被整死了，所以他反弹的力就大，政治斗争里面有个作用和反作用，你要找原因是什么，后来可能会有所理解。

1966年9月23号，清华井冈山成立，这个成立跟张春桥有关，张春桥跟蒯大富讲，你也得有个组织，有一支队伍。后来蒯大富跟朱成昭和我谈，说他准备成立一个组织，叫清华井冈山。这井冈山三个字是刘刚取的，她是蒯大富的女朋友，清华附中的。我是在红楼座谈会上认识了老蒯，同时见到了刘刚。

他说哪天开会，到清华礼堂，清华井冈山成立。让我们带人把会场坐满了。他就有二三十人。清华井冈山成立就是虚的，会场是空的怎么开呀？我拉了几百人，朱成昭拉来几百人，再加上外地来串联的，给人一个假象：清华井冈山成立了。我对这种事情不懂，实际上清华井冈山成立是一个热闹的事，要发言，朱成昭讲话我也讲话，这种发言应景而已。祝贺你成立如何如何，大家战斗在一起，什么什么斗争，就拉倒了，一页即可。

我迂得很，还带了个发言稿，把我对文化革命形势、两条线斗争、两个司令部斗争，一段一段做了若干小段落小标题，好像去做理论演讲一样，一段一段念，一段一段念，跟那个气氛是不合的，这种会不是这么对待的，可见我的这个没有政治经验，不懂。但是没想到，朱成昭听了以后说，韩爱晶，你这个发言内容深刻呀。当时因为很多人从外地串联来的，底下竟然就有传纸条，请问你把这个讲话能不能印给我们，我们带回去，这个起了另外一个作用，正好外地来的听众他们想得到文化革命的一些思路，坐下来就听了，变成了这个实质性演讲。迂有迂的价值。

1966年9月23号之后，10月3号红旗杂志13期社论，13期社论发表，我们敲锣打鼓到红旗杂志社，觉得这个太好了，说出了我们的心声，内容就是源于红楼座谈会。13期社论在文革中的影响，包括"二月逆流"时，几位老帅和副总理对中央文革极为不满的事情。

少数派对当时批资产阶级反动路线根本就批不动，很多地方受压制的群众没有得到解放。13期社论一公布，全国轰动，当时就是社论指导运动。这篇社论也使得原来保工作组这边和压制群众这边受到了极大的冲击，也是老帅们反感的一个东西。当然，从另外一方面来讲，你原来当工作组组长的，压制群众的，就要受到冲击了。

所谓"二月逆流"怀仁堂这个会，还有一个矛盾是源于"一月夺权"，夺权的时候已经包括一些群众冲击机关，都连在一块儿。但是13期社论是他们当时批评的一个问题。包括说这个社论经过没有？连周恩来也问，没给他们看。没经过他，总理也有不满。

社会上不同处境的群众，对中央，对人民日报，从中央高级干部到群众态度是水火不同有，他们在文革中的处境立场，观点是不同的。

十万人批判反动路线的誓师大会

十月三号，国庆活动刚回来，有个张庆海，年龄大的几个红旗战士找来了，比我年级高，听说后来当了一个武警的政委，可能是师级。提出来说，把全国各地来北京的造反派弄在一块儿，开一个批判反动路线的誓师大会。我听了很惊讶，我说在哪儿开？他说工人体育场啊，那里可容纳十万人。他们要求我同意，并要我把周总理、江青、中央领导都请来。我想这个有谱吗？但是群众提这个建议，我们北航是大民主。我和井岗山表示行，态度上我还是很支持的。当场商量，要开成这个会有几方面，一、要有人来参加会，他们说，人不成问题，外地的人在北京多着呢。再一个，我说这个会议要保证安全。这么多人不能出事，他说这个他们负责，会务组负责。我说第三个问题，会议的发言稿写得好，据我这些日子体会，我感觉不管小会大会发言稿如果精彩，就能把群众吸引住，这个会就精彩，发言稿不行，那会就不行。我说这个发言稿怎么办？井岗山说，我那个游击队里有个女学生叫姜允珍，她倒不能有多少新想法，但你只要说出想法，她就能把你的想法变成生动的文章。我说好，找来。最艰巨的问题就是请周总理，请中央文革。你们准备请柬，请谁谁谁。我想办法送，试试看。我们请得着就请，请不着我们自己照样开。

他们去了，跟三司一块儿筹备的。当时和地质关系好。

井岗山把姜允珍找来，我们三个人议论，她记录。她回去，把那个稿子弄好，边念边改。后来发言真是轰动，非常牛。小孩子革命造反大道理。

请柬也弄好了，在国防科委静坐28天28夜的时候，有解放军报记者进入了，有一个人叫宋立彤，他站在我们这边，他后来还写了一首诗："北航旗如血，风雨满京城"。我说只有这条线了，看看这个解放军报记者能不能把这个请柬送上去。

我找到宋立彤，宋立彤说可以。他专门请解放军报两个领导坐车到北航听我们汇报大会筹备情况。答应帮我们把请柬往上送，争取把总理和中央领导请来。

我们高兴了，请来就请，请不来那也没有办法，他大概给了胡痴。当时解放军报，这条线跟中央很近。他们就替中央文革在外面收集意见。

这就弄好了，抓了几个要点，与会群众，安全问题，发言稿，请中央领导。

10月6号就去了，就是第一次上这么大主席台，十万人的会场，自己在主席台上，实际这个会，虽说是和三司共同筹备，我们起草发言，包括最后这个整个大会誓词，会议文件，都是我们搞的，包括大会程序。

我10月4号当北航红旗的一把手，10月6号就应付十万人的大会。小小的船长怎样一下子就把这个船开进了这个茫无边际的大海里？一会儿后面有人报告，中央首长来了，周恩来、陈伯达、康生、江青、杨成武、谢富治……除了在天安门上，在毛主席面前走的时候也看到了周恩来，包括刘少奇，我还没见过周恩来这么近，这回可就是满面春风，周恩来那个动作，拍着掌一步一步，后面跟着一串，陈伯达、康生、江青、张春桥、谢富治、杨成武、肖华，国家的高级领导人来了，虽然期盼，可真是万万想不到，又高兴，又激动，就是又感觉到意外。他们来了，就往主席台上坐，你看，这个会还不成功吗？

一看周恩来都来了，惊喜透了，就让司仪按照原来程序宣布开会。首先北航红旗的井岗山讲话，井岗山就发言了，把两条路线斗争，学校里的斗争，以及浪漫的革命理想主义都弄进去了。这个稿子全文都在，又革命又浪漫，批判资产阶级反动路线，甚至红卫兵还要革命到全球去，都是充满那种革命激情的，中央领导人看着小孩子讲话，一会儿鼓掌鼓掌，一会儿鼓掌鼓掌。周恩来他们都是这样，鼓掌。那底下也是掌声，中央领导也是掌声。我高兴坏了，这下子你看看，北航红旗又上了一个台阶，中央领导人那么称赞，后面再有别的发言，然后可能是总理讲话，张春桥讲话。我心里有一种成功感。

会议进行之中，一个女学生坐在我旁边，她能上主席台也不简单了，北工大的谭力夫那个学校的，大概低一年级，瘦瘦的苗苗条条的。她看得出来，我在这个会议上起的作用，她说跟你说个事。我说什么事？她好像还拉着我的手，有很神秘的事情告诉我。我都不好意思，她说军队里已经开始把刘少奇《论共产党员的修养》往上收了，不准战士再看了。啊,你看这个时候是10月6号,我大吃一惊,就像在绿园里听到苏晓前跟我说彭真出事一样。在这忽然听到一个小女孩,她说军队里头开始收刘少奇的《论共产党员的修养》了,不让看了。这不等于说刘少奇在林彪领导系统里,军队里边已经受到排斥了。我说好,我会后有时间,你再跟我说,有时间可以找我。三年后才又见到她。

就在这会上,井岗山还跟杨成武谈思想,防止骄傲自满,团结犯错误同学。杨成武问你那么小的年龄,你这个红旗战斗队,能有这样想法。井岗山说,我们现在翻身了,在学毛主席的《学习与时局》,就是不能骄傲自满,一定要清醒。另外就是对有不同意见的人,犯过错误的人要讲政策,要讲团结。杨成武说,看不出你们这么小的年龄,刚改变处境,马上就自己注意不要骄傲自满,团结不同意见,还看毛主席《学习与时局》。很使他惊讶。

就在这一天会议上,关锋跟我说,韩爱晶,毛主席讲了,现在可能到了你们犯错误的时候了。

后来有人讲,说毛主席讲现在轮到小将们犯错误,是1968年讲的。实际是在1966年10月,当造反派刚刚开始翻身的时候,主席就已经提醒。所以后来造反派犯错误,包括我在内,头脑膨胀,全身浮肿或者说背离主席的指示,出问题,应该说还是对毛主席的告诫没有足够的重视,没有很好地做到。

毛主席早在1966年10月6号之前就已经讲出来了,后来又一次一次地讲,大多数人都以为这个话是毛主席1968年讲的。关锋当时给我讲这个话,我真是记在心里了。一个是自己当那个头,有点如履薄冰,北航红旗的这个上升,真是要小心,千万不能骄傲,也不停地提醒自己,说不能骄傲,一定要谦虚,一定不能犯错误。想不出问题,小孩驾驶船在大海里头,那种形势下不出问题才怪了。

也就在这会上认识了谢富治,我跟谢富治要电话号码。我说谢副总理你把电话给我,他说好好。我给你电话,他就指着秘书,他说你有事情就找他。因为看到谢富治对这个政法学院工作组讲话,感觉到这个人支持少数派,而且他讲话没架子,很亲很亲,好像你说什么,他都可以答应似的。因为不好跟周总理要电话，也不好跟江青要电话，但是起码在这个会场上跟周总理握手了，跟江青握手了，陈伯达是熟悉的，张春桥是见过的，戚本禹见过。又认识了杨成武、肖华，这么多中央领导人，而且北航红旗这四个字在周恩来的脑子里进去了，他原来是周荣鑫给他汇报，这次可是当面和北航红旗打交道了。让他直接感受北航红旗这支队伍。

会议快结束的时候，有一个大会誓词，在我手上稿子，如果我这时候上去说，现在我宣读大会誓词，那我拿定了，我心里想，井岗山第一个发言已经满堂彩了，我再来念，自己觉得有点不够意思。蒯大富在，我一想，哎呀，他这个名声，还没完全翻过来，他挨整也比较臭。在别人眼里，蒯大富虽然不是反革命了，但还不承认蒯大富是左派。我说，蒯大富你来你来，我给你个稿子。是我让他念的，是我安排的。沈如槐写的回忆录说，江青在10月6大会上让蒯大富领誓，实际与江青无关。是我让蒯大富拿着稿子去念，蒯大富名字本来就比较出名，在会议结束的时候这么一念，跟他这三司司令部，一下子蒯大富，因为参加会议是全国造反派，这个大会叫作全国造反派批评资产阶级反动誓师大会，一下子把蒯大富推上了一个更高的地位和更广的舞台。

10月6号，既是北航红旗重大政治胜利，也是蒯大富一次重大的扩大他个人影响的场合，10月6号非常重要，朱成昭没讲话。朱成昭跟我说过，抛头露面这种虚荣的事，他不感兴趣。我不记得他那天坐在哪，还是没来。

10月6号这个大会一开，北航红旗在科委见了陈伯达的事了就不用说了，这回是周恩来、陈伯达、江青所有中央领导人都见了，而且是全校几乎都来参加了，这个政治上还说什么呢？

1966年10月7号，政治斗争就有故事，我们学校还有别的组织，北航红旗之外，东方红、赤卫队、红卫兵、红教工等。东方红有时同情我们，有时又同情那边，队伍出身也较好，不像我们响当当的红五类，比如说家里知识分子，或者小生产者，北航红旗一下翻身了，影响这么大，他们有一种被科委欺骗的义愤。没有跟我们怎么斗争，我们撤回学校，10月7号他们拉着队伍进科委了，到我们进驻的地方去了，我们当时提的口号是澄清问题要求见面，他们到哪就提要求罢赵如章的官，要求罢罗舜初的官。我们听了都很惊讶——怎么调子一下又唱这么高？从我们来讲，我们对于罢赵如章，罢罗舜初的官已经不在意了。我们已经跟周恩来、江青、陈伯达都接上头，我们还怕你们谁啊。我们并不成熟，复杂着呢。

没有想到，他们一去，当天晚上，国防科委宣布赵如章、罗舜初两个人停职反省。他们得胜回朝。

聂荣臻把罗舜初、赵如章推出来停职反省，等于是从组织上，宣布了这场斗争的彻底胜利，这场斗争似乎大获全胜。

1966年10月9号，工人体育馆又开十万人大会，由二司总部发起，他们请中央领导，没首长来。中央的态度已经明显从这个时候倾斜了，已经从一二三司向批判资产阶级反动路线倾斜了，他们就请不来了。

批评资产阶级反动路线，应当说愿望是善意的是吧，转向批判资产阶级反动路线，人家是对的，我们参加了。我们是二司的，理所当然参加这个会，他们也蠢，按说，北航红旗是两千人的队伍，在二司里面是个大组织，开会了，不应该有我们一个发言吗？没有。他们意思是10月6号大会你们发过言了，那我们北航提出要求来了，我们是二司的主要组织，怎么不让我们发言呢？我说我们那天发言了，跟二司开会有什么关系？我们开我们的会，你开你的会，这个地方是有我们合法的权利啊，不让发言，我们学生不气吗？

北航坐在台上的那些听众，一两千人抗议了，摇旗子了，叫起来了：我们要发言！我们要发言！这个会还是不解决，战士们走下会场，在场地中间游行抗议。二司里面还有一部人也是造反派的，不完全是他那观点，铁道学院红旗，轻工业学院红鹰，跟着北航红旗就下去了。这一弄这个会就整个稀里哗啦散架了。哄！也都下去了，这个会成了一锅粥，不欢而散了。

10月5号大会，10月6号大会。10月7号两个罢官，10月9号大会。一个星期多少事啊，是我这个年龄我的政治经验能处理的吗？不是，在这些场合下都是群众要干，有的是把握的，有的也是我把握不了的。这个运动就这么开展着。暴风骤雨四处而来。

国际红卫军反对林彪

北航校内进到没有尖锐对立、相对均衡的阶段，很多学生抓紧到外地串联去了。我也准备出发，衣物地图等，去上海，顺便到家里走一下，两年没回家了。我才准备出发，这个消息就被底下红旗战士知道了，那个写发言稿的姜允珍就带着几个人，到我平常做事的那个地方坐下来了。我们都地铺，她往那一坐，责问：你们都要串联去，那北京毛主席谁保卫？毛主席都不保卫了，都不管了，都走，负责任吗？

她的问话把人顶住了，一把手，带头往外跑，跑了那么多你还跑，我哑口无言。

好好好，我不走，我在学校坚守。

事情还是扑面而来，这时候就出现一连的系了（？），学校里平常的晚上，北航红旗剩下也就四五百人，开会还不一定都到，大教室也就是200多人。开会也没有什么主题，没有什么中心，就是互相介绍北京的各处的文化大革命的情况，然后大家就议论议论怎么回事。

这天七系方臣介绍说林学院附中出了一张大字报，是给林副主席贴的，说的就是林副主席对这个学马列提法不妥，当时我听了就感觉到不知道怎么是好。

本来林彪当时讲话说最高指示一句抵一万句，句句是真理啊，最高最活马列主义。另外，林彪说现在学马列，主要读《毛选》，主要读老三篇。

我私下里说过，能句句是真理吗？生活中有时候随口说什么话，甚至于上厕所说的话也是真理，怎么能这么表达，绝对化了吧？也偷偷议论过，怎么能这样对待马克思呢？老祖宗是马克思、恩格斯。因为我有一个渴望，老想好好读一读马列的书。我心里就有一种别扭的感觉。但是呢，林副主席是副统帅，是接班人，也是很坚决地拥护。我说的真实思想，不是说当时咱怀疑他是什么坏人，咱是坚决拥护林副主席，林副统帅的。

林院附中学生贴了林彪的大字报，并没马上被定为反革命大字报，反映当时在大鸣大放大辩论大字报那种气氛，学生在讨论，应该怎么对待，没有人马上群起而攻之。然后大家也就说继续了解吧。

后来中央领导人在大会堂接见，我参加了。在会上，江青就针对这个事情说，看来他们还是读了一些书的嘛，你们不要那么简单化的对待，要能够好好学习，读书，要能把他批倒嘛。林彪同志是有政治家风度的嘛！

后又出个李洪山，贴大字报说中央文革怎么怎么样，开始的时候，还是允许辩论，很平和。

没想到我们学校出事了，先是听说，在一个楼里有一个国际红卫军接待站，接待的人散发材料，因为北航红旗出名之后，来的人很多，来看大字报，北航成了一个热点，据说还来了很多是军队的。

10月18之后，10月底，11月初，白晓宏找我。

有一天来了两个红旗战士，女的，说韩爱晶，白晓宏谁谁谁请你去一下。我就去了，到了白晓宏那，他在宿舍里见的我，他见我就像老师见小学生一样，他年级比我高。那个气派，比朱成昭架势还大，朱成昭当时待人是有个礼节标准的，什么人送到办公室门口，什么人送到总部，什么人送，什么人不送。对来者的尊重的程度和身份的表示的一种规格，朱成昭再怎么，他比我年长，成熟，他对我毕竟是兄弟关系，北航红旗一把手，地质东方红一把手，关系是平等的。

这个白晓宏见我，就好像是老师叫来一个学生一样，我是北航红旗一把手，他是北航的反工作组主要造反者之一，也是发动群众去国务院接待站，去三座门接待站，不停去找个说法的发起人之一，但是没参加北航红旗。

找我干嘛呢，一坐下来，就极其神秘，极其高傲也极其严肃，中心意思就是说：韩爱晶，上一次口号事件你有什么认识？然后又拿出报纸，你看毛主席在天安门接见的照片，你看，最近这些事情，以及国防科委对我们的态度等等。

我听不懂，丈二和尚摸不着头脑。慢慢慢慢有点明白了，他的中心意思是说,你看这个报纸了吗?毛主席和林副主席见群众,林彪的相片是假的。在口号事件那一次还是后来那一次,这是有问题的,林彪没有出来,他这个话说的比较委婉转,比较含蓄。

我听明白了,是说毛主席接见红卫兵的时候,林彪没有出来,报纸上的照片林彪头像是假的,是后来剪了贴上去的,林彪有严重问题,出问题了,可能是被软禁了。

他绕来绕去,绕来绕去,国际共产主义运动,林彪的头像报纸上是假的,林彪对毛主席怎么怎么样,出事情了,现在我们要解决的问题就是林彪问题。

我听明白了,心里也打鼓啊,因为思想深处最重要的东西是保卫毛主席,文化大革命我的是非观念,我唯一的一条,不管发生什么分歧,什么斗争,我韩爱晶就是一句话,我跟毛泽东。唯一的最后的是非标准和我前进的方向。

谈话之后我回去心里不安。

白晓宏不光找了我,还找了我们常委里的田东,大概还找了井岗山几个别人,井岗山听了以后,跟我说,不行,他们在胡说,反对林彪就是反动的。

田东呢,大概就被他说服的比较多,这是后来听说的,田东带白晓宏跟他去证实这个问题,怎么证实,白晓宏也提出说你们不是跟周荣鑫关系比较好吗,周荣鑫是国务院秘书长,他安排这些活动,田东就跟他到学校的摩托车队,还要了车,一起去周荣鑫家,周荣鑫早上大概是早饭还没有吃,周荣鑫说那天林副主席出来了,是我安排的,就把这个事情澄清了。

白晓宏还不断地找北航红旗战士谈,不断地在那里接待军队的人,向军队来访的这些人说,国际红卫军的重要使命就是解决林彪问题,他也列举了一些林彪学《毛选》,对马列主义那些东西。后来我才知道,这个白晓宏也确实读了很多马克思的书,文革前是一个很好学,很爱思考的学生,他年龄大一点,是有一定见解的。他对林彪的言行有一些看法,应该是说正常的,但是在这种情况下搞这个行动,这是掉脑袋的事啊!

如果林彪不死，没有出那个事情，搞不好白晓宏要被枪毙的，你就看到我所面临的这种复杂政治和风险。左也不是，右也不是。

脑袋里头没搞清，我还找了几个红旗战士，我说你们干脆打进去，弄清他到底搞什么东西，将来再做决定。

1966年12月17号，中央对反对林彪和中央文革开始表态了，说是反革命，抓人了。

我们学校的赖锐锐承认他贴毛主席大字报了，炮轰……，加上白晓宏、曹伟康。在反工作组时候，我特别敬佩的学生，最后一个坚持大字报的。这三个人被逮捕了。

成立北航革命造反委员会

12月23号，北航红旗、北航东方红、红教工几个组织成立了北航革命造反委员会。

周恩来讲，现在的左派是北航红旗、三司和二司造反联络站。

这个讲话当时在全国外地来的群众里影响极大，三司是响当当的造反派，北航红旗是二司造反联络站里的一个组织，周恩来把北航红旗摆在第一个。1966年底，在周恩来心理，在陈伯达的心理，在江青的心理，他们对北航这支队伍是相当之信任。在与国防科委斗争的28天28夜期间，北航红旗是很讲政策的，提的口号是澄清问题，仅仅是要求见面，什么打倒、炮轰都没喊过。

周恩来有事打电话来，比如说"火烧英代办"，要北航赶快去制止，陈伯达遇到事也打电话，戚本禹也打电话，中央这些人都想把北航红旗这支队伍用作自己处理问题的队伍。后来在1967年群众运动中，都可以印证。

北航随便出去一个小组处理问题时候，可能比我韩爱晶根本不差，组织能力，办事能力，可能比我还强，就显示了一个集体的作用。

误传北航红旗打倒聂荣臻口号

陈伯达的儿子陈晓农写的陈伯达最后的口述谈到一件事，我2005年去见到王保春、王文耀同志他们说，韩爱晶，还记得吗？有一次你们在科委，就是我们 28 天 28 夜静坐的地方，你们喊"打倒聂荣臻"，当时我跟着陈伯达去，陈伯达说要你们喊"向聂荣臻学习，向聂荣臻致敬"。

我听了这个话，很惊讶，哎，文化大革命初期，1966-1967 年，我们对聂荣臻没这个态度，从工作组对我们那么厉害，我们后来说"打倒徐向前"，"打倒叶剑英"发表声明，没有对聂荣臻发表什么声明。

1968 年"炮轰聂荣臻"的是李敏。李敏在国防科委里跟一些人造反了，写大字报，说毛主席说，对聂荣臻够客气的了。陈毅被冲击一塌糊涂，叶剑英、徐向前被人喊打倒，刘伯承病着。聂荣臻在文化革命中，我们顶多冲击一下，也没有怎么样。

这个话有道理，你想这么多老帅，哪个像聂荣臻文化大革命受到那个对待了？基本没受冲击，我们 5 月 20 号成立革委会，他是第一个讲话，我扶着胳膊把他扶上楼梯，他一边说还有几层还有几层，7 月 3 号是大提字（？），赵如章工作组组长代替聂荣臻来念一个贺词，我们明白这个意思，就是赵如章停职反省了，现在问我们同不同意恢复工作，我们说同意。

不但恢复了，而且马上就以首长的名义。这不就是给他正位吗？你说我们怎么会出现"打倒聂荣臻"的口号，陈伯达帮忙聂荣臻，我就回去查，觉得这个事不对，我查查查那天还真见了，我没见。我当时已经吐血住院了。就是学校里还有几个人在那驻守，军事院校西军电，还有学校里有一些，就是原来在运动中间态度挺模糊的，等到形势一转，东方红比你还左，比你口号还厉害，他觉得到了要表演一下的时候了。所以西军电和外地的军事学校的学生以及北航有一部分，就是这时候忽然觉得你这个运动骗了我们怎么怎么回事，他们比如说有的人中间也保过，搞了半天受骗了，反而就是口号喊得更左了，这个时候我们还有五六个人，在那搞接待。他们就去了，这时候也有一部分北航的学生，实际上主要不是北航，可是那个地方已经变成了北航的符号了，在北航出现这么大变化以后，聂荣臻一听那个地方有群众，喊了打倒聂荣臻的口号，聂荣臻真慌了，聂荣臻经过这几番工作组问题的斗争，他已经发觉群众运动是不能硬顶了。他有点紧张了，包括给罗舜初、赵如章停职反省。

陈伯达回忆里说，他自己也忘了，是别人给他提起的——聂荣臻给总理打电话，总理正好有事没在，聂荣臻就跑到陈伯达那去了。说你看北航要打倒我呀。陈伯达跟我们关系那么亲，一想，北航怎么又这样了呢？就跟他去了。这两个重要领导人，在我们静坐的时候，都没有同时来过，等我们都撤了，别人在那闹事的时候，他们认为是北航学生在闹事。陈伯达带着聂荣臻去了，进去以后，有群众喊"打倒聂荣臻"的口号。那真不是北航的事。陈伯达说聂荣臻同志为国防科技是做了贡献的，是怎么怎么的，很了不起的，大家应当喊"向聂荣臻同志学习"，"向聂荣臻同志致敬"。群众一看中央文革小组长出来了，就喊"向中央文革小组学习""向聂荣臻同志学习"。聂荣臻这一关就过了。

陈伯达还是明事理的，他是政治局委员，聂荣臻元帅也是政治局委员，虽然当时陈伯达比聂荣臻高一点，但人家聂荣臻也是有贡献的，这个时候遇到事找他，聂又不是被打倒的对象，陈伯达赶紧帮一把忙。在当时高级领导人之间，这是合情合理的事。我为什么讲这个事，因为北航没有喊"打倒聂荣臻"的口号。

现在就是把只要与北航沾边的人，哪怕别人做的事（按在北航红旗的头上）。陈伯达的两个秘书说喊打倒聂荣臻与韩爱晶有关。我就没讲话，我想怎么会有这个事呢？但我也没有跟他们说，我想我回来查证一下。经过我一番查证，我本人当时已经病了，累得住在北医三院了，肯定不是我。但是我也问了这个事情。我今天把这个事说在这，就是说，一个人说有没有做一件事情，有时候甚至说旁证都有，甚至关系挺好的人坐在对面都说，那天那个事我怎么样。王保春、王文耀那听得我一头雾水，怎么回事，怎么会有这事？我就想说你们记错了吧？但我没讲，我想回去查查吧，一查还真事出有因，但不是韩爱晶带领北航红旗喊"打倒聂荣臻"。如果喊了，比如说喊过"打倒叶剑英"，"打倒徐向前"或者"炮轰陈毅"，这个咱认账。

文革初期，1966，1967年陈伯达帮我那么大的忙，我对他非常信任，把他当作一个可以讲话的中央领导。毛主席让他当中央文化革命小组组长，具体来领导文化革命，我向这个理论家请教问题，讲事情，很开心。

陈伯达后来被打倒以后，说是什么叛徒、国民党、托派，怎么回事？这个运动怎么搞？毛主席成立一个指挥部，这个指挥部的组长都没审查过？

群众怎么跟中央？只有相信毛主席一个人，那我们能随意见到毛主席吗？毛主席几乎天天看线装古籍，坐马桶上都看，把看书时间拿出来点，研究这些重大问题不更好吗？看书为人民，看书为革命，不能个人看书成瘾成癖，不能影响人民革命事业。比如元帅贺龙该不该打倒？陈伯达历史有问题没有？适合当文革组长吗？我谈对陈伯达的看法，1969年他回来给毛主席写信说要搞电子革命，我看到陈伯达给毛主席写的信，可高兴了。以前看马克思的书，认为科技进步带动社会革命，列宁讲苏维埃电气化就是共产主义，那么文化革命时代，进入电子时代，那中国就腾飞了，渴望搞科技，搞生产，老百姓过好日子，这个愿望在我心中也是很强烈的。我当然站在毛主席一边。

我说北航搞文化大革命，大家衣服都穿那样干吗？社会主义大花园，不要搞得都是清一色，上有天堂下有北航，人民热爱生活，希望有一个美好的生活，陈伯达起码说搞搞电子革命是对的。

1966年12月25日号，周恩来、陈伯达、江青、戚本禹和北京体育学院造反派座谈的时候，江青说贺龙是一个保留的干部，贺龙解放后一直衰退，这回想混过文化革命，站在反动路线上，应该搞一搞，要触动触动他，但要适可而止。

江青在1966年12月25号对贺龙这个度，就是这个运动要冲击他不行，要触动触动他，但是适可而止，他解放后一直在衰退。

江青这个话也不为过。贺龙的秘书就揭发说，贺龙最近8年来，从来没看过毛著。

一个是没时间，也没心思，他们那个身份，还去学《毛选》？可是反过来讲，你一天到晚开会号召下面学《毛选》，学《马列》，自己回去根本就不看，自己世界观就永远好，他们在生活上特殊化，脱离群众，听不得批评，与不好好改造世界观也有关系。

周恩来老讲，活到老，学到老，改造到老。这话是真话。相比之下周恩来是最谨慎的，贺龙和北航文化革命有关系。

1966年10月6号，周恩来、陈伯达、江青在工人体育场召开10万人大会，北航算如果彻底翻身的话，或者到10月大概17号，就是罗舜初、赵如章被停职反省，那就更算是组织上胜利了。

外地的群众组织找来了，有一天，姜允珍跟我说，重庆815，有一批学生来告状，是从重庆步行一段爬车一段，步行一段，很多人就是像你这样，连鞋都没有了，衣衫褴褛到北京来了。在南苑一个地方，我们是不是去见一见，人家从外地来告状，说李井泉如何如何。

我们当时也没车，也是步行去见他们，受压制的找到北京来了，不但军队的院校找来了，地方的也找来了，有些学生是这样跟外地接上关系的。

组织留校战士去工厂搞文革

学生有串联了，学校里的红旗战士，也就剩下五六百人。

这个时候，不仅仅在我的思想上，包括我的同学们的思想里，我们所受的教育，读的书是一样的。毛主席谈五四运动和青年运动方向，有两篇文章里面讲，说知识分子如果不和工农结合，就将一事无成，革命的不革命的或反革命的就是看其是否愿意和工农结合，在我的思想里就很自然的，不仅文化革命前想去工厂劳动，想去到工厂里去接受教育，到这个时候，政治上一翻身，马上想这个问题。

我们也从理论上讨论了，既然文化大革命是一个全国性的大的革命，难道说一个文化大革命就在学生里进行，在文艺界进行，文化革命能完成吗，从这个政治上的推理来讲，文化革命如果真的是一个大的革命，要改变中国，党和政府，和社会面貌的话，必然要在工厂要进行。我当时学《毛选》，毛主席还有这么一句话，说辛亥革命没有一个大的农村变动，所以失败了。我认为，不仅工厂，而且农村，也应该好好搞。中国的主要组成部分是农业、农村、农民，文化大革命如果是全国性的革命，工厂要搞，农村也要搞。

我提出，要他们去工厂。红旗战士没多久就下厂了，有的去门头沟煤矿，有的去光华木材厂，有的去玉器厂，有的去机床厂。自己不能在学校里待着，我骑着自行车跟两三个人，一个厂一厂转，看看红旗战士到厂里怎么样，看看，这个学生的运动方向工厂走。北航学生与工人结合是最早一批，还有（农？）机学院。

文化革命的开展，外地慢于北京，工厂又慢于学校，我们去工厂的时候，工厂还停留在提意见，受压制这个阶段，甚至有的严守大门不让进，这有一定的合理性，因为当时中央还没有完全号召工厂开展文化大革命。

学生来有他的不合理性，可是学生按照毛主席的指示，学生要和工人结合。这个意思，应该说是毛泽东思想，至于说这个想法正确与否？毛泽东在这个阶段是不是这么安排的，我们当时不知道。但是我本人，我周围的同学们，走向工厂的思路是纯洁的，是革命的，是没有私心的。在学校也不拿钱，有的可能拿点助学金，家里穷的拿十五块五，像我一分钱也没拿，每个月要靠家里寄钱来吃饭。从文化革命开始到文化革命结束，我没有拿过一分钱补贴，我也没有领过一分钱的工资，那么请问这个时候去工厂干吗，吃饭要自己掏钱。

应该说，不管我们怎么总结文化革命的经验教训，但是学生的动机和学生的这个行为，他的出发点是革命的，今天我坚持这一点，而且不仅今天坚持这一点，就是文化革命以及四十多年之后，我仍然觉得毛主席讲知识分子要和工农结合是对的。今天中国已经所谓改革开放30年了，如果我们大学生都不关心工农，不和工农结合，我觉得知识分子是没有希望的，就算他们个人都富起来了，又能怎么样？我们中华民族，如果大多数的工人农民（的生活？）得不到解决，无论你做什么，包括你们做电视的，你们如果做点不把工人农民作为主体来对待，我觉得你们都是没出息的，都是不高尚的，就算你们也富了，如果你那个节目的核心没有工人、农民，没有这个社会底层的民众，那个高尚的价值绝对是有限的，今天我仍然坚持这个思想，所以我说我是马克思主义者、毛泽东思想主义者，从这个意义上讲，世界观就是 15 岁 18 岁文革形成的，顽固也好，是发自内心的。

我也承认，我的同学包括我去工厂，肯定有矛盾了，中央还没安排，工厂里的党委领导是合法的，要领导生产。

学生去工厂之前，已经有一部分群众提不同意见，有一部分群众受到压制。就是说工厂的工人可不可以监督工厂领导，工厂的工人可不可以提意见批评，包括提错了，就是说是不是要打成反革命，这个问题就是回到社会主义民主，无产阶级专政下的民主，就是回到我们的掌权者，我们的党和政府，到底和人民关系是什么，在这个问题上，我认为几乎具有永恒的真理性。

不管把文化革命抹得多么黑，请问：到底是群众有权监督领导对，还是领导有权把群众打成反革命对呢？历史的方向是人民的呢，还是掌权者呢？

骑着自行车到玉器厂还买点饭票，学生跟他们一起劳动，运动处于比较平淡的状态。到了一机床就不一样了，一机床在长安街东边，门朝南，就好像是工人武装一样，站岗森严壁垒，很凶的，不让进。已经感觉到那里有反抗，甚至有地牢，那里边领导和个别群众关系已经对立得很厉害了，有个叫吕加成（吕加才？），一机床斗争就激烈了，为什么，他在市区，很敏感的地段。如果我没记错的话，一机床当时负责人应该是段君毅，这个人后来是一机部部长，段君毅也算是个老干部，后来当过北京的市委书记，北京的一把手。

有的学生到门头沟下煤矿了，那儿有个工人头头李思聪。

光华木材厂在东郊，我去的时候处在斗争状态，我们九系的一些同学，叫杜链，是我们红旗九系的勤务员，这个人后来就成了肖华的女婿，到国家经委工作，他带着几个人在那，他们和工人占有一个楼道，已经有一定力量了。工厂里反对厂领导的，提意见的形成派了。我们学生就跟这批工人在这个楼道待着，学生在里边的几个屋。我打个比方，你们去采访，到那个厂采访弱势群体，闹维权的那个工人可能把你们护在里头。斗争的时候，人那个关系，与和平时期是绝对不一样的。工人看来了学生，而且北航红旗已经在社会上有影响了，来支持他们，就像我当时见到谢若冰一样，真像是老母鸡护小鸡一样，就把学生护在里面房子里。

我去了视察，总勤务员来了，总勤务站来了。那楼道往里面走，前面两三个屋子是工人守在那，再往里头安全的地方，实际晚上也谈不上睡觉。11月份，北京很冷，也就裹衣服，大家缩在那，熬过夜晚，工人晚上更是很警惕，怕那边来冲，或者伤害了学生。工人在斗争的时候，在困难的时候，他那个吃苦，那种奉献精神跟学生大不一样。我去的时候那几个头头中没有刘锡昌，我没有见过刘锡昌。

保厂领导的也形成派了，双方对阵了。

我在那儿大概待了一两天，然后我又到别的厂去了。后来他们告诉我，他们的力量在慢慢壮大，而且在北京市工人中串联，成立工人的总部叫"红色造反者"，在朝阳区的戏院还是哪里开的成立工人大会。我去讲的话，以学校的名义支持他们。京西煤矿成立了"革命造反者"，我也去讲话表示支持。我还支持一机部系统成立了大组织。在北京的工人运动里边，我扮演了一个从学校进入工人运动的重要角色。

我在工人组织成立大会上讲话，有两个中心内容，第一个是现在有两个司令部，两条路线展开了斗争，不能压制群众。第二个是中央首长陶铸讲，领导都可以炮轰，都可以火烧，不要怕，越怕越有鬼。陶铸同志还讲，除了毛主席，林副主席不能火烧，别人都能火烧。谁代表党？毛泽东思想代表党，不能说哪一个具体的组织代表党，如果他们压制群众，他们就站在党的路线对立面。陶铸这一番讲话成为我讲话的重要内容，鼓舞工人斗争。在北京工人总部的成立和北京的工人运动上，北航红旗和我很自然，很积极地投入。当时还有机械学院，一机床就是机械学院，也有一些学校去，但是不多。

一机床是比较激烈的，进不去。光华木材厂已经形成两种力量了，我们也进去了。玉器厂比较平和，也进去了。京西煤矿也进去了，二七车辆厂也进去了。最早和二七车辆厂瞿凯联系的，也是北航的人。在这个情况下，用自己两条路线斗争的思想，以及用陶铸的一些言论去支持工人。这时候到了11月中旬。

工人运动在开展的过程中间，到了1月18号，陈伯达，江青，叫人打电话，叫北航过来开会，我们学校去了五百人，到政协礼堂，不知道去干吗。

一谈才知道，背景是这样的17号的凌晨晚上，晚上陈伯达去了一机床，听了一机床的工人反映，而且在17号过后才知道，一机床开出27辆大卡车，像游行一样的，反对北航红旗到工厂去，我都不知道事情到这个地步，实际上还有北京机械学院的，因为机械学院搞机械制造，属于一机部的，跟他们是对口的，所以机械学院的学生去了就比较猛，爬墙进去的，那么这个时候就反映到中央文革，因为这时候陈伯达一听北航的，他去了一机床，去听意见，一机床的工人就反映，说这个北航红旗的还有什么什么爬墙头来的，实际是机械学院的。

陈伯达听了意见以后，和江青找北航红旗谈话。陈伯达说，你们以前取得了一些成绩。但是呢要谦虚谨慎，行百里者半九十，你们才走五十步，千万不能骄傲自满等等。另外到工厂去要虚心地听取工人的意见。陈伯达讲一些老工人想不通，对于提不同意见的人想不通，他有他的合理性。他讲他自己1949年怎么怎么样啊，来规劝北航的。叫北航注意，不要到工厂里头莽莽撞撞的。厂里被打击的叫吕加才（吕加成？），到底是什么人，厂里整这个人，这个人什么程度，就是中心内容。

工厂运动刚起来，这个时候他们也刚起来，他们也处在这么一个阶段。

陈伯达说昨天晚上如何如何，我们知道，北航的学生下厂的事情，已经反映到了中央了，而且人家已经上街游行了，工人运动形成矛盾了。江青当时也插话说，有些工人受了蒙昧，你们要原谅他们，这个不能怪工人。昨天我们在一机床替学生说话了。就是他们一边到工人那，又得说学生，他们是年轻，或者他们的热情，你们怎么怎么样。她是在两边说，到这边又说你们要对工人怎么怎么样。

陈伯达也好，江青也好，当时对工人和学生两边想采取一个比较合理的方式来解决，就在讲这个怎么样对待工人，要注意方式，尤其陈伯达强调，工厂搞革命，不管怎么有两个原则，一个原则8小时工作制不能改，8小时必须生产，陈伯达这个意思是比较重的，包括当时陪着陈伯达谈话的关锋，有这么一句话。

陈伯达说，工厂革命有根本的两条，一条是一定要保持8小时工作制，8小时以外的时间，业余时间由群众自己支配，搞3个钟头或者4个钟头的文化革命，总之是保证生产，同时要保证质量。这是你们进工厂要注意的第一条。在8小时工作时间之内不要去扰乱他们。还有一条是组织一个领导班子，由那些有经验的，政治好的工人和优秀的技术工人组织起来，抓好生产。离开生产就不能搞好文化革命。

陈伯达的话是明确的，8小时生产，质量，数量不能改变。这是陈伯达的原话，而且当时关锋念了个语录，说马克思说任何一个民族，如果停止劳动，不用说一年，就是几个星期也要饿死，这是每一个小孩都知道的，这是马克思的原话。

陈伯达接着说，马克思的话，主要是讲的农业生产，工业生产也不能停几个星期，全国的工业生产停几个星期那还得了！我们社会主义国家是工人阶级领导的，工农做主人的国家，工业生产停止几个星期就乱了，交通运输也不能停止，现在有些人在火车站上让火车不能开，汽车停在那里，这样做是不利。这样坏人可以利用攻击文化革命。

陈伯达也好，关锋也好，在运动初期，对于生产，对于交通是态度是明确的，他们还是读了马克思书的，像马克思这个书我后来被关时，才读到这些，当时自己也没有读过。

陈伯达对于上海工人到北京来是反对的，说上海工人来北京是资反路线。要他们回去，打电报，派张春桥去叫工人不要来，要让火车开。陈伯达在这个问题上（？），一个人打倒以后，这个历史不要随便写。

另外也提到了给林彪贴大字报的事情，江青在讲话里说，我知道，总理受中央主席的委托，最近又有一个叫伊林、涤西贴林副统帅的大字报，林彪同志，恩来同志我认为三十多年来……贴出来以后又撕了，不经辩论，这不妥当。随便贴副帅的大字报从政治上考虑不妥，既然已经贴了，不要采取撕的办法，可以用大字报辩论嘛，撕了他倒神气了，散发了很多传单。江青还说，对思想有问题的要批评，你们还辩不过谭力夫，辩不过伊林？看你们谁辩得过他，你们有没有这个气度？

关锋递条子说不能做包打天下的英雄好汉。

江青讲，不要以其人之道还治其人之身。江青还说，有一点我觉得主席善于团结与自己意见不同的同志，彭德怀一开始就反对毛主席，在井冈山，彭德怀一两个团打主席的一个团，他到井冈山之后，杀了一个起义的好团长，把部队弄到他自己哪里，对四方面军也是如此，张国焘一个坏了吗？主席说不能杀，主席一直讲要团结他，要有这个气度。主席从不以无情打击，残酷斗争对待他。江青也在讲，要对贴林彪打字报的人，对谭力夫要辩论，不要撕人家大字报，更不要残酷斗争，无情打击。

关锋还讲，学校可以停止半年一年闹革命，在阶级斗争的大课堂上上课。工厂农村不行，工厂停止生产闹革命不成，农村停止生产，农时一过，小麦就播不成了，大家明年就不要吃面了，纺织厂停止生产大家就不要穿衣服了。

陈伯达、关锋对生产也还是很强调的。

北航下工厂的问题，10月17号算彻底翻身，11月17号晚至18号凌晨，陈伯达去一机床，11月18号晚至19号凌晨，见北航。就是这一个月，你看，这些史料是原原本本的东西。

这个时间往往是在夜晚见到凌晨，现在再回头看资料的时候，往往写的那个日子会有一天的差别，这个差别就在周恩来和中央领导人当时见人的时候经常是夜晚。我们去大会堂，总理什么中央领导人要见你们，我们可能在安徽厅或者江苏厅一等能等三个小时，困得人都受不了了，带个笔和纸想去记录，等着等着趴那都快睡着了，等快睡着了，周恩来就过来了，实际上他更辛苦，他是在人民大会堂别的厅处理问题，见外宾。周恩来跟机器人一样，这一点当时都能体会到，1966年他多大岁数？

68岁，他当时上主席台也好，干吗也好，走路的时候，显出一种雄赳赳的劲,步子迈得很快,一种很矫健很有力很精神的状态。应该说他真是连轴转,睡不着觉,很可怜,江青还可以回去躲一会儿,周恩来能躲吗?

我们要等接见,晚上叫我们去了在会议室等着等着,不理解一等三四个钟头,趴在那我们也睡觉,学生要骑个自行车从海淀骑到大会堂,再往那一趴,那时候没多少东西吃,就是学校里吃那三顿饭,那个馒头和普通的菜,你想肚子里有什么,也没什么,半夜里在骑车回来,天都快亮了,回来学校里头,有的战士还坐在那等着呢,赶紧把那个记下来讲话稿,往那一扔我们也睡觉去了,他们抄下来。第二天还得传达,那个时候的生活不堪设想。

从 10 月 17 号到 11 月 18 号,一个月里除了部分学生去到外地串联之外,北航红旗的学生,我本人是处在什么状况。说的要去搞什么,不是,就是这个立体的,中央下来的,外地过来的,军队过来的,工厂的,学校的,高校的,事情就扑面而来,你就去应对,在应对的过程中间,一件一件,一件一件,你说是在参加斗争也好,是在做错事也好,甚至做坏事也好,实际上当时的主观动机就跟着毛主席搞文化革命,该干什么就去干。怎么能搞得清?搞不清。搞不清,也没有那个能力。

那么实际上呢,到了 11 月 27 号,中央领导人又见三司,见北航。连起来看,到 1966 年 12 月 4 号,陈伯达在政治局常委会上,就讲到工厂的文化革命问题,实际上是学生和工厂的运动发出了信号,他介入了,他介入以后,到了 12 月 4 号,就在距离 11 月 18 号见我们之后 16 天,半个月,他已经在中央政治局常委会上讲工厂的文革问题了,这就是文革的上下关系。

到了 1966 年 12 月 6 号,周恩来在政治局常委会上就讲,文化革命运动已经在向工厂,农村,财贸这些行业在发展,已经不可阻挡,已经由中学到大学,大学再到中学,由学校到工厂,到农村,到财贸单位,到交通单位,到各行各业,周恩来在 12 月 6 号在政治局常委会上讲,说毛主席讲,先有事实,后有概念,我们只能是看到这个事实,接受这个事实。

你就看到，北航学生所走的方向，北京运动的方向和中央后来对运动的指导，是一个上下的关系，很密切。毛主席后来讲一句话，有的人说地方上的斗争是中央斗争的反映，主席说不对，中央的斗争是地方斗争的反映，实际这才是历史唯物主义。你看，底下工厂有分歧，有斗争，学生工人结合，反映到中央了，中央去处理，中央定政策，是基层的斗争反映到中央里去，中央跟上去，毛主席说先有事实后有概念。

文化革命的时候，我见到江青也好，见到陈伯达也好，老喜欢问一句话，我们跟着毛主席伟大战略部署，把无产阶级文化大革命进行到底，请问这个战略部署下一步是什么，江青说我回答不出来，我当时感到听不懂，怎么回事呢，你们是中央文化革命小组，我问你们下一步是什么，我一步一步往下做，他们回答不出来，你现在再看，这个工人运动是回答出来的吗？不是，是社会斗争产生出来的。这是历史的唯物主义，再往后就更大了。

周恩来给北京造反派排名，北航红旗列第一

我上次说的周恩来给北京造反排名，是1966年12月9号，他在政治局常委会上讲工人运动以后的三天，周恩来在中南海国务院小礼堂一个讲话，周恩来总理总结运动，他说从聂元梓大字报被广播6月起到12月，经过7个月的斗争，周恩来原话我念给你听，周恩来总理说：经过7个月的斗争，各个组织都要回顾一下，有的坚持批评党内走资本主义道路的当权派，批评犯错误的同志，批判工作组，批判负责领导机关，一直坚持到底，这是左派。这种坚持性是值得称赞的，这样的组织有北航红旗、地质东方红、第三司令部、政治公社、首都兵团、第二司令部形成的造反联络站。这样的组织要总结一下，不可能在斗争中每一步都是正确的。根据16条，进行总结，总结出斗争党内走资本主义道路当权派，和批判资产阶级反动路线的经验。

这是周恩来在国务院小礼堂讲话，他很仔细地把北京的组织排了一下，北航红旗、地质东方红、第三司令部、政法公社、首都兵团。首都兵团就是中学，李冬民那个，第二司令部形成的造反联络站，这

样的组织，这是左派。

在周恩来，在陈伯达，在江青，我可以说，他们三个人把北航红旗都排在第一，为什么，周恩来这段话里连清华井冈山几个字都没有，没有北大，没有师大。第一个是北航，第二个是地质，他把这两支队伍排在三司前面。你说地质是三司的，北航是二司联络站的，他不，把这两个挑出来了，然后是政法公社，再然后挑个中学的首都兵团，李冬民，带着李冬民力量可大了，那人数太多了。包括王岐山他们都是首都兵团的，今天这个领导人，当年还不都是李冬民部下一中学红卫兵？然后首都兵团又排了第二联络站。周恩来这个排序，这个讲话，后来我在学校里看到把北航红旗排第一个，北航红旗在全国各地的影响变大了。陈伯达18号见我们说，我们接外地电报，说北航红旗到这儿了，北航红旗到那儿了。

看到没有，在北京介入工厂，在外地介入各省的运动，这就是你们奇怪的，北航红旗怎么会这个分量那么重。

这个北航怎么回事？我跟你们讲，北航是个集团，这个集团的学生的思想是红五类的工农子弟、干部子弟，他们有一颗跟着毛主席进行革命，与工农结合的心，这是他们的世界观。他们的行动是他们的世界观决定的，很自然的。他们本来是工农子弟，他们走上了和工农结合，去搞革命，而这个革命又是文化革命的一个重要组成部分。所以，你看，北航运动的方向几乎我可以跟你说，除了我韩爱晶犯错误，受上面干扰，我韩爱晶水平不行之外，这个大方向，是跟着毛主席进行文化革命，这么一个坚定的与工农结合的，举着马克思主义毛泽东思想的旗帜往前走，想跟着毛主席的革命路线，和工农结合，想好好搞革命，想为人民服务，想成为无产阶级革命事业接班人。这样一个主线，这样一个道路，方向是很清晰的。这个集体走的是这样的一个道路，它的意义就在于北航的运动带有普遍性的意义，如果我打个比方说，毛泽东是文化革命的最高统帅，有人说江青是旗手，可以这么说，搞什么《海瑞罢官》，批"二月逆流"，她好像在前面举个旗帜往前冲。这个角度讲，是战场上的旗手。不管她是对了还是错了，她打击别人打击面宽了，她犯错误了，但是，她是这场斗争的旗手。

聂元梓呢,毛主席说打了第一炮,是啊,这个战争开始了,第一炮打过去的是聂元梓。然后各处的炮也发了,看到了吗,聂元梓是第一炮。蒯大富是什么,是反对刘少奇,是毛主席和刘少奇阶级斗争的急先锋,直接对着王光美,对着刘少奇去了。他是两个司令部斗争的一个急先锋。北航呢,北航恰恰是这个工人学生的主力部队,全面推进了,是不是这样,北航、地质,相当于高校,工人,甚至外地,全面的主力部队,大面积地推进,他的成与败是文化革命全面性,它的意义在这。应该说,北航、地院、师大,当然了,也在一些斗争中和上面连着,接受一些指令,发生一些重点战役,重点方向,有重点的局部里头猛攻那个方向,比如说后面徐向前(听不清)、陈毅,或者谷牧、余秋里、"二月逆流"。他有时候发起一个什么某个方向的攻击,但是整个他基本上是个面。清华当然也卷到这个面,学生到了外地就卷进这个面,卷到军队了,卷到外省了等等。对吧,我们后面讲夺权。这个时候周恩来这个讲话,反映出北航在运动中的份量。

1966年底,你们已经看到北航红旗是怎么回事,就是这么来的。周恩来肯定在队伍里头筛选了一下,他看北航最温,最讲政策,最听话,出身最好。陈伯达也感到这支队伍听话,江青也是啊。我说难听点,他们见到我的时候,从来没有说。到1966年底,有时候甚至问,蒯大富哪去了?又当总指挥去了。就开始批评了,对我真没批评。一直说,韩爱晶你们要注意办法,行百里半九十。对工人要怎么怎么样,是爱护的,没有尖锐的,不给面子的那种批评。真没有。所以我对周恩来,对陈伯达,对江青真难把握,我有我的难处。

陶铸垮台

陶铸到了12月份,就不停地有人要打倒他了。陶铸的问题,1966年底也扑到北航——广东有个老太太,带了一个麻袋材料找我,说要来反映陶铸的问题。因为我当时对陶铸印象比较好,自己拿陶铸的讲话作为一个武器在鼓动工人运动。再一个,陶铸排到第四位了。那时候认为陶铸是无产阶级司令部,他比陈伯达地位高一级,高一个位置。所以我当时一是对陶铸的感觉比较好,再一个是害怕。反陶铸行吗？这是犯错误的。你想那个口号事件，就说熊复，我们就停了。只要是说无产阶级司令部的人，就停了。所以对陶铸的材料我没接，我说不能接，这个材料不能接。没想到，后来（听不清）陶铸被打倒了。当时也感到很奇怪。

在北京医科大学那条线，也有人反陶铸。

1967年1月，陶铸这么大的人物倒了，闹不懂。但当时还是紧跟，自己原来是拥护陶铸的，把陶铸的话当成相当高的指示，包括周总理说的话，你们贴大字报是打倒第四号人物，批评他们，我们是站在总理这边。就觉得，是啊，你怎么能这么对待陶铸呢？把陶铸看作是造反派的理论的一个代言人，所以就没想到。

是陈伯达和江青讲话。毕竟陈伯达是组长，江青是毛主席夫人，江青这个身份，特殊身份表态，学生就觉得，那就是主席态度。谁知道实际上这件事不是主席的态度。

忠于毛泽东、保卫周恩来

讲真话，不管主席跟谁发生分歧，我肯定听主席的。后来林彪的问题可能就很明显，但是打倒谁，恐怕对周恩来我是有保留的。我当时说过这样一句话：周恩来如果倒台，中国是要亡国的。

把他看得非常之重，虽然也有不听话的时候，觉得总理有时候讲话不如中央文革过瘾，在搞运动的具体问题上要听中央文革的。周恩来是当家人，是大管家，工要管，农也要管，干部也要保护。理解，觉得他那个身份这么做，但是认为主席的态度是和林彪和中央文革更一致一些。我认为在运动上，但是有个界限，就是周恩来不能打倒。

周恩来要打倒，中国要亡国，那要完了，中国就完了，就认为中国完了，整个经济就全完了。这个思想是很明确的，一切听主席的，但是认为周恩来不会被打倒，周恩来如果被打倒，中国就完蛋了，就亡国了。但是不会觉得林彪打倒了，中国会亡国。

"红海洋"

1967年的1月1号,江青、康生、陈伯达见了北航三个头头,我参加没参加没有印象了。因为我当时病了,住院了,先在北医三院住院,后来又在北航学校里边一个人住院。就在1月初,我的记忆是什么呢?

就是谈"红海洋"的事情,1967年的元旦,江青、陈伯达、康生见北航三个头头,谈几个问题,其中一个问题是"红海样"。现在社会上的大事记说北航搞"红海洋",这是把中央领导的讲话搞混了,当时是江青、陈伯达、康生见北航,说你们去解决"红海洋"问题,有人把墙刷成红的,好像很革命。"红海洋"是个阴谋,红卫兵要把它搞掉,去揭发这个阴谋,是要北航带头去反对这个阴谋。结果别人写大字报慢慢就变成北航搞"红海洋"了。这个就写进文革史,政治以讹传讹,一个一个在文革史里写这么写,说北航搞"红海洋"。这完全是个误抄。是中央文革信任北航,让北航去解决这个问题。"红海洋"有问题,你们去解决,再到后来,你看陈伯达和江青让北航红旗,不管见面也好,发指令也好,你们会看到这个。

"红海洋"是什么概念呢?当时有人为了革命,把所有墙用红油漆给刷满,一片"红海洋",显得好像很革命,这就造成了一个是浪费资源,要多少油漆,再一个也没法贴大字报了。到底这是谁发明的?我们还真搞不清。江青、陈伯达、康生就见我说,现在有人搞阴谋,搞"红海洋",你们要去把这个事情批判掉,不要让他们搞。是让我们去解决这问题,同时在谈话里谈到就是北航要斗批改,你们要保持两千人批,一千人下农村、下工厂,以及形势,全国的路线斗争,苏联的两个党,谈的面也很宽。那时候还不懂,不仅是我,其他同学,见到总理,见到陈伯达、江青不知道和他们怎么对话。很幼稚,讲的就是在工厂遇到的具体事,或者学校里学生没事干,还说没事干,有的串联去了。然后陈伯达说怎么没事干,比如说可以学习,可以怎么做什么,可以讲政策,这样一个情况,那个水平达不到和他们对话,也闹不懂他们怎么对话,有点受宠若惊。

一月夺权

半个月前后出现夺权了,而全国在 1967 年变成了向走资本主义道路当局夺权,虽然这是条(?)没有变,但是,1967 年的重头戏夺权,是毛主席、林彪、周恩来、中央文革,谁也没有看到。谁点头提一提了?没有。指导 1967 年全国战略部署的社论,仅仅过了半个月。就可见文化大革命是毛主席想得全?想得到吗?是周恩来总理就能想得全吗?想得到吗?毛泽东最后在肯定上海夺权的时候,对张春桥讲话也是先有事实后有概念,这个话恰恰是周恩来 1966 年 12 月 6 号提到的。

4 号陈伯达讲工农运动,12 月 6 号,恰恰是在 12 月初的政治局常委会上,6 号周恩来讲运动已经向工厂、农村、财贸铺开了,这时候讲到有事实后有概念。

从 12 月 6 号到 1 月 6 号,到 1 月上旬,也就是一个月时间,毛泽东还是这个指导思想,看到了没有,就是毛泽东搞文化大革命的思路,这个时候他是先有事实后有概念,根据群众中的事情,再来决定该怎么做。

说难听点,主席说搞三人主义(?),后来说搞半年,都冲破了,变成了三年,变成了十年,收不了场,不以人的意志为准,也不以毛泽东主席的意志为准。

比如说 1 月上海的夺权这些事情,不是毛泽东自觉的行为,不是他叫人家去做的,是他在 12 月 26 日和 1 月元旦社论指导全国的时候,都没想到的。这就是一个重大问题,是文化大革命运动出现的一个重大的斗争现象、理论现象。

这是一个非常重大的问题,因为夺权这个事,多大呀,后来已经成为全国的重心,也成为全国矛盾激化的最重要的起因,各单位,各省,各市军队最后发生斗争分裂,武斗都在这一点上。

有人会认为是主席布置做这个事。不是。我对文革的研究,不是主席提出来的,是上海发生的。1 月 1 日,元旦社论提出四大任务,第一条抓革命促生产,第二条无产阶级大民主,知识分子和工农结合，第三条大民主（？），第四条批判资产阶级反动路线，其中包含着肯定大多数干部和党员是好的，团结他们，这就是元旦社论的四大任务，全国全面阶级斗争这么个总纲，哪有夺权？

这个实际上 12 月 26 号毛主席过生日和中央文革小组谈话时的一个主题。现在有人说，主席讲到有全面内战的一年，有这个说法吗，咱们就要考证了。

上海夺权的时候，毛泽东对《文汇报》，《解放日报》夺权的讲话，毛主席提的是按照系统实现革命的大联合，是有这么个指示。中央领导人讲话也开始讲，说要按系统了，学校也就是等于按系按班这样，不要搞乱的了，更多的是强调社会，按系统实现革命大联合。

1967 年 1 月 19 号响应毛主席号召，向上海学习，北航夺权

毛主席是在 1967 年的 1 月 19 号，号召向上海学习夺权，北航也是 1 月 19 号宣布夺权的，宣布北航一切领导权归"红旗"。这个日子几乎就是紧跟着，一天都不拉，北京空军的米志高和陈舒怀带着来搞军训的空军的宣传队，是在北医三院的病房里看到我的。他们是 1 月 6 号到 1 月 11 号，这一个星期从部队分批全部到达。米志高，当时叫米司令员，是北空的一个干部，陈树怀不知道北空的，还是空四军空五军。这两个人带队，一个司令一个政委，带了一二百人，数字不准确，来北航搞军训，当时我躺在医院里头，因为累得吐血、发烧、打针。他们去看我的时候，说我们来支左，在你们领导下工作，你们走到哪里，我们支持到哪里。

我当时很惊讶，军人来了怎么能说在我们领导下？真的支持，所以后来 1 月 19 号，北航红旗宣布夺权的时候，北航广播夺权了，军宣队马上广播，中国人解放军坚决支持北航红旗夺权，和北航红旗团结在一起，战斗在一起，胜利在一起。

北航红旗本来气势如虹，把阵势压住了。再加上解放军一表态，学校里那些干部、教师，或者原来有不同意见的就都踏实了。北航同学和顺利，不仅同学、干部、老师、工人，他也很正面，他看中央这

么表态了，中央领导不停地见北航红旗，赵如章罢官，停职反省，这边解放军来了，宣布坚决支持，你说还不顺利吗，整个北航19号就一统天下了。等于我已经在组织北航的全面工做了。

当时还不叫军宣队，叫支左军训，就这样一个态度，所以你想这个夺权。因为毛主席当时有个讲话说这是一个大革命，是一个阶级推翻一个阶级的大革命，这件大事，对于整个华东，对于全国各省市的无产阶级文化大革命，运动的发展，必将起着巨大的推动作用。

我们看到毛主席这个指示的时候是很惊讶的，不懂。怎么《文汇报》《解放日报》这两个报夺权了，就是一个大革命，一个阶级推翻一个阶级的大革命？这件大事对整个华东，对于全国各省市的无产阶级文化大革命的发展必将起着巨大的推动作用？当时不懂，不理解。上海是上海，而且两个报纸，对它的作用看得比较轻，觉得不就是两个报纸嘛。

现在想想，上海是什么位置啊，除了北京就是上海，上海当时在工业产值，在经济上全国占近一半，不得了，举足轻重。上海从报纸夺权，实际后面就是政治夺权。所以尤其舆论影响，就像主席说影响华东，影响全国，对文化革命全局有影响，主席站的高度，确实高，咱们不懂。

1月19日，毛泽东讲的这个话，到了1月22号，人民日报就发表一个文章，就是无产阶级革命派大联合，夺走资本主义道路当权派的权。

由这个社论，人民日报这个文章，无产阶级革命派大联合，夺走资本主义道路当权派的权，号召全国开始夺权了。而毛主席这个时候对上海夺权的答复是什么呢？毛主席说，如果权本来就在右派手里，夺过来。如果再被别人夺过去，仍然在右派手里，没有什么了不起，还可以夺。就是夺。他这个话现在看来就有些问题了，因为主席说如果权本来就在右派手里，夺过来，如果再被别人夺过去仍然在右派手里，没有什么了不起，还可以夺，他没说如果权在左派手里，该不该夺？夺的后果是什么？

你好人夺好人的权。这个斗争不是激化了吗？人民的内部矛盾不是激化成对抗性矛盾了吗？夺权实际上是对抗性的，所以这里就有一个问号了。主席当时谈论这个问题的时候，到底是怎么回事呢？

1967年初，毛主席说，必须善于把我们队伍中的小资产阶级思想引导到无产阶级革命的轨道，这是无产阶级文化大革命取得胜利的一个关键问题。

我认为，后来学生犯错误很重要一条，就是小资产阶级没有按照毛主席所说的把思想引导到无产阶级革命轨道上。因为知识分子这个群体，大学生这个群体，相当一部分人的世界观没有改造好，并不具备工人阶级的无产阶级世界观。不管清华也好，北大也好，北航也好，学生一下子造反，一下子革命，口头上马列主义说得也很好，但并没有无产阶级化。当然我在讲这个历史的时候，是站在无产阶级革命这个大范畴上面讲。

从1966年10月之前，毛主席讲，现在轮到小将犯错误了，到1967年初，毛主席肯定孟繁华的文章，夺私字的权，这与后来毛主席讲要斗私批修连在一起了。毛主席强调学生要好好改造世界观，两派联合，这个思想是一脉相承的。

毛主席对于红卫兵，对于学生是敲警钟的，是教育等待的，学生本性就那个水平，包括我韩爱晶在内，出问题，出错误，不能说毛主席用红卫兵以后，就把红卫兵一脚踢开了。我坚决反对这个说法，我觉得毛主席对红卫兵是信任的，毛主席给了大学生极大的信任，我们自己并不是好好学习了，我们自己并不是好好改造了，我们自己并不是好好严格要求自己了，问问自己，包括我韩爱晶在内。

我们做的事情，不符合主席思想。

北京市委夺权

北京市委夺权，也是人家找来的，说你们北航参加啊，可能也找了清华，因为当时的三个工人总部连在一块儿了，找北航红旗来了。我就带着队伍，在队伍里有解放军战士，进了北京市委大楼。市委大楼里人都满了，台阶上都躺满了人，墙上都画着标语，黑墨水写的。整个市委大楼不成为市委办公的地方，已经被上访的群众占了。

成立了首都夺权委员会，但实际这个已经形成了，我当时的思想还是巴黎公社，北航红旗是第一批去市委夺权的。当时北京夺权分了几块，市委市政府就是一块，是以三个工人总部，就是红色造反者、革命造反者、一机部造反总部，还有北航红旗和一些学校。首都夺权委员会当然以工人为主了，因为我的世界观，人家是工人，上海也是工人为主。

聂元梓呢，也搞了一摊。在电报大楼，叫北京公社。很自然，她是北京公社宣言书，她夺权，为什么在电报大楼？电报大楼是个广播，宣布夺权，她也有道理。她在电报大楼和一些组织，她是以北大，找大的工厂，是单个单个的。

谭厚兰也搞了一摊，在长安街，北京饭店附近，地点我搞不清。实际上北京市夺权当时是三足鼎立，蒯大富顾着他的清华，对这个基本上不感兴趣。我跟他说，你参加吗，他说参加。聂元梓说参加，实际不积极。

北京地质学院在一月夺权里头没有进来，因为朱成昭出问题了，好像一个人生了大病一样，领导班子处在一个被批评整顿阶段。地质学院当时有点没缓过气来。也没有顾上夺权。就变成北航、北大、谭厚兰三块，形成了三足鼎立，这是自然形成的。

我们北航和地质学院关系好，和清华关系也好，对聂元梓没怎么来往，她有点高傲，岁数又大。跟谭厚兰没有什么具体来往。

工人和我们去夺权的时候，工人的头头是李思聪，京西煤矿的。文化革命的潮流把各种人物弄上政治舞台。我很注意，往往自己后退一步。在学生里搞事情，前面是聂元梓、蒯大富，咱自觉后退一步，咱也没什么知名度，也没有什么个人能力。跟工人在一块儿又后退一步，人家是工人，天生的工人为主，咱们为次。比如说李思聪去了，马上就把原来的旧班子吴德、刘建勋这些人轰到一边，然后把市委里的大印都收起来。当时我对大印一点兴趣没有，我认为这个东西没用。我觉得最后要中央决定成立什么，那就是权利。我瞧不起这个玩意，我就觉得毛主席党中央，最后总理怎么定才行。实际上应该说大印是有用的，为什么呢，你这个大印拿到外头盖一下子就是北京市常委、北京市政府，下面的局以及农村里还听着呢，郊区农村还有来请示问题的了，这个印，这个木头疙瘩既有用也没用，把它一股脑封起来还是对的。

学生当时是七系和一系，无线电系和跟我进市政府夺权。解放军一块儿开进去了。市政府大楼里头乱哄哄，咱们充满浪漫，就觉得像十月革命列宁带的工人进冬宫一样，创建苏维埃。我们首都夺了权以后可以到天安门广场进行民众普选，无产阶级的盛大节日，脑子里巴黎公社的种子在成长——北京市民到天安门广场投票选举，革命的豪情等待着巴黎公社普选。

那个市政府大楼里烧着暖气，热到可以躺在桌子上，不盖东西，幸好有这一点，否则真不知道怎么睡觉、生活。地下室是食堂，那些上访的，包括我们去夺权的，就在那吃饭，米饭一碗，或者大馒头，那菜就是清水煮白菜帮子。北京冬天本来就没菜，那清水煮白菜帮子。大家这么吃，管它味道不味道，吃了以后，往那一躺睡觉。该做事做事，解放军就跟着，当时就这么浪漫。

我们叫革命斗争委员会，我对于北京叫公社也赞成。毛主席说了北京公社宣言书，那文化革命北京是不是叫公社？公社这个词神圣浪漫革命，一听聂元梓在那搞了个北京公社，当时心里就有感觉你是北京公社宣言书的起草者。北京公社夺权那就你当头了，心里有这个感觉。我心里认为，北京谁当头，得毛主席说，我们这个夺权，等于是对旧的一个否定，至于新的是什么，这个还要毛泽东最后定，我认为我心里还是明白的。

聂元梓邀请我们去谈判，我到广播电报大楼跟聂元梓谈判，这是我和聂元梓面对面接触的开始。1966年6月1号，远远看着聂元梓高不可攀。这时候面对面，一屋子人，我对聂元梓很尊敬，人家年龄比我妈妈还大了，她小孩比我还大。

聂元梓坚持一条，北京的夺权以大学为主，北航红旗肯定参加，但是工厂以大厂为主，我不接受，我说工人已经形成三个司令部了，上海是工总司参与的，北京怎么把三个工总司都砸了，这怎么行，这不现实，我就坚持三个工人总司令部和大学来夺，加上干部解放军。

我觉得聂元梓厉害啊,当时还有一个李敦白,在广播事业局参加造反,一谈判,李敦白先讲,毛主席是什么红太阳,中国人民,世界人民心中的,又是世界革命的什么。一听这个外国人这么赞扬毛主席,我们很高兴。他那个煽动性的话委婉动听,一句一句一层一层地讲,大家都鼓掌,一个是自豪,我们毛主席,外国人也这么拥护,再加上他那个语言,听着很开心,但是一谈到具体内容他跟聂元梓是一个调,说要以主要工厂和大学为主,一到具体问题谈不拢了,谈了几次,我想这个外国人,看着挺热爱毛主席的,怎么一说具体问题就和聂元梓坚持那一套,就对李敦白不高兴了,对聂元梓也感到谈不拢。我对你聂元梓尊重,但是她要想把三个工人总部都否定,我韩爱晶不能接受。

这就僵在这了,跟谭厚兰没怎么接触,蒯大富又没参加,王大宾那时候还没出台。

但是周恩来在人民大会堂开会,指示革命夺权委员会,因为这块是市政府,说你们转告他们,要抓好生产,周恩来已经表示认可了。

周恩来说让转告李冬民参加,他说,你转告他们,叫他们好好抓生产。这对我们是精神上的一个支持。周恩来已经把这个委员会作为实际在行使职能的机构,他并不是承认这就是北京市新的夺权领导机构,但是,那已经占领了市政府,人家会跑到市政府去请示,所以周恩来就说要抓好生产。

就在这个时候,戚本禹打电话来说,你们再派人去天津,去百把人。我马上就找下面头头说,中央有指示,去天津帮助一下谢学恭。井岗山他们又带人,几百人步行去天津,去参加夺权,到哪去具体解决的我不知道,后来戚本禹还问,你们到那怎么样了?

陈伯达、江青、王力先后传达毛主席指示

1月26号,陈伯达和江青打了一个电话给北航红旗,以他们两人的名义,有电话记录稿:"起草一个决定,不必开誓师大会,考虑准备北京市工农和革命师生代表会,组织市人民政府,不一定用市长这一形式,标语和传单暂不定,转告(其他组织),工人农民都派代

表参加，哪一些可以接管，用什么形式，应经代表会研究。立即放吴德同志回去，监督其工作。马上准备工人农民代表会，代表会不能交给一派，北京市学生比例可多一些，可搞主任，轮流主持会议，按管问题，可在社会充分讨论。伯达同志传达主席一句话，凡是搞宗派主义、小团体主义，最后都搞不成的。把这个精神传达给其他组织。"

陈伯达和江青，当时这个电话可能是让王力念的，因为陈伯达的普通话不行，都是王力打电话。这个电话把对北京市夺权的一些意见，把陈伯达，江青的意见都做了表述，并且文字化了。而且说转告其他组织。就是说陈伯达和江青在夺权的时候，通过打电话给北航的方式，让北航一字一句记下来，转告其他组织。

电话记录稿的内容是工人农民代表会，叫主任都有了，没有革命委员会这个名称，也没有公社这个名称。陈伯达和江青说，对北京这个人民政府不用市长这个形式，标语和传达暂时不用，工人农民都参加，包括原来的政府的吴德怎么办，让他回去工作，包括传达主席一句话。你看这个时候，北航红旗的分量了吧。他没有让清华去传达，没有让地质学院去传达，也没有叫聂元梓去传达。这是严肃认真的关于北京市夺权的设想、框架，毛主席的指示精神。

陈伯达、江青把北航看得很正规。周恩来也是这样，他把北航排在第一，这就是对北航登上政治舞台的一个促进。在1月19号上海这个地方，之后一个星期，陈伯达和江青是用文字形式传达给北航的，并且要我们转告其他组织，这实际是后来北京夺权的一个思路，但是我们还不理解，我们还不是群众在搞。

北京市的夺权慢慢慢慢就开始传说了，说戚本禹可能来当一把手，当北京市的将来的头，至于叫公社还是叫什么不知道，谢富治、傅崇碧、戚本禹出来见学生、工人，见这些比较多，就是谈怎么怎么。

后来王力又打来一个电话，我听到他打电话的时候，与旁边人说话，好像也正在找聂元梓、蒯大富他们。王力在电话里说，韩爱晶，我传达一下主席和中央领导对于北京市夺权的一些意见，主席说北京，不要采取上海那样一个办法，北京分步走，先成立红卫兵代表大会，再成立工人、农民代表大会，还有中学红代会，再加上干部和解放军代表组成北京市革命委员会。你们大学呢，红代会先成立，毛主席说，你们五大领袖只剩四大领袖了，说聂元梓、朱成昭、蒯大富、韩爱晶、谭厚兰你们五个，现在成了四个了，朱成昭垮了，你们先成立红代会。

这是我第一次听到五大领袖的说法。

这就明确了，后来谢富治、戚本禹、傅崇碧和我们工人、学生见面谈话。当时还有一司，二司，三司，还有三个工人总部，这些机构怎么办？

首先就涉及到三个红卫兵司令部的问题，谢富治和傅崇碧在这之前和一司、二司、三司也分别谈过，成立首都红卫兵造反的总的机构。可是一涉及具体问题，分歧就来了，地质学院坚持以三司为核心，包括在写宣言的时候都要写以三司为核心，写一司二司干吗？三司是做了很多贡献，我们观点也一致。但是写三司干吗？这也是后来天地派分歧的一个小原因。北航和地质关系亲密，在这个问题上也有分歧了，谭厚兰、聂元梓、韩爱晶，几乎都对这个提法不太赞成。

到了1967年2月6号，谢富治和北京红卫兵三个司令部代表和一些人座谈的时候讲，第一，支持成立首都革命红卫兵代表大会，但是这个名词不太好，建议换一下，第二，赞成一个学校派一个组织，暂时不收中学生，第三，建议学生帮助首都第三个工人造反组织进行整顿，并联合起来，说不能打架，不要武斗，坚持文斗，不要散发传单贴大字报，不要互相开宣传攻击，有缺点有错误在内部讨论。

2月9号谢富治见北京学生和工人代表又讲，说今天已经是第八次会议了，但是成绩不大，打架的还很多，应该团结在伟大领袖的身边，在中央文革的领导下搞好大联合，搞好大联合以前要有一个筹备委员会建立一个筹备小组。

谢富治说北京的大联合要进一步落实，要彻底巩固夺到的权，第三要抓革命，促生产。

谢富治说这七个单位，紧急倡议，北京夺权。在谢富治的耳朵里，只知道就是三个工人总部和我这边搞的北京首都革命造反夺权委员会。北京公社没听说过，别的我更不知道。在谢富治的心中也是这样的,他是从周恩来这条线认可了市政府才夺权,不管是不是将来的政府,但是毕竟他夺了,你们夺权委员会的工作不要松懈下去,你们工人总部应该好好清理,然后讲夺权问题,我们伟大的领袖毛主席强调,夺权必须三结合,否则中央不承认。

基层单位最起码是两结合,革命职工和技术人员来搞,学校呢,可以和当地的驻军一起,抓革命促生产。

1967年2月13号,戚本禹给聂元梓和蒯大富打了一个电话,说,聂、蒯同志,关于北京造反公社情况,我不了解,我曾表示过,希望北京革命组织在毛泽东思想基础上搞大联合,不要搞小团体主义,说穿了我们对造反公社的批评,如果指的是这个意思是有的,但这不是批评,而是一种愿望,另外,大联合组织是否用北京公社,希望你们商量一下,祝你们在毛泽东思想基础上联合起来。

从陈伯达,江青那么早,2月6号就给北航那么一个框架,到周恩来对夺权委员会一个祝贺和要抓生产,谢富治说我只知道夺权委员会,戚本禹参加筹备的时候这个电话,中央对北京夺权这个组织和态势,以及方法,思路。

2月13号戚本禹又见首都红代会筹备委员,要先搞红代会,戚本禹谈到红代会宣言,可能真的吵架了,他说,不要写以三司为核心,三司的战斗很强,一司二司联络站也做了不少工作,宣言上不要提三司为核心,提不提都是核心,要求实不要求名,一司的战斗力也是很强。

红代会成立以后,搞一周年三司成立的纪念,就是聂树人。到今天为止,他对三司的战斗作用念念不忘,就像徐向前写四方面军军史一样,徐海东对于陕北根据地军史,大家对自己所走的历程的肯定都看得很重,有它的合理性角度和片面性。

北京市委实际还是吴德、丁国珏、刘建勋他们新市委的班子在维持。谢富治实际已到位。直到4月20号成立北京市革命委员会正式出面,之前这个班子是李雪峰、吴德,在夺权中间中央仍然承认他们,主席的意思是,这个权是从彭真手里夺来的。再夺权在国际上影响,就不太好了。1966年5、6月份刚夺的,怎么又夺权呢,所以他把这个市委实际是保存下来,仍然由吴德在主持市委的工作,只不过这个时候党组织瘫痪了。

红代会筹备过程中清华没怎么加入,蒯大富忙着斗王光美,忙着清华他和八八派八九派这个大组织的问题,他没有精力也没有兴趣到外面来。谢富治讲清华也得参加红代会,2月22号就成立了,好像是北航的陈良主持,北航的广播员刘刚奇宣读给毛主席致敬信,聂元梓是组长,北京的红卫兵有了一个组织,学校的运动正式和上级就很规范地连在一起了。

地质学院是当时一场大病,整个总部和组织处在一个很不正常的状态。王大宾一开始不是红代会副组长,3月5号,戚本禹到地质学院的时候,处理朱成昭问题,谈到谁出来当一把手的问题,传达说中央认为地质东方红这个旗帜不能倒,朱成昭出了问题,但毕竟是运动初期是有很大成绩的,保护这个集体,护这个旗帜,换一个头头,这时候王大宾推出来了,又补王大宾为红代会一个副组长,王大宾上台登上了重要位置。

1967年2月22日,首都红代会成立。上面实际就是丁国钰在牵这个头,包括办公地点在哪里,丁国钰分管文教,他和红代会联系。

紧接着就是工代会成立,光华木材厂的刘锡昌就成了工代会的一把手,由于我跟工人的关系密切,工代会就是我代表红代会去做发言,农代会就谭厚兰去发的言,由于谭厚兰和邓万年农业口方面的文革关系密切,中学红代会成立就是蒯大富去发言,因为蒯大富和中学红卫兵的关系密切。

反"二月逆流"

我们对这几个老帅,比如说打倒叶剑英,打倒徐向前,炮轰陈毅,是怎么回事?对叶剑英在我们军事院校开会的时候,他那个抓小老鼠给我们的印象不好。我上次说,怎么大会上忽然当场抓人家小老鼠?然后又借人家送毛主席语录,又说毛泽东思想学的好,过些日子这些人回去又抓起来了。咱们是一个很单纯的学生,就是看表面现象,实际上现在想想,叶剑英什么分量,他文化革命讲话那个口气。

他那个身份在那地方，周恩来对林彪都跟他平辈，甚至是他学生辈，黄埔军校叶剑英就已经相当于老师辈分，林彪才是学生。只不过是你毛主席用林彪了，他表示一种郑重或者说几句恭维话。内心深处他还不是平等的。在中国，有几个人在他之上？所以他那个气势以及他处理问题方式，再加上他是个军人，军队里就是下级服从上级，怎么能出这种事可以理解，现在可以理解，但是作为搞群众运动，搞文化革命的时候群众又不能接受怎么能这样呢，从不同角度看，是有他的原因。再加上叶剑英的女儿绑架彭真他们，斗他们这些人，感觉就是他家里头有背景，他们可以这么做。

　　这些事情虽然不是叶剑英干的，大家认为，要不是叶剑英是她爸爸，她怎么能知道彭真关哪儿呢？实际是到彭真家里去的。但是这些都不构成打倒叶剑英的理由，只不过说对叶帅有一种感觉，这是一种很表面的东西。发表声明打倒或者喊口号是在1967年的3月底4月初，这个时候应该说全国的斗争激化了，来源是一月夺权。如果权在右派手里，从右派手里夺过来，他没说这句话，如果这权在左派手里怎么办？你去夺？所以毛主席这个话你现在就不好回味了。应该承认，大多数党的组织和党员干部是好的和比较好的。应该说，这17年，毛主席领导中国共产党解放了全中国，我们的组织大部分还是共产党性质的，是好的。

　　不能说我们大部分政权都是黑的，就是主席讲的有三分之一已经变颜色了，那还有三分之二是好的。而夺权实际是全面夺权，就是说，几乎是除了军队之外百分之百夺。就等于向那三分之二好的和比较好的领导夺权。这形成什么呢？换个角度说，这个单位的领导好的和比较好的，忽然有人来夺权。让夺吗？这权是共产党的权，是人民的权，从性质上讲是这样的，所以矛盾激化了。而且主席让军队介入要支左，省军区地方武装部，肯定支持地方党委，他们本来关系就密切。野战军稍微好一点，调防以后可能中央表态支持哪儿他就支持，但是设身处地地想，野战军队那些高级领导人和地方那些省的高级领导人过去都是部队的，中国的领导人全是军队下去的嘛，队伍往南开，开到哪儿部队停下来了，军事接管，接管以后变成地方领导了。

所以他们有这个关系，可以说是过去战争中结下的情谊，他在地方当司令委员，地方那个省委书记被抓了斗了，他怎么看得惯？这个我能够理解。

在一月夺权里，主席让军队介入。后来主席也多大部分都支持了保守派，这个局面是有它的必然性。但是主席让你夺权，就让全国全面的阶级斗争激化了，而且这种夺权，宣布军队介入，去占领一座大楼，去夺党委的权和印章，能不发生肢体冲突，甚至更强烈的武斗吗？有权的地方，它可以动用他的权力，甚至于这边有军队就可以开枪，这个矛盾的爆发有它的必然性。新疆石河子，青海锡林报社，"八一八"事件，四川宜宾等等地方，在武汉都出现了。比如说抓人，一下抓多少万人，开枪。

中央领导周恩来他们在四川讲话的时候，甘渭汉就站在那儿呀，他是军区的政委还是什么，后来抓了他。当场就问，你们那儿怎么回事？就讲飞机撒传单，飞机一到，那底下当时就说好了，飞机一到，下面就开始抓人。有的地方就开枪。然后中央领导就问，谁让你飞机撒传单？回答：叶副主席，再问一句：谁让你们抓的？回答还是叶副主席。底下供了，是叶剑英副主席让下面这么干的。我问你，北京的红卫兵，在那儿听着周恩来、陈伯达、康生、叶群、杨成武他们问底下，谁让你们撒传单？谁让你们抓人？谁让你们开枪？底下说叶剑英。中央领导人在那儿，有的时候当场就把底下人外地来军队的什么人抓起来，有的就在会场上逮下去了。这个斗争从地方到中央都已经激化了，我们也看到主席说的，先有实事后有概念。是这场斗争的激化，把北京市委红卫兵卷进去了，北京的红卫兵，他也没对我们开枪也没抓我们，也抓不了我们。

但是北京的学生到外地去介入了文化革命和当地的造反派已经滚在一块了，有的就从外地就回来了，尤其地质学院回来人就多，地质、北航、清华从外地回来的，就纷纷来告状了：哪个地方发生流血了，发生镇压了。这个时候已经不是一个触及灵魂的问题了，是触及到脑袋的问题了。北京的学生是帮助告状，帮助平反的。他们没有义愤吗？不喊口号吗？中央领导人也喊了，包括炮轰打倒叶剑英、徐向前，他们也喊了。再加上林彪1967年3月20号在军委什么会上的讲话，提到"带枪的刘邓路线"。叶群布置叫下面认真地播放林副主席的这个录音，讨论。

你说那儿刚批完刘邓资产阶级反动路线，这地方林彪又提出个"带枪的刘邓路线"，"带枪的刘邓路线"是要杀人的，是要死人的。然后叶群在会场还讲，谁也听林副主席的。所以这里有一个事实和政治逻辑两个问题，从下面讲发生了开枪抓人，他们叫作镇反，镇压反革命。从上面来讲出现了林彪所说的有"带枪的刘邓路线"。毛主席讲从中央到地方有一股资本主义复辟现象。小道消息又特别快，实际上那时候也挡不住，毛主席讲他怎么怎么上井冈山，实际就是他对陈毅说那个话，就是怀仁堂会议以后的不满，我问你，主席说了这种话，有资本主义复辟现象，主席又说不听他的，他就带队伍上井冈山，林彪说"带枪的刘邓路线"。中央领导人也喊口号了，下面的地方又开枪打死人了，抓了多少人，我问你北京的红卫兵，喊"打倒叶剑英"不就是政治运动表示一个义愤吗？

你现在打开判决书，说韩爱晶反革命宣传煽动罪，学校发表声明打倒叶剑英。是啊，老百姓说你看叶剑英副主席，功劳那么大，你们怎么打倒？说这种话脱离了当时的背景，如果把这个背景摆出来，看一看就知道，那时候打倒的是什么人。打倒也就是喊个口号，喊了半天，叶剑英还是上天安门，大家也知道叶剑英上天安门，还是中央高级领导人，只不过认为北京要施加一些压力，用这个做法进行一下抗争，真正的意图不是政治意图，不是把这个人变成反革命打倒。我们也知道打不倒，只不过觉得挺义愤。

而且这个事情你主席、林彪，包括总理中央领导人态度鲜明，更不用说底下死人了。如果从另外一个角度讲，毛主席号召搞文化革命，底下发生一些冲突，底下人都打死了，喊一句打倒你就不行吗？我就犯了反革命罪了？这公道嘛！有道理吗？底下抓了多少万人，开枪打死人了，你下命令了。在这种情况下，学生就喊"打倒叶剑英"，我认为从事实本身讲也不过分。是在这种气氛下，召开"打倒叶剑英"，"打倒徐向前"的大会的。那么大的政治运动，过去就过去了。

戚本禹给我们学校一个材料，是北京什么中学的红卫兵给中央的信。

信上说，他们到甘肃西北去串联，碰到了红军——当年四方面的红军。给他们讲徐向前是逃兵，怎么怎么把他们扔到哪儿，那些掉队的女兵，马步芳在四川对红四方面军战士之残酷啊，多少人死啊，伤啊。有的老太太恨得跺脚呀，恨不得把徐向前和李先念给咬了。你说徐向前、李先念是不是坏人，不是，我们今天说这个事，我认为不是，他们功劳都很大。

再说打仗有胜有败，不是写文章，写文章可以涂改，那个艰苦环境谁敢保证？他们认为，当时我们打败了，到半夜里头，徐向前带一两个连的精锐部队和银圆，钱，走了。把剩下的那些散散落落都留下来了，然后被地方的国民党或者军阀的军队，杀的杀，俘虏的俘虏，女的弄去凌辱，当老婆的当老婆，惨不忍睹。他们表现的义愤，我们理解了就算了。又搞文化革命批判走资派，红卫兵到哪儿串联了，什么事情都能炮打了，都能够批判了。这时候，这些红军战士说，他们当时逃跑了，把我们扔下了我们后来那个惨，死了多少人。中央文革小组把这个群众给毛主席给中央的检举信给我们了，学生能看到这个吗？

学生当时认为，我们的首长都是正面的，是应该歌颂的，我们的领导人带着部队怎么怎么创建根据地，怎么长征，哪里看过这个阴暗面？因为我们过去宣传我们的党史、军史的时候不可能跟学生讲红四方面军到四川的时候怎么怎么一塌糊涂。这也造成了学生的无知和单纯。本来革命是复杂的。好，学生一看这个还得了，徐向前你是逃兵！马上就派人去甘肃找那些老红军。找到一听，能不气愤吗？现在你这个军委副主席指挥底下抓人杀人，散传单，搞带枪杆子的"刘邓路线"，而你原来是个逃兵，能不呼口号打倒吗？所谓"打倒"也不过就是在报纸上发个声明"打倒徐向前"，"打倒叶剑英"，在广播里面广播一下就过去了。包括"七二零"事件，出来的时候说陈再道那儿又连上了，说北京这地方有资反路线，又去游行一下打倒炮轰，这种情绪和事由的发生，大于红卫兵，终于红卫兵。是一个反革命的动机吗？是文化革命这种大规模的风暴里面发生的斗争，而且是必然爆发的矛盾激化出现种种情况之后，毛主席、林彪副主席、周恩来总理、中央表了态，底下发生这样的惨剧，再把历史连起来，学生喊打倒徐向前，打倒叶剑英，是这么一个背景，这么个缘由，过去不就过去了。

你说清华抄徐向前的家，这个从刑法上讲就触犯法律了，至于说在报纸上登的口号，一个简短的一小段声明，能构成革命宣传煽动罪嘛？我的判决书上一个是关于彭德怀的"反革命杀人伤人罪"，再一个就是关于打倒批判徐向前、叶剑英的"反革命宣传煽动罪"。我看了都觉得可笑，我们中央领导人就这个水平。他要找你韩爱晶的罪呀，总得找个东西出来，才好判你反革命。这就是我的重要罪行——"反革命杀人伤人罪"和"反革命宣传煽动罪"是我的判决书里重要内容。

先说到这儿，再扯两句"二月逆流"。"二月逆流"是怀仁堂的会，最后也是汇报给主席。我们现在都看了材料，主席开始还是笑的，当汇报到陈毅讲延安整风怎么怎么样，主席翻脸了，主席的意思是说，你历史老账都翻了。主席这时候才说，你们不跟着走，我上井冈山。这时候主席发怒了，那么中央这边赶紧的，包括总理，让他们一个个地做检查。主席要是真翻脸，这事就不好办嘛。要赶紧认错叫"二月逆流"。"二月逆流"一直叫了多少年，叫到"九大"（中国共产党第九次全国代表大会）的时候，陈毅说，我没资格参加，"九大"的时候，主席还说你有资格，你有右的资格。到后面几次党的会议还批判"二月逆流"嘛，所以学生在这个问题上表态，像我们在北京说心里话，还被定为是对"二月逆流"态度不明朗。我们除了刚才这个事情之外，别的确实不知道。

当时北京反"二月逆流"，也就是后来和谭厚兰发生矛盾。这就是后来天派地派的一个重要分歧。

从大会堂回来，就看到西单、北海、平安里那些地方贴着大标语，什么打倒谷牧，打倒余秋里，第二天就看到总理讲话说，可以炮轰嘛，可以火烧嘛，有错误可以批评，但是不能打倒。第三天又有标语出来非打倒不可，你说我们看了能开心吗，我们说总理昨天讲了，可以炮轰可以火烧，但不能打倒。你非打倒不可，我到大会堂就问了。

我就带着问题，问谁呢，见到李讷了，我说这个不是反对周总理嘛，当时不懂中央内部发生什么，有些事情是后来才知道。她说这怎么能说反总理呢。我说总理说只能炮轰不能打倒。他们非打倒不可。她说那也不能这么说，但是总理万万反不得。李讷的态度是明显的，实际她知道内幕，"二月逆流"是要反的，但总理不能反。可是我们已经看到了明显的分歧。我们蒙在鼓里，不知道几个副总理是怎么回事，就感到谭厚兰也太嚣张了。总理说炮轰，那你就炮轰，就打倒余秋里，炮轰李先念不行嘛？你干嘛非要打倒呢？这也是和谭厚兰，和天地派矛盾加深的一个过程。这口气不好咽。因为我们学校包括对周荣鑫对周恩来的感情，回来就专门在报纸上发了个声明，就是坚决保卫周恩来，周恩来是毛主席亲密战友，伟大的外交家、政治家。

当时就感觉好像我们跟不上，人家在跟，跟的态度让我们不能接受。实际心里我是有警惕的，就觉得在对总理的问题上要注意，应该说对毛主席，对林彪，对周恩来，对江青我是有警惕的。就是万万不能碰这个问题，碰了将来是要出大问题的。所以赶紧回去表态，在报纸上有大块的文章，说誓死保卫敬爱的周总理。这时候有人挑拨周总理和中央文革的关系，如何如何。

这文章实际是针对社会上这个现象，另外表明自己态度，我们是保卫周恩来的，虽然现在炮轰副总理呀，或者副主席呀，但是有界限的。一直到监狱里头，也整我反周恩来，抓"五一六"（反革命集团），最后一看报纸，1967年"二月逆流"的时候，我誓死保卫周恩来。

1971年"913"（事件）林彪死了以后，主席对老帅说，不要再叫"二月逆流"了，"二月逆流"是林彪和中央文革王关戚他们反对你们的。这话我有不同意见，当然我能够理解，在林彪死了以后，主席看到有些问题搞错了，应当安抚一下老帅们。这是对的。但是你要想想，有很多很多事情，红卫兵也好，工人也好，跟着毛主席向前冲，是看着毛主席的态度呀。再说当时也抓人枪杀了，这是事实，这个错误不是说你主席今天说资本主义复辟逆流，群众就跟你喊口号要打倒谁，明天你说这个事没了。这事就没了。事实有没有？是非有没有？责任有没有？过去政治斗争激烈的年代，学生、工人、解放军战士、党员干部跟着毛主席和党中央所做的事情，毛主席、党中央是应该承担责任的。或者说，这个事情改变性质了，改变责任了，你要对底下的人有一个开脱呀，否则跟你的人怎么办？

北京市革委会筹备与成立

一开始成立的时候我们在民族饭店，住在饭店，开会之前包括开会，当时因为学生地位太高，那个就真是影响极大，像吴德、丁国钰他们，一天到晚还是那个样子，很谨慎。

刚成立那天，封我是组织组长，谭厚兰是什么什么。我还召集干部开会呢，就是市革委会说组织那几个人，我当时觉得组织组怎么做了没几天事情没了？也没有人说你不要当了，后来它的真正运作，是从周景方当秘书长以后。

北京市革委会这个班子，谢富治的职务太多，又是公安部长又是副总理，又是中央碰头会的成员，再加上主席有什么事情也找他，他对北京的事真正务实的太少。北京运动搞不好，我认为一大原因就是谢富治兼职太多，权力太多，没法务实。

还有一个问题，他是军队干部，他安排工作，说我们开会，几件事很明确，说吴德或者丁国钰把这事落实了。然后在检查这事落实的情况方面，他做得很不好。好多人都开会的时候，他没说。这次会议就过去了，吴德他们呢，威信又跟不上，落实很不好，也都停留在一般合作上。实际上群众组织工代会、农代会、红代会，尤其是大学影响那么大。说难听点，虽然北京市革委会成立了，可是北京市面上的运动仍然是群众头头在起相当的作用。

到了4月20号，成立了北京市革命委员会，在筹备期间聂元梓的态度就有表露了，北京市革委会还没成立的时候，谢富治要来的时候，聂元梓就跟我说，谢富治可是邓小平的人。

我觉得聂元梓对北京市的夺权期望是比较高的，包括后来北大开大会，北大报纸上说谢富治是摘桃派。里边就隐含了一个问题，谢富治摘什么桃子了，谢富治当了北京市革委会的主任，聂元梓没有那个能力也没有那个资格。

4月20号,北京市革命委员会成立大会在工人体育场,周恩来、江青都参加,张春桥也来了,表示上海来祝贺。总理、康生、陈伯达、江青他们都到会了。有一个新闻电影。

中央派一个一把手,这个人选中央考虑了一下,是曾经考虑过让戚本禹来,但是后来还是让谢富治来,由中央派一个一把手加上工代会核心组的组长和副组长,农代会组长和副组长,大学的组长和副组长,中学就一个组长李冬民,加上干部,组成了一个常委班子,常委班子上面有主任、副主任,主任谢富治,副主任聂元梓算一个,吴德算一个,郑维山算一个,傅崇碧算一个。

郑维山是北京军区的,傅崇碧是北京卫戍区的,副主任吴德是原来新市委的干部,聂元梓作为群众代表。就这几个副主任,然后就秘书长,周景方调来当秘书长,杨远调来当了副秘书长,这两个人是戚本禹和关锋他们推荐的,也是北京后来造成天地派的一个重要原因。

这时聂元梓、蒯大富、我、谭厚兰、王大宾进政权了。按理讲我们应该在北京市革命委员会的领导下,工代会、农代会、红代会、中学红代会,整个北京就统起来,北京市领导往前进就行了嘛,按部就班嘛。我一个学生,提升的动作太快,2月份就进红代会当副组长,4月份就成了市革委会常委,5月份就是北航革委会主任。

我还是按照毛主席指示,大联合三结合在做,然后就提出交权了。这个思路转一圈还是转到要跟工农结合,而且认为自己这个事情都是就是自己一个红卫兵头头该做的事。后来怎么又出现所谓"天地派"的矛盾?包括一些大学出现武斗呀?

"五一"上天安门见到毛主席

到"五一",这些人就上天安门了,上天安门见到毛主席跟以前不一样。我们以前是在广场见,我也只是从主席面前过,这回是周恩来介绍,这是蒯大富,这是韩爱晶。毛主席就握手了,你是蒯大富,你是韩爱晶。都有大的近照。

在天安门上站的位置也不一样了,1967年"五一"和"国庆"

我们站的位置，离毛主席很近。主席扶着栏杆，我在他后面也就两步，主席手摸摸脸，我都看得清清楚楚。总理站在旁边，主席回去，我问总理：主席回去干什么？总理说，主席上洗手间吧。像对神一样，主席一动一举手，一笑一干吗都盯着看，我离他这么近，我肯定盯着看。总理和主席之间的差距，把它拉大了。

愈是见得少，愈有些神秘。把主席看作一个人，只能是接触越来越多，才有这个感觉。"五一"上天安门，我见了杨成武，就跟杨成武谈了话，我说杨总长，北航成立革命委会请你去。见到周总理，我就不敢说，总理呀北航成立革命委会请你去。蒯大富就不一样，清华在这一点上要承认，他毕竟是综合性的大学。总理就答应去清华参加革委会成立。我连提出邀请都不好意思，我觉得北航成立革委会的分量不够。我只是跟杨成武说，总长说一定去一定去，当时就答应了。

北航成立革委会

五一回去，北航就讨论干部解放，讨论成立革委会。5月20号北航就成立革委会。成立革委会前一天晚上就要考虑了，明天上午成立大会，年轻无知是很明显的，按理讲北航成立革委会我应当写个报告，按说有个审批，北航一届革命委员会可是掌握北航党政大权的一届权力机构。

准备了发言稿，到了5月19号晚上了，才着急，说明天谁来呢？请柬发出去，请谢富治，那么国防科委那儿也没把握，实际也提前一两天就发过去了，请聂荣臻主任来。杨成武也答应过我，这个请帖发出去。这时候着急呀，觉得明天多来点领导最好，一想学校里有高干子弟，肖华的女儿在学校，就赶紧跟同学说，看看谁把肖华的女儿找来。找来她，我就问她，肖雨，明天我们成立革委会，你能不能让你爸来？肖华是总政治部主任，肖雨说我回去请。

她回去一请，碰巧叶群和吴法宪都在她家呢，说我们都去。我哪知道，第二天早上成立革委会，我就到大操场去看看，等我去了大操场，学校的南门一看，南门外面交通警察都已经是不远一个，不远一个沿着校门外面都站上了。市里早就把公安交警安排好了。哎呀，气氛不一样，一路上插着红旗，红旗飘扬直到会场。

开会之前一个钟头，小车一辆一辆就来了。先停到学校主楼休息室休息，那个年代大楼电梯的从来没有开过，有沙发的房间在五楼，也从来没有开过，怕是修正主义。这回来可麻烦了，尤其聂荣臻他岁数大了，我扶着他的胳膊从一楼楼梯往上走，都不懂把电梯想办法提前两天启动一下，没有这个概念。扶着楼梯一台一台往上走，他一边走一边说还有多高，还有多高？这时候我的心真感觉对不住人呀，老帅我说快到了，把聂荣臻扶上去。

别人好办，杨成武、肖华、谢富治、余立金、吴德这些人，他们那时候年龄还行，一个个都上来了，他们彼此都认识，可我还不认识，把吴法宪和余立金都搞错了。介绍的时候这是谁谁，谢富治说不不，这是谁这是谁。杨成武感冒发烧，我说，总长，你怎么来了呢？他说，小韩，我答应你来，我一定来呀。你想，有杨成武总参谋部，有肖华总政治部，有吴法宪空军，有了谢富治北京市，有聂荣臻元帅国防科委，这几个主要领导到了，我就踏实了。

说完话下楼，开着小车到了会场。我问谢副总理，谁先发言，谁后发言，搞不清了。谢富治说，来来我给你排。他把聂荣臻排在第一，大会主任要发言了，我自己等于是自封革委会主任，这个程序真是走得不到位，没有经过批准，主持人就宣布，北京航空学院革命委员会主任韩爱晶讲话，我的发言稿是下面的理论班子准备的，一沓一沓十几张。一边念谢富治说，真是知识分子，真能写呀。我听了就知道，实际是应景的事，主席讲应景的文章，大面上过得去就行了。

然后请聂荣臻讲话，聂荣臻代表国防科委对革命委会成立表示祝贺，等于说国防科委就承认了.然后谢富治代表北京市革委会祝贺。有了国防科委和北京市革委会承认，我这个主任和北航革委会才合法。

肖华讲话稿子现在都在，他说，北航是毛泽东思想红旗举的最高的。让你高兴得不得了。杨成武说，我身体不好，就不讲了，我来就是一个表示。吴法宪讲话，我们空军怎么怎么样，那很高兴呀。

那场地上大概有五六万人，北京的主要工厂，包括清华蒯大富也讲话了，吴德、聂元梓，还有外宾，当时参加文革的那些外国友人比较著名的，克鲁斯什么什么，我也念不清，阳春、韩早、李敦白当时中联部（中共中央对外联络站）允许他们参加，那大一帮外国人全来了，热情得不得了，这样就圆满地把革委会成立了。

革委会干部结合的并不多，程九柯，新疆监狱那个，把他作为革命干部结合。工农干部……原来的宣传部长张有瑛。后来，北航革委会连原来的党委书记王恒，原来的副院长王敬明，原来的副院长刁振川，等于结合了一个党委书记两个副院长。别的系原来的总支书记或者主任一个一个地结合，应该说，北航大部分干部只要历史，没有问题。或者不是黑市委那条线的，干部的大部分应该说都结合了。

7月1号正式北航复课闹革命

到了7月1号，就是7月3号，北航就正式复课闹革命上课了，虽然说以文化革命课为主，实际业务课就开始了。北航走的这个路子。我是想按照毛主席的指示大联合，三结合成立革委会，然后教育革命，往前走呀，学生和工农结合，教育和生产相结合。

到了7月份就上课了，北航这个运动已经搞的就是说副科长还没呢（？），北航不管是结合部也好，下一步干什么，我讲的都是全校大辩论，大字报辩论，大会辩论，小会辩论，革委会里辩论，吵成一锅粥。你到底复不复课，几千人在操场上，台上放个喇叭，你上去说半天下来，这个人说半天，底下掌声欢呼，就贴大字报。你说对话和不对，进行十天八天的辩论，慢慢形成了这个意见了。

最后革委会再吵，吵到最后，我再根据这个吵架的数量说决定上课。北航就上课了。上课以后，中央安排大批判。

请康生、杨成武派解放军当一把手

5月20号成立北航革委会，我们已经按照毛主席党中央的部署大联合，解放干部成立革委会，差军代表呀，对吧，没有解放军，到了7月10几号在北京市中央领导人开会布置大批判的时候，我去找的杨成武，旁边就是康生，我是正式跟他们提，我说康老，杨总长，我谈一个事情就是北航革委会请你们派一个解放军来当一把手。

在北航我掌权还不到两个月，我已经提出交权了，我思想深处仍然是我文革初期的，认为自己和工农结合这条路没走呢，在这儿只是临时的，没有觉得我夺了北航的权就霸着这儿，不是的，我请康生、杨成武派解放军当一把手，他们感到很惊讶，康生说那你干什么去？我说我还没有跟工农结合呢，再说我怎么能当一把手呢，康生说你先当三年再说，这时候跟康生关系还是可以的，他一说你当三年，杨成武还敢派人嘛，杨成武实际他自己也是做不了主的，我也应当跟谢富治提，因为我们这条线归谢富治领导。

我不懂，反映在政治上还是幼稚，应当是和谢富治提，或者给中央写报告，说北航革委会三结合有干部，有工人，有学生，但是没有解放军，按照毛主席的指示应当派解放军当一把手，请中央北京市给我们派解放军。都反映政治上不成熟，我就跟杨成武提了，但也反映我世界观深处的东西，也就在这个会上，就是布置北京大批判了，就扯到彭德怀问题了。

1967年基本是这么状况，我又提出来请军代表当一把手，我觉得是一步步走，就是这么往前走的，如果中央没有什么来干扰，或者社会上没有什么干扰，应该说学校的步子走的是很正的，恰恰有些干扰自于（上层，戚本禹他不是中央文革的嘛，这个干扰来源于他们。

按时间应该先谈彭德怀。那么这个都彭德怀也好，实际也是中央当时一个部署，就是主席指出来要搞大批判，批刘少奇，批彭德怀，在7月份就安排了，是作为运动的一个重要内容往下安排的，我也是按照贯彻毛主席党中央北京市革委会的这些运动的部署，我认为我是像一个好学生一样。

抓斗彭德怀

彭德怀实际上是在1966年12月11号，这个日子还要考证，当时是总理主持的碰头会，到底是几天一开，咱也不知道。周恩来、陈伯达、江青、康生，开会的时候一件事一件事地过。比如工业问题、农业问题，还是什么什么，一件一件来讨论怎么处理。在开会的时候谈到彭德怀的问题，说彭德怀在四川有些言论，有些活动，看他（就看）到海瑞，文化革命是从海瑞搞起的，建议要批斗他。

可是主席又刚让他去，1965年。那么在会上大概是王力还是戚本禹他们就讲，说主席讲，请红卫兵出面，别人做不到的事红卫兵做好。布置北京地质学院去抓得彭德怀。我以前讲朱成昭岁数比我大，30几岁，他对政治斗争比我成熟，但是这些事我们都不知道，都是事后听说的。然后一个情节呢，就是我们学校的井岗山和另外一个同学在一起开会的时候跟戚本禹写条子给他，提出：叶帅在会上讲话，对群众运动的态度是不是应当批评和批判？戚本禹跟他们说，现在矛头应当对准黑帮，海瑞在那儿那么舒服都没斗，你们可以斗斗海瑞。这是给北航井岗山的，这个事，井岗山回来也没有落实。

戚本禹又打电话来，我和井岗山，当时是一、二把手。他打电话说，你们去吧彭德怀带回来，在1966年底，我上次列过那个表，非常忙的时候，包括去工厂。我和井岗山坐在地上，商量什么事，接到这个电话，当天我们那个小房间就进来几个学生找我们总勤务员。说四川的文化革命，我就说四川的文化革命不要谈了，正好现在有件事中央文革让把彭德怀带回来，你们不是从四川回来嘛，现在赶紧回去，去把彭德怀带回来。

这人就说好，就去了。说实话，这人叫什么名字，哪个班的没有问。就觉得是红旗战士，你任务交下去就放心。因为我觉得红旗战士队伍比较整齐，你能做的事他也能做，谈不上什么你要给他怎么怎么，领导和被领导之间说什么。当然我后来问过，一直等到我坐牢放出来，前几年我才打听，那个人是谁呢，名字我记下来了，我记在我的资料里，就说当时我叫他们去抓彭德怀这人40年了才问是谁，简直荒唐不堪，去了过一天，打电话回来了，抓到了。

我要回去查一下名字。

咱们对红旗战士的信任，以及他独立工作能力就是这样，这就是文化革命不可想象的特点.现在来说这是大事，那个时候觉得这是若干个工作里面一个.去吧，抓了好，我也跟他们说，那抓了带回来不要坐飞机，别出事。还没带回来，又打电话说，被地质学院抢走了。

我就打电话报告戚本禹，报告中央文革，我说抓到了，被抢走了，再打电话，那就算了，你们两家一块往回带吧。

这时候我还不知道，原来是先叫地质学院去抓的，而且有的学生还以为说他们去没抓着呢，不是，是朱成昭对彭德怀有同情。

朱成昭，就我现在知道的，咱们都要考证，就是叶剑英的女儿叶向真抓了彭德怀、陆定一、罗瑞卿、杨尚昆、刘仁等等就斗嘛。总理有个讲话，说干得漂亮，五分钟。好像警卫区的战士都没有发觉。

其实看来这个也就是因为是叶剑英女儿抓，别人抓，总理会肯定吗？怎么肯定呢？说难听点这是抓大人物的一个开端。你叫他绑架也好，绑什么也好，总理讲话也照样，说干的很成功和漂亮。等于意思啊，我都可以找到这个话。那不是叶向真她们去斗吗？另外，朱成昭是三司司令，实际是师级的司令，叶向真是三司文艺组的造反派，他们本来就熟。再斗彭德怀的时候，戚本禹就说，你找地质和北航红旗，叫我们给人捧场，因为我们在社会上影响大。叶向真她们这个文艺界小组织那么一点点，在社会上贴海报，斗谁谁呀，气势上不来。有北航红旗和地质东方红参加，海报一贴，就依仗声势。井岗山说，你看拉我们来捧场。我说，中央叫你参加就参加，我们就派了个女的叫段孔莹，比我高两三个年级，那就是比较成熟了，去负责筹备斗、彭、罗、陆、杨。

这个过程中间，叶向真和朱成昭的关系就越来越亲密了，包括去北海划船。这是别人说。她作为叶剑英的女儿，知道中央的事多，她和朱成昭两个人年龄又差不多，一谈中央的事情就投机了，谈的也就比较深了。我认为朱成昭受叶向真影响应该是比较大的，元帅家庭。那么对彭德怀的问题可能就有一些看法，就不像一个学生听到党团组织的教育，这个人反党反社会主义，一个很单方面的结论。这样朱成昭对彭德怀就有另外看法，包括朱成昭和几个来往的好的，比如一个我，一个彭小蒙。彭小蒙是联动的，后来对文革开始反感，对江青开始反感。朱成昭同她来往也是开始对文革（反感）——是不是文革执行了新的资反路线？观念就基本化了（？），朱成昭就是由于这些原因，他很自信。

他认为他的威信和影响，在地质东方红是不可动摇的，他把他对中央文革的意见和大字报，还是书面材料可以公开。他没想到，当时中央文革的影响是你朱成昭能比的吗？他这个东西在大字报上一公开，地质东方红就乱了。东方红第一把手站在中央文革，站在文化革命对立面，站在他自己所积极主张的这一面，他下面的队伍肯定就思想混乱了。里面肯定有斗争，也就导致了地质东方红在年底和1967年初，夺权的事情处在一个沉寂状态。

中央文革本来是让地质学院去抓彭德怀的，因为他们去了，对彭德怀同情，所以又布置我们去抓。我比朱成昭小十几岁，受的教育就是很单纯的，就是彭德怀是反动分子，你叫抓就抓，作为一个任务，抓了以后不是被抢走了嘛，抢走了以后，我就派了我们学校段孔莹去参加这个筹备组到地质，包括到卫戍区去看管彭德怀。作为我来讲，一件事布置下去，就忙别的了。我那时忙得不得了，人都忙的吐血都住院了。1966年底这事就过去了。到了1967年7月份，主席说要批刘少奇，批党内走资派，掀起批判的高潮，又把批彭德怀提出来了。就是说，当时康生、杨成武、傅崇碧这些领导人在主持会议的时候又布置一个大批判，包括傅崇碧也说，你们要去接应，那时候，他是作为安排北京市的单位是轮流斗彭德怀，戚本禹又插了一手。

就是说这个事，他等于翻旧重操，他打电话说，韩爱晶，要叫彭德怀向毛主席认罪，不老实对他不能客气。实际我这个跟头就栽倒这儿了。我也就作为一个任务了，中央文革交的任务大批判里面，我还不知道那么多单位，十几个单位二十几个单位轮流在拉着斗呢，不知道包括和地质要共同斗，最后批斗大会是北京和地质一块开的。

作为一个任务，7月19号在北航开了一个小型批斗会，我就等于完成任务了，别人代乐乐，在学校一个教学楼开了一个小会，就由一个系的头头，我们红旗原来的召集人石兴国组织一个会，第一书记王恒参加了，他是老干部，知道这个事，就让他参与。包括事前要一些材料，当时在大字报上和毛主席没发表的文章里也看到了，比如说什么你操我40天娘，我操你20天娘不行。说他里通外国，苏联东欧怎么怎么了，以及小资产阶级狂热性等等，说了他一些材料，但是我当时还是觉得这个材料，你再具体点，还给他们写过报告，请他们送材料。他们送过材料来，打印材料，中央文革办事组工作人员送过来。我就按照这个布置批斗会了。在开大会之前，就开了个小会，就是 7 月 19 日，有几十个人参加，在这个会上小型的批判和审问一样的，我就问他，你怎么反对毛主席呢？我对他是很愤恨的。

虽然他平反了，我们当时的思想，你彭德怀怎么竟然说毛主席小资产阶狂热性，另外主席那些话讲的也很重，跟他之间什么多少年龄你但对我了，什么彭德怀还有那个话说，五五行不行，主席说 70%反对我了等等，再说什么里通外国，跟苏联跟东欧，什么当时要把中国怎么怎么样了。心里对他，我真是恨。我觉得，你反对毛主席，你写个认罪书，他不写。他说，我没反对毛主席，我反对刘少奇的。

咱还是不懂，他当时还真是反对刘少奇的，他当时一边走一边说，我反对刘少奇还很早了。他吃亏就在这儿，我就觉得，你反毛主席你还不认罪。别人要反毛主席，我向毛主席认罪，这事不就过去了？他没有，我就感觉到彭德怀真不老实，就打了他一耳光，我打了一耳光以后呢，押他来的那些学生也动手了，也肯定有粗暴的动作。但是像现在报纸和判决书上说什么，把彭德怀七次打倒在地，怎么办，我认为这个也不符合事实，这不符合事实，是后来整人的时候作的伪证。他一系列的材料我都有怀疑，当然我也没有办法去核实这个材料。总之我做错事了，我打人家了，我的学生看着我打，也动手了。

为什么说七次打倒在地呢是瞎说呢？我问过段孔莹。当时过去就过去了，又忙别的事了，就没有再想这事了。所以后来包括这个事审问的时候怎么怎么回事，这么大的事情我怎么记得？这是斗一个死老虎，完成一个任务，斗了就斗了，还放在心上吗？没有记，谁记这个事？但是当我出来就问了，我说怎么回事？到监狱里问我的时候，我说我真回答不出来，我只能说我打了他一下，实际我主持会议，你当时是动手了。但是也不是说，这么一抽耳刮子。你是对他脸是推他了，我说算了算了，我承认我打他了。

我说后来这些周围人呢，他说是的，那些人也动手了，但是没有说打倒在地七次，那都瞎说了。我就又问段孔莹，我说你从头开始

1966年就搞彭德怀问题，那天怎么回事呢？她说，我跟你讲那天的事情，那天因为斗彭、罗、陆、杨的时候，认识卫戍区一个干部，大概是傅崇碧的秘书邵崇勇还是谁，还有谁的干部，我不知道认识谁了。那天正好彭德怀他们两人见面挺熟，就在这个批斗会那个门口，站在那儿两人就说话了，听到这边忽然就热闹起来了，他说你动手了，那边马上就骚乱起来了，他说这个卫戍区干部马上就过去了。来的时候有解放军干部押着，马上过去卫戍区的人，就把人负责赶紧弄走了，怎么可能打倒在地上七次，又是打又是用脚踩呀？不知道怎么搞的，当然在那个情况下说，你已经在全过程了反革命了，这还不好办，大家都不好说了，大家都不提这事了。我说，第一我得认我的账，这个事情是我造成的。但是这个程度和这个情景最后说成那个样子，我对此坚决不赞成和保留。当然我现在作为一个被整了15年，坐了15年牢，我也没这个权利和能力去怎么样，我只能说对这个事情我表示我的不同意见。我们再往后看，看看我们对待这个事情是怎么。

  这是7月19日，后面还有个7月26日大会。7月25号，在天安门举行了欢迎王力、谢富治大会，我们派去的不是我们派了，是主席让去几个红卫兵，井岗山、尹聚平、胡慧娟、吴介之。这时候井岗山就回来了，就在天安门上讲话了，他在天安门上讲那个长篇大论，讲了下来就回北航。回北航我就跟他说，我说井岗山我在家里头快累死了。你现在回来了，这个事情可就你接了，我稍微喘口气。包括斗彭德怀的大会，我没去，后来全校跟地质合斗大会，以及抄曲向东家。我累成这样了，你回来了还不弄呀。我就没参加了。现在的史料上写韩爱晶又组织了万人大会，又瞎说了。不存在重视不重视，是累，是受不了了。觉得忙的这个样子，哎呀你总算回来了。好像是讨了便宜似的，你回来了，该你忙了，该我歇会儿了。就是这么个心态，谈不上对这个事情重视不重视。这是上面交的任务，叫批斗就批斗，批斗完了就拉到，这事情就这么就过去了，从此以后谁还记得斗彭德怀的事，包括我后来被隔离，被整，在主席死之前关了五年半，谁提这个事，没人提。到了1978年底十一届三中全会，陈云提出来给彭德怀平反了。

这时候我们已经在牢房里了，听到平反了，才来算这个账，就是华国锋抓了四人帮以后，就像徐向前呀，叶剑英呀，华国锋呀，在报纸上在大会上讲话仍然是说彭德怀反革命修正主义分子，反党分子还是扣的这个帽子，到1976年他们还是给彭德怀戴的这个帽子，都可以找到报纸和讲话。

我在1967年9年前发生的事情，离1978年更是11年前发生的事情，你怎么能用彭德怀平反以后来对待呢？我们就不讲这个了，就说得了得了，你们现在有权，可以拿个，再加上事实，比如出来我再问，为什么这个事记不清，我这几天给你们讲这个文革你已经看到了这个事情多的，人要累的吐血，真是累的吐血几次吐血，那好这个事过去就过去了嘛，到几十年后，才慢慢地事实一件件出来包括后来王文瑞写的文章，王文瑞也不是亲眼看到北京卫戍区的李钟奇，也是北京市革委会委员，北京卫戍区副司令员，这时候我才看到材料，他在卫戍区斗彭德怀的时候，就是10月还是几月我这儿有时间，斗彭德怀的时候，他对彭德怀左右开弓，打耳光刮子，他上去踢。当时彭德怀是关在卫戍区的。

我就要问他了，彭德怀关在卫戍区，由解放军看着，就不说你什么元帅什么政治局委员，那关在卫戍区干什么？不要说那个不符合事实的话，由解放军看着，解放军押出来，批斗的时候，那我反过来问了，你李钟奇打彭德怀的时候可是左右开弓，而且李钟奇对彭德怀说，你还认识我吗？我差点被你给毙了！彭德怀说，我还没看出来，你在朝鲜战场上是怕死鬼，我当时就该毙了你。（李钟奇）这才是私仇公报。我和彭德怀有什么怨和仇？我承认我做错了，那你卫戍区的副司令委员负责看着彭德怀的，在批斗的时候左右开弓，又打又踢，又有个人仇恨，小会上可能他也打了，那我问你，他刚在那儿，你搞了什么我怎么知道？你们搞了这些旁证，这些彭德怀受伤的东西，哪个是真的，哪个是假的？怎么都推到我头上来了？我说没有什么办法了，已经被你们抓起来了，你们不是想怎么着怎么着，你们定彭德怀反党分子的事，你们把他说看在那儿关起来的事，你们后来押出来的事，你们都不认账了，现在好像是韩爱晶妖魔一个，把彭德怀怎么怎么着了。那好了，我已经坐了 15 年牢了，订了反革命罪了，大家也不会把 1959 年、1967 年和 1968 年这三个时间做一个历史考证的，1959 年，1967 年，1967 年这三个不同的时间彭德怀的身份是什么？

没有人管这个了，简而言之，得了得了，那斗彭德怀的事情也就是这么。

我承认，我动手打他是不对的，就是我说的，你该追究我法律责任追究我法律责任。他那么大岁数，一个元帅在中华人民共和国创立过程中，在军队的创立过程中，他是有很大功劳的，这个是不能否认的。你建立中国工农红军，抗美援朝，解放战争，在陕北，彭德怀功劳还是很大的，要肯定。

至于庐山会议怎么回事，咱能搞的清有多少呀，咱承认彭德怀在中国革命史上是有功劳的，打他是不对的，这两点要肯定呀，但是到底他功过多少，怎样评价他和毛泽东的关系，怎样对待党中央做的这个决议，以及他到底是当时包括刘少奇他们说，他里通外国也好，怎么一回事也好，到底是什么，恰恰应该是那些跟彭德怀年龄差不多的，职务差不多的那些人，应当有一个很好的交代和说法。因为你再怎么说彭德怀被定为反党分子，1959 年我才 13 岁，1967 年的时候我才 21 岁，我搞不清。我只能承认说我打他不对，另外在这个过程中造成这次伤害，这些伪证不符合事实的地方我不能接受，更不用说反革命罪，这个胡说八道。这是后来掌权的党中央和作案的人整个一个在法律上的无知，甚至可以说他们是简直完全藐视法律，哪有这样的法律？你们都是高级领导人，岁数那么大，是你们那一代人把他定的反党分子。

作为一个红卫兵学生，我恨反党分子，这政治逻辑有对的地方，你们说他是反党分子，党中央做了决议了，我对反党分子不恨就对了，那今后党中央做的决议大家都跟着反对吗？这个责任在政治上的逻辑上要由中央来负责。我打他不对，但是从政治说，1959，我还是小孩的时候，在 1967 年，我对他有愤恨，这个是你党中央造成的，这不是我韩爱晶，这之前都没见过彭德怀。我就那天见过那一回，我别的我还都没见过，我是作为一个任务，当然在里边，戚本禹在这里边起的这个作用，哎呀也还是叫人遗憾的。后面我们要讨论到戚本禹这个人物，今天天到今天了，我对彭德怀别的还也什么可说呢？我没什么可说的。是吧，我已经判反革命罪15年都受了，这个政治斗争这个情况，是我们党的历史造成的，对他的对待，对我的对待，你说对他不公，对我公吗？这个账跟谁算去？不知道不知道，请中国共产党纪律检查委员会，请中国共产党中央把党史好好看看，我们党应该怎么处理历史问题，怎么处理这些问题，拿出一个好好的老老实实的东西来，否则我就没法说什么，我能说什么？李钟奇左右开弓，打了，用脚踢了。他是将军，他不也就过去就过去啦吗？对不对？

这就是说，我们这个法律你想追究谁，就追究谁。将来你采访王大宾，你再看看。王大宾就是在1967年，1966年，他正好去成都，执行朱成昭的命令抓捕彭德怀，带他回来。他也没打呀，他怎么定反革命罪呢？你们看看判决书是不是反革命罪，请问你周恩来主持的会议决定去把彭德怀带回来，去带回来的人就是反革命，这是什么法律？我无言以对，无言以对，我就说到这儿，不说了。

"七二零事件"

1967年夏天，发生一个大事，就是"七二零"事件。你看，北航7月3号复课闹革命，刚上课半个月，大批判彭德怀的事情是上面布置下来，我都已经提出叫他们派军代表当一把手了。这个时候又出了一个武汉"七二零事件"。"七二零事情"和北航关系又很密切，因为6月份，毛主席讲，过去都是外省的代表到北京来解决问题，我们在大会堂也参加过多次会呀，有很多解决外地的会我们也参加了。周总理、陈伯达、康生、江青、杨成武、肖华，后来粟裕这些人坐那儿听外地两派讲呀，或者有的干部怎么怎么样呀，一个省一个省解决，那么主席这时候说换个方式，你们到外地就地解决，带几个人红卫兵。

中央文革张克成执行这个指示，到下面来找人了，找人了是准备在北京几个学校，一个学校带一个，组成一个小组，到我那儿跟我商量，我说现在北京这个大学有派系，你带几个人去，这几个人去到那儿不停地吵架，你还工作不？张克成就回去汇报说，你看看这事也是这样，后来总理和谢富治就说，那就从北航派吧，因为我们学校当时比较整齐，那我们就派了三个人：井岗山，是我的二把手，这么重要的事情去一个主要负责人，井岗山去了。然后尹聚平去了，因为她过去接待外地的运动，参与的事比较多看，也比较稳重。胡慧娟是临时的，是在广播里边，因为当时去云南解决问题，有没有了解云南的，熟悉当地情况的，就让胡慧娟去了。本来是叫杨玲玲去的，因为杨玲玲的父亲大概是在台湾，又有个什么关系，但是后来到底是什么就搞不清，就换了胡慧娟。去了三个人，又去了一个吴介之，就是在《人民日报》社写文章的。这四个人就跟着去了。

在这个有时候打电话回来，一会儿到了云南了，到了四川了，四川又到了武汉了，那么在这过程中间也通话呀，通话有时候我就问他，你既然在那儿能见到总理，又跟王力、谢富治在一块，你有时候就跟他们问问，到底文化革命下一步怎么搞？什么什么事情呀，这颗心就是想怎么能多知道一点中央的精神，把运动往前推进，把北航搞得好一点。我当时的心，你说在彭德怀那里，狗屁！

要把北航搞成一个毛泽东思想大学校

我当时的心，是要把北航搞成一个毛泽东思想大学校，搞成一个培养无产阶级革命接班人的阵地，在北京成为一个样板。

这份心是有的，所以无论如何大结合，大联合三结合成立革命委会教育革命，我一件一件真是下功夫的，包括当时北航的生产，给海军生产武器，生产靶机，生产无人驾驶飞机的发动机。都是自己跟自己过不去，为什么呢？你多一件事情就多一个累，人哪受得了，一个学生懂吗，不懂，一个型号一个型号上，又是在文化大革命那个时期，那么好做吗？不好做。所以我后来说，靶机是失败的，试飞失败了，给海军生产的六五甲，海军是非常高兴。海军是到各地去找生产单位找不着，最后北航给生产出来了，海军感激的不得了。文化革命斗争的年代，没想到你们给我们生产出来了，那工人的铺盖卷就在机床旁边铺着。

工人们说，除了 1958 年大跃进以外，我们没这么忙过，甚至于有的时候比 1958 年还忙。工人那个奉献精神，我们学生的奉献精神，包括无人驾驶飞机。那时候美国老来侦察，打下来 u-2（飞机），在我们学校体育馆摆的满地都是飞机，就把那打碎的飞机，打一架运过来，按照那个飞机形状拼起来。搁在地上一看，残缺不全的，有的整一点有的差一点，大概有十架左右就在地上摆着。后来就生产吧，生产核心部分是发动机呀，就生产发动机，就找了九溪带人下工厂那个女的杨瑞云，我说你成立一个兵团，把这个发动机搞起来，和一个副院长刁振川，他们两个人一个学生一个干部，组成一个红旗兵团，就生产这个，搞了一年多出来了。我们国家的无人驾驶飞机的发动机是在我掌权的时候搞出来的，哪有反革命搞这些东西？搞它干什么？学生就是这样，这事也想搞，那事也想搞，是不是有点英雄主义？

想把北航搞的在北京响当当的，全国最好的，这个心是有的，哪件事都想做得让中央满意，让外面民生好。这件事忙完了，忙那件事。人是团团转，这个女的经常在我跟前埋怨说，我们是后娘养的。为什么呢，靶机是先搞的，得到重视比较大，到国防科委去要经费要材料，到全国各地去，那时候生产全国各地地区协作嘛。学生带着陈伯达、江青的题字，总理的讲话，带点毛主席像章，带点语录，对外地的厂子说，你们要支持我们。外地的厂子一家一家帮你把零配件搞出来。这个项目大多数在学校，得到的支持和关心不够，有时候还说，韩爱晶，那个型号你关心得多，这个型号你关心得少。我说，你年龄也比我大，你就多忙点吧。后来就忙出来了。空军副司令员曹礼怀来了，来了以后很惊讶，说怎么这个很简单的小棚子，就能把无人驾驶飞机的发动机试车成功？我后来也问，这是不是 1958 年大跃进精神？讲真心话，这是需要技术的，没有技术能搞什么？

他们把飞机制造系和飞机设计系那些顶级的教授和工艺权威都弄到那儿去了，实际上，是我们国家一流的航空专家在搞。学生之功，就是政治上那股劲。那时候，面对学校的那个局面，那些教授和权威有这种机会，也很乐意干。我校还是有货真价实的航空教授和专家的。从那个简陋的厂房里，搞出无人驾驶飞机的发动机，是因为有国家一流的人员和技术。当时空军说，你们学生有时候喜欢敲锣打鼓，动不动就报喜。这个事情不要张扬，还是踏踏实实地做。曹里怀就是这个态度。

"七二零（事件）发生后，我老是问井岗山，总理有什么指示，包括问总理吃什么？总理怎么锻炼身体？怎么保养自己？井岗山跟总理一块散步，陪着吃饭。他打电话回来说，总理吃的就是馒头稀饭，就是普通老百姓的饭。我听了不可想象，惊讶。总理那么忙，那么高职务，就吃的老百姓的饭！然后就想知道，总理怎么运动？井岗山说，总理就是散散步。我还让井岗山问，这件事怎么办，那件事怎么办，包括我在这儿上课，干部解放了，武光问题怎么办？

出事了，尹聚平打电话回来说，王力、谢富治被打了，我们的人也失散了，北京的学生能不炸锅吗？我赶紧打电话到中央文革那儿，中央文革也知道了，学生马上就游行了，在北京就抗议了，北航对这个事情呢，愤怒跟别的学校又不一样，有我们的战友在那儿呢！

"七二零"之后的一连串事端

北京布置游行，包括去西山游行。王广宇来布置好几件事情，这就出了好几件事。

一件事要把湖北省省长张体学抓来，在哪儿？在中直招待所。二件事是去西山游行，不言自明，是给老帅们施加压力。还有一件事是去京西宾馆，陈再道在那儿，去向他示威。

那时候还不知道毛主席在武汉，后来才知道是冲进了毛主席住的地方，差点就到主席跟前了。事情过去 40 年了，不管平反不平反，陈再道有功劳没功劳，毛主席住的地方能冲吗？你想说他没事就没事吗？对不对？你可以说有当时历史背景，但是你能不能说冲毛主席住的地方有道理，眼看就到主席住的地方了，你能说中央派去的人，你打了就对？他讲话哪是道理的？哪句话是错的？这个我们都要考证。你这做法就对吗？我们深究一下，如果我韩爱晶冲了毛主席住的地方，是问题不？

还有到京西宾馆，我也是带着队伍走，你愿意去跑吗？学生是步行，有个摩托车在前面后联络，是愤怒，是阶级斗争和政治斗争。走到京西宾馆，到了京西宾馆还好，王广宇开始就说，到哪儿去不要冲，弄点稻草人烧烧就行。我们队伍带到那儿了，傅崇碧说，我在这儿等着你们呢。我当时就想，这个事看来中央也是在演戏呀！

这边让我们去，那边就等着了，我跟傅崇碧很熟，他是北京市革委会副主任，我是常委呀，我说傅司令员，你看这么热的天，学生从北航走到这儿很辛苦的，你说不冲我们不冲，但是你也得给大家一个安慰呀，你鼓励鼓励大家，我们就那点东西一烧就回去好不，他说好，总理说你们北航最听话，我们就这么配合一下。

他就说，北航红旗同志们，你们革命精神，就表扬表扬鼓励鼓励，然后喊喊口号烧点东西，回去了，学生走到半路上，听到人家冲上去了，我心里话够累的了，回去吧，这事已经完成任务了。

到西山去游行也是，走到西山怎么不累呀，也明知这个事就是施加个压力。

抓张体学

抓张体学，湖北省省长，事件发生在湖北跟他有关系了。

抓了张体学，我们还得罪了8341部队。我估计那地方招待所是8341部队在看着，中直招待所，布置我们抓，又不告诉我们在那儿。心里已经开始有疑惑。我对戚本禹，对中央文革小组有些人有看法也就是在1967年的7月份开始的。

我们是在电话上查到的中直招待所，根据电话簿的位置认为在平安里那一块，后来去侦察果然那地方有个地方，最后也就是敲门就进去了，学生一哄而上就进去就问谁是张体学，抓错了叶飞，张平化抓来了，抓来两三个，抓了两三个就问谁是张体学，这是中央布置的抓张体学，抓到张体学了。

说点不该说的话了，学校里的学生出身好，很多家里都是干部军官工人农民，虽然说去接受任务，毕竟心里明白这些人。杨瑞云当时带队伍去的，回来就跟我说，真的把人气死了，我说怎么回事？我也去了，胜利而回呀，把人也抓来了。她说，别提了，真叫人失望，我说怎么了？她说冲进去，有的学生比较凶，你能把他们怎么样？能打他？有的就跪下来了，都是我们老前辈，怎么都跪下来了？要是国民党来了怎么办？他们怎么变成这样了！杨的话，反映了这些红五类，对老前辈的矛盾心情。

抓来了张体学，头天晚上跟我在教室里睡，我也住在教室里，天热呀，七月二十几号北京正热，就躺着挨着我边上，我说不行了，我白天可要忙，我还要睡觉呢，你晚上要出事怎么办？弄个小绳我就把他胳膊捆上了。他在我旁边，还有根小绳连在电线，我说你要一动，灯就亮了。我就知道了，你别给我惹事。他就哭，一会儿眼泪就来了，身上一身的香水味，我说你这个省长一身香水味，修正主义者。那时候学生思想很单纯。他还抽烟，他说我得抽烟，得让我把烟抽了，我说好，就睡觉了。第二天早上，我跟别的学生说，今天你们看着，我可不能白天忙完了，晚上再陪他，我可受不了。

白天把他带到学校草坪上，我那个年龄对于各省谁当什么官不知道。

我说张体学你是干吗的？张体学说，他是湖北省省长。

我说，你湖北省省长，武汉发生这么大的事情，你什么责任？

他说，我已经被关了几个月了，这跟我有什么关系？

我一听，看来是搞错了。

我说你确实关几个月了？

他说是。

我就觉得那人家关几个月，你怎么能说"七二零（事件）"跟他有关呢？第一个问题就解决了。

那我说，咱们就说别的吧，我说你们怎么省长这个干部，不支持文化大革命，反对毛主席呀？

他爱流泪，他说我怎么反对毛主席呢？我也没有反对毛主席呀！

我就问他，我说你是怎么个经历呀？

他就讲他十几岁的时候榨油条，红军从他们家里走，他跟着长征的。

我这一听心里就觉得不忍了，我说你还红小鬼呢。

他说是啊。

我说那你红小鬼跟毛主席长征？你怎么不听毛主席话？

他说我怎么不听毛主席话？我听。

我说你怎么不支持文化大革命，他说支持，我就跟总理写了条。

总理派人要人。

我把张平化，叶飞让人带走，我写个纸条给总理：这个张体学，现在我还留在这儿，我说我已经跟他对话了，他说他是红小鬼，既然这样的话不如我做做工作，看他能不能出来工作。

这个条，总理派的人带回去了。

我也是好奇嘛。就问张体学了，我说那你讲讲你的历史，他就讲文化大革命前毛主席到湖北，怎么见了毛主席，我说你见了多少次？怎么回事怎么回事？

然后问军队的干部，这个干部怎么样吗，那个干部怎么样？

他说这个能打仗，那个很厉害。

我听了就觉得这也好人那也好人，就没有坏人了，那文化革命怎么揪出这么多？

我说你既然跟武汉"七二零（事件）"没关系，你是红小鬼，你还愿意跟着毛主席。到"八一"前后可能有活动，你给主席写个信好好检查，表示跟着毛主席干革命，我给你带去，你争取出来工作。

他说，那我感谢你，就把这信他还写江青转主席，也就是写两张纸。

另外我还问，你小孩在哪儿呀？

他说，在河北哪儿。

我说，这样你别怕，我们北航要么干部子弟，要么工人农民子弟，要么军人子弟，而且家里很多都受冲击了，你别以为造反派就都是什么地富反坏右，反革命要造共产党的反。

他一听，就哭了。说，我要知道像你们这样造反，别造了。我们就把权交给你们得了，还造什么呢？干部子弟，工人子弟，军人子弟，我们还不放心嘛，还用得着造反吗？

我说你这样，我也知道，好多干部对文革不满，我说你小孩处境怎么样。我说要不你写个地址，我跟你儿子联系联系告诉他你怎么怎么情况？

他说不用了，不用了。他可能不信任我。

8月1号快到了，我说你检讨写好了没有，写好了我给你带去。

我说你别写长了。他说不长。我也没好好看，就把信带上了。

"八一建军节"，人民大会堂正好有个纪念，"八一"四十周年大会，我在主席台上第二排，前面就是第一排中央领导，偏偏我正对着关锋，关锋4月份见到我，就已经握手说这个话了，也是眼泪直掉呀，说韩爱晶我们再困难的时候可是支持过你们的，听说你们现在要打倒我们，我们共过患难的。

我对关锋他们为什么有点不太满意呢？是因为北京就讲天地派了。再一个感觉，就是他们对老干部感情不行。他坐在我跟前，我当时也是无奈。

我说关锋同志，我说我这儿有一封信是张体学带来的，是我让他交给毛主席，我说麻烦你转一下，他说好好。

待会儿，我觉得不对了，他不转怎么办？他们不喜欢老干部。

会散了，我跑到前头拦住总理，我说，总理，我说上次跟你说的张体学的事我已经做工做了，我让他给毛主席写了个检讨，我带来了，我认为这个人还可以用。

总理说信在哪儿？

我说在关锋手里，他说，好好我去查一下。

会散了，我碰上杨成武。我说杨总长（总参谋长），张体学是个什么样的人？

他说，哎呀，走资派主义道路派嘛。

我心里想，走资派主义道路当权派是这个样子？看来走资本主义当权派不像是想的那个样子，是这个样子。思想有感觉，好人是走资派。杨总长看我是造反派，迎合我。

后来张体学回武汉去就做检查嘛，结合到湖北省当了革委会副主任。

到了1968年国庆节参加国宴的时候，从大会堂宴会大厅出来，国庆招待会，到了门口准备上车回，一个人过来忽地把我抱上了，我也没看清谁，哎呀老朋友呀，老朋友呀，想你呀。我一看，是张体学，我说你也来了，他说我来了，我来了。那个亲热。丁国钰就站在旁边，丁国钰就说你们两人怎么认识的？他们俩长征是在一块的，罗舜初、丁国钰、张体学长征时候都是，我们认识就早了。

抄徐海东家

学生的观念呀，几乎是一张白纸，并不知中央里谁好谁坏。

王广宇布置抄徐海东家，说张体学经常往徐海东家，跟"七二零事件"有关系。

忙考大学复习功课，徐海东多少年生病不出来，徐海东是谁我不知道。

我跟井岗山说，我在家里累得这个样子，你回来了，你忙一阵子吧。井岗山就带人去了。

杨成武白天就问我，听说你们昨天抄徐海东家了，说有什么东西，我说我不知道有什么东西，是井岗山去的。

但是这个事的来头是中央文化革命小组来一个办事组的组长，相当于办公室主任来布置的，学生红卫兵能不执行吗？假如判刑的话，是中央文革布置抄一个大将的家。

与陈毅碰杯，希望陈毅成为红色外交家

到了"八一建军节"，晚上招待会，陈毅我们炮轰过。

陈毅他一个人还是几个人下来，到祝酒桌子上碰杯来了，他这个人很豪爽，到了我们桌上，我、蒯大富什么的红卫兵在那儿，他举杯说是向红卫兵小将学习。因为我对他一直印象好，我就说，陈老总向你学习，希望你站在毛主席革命路线上，为毛主席的革命外交路线立新功，做个红学外交家。

平常跟他没有直接接触，有个接触，简短地说几句话，比较高兴。

陈毅跟我们碰杯后，戚本禹就来了，马上就批评：你们碰杯是碰杯，不能忘记反右倾。

我感觉红卫兵也不好当，回去赶紧又炮轰陈毅。为什么？这个跟前面说的"二月逆流"有关。有时候，包括江青也批评北航，说你们对"二月逆流"态度不明朗，甚至有时候连批带骂，什么是"二月逆流"，你们知道吗？

欢迎谢富治王力、天安门百万人大会

"七二零事件"后，在南苑机场，欢迎谢富治。总理的飞机在天上，让谢富治飞机在天上绕了一下，等总理下来。总理再来迎接。

周恩来和王力拥抱呀，那个热情呀，所以当时那个气氛，我们北航去的人就很多了，因为有我们的战士嘛，到南苑机场的时候。

再往后7月25号就是天安门大会，井岗山又讲话了，又是很长的稿子，我们学校讲话你看都是井岗山。10月6号是井岗山，批彭、罗、陆、杨也是井岗山，批陈再道又是井岗山，他身体好，气也粗，在天安门上讲了很长时间，包括在天安门喊口号，什么打倒军内一小撮，那红卫兵看看到底中央同不同意这口号，一看林彪也举手，学生揣摩中央意图，这种做法是很可悲的。

对中央领导人的态度就是政治，危险的政治，高超的政治

江青有这个话：韩爱晶，你眼里只有总理没有我！

我是一个学生，我怎么处这个关系？不好处，一个是总理，一个是主席夫人。

我有自己的原则，对主席、林彪是什么态度，自己心里是有一个区别的。对总理我是个什么态度，对江青是什么态度，又搅进来叶群，对陈伯达什么态度，他说他们没有分歧，他们是一致的，不要挑拨关系。

他们明明就表现的不一致，想不得罪这个，不得罪那个，都让他们满意，不好弄。红卫兵也不好当。

1968年，杨成武倒台的时候北京发下来口号，誓死保卫毛主席，林副主席。誓死保卫中央文革，没有保卫周恩来，我加上一条誓死保卫周恩来。

我就是鲜明表示我的态度,怎么说我也周恩来呢(?),我有不听话的时候,也有让周总理不满意的时候,周总理批评我也很厉害,但是在原则问题上,我是有警惕的,那么复杂的斗争。

对陈毅

在社会上,在外交口两派,一派叫炮轰,一派叫打倒,打倒派是非常凶的,我们是炮轰。陈毅在碰杯的时候跟我碰了杯回去就告诉周恩来,说我去跟他们碰杯,韩爱晶说希望我成为红色外交家,站在毛主席的革命路线上为毛主席立新功。

周恩来在外交系统讲话的时候说,你看红卫兵小将对老帅是爱护的,韩爱晶就说希望陈毅同志成为红色外交家,为毛主席革命路线立新功。他是拿我这个话作为这两派激烈斗争时候一个保护陈毅的话,那个时候炮轰陈毅就是在这两派里保护的。

王海容后来见到我问,韩爱晶,周总理在大会上讲这个话是什么情况下,我给王海容讲了这个情况。

中央一再批,一会儿批你态度不明朗,二流派。你跟都跟不上,你能不表态吗?你不表态不可能,但是你表态的方式很为难。

不是这么复杂吗?而且中央批一直批到"九大"(中国共产党第九次全国代表大会),再看到批评陈毅呀。

1968 市委学习班

我韩爱晶在反"二月逆流"里做的事情,在1968年春天市委学习班都检查了,到此了结了,我们就没再参与这事了。到后来包括"九大",包括后来甚至包括1970年代的前几年。

我们被关起来没有自由,我说心里话,我后来再看到批评陈毅呀,批林批孔的时候又批老帅,我是挺不满意的。我说怎么还搞呀,都这么多年了,没完没了。是我的政治态度发生变化了。

但是到最后,算上我的反革命罪了,人家都没事了,这个怎么说,我马上就要到1968年了,"二月逆流"涉及就到这儿,你看到我们要把握这个事情,是很不容易的。

"五一六"兵团

出个"五一六"。"五一六"晚上跑到北航贴大字报去，我们就把人埋伏到墙根角要抓"五一六"，谁会想到后来自己被人家抓成"五一六"了，都是政治笑话。

"九七"事件

王力、关锋倒台了，就是为什么北航，我和蒯大富，就是整谭厚兰。

这件事情应该说是我为主的，把蒯大富给牵进去挨批评的。

听到王力、关锋倒台了，后来听到林杰被抓了。实际我们跟王力、关锋过去的关系也是很密切的，尤其王力和北航关系也是很密切的，但是这个倒台是中央弄倒的，你不可阻挡，但是林杰和关锋的倒台呢，有一点矛盾的心理，一个方面，运动初期他们支持过我，和我们有过患难之交，是有感情的。

4月份关锋拉着我的手说，韩爱晶我们是共过患难的，支持过你们的，听说你们要打倒我们。

北京社会上的两派问题，关锋、林杰他们和谭厚兰以及和潘梓年、吴传启这些人，我们在1967年初就在报纸上大块文章的要打倒潘梓年，打倒吴传启。

在北京这个市革委会里，这个爱和恨不是无缘无故来的，应该说由于这些人，由于我从小长大的背景，比如我在市革委会里，对谢富治，对黄作珍，对郑维山这些军人比较喜欢，觉得他们跟自己思想形成时的形象是一致的。解放军是红军，八路军到解放军，他们这个形象跟工农干部很一致（也不是说都一致），觉得说话呀感情呀，包括杨成武、肖华，我刚才数的这些，感到在一块有一种亲切感。

可是周景方、杨远，到北京市革委会当秘书长，副秘书长，我们不了解他们底细，就觉得这些人说话呀，办事呀，气味不投。感到这些人有点阴阳怪气的，这个样子当市领导，也不服呀。

虽然气味不投，但人家是上面任命的，那就工作呗。后来聂元梓跑到我们这儿哭，说他们在市里边组织小组调用了很多师大和地质学院人去当市革委会什么什么资料组，什么动态组的工作人员，收集资料反映情况，包括反映北大、北航等等。

你市革委会里边的具体权你们抓了，我们不要，我们掌管我们学校，不在意你们的权，但是，你不能还把手伸到我们头上来整我们，搞小动作，这就发生矛盾了。

本来没有"天派""地派"，不构成派，我们对聂元梓看法也不好，但是聂元梓跑到这儿来一哭一讲这个情况，我们受得了这个气吗？北京市革委会夺权是我们参与的，谢富治我们服，聂元梓不服谢富治，我跟谢富治，这是毛主席派来的，人家长征干部，公安部长，副总理。

你周景方是什么，你杨远是什么，我们不知道你文化革命干什么，或者你们以前当过八路军还是新四军，还是红军，你有这个资格，我们服你。咱也不知道他是什么理论权威，还整我们材料，你说我们能干吗？对立情绪就来了，慢慢就认为他们跟谭厚兰一伙，跟地质学院一伙，后面是林杰，是关锋，这也是北京"天地派"形成的重要原因。

等到关锋、林杰一倒，就赶紧打听，包括我自己，就到林杰家周围打听，是不是被抄了？谭厚兰里面对立面出来了，又跑来找我。这个时候我脑袋就发热了，说你看，这回可要让谭厚兰交代一下"五一六"反革命集团和反总理的问题了。这是"二月逆流"时候那股气，要说我们还是反"二月逆流"的积极分子，但是我们在反"二月逆流"的时候，他们认为你们利用反"二月逆流"，反对周恩来。

关于北京"天地派"

中央发现北京的两大派到了这个地步，王、关、林倒台从大局影响对"二月逆流"，对军队对整个文革。于是表态度，王力、关锋、林杰出问题了，由中央处理，你们不要介入，反"二月逆流"没有错，陈再道事件中央的态度也没有错，另外王力他们在武汉的事情以及很多事情并不因为他们倒台这些事情错了，王力、关锋有问题是他们个人问题，由中央内部处理，不要触及新的革命委员会，韩爱晶打乱了中央的部署。

我是站在毛主席这边批判"二月逆流"，只不过态度不是那么积极，另外我们对周恩来对陈毅有一个界限问题，包括对余秋里、李先念。我们认为总理说炮轰就炮轰，说火烧就火烧，就把住这个度，有一个度。

北京的"天地派"从名称上讲和外地有不同的，外地当时就有夺权好得很，好派，好个屁，屁派，这个派别的名称在两派发生分歧和斗争的时候自己就认为是好派，我屁派，山上派，山下派。自己明确称呼。

北京两派名称，一直到 1967 年 9 月 16 号晚上，中央领导见所谓，"天派"，9 月 17 号见所谓"地派"到这一天我们才第一次听说北京有"天地派"。北京所谓"天派""地派"名称的奇怪的来源，是中央领导在大会上称呼之后才有。我们才第一次听到这个名字，说我们是"天派"，你北航的天为命名，那边是"地派"以地质学院的地为名，这种奇怪的派别的名称现象，是北京复杂政治斗争里边一个现象，要考证是谁提的，我认为这是奇怪的，甚至是有政治阴谋的。

在北京的两派分歧斗争方式跟外地不一样，外地两大派尖锐对立甚至武斗了，北京两大派表现主要形式，是开大会以及下面同一个单位两派斗争激烈。对"二月逆流"的态度有分歧，去外地又有同有异各自为政头绪复杂。

比如说纪念毛主席延安文艺座谈会讲话，这一派开一个大会，那一派开个大会，发个海报，像北京钢铁学校，北京石油学院等有两个组织，有一些说互相的支持和串联，没有大的形式的派别活动和斗争，就像我和王大宾好像我们两个是"天派""地派"的一个标志，实际我们两人见了面也是很尊重友善的，两校无直接矛盾。斗彭德怀 7 月 26 日是一起斗的。

比如"天派"说工厂是刘锡昌，我从来没有和刘锡昌坐下两人商量说那咱们怎么怎么办，要如何如何，一次都没有过，恰恰是底下的工作人员串说这次开大会发海报搞在一起。

"天派""地派"跟学部，跟市革委会由于学部的潘梓年，吴传启这些人的介入。但存在隐蔽性矛盾，复杂性可能更多一些，"天派""地派"跟中央领导人的关系有差异，他们和关锋、戚本禹关系很深，他们在夺权的时候和聂元梓主要发生矛盾，关锋就极为不满聂元梓，包括在中央文革内部，而陈伯达是保护聂元梓的。

"天派"基本上北京大学、清华大学、北京航空学院、光华木材厂，可能还有一机床（北京第一机床厂）我记不清楚，北京矿业学院等等这么一派。那边就是北京师范大学、北京地质学院，然后这个就是原来三司的那些学校。还是以那个队伍就这么一个分歧，工厂呢，比如那边首钢或者是什么什么一些大厂，这个要看当时开大会的报纸上登的发起开会的名单，这都可以找到。

对"二月逆流"的态度有分歧，"天派"相对的，比如在国家部委，财政部，石油部，这所有部里边一般是偏党员干部多的，"天派"是中央部委和一些大专院校内的温和派，甚至是原来的保守派又换个面貌出来的，我要承认这一点，党员干部多的。"地派"要说按照文化革命当时观点，恰恰真是文化革命时候造反的，激烈的，是中央部委里的造反派，或者是激进派。

所以后来抓"五一六"（反革命集团）的时候，包括国务院一些部委，重点先抓的就是"地派"。后来也抓了"天派"，包括文化革命掌权的，部委掌权的几乎应该都是"天派"就是这就反映出，有点像外地发生两派以后，有的小单位后来部委他组织一遍，他就跟着这派来了，一派是原来的造反派，一派是后来的温和一点，也赶紧跟着造反么一派。就像七机部，"915"，就温和一点，"916"思想方法，行为方式激进。跟学部，跟市革委会，跟中央领导人的关系问题，基本这么一个情况。

1968年春天市委学习班

1968年春天，戚本禹倒台了，我们在市党校两次学习班，先在新疆办事处，后在市委党校大规模的学习整风做自我批评。我在这个学习班已经把，"七二零事件""二月逆流"炮轰老帅什么京西宾馆游行，我都检查了，我说横竖这是上面的布置的，我做了这些事，谢富治见到我已经说这个话了，说韩爱晶听说你连"二月逆流"和陈再道事件都否定了，都认错了。

看到没有，我到1968年春天已经把这事都向组织上，向学习班全部谈清楚了，作为听信了上面人的布置，干了一些无政府主义的或者极左的事，我都检查了。到此为止了。而我这个检查按照中央的态度谢富治当时是不满的，谢富治认为你检查有错误，你连"二月逆流"也否定了，"二月逆流"你反对也反错了，"七二零事件"陈再道的事你们反对错了，你看对我是这个态度了。就在大会讲的时候有一天晚上江青又说，韩爱晶你们反对陈伯达怎么着，我这个个性你别看我平常也挺客客气气，关键时候我也是很凶的。

我在大会上就叫起来了，我说查我20年可以查清楚，保证我没有反过陈伯达。江青就火了，江青说，我当面跟你谈，你怎么不承认？江青说，韩爱晶你不老实，当着面讲的反陈伯达的事情，怎么现在你不认账呢？她说这话也有理由，因为蒯大富说的。

所以1968年这个学习班聂元梓就"倒谢"，就反对谢富治，最后落得一个是杨余傅，杨成武、余立金、傅崇碧垮台。

江青到底是主席夫人，跟叶群就大不同，外地跳忠字舞，大块的毛主席像章外面一挂，北京这个问题，我认为基本没有。而且从上面，谢富治也好，从来没有往下面推说我们搞个什么东西，跳忠字舞，什么早请示晚汇报啊，什么像章，谢富治从来没搞过这个，那是从底下从外地传到北京，北京从底下往上拥，好像工人群众有这种要求，你看看，最后到什么程度，在北京市革委会。

群众已经受解放军和外地人的影响，每次站起来说话的时候，或是开会前，全体要起立，比如说唱歌，或者敬祝毛主席万寿无疆，万寿无疆！敬祝林副统帅永远健康，永远健康！拿着语录本，谢富治呢，他来开会啊，后来发觉，让他秘书长黄渡生，带着大家把它做完了，他才来了。他不反对，也不积极的让你们搞这个玩意。江青就不一样了，1968年3月份，我们老做自我批评，开会都往后面躲了，不像以前一开会坐第一排，跟首长面对面，老是我们站起来讲话。1968年

3月份，2月份春节前后一开会，周恩来、陈伯达、江青坐在主席台上，大学生站起来也是首先敬祝我们伟大领袖毛主席万寿无疆，万寿无疆，林副主席永远健康。第一个站起来说，大家肯定底下都要跟着喊，第二个也这么喊，中央领导人也还这么个意思。待会儿，不知道到了第几个了，每个人站起来发言都要来这一下，这个已经成了这个社会上一股歪风了，不知道是到哪一个站起来，江青火了，年轻人原来都是朝气蓬勃的，现在怎么都变成这个样子呢？！

她没说你们不要搞这个，但是她的反感和不满，几乎到了不可控制的程度。后来，没有人站起来再说万寿无疆，永远健康了，在北京，真不搞这个东西。到大会堂，一直到1968年的国庆宴会，但是有辽宁过来的，竟然就在宴会厅里边，在这个吃饭之前，就跳上忠字舞了。哎呀，这是陈锡联搞的，毛主席也在沈阳，从叶群编这个东西，到忠字舞。我在内蒙看到解放军从河北过来，看军队战士面前挂这么大毛主席像，跟清兵一样。商场的东西，除了北京还比较丰盛之外，外地的商场里面什么东西都没有。这怎么得了，人民搞社会主义要生活幸福的，大家都这个样子，大家对政治运动很勉强了，再后来天安门你看到的游行，老百姓有点不游也不行了，那个表情就不是原来那种自发的、热烈的，实际上已经反映对运动的厌倦。

这个学习班对我的思想又产生一次重大转变，我就感觉到，傅崇碧都是我很熟的，余立金不太熟，以前王力、关锋、戚本禹也是很熟。肖华也是很熟的，肖华到什么程度，他参加成立北航革委会。

1968年春天，在北京市委学习班，后来杨成武、余立金、傅崇碧被打倒以后，应该说我的思想发生的转变就比较大了。

当时，杨成武倒台，肖华倒台，傅崇碧倒台，余立金不是太熟，也参加了北航革委会成立了，王力倒台，关锋倒台，戚本禹倒台，我思想上就感觉这个文化大革命看不明白了，太凶险了，继续参加下去是没有好结果的。

我认为这个前途是不堪预测的，另外我人也累。就在文化革命时候，钱还是家里寄的。这点钱生活，也没有一分钱补贴。忙，忙的是学校里边，学校外边，白天，黑夜，一开始还是住在学生宿舍，到后来不成的时候，在主楼里面有个小办公室，就等于在里边摆一张床，一张桌子。晚上有时候还在那个办公室睡，就稍微安静一点。整个人已经非常憔悴，心力交瘁。我坐在马路边，郊区农村那个马拉的板车，拉箩筐呀，或者是拉什么东西，咣当咣当，咣当咣当，市委党校不是很热闹的市区，坐在马路边看着马拉车，咣当咣当地走。我就想，我这匹马已经累成这个样子了，是一直累得趴下完蛋呢，还是去好好缓口气？再说政治上，我跟我们头头也讲，我们北航红旗常委六七个人，要想被打成反革命是很简单的。

我说一，我们现在大多数人，家里都已经受到冲击了。对吧，家里就有问题了，二呢，我说随便揪一个问题，什么林彪当时勾结红卫军问题，什么我反对陈伯达问题，或者是什么问题，然后说你是反革命，很简单。我说运动到底后面是什么，不知道。我说自己感到前途难测，在1968年春节我还去山东，山西看了看，看看外地运动怎么样，感觉不好，萧条。回来的时候，河北的解放军胸前这么大个毛主席像，我就感到怎么跟满清的清兵一样？唱戏的清兵胸前是个"清"或者是个"兵"，怎么咱们解放军挂这么大个像，显得很愚昧。后来我跟蒯大富讲，老蒯，文化革命咱们不能参加了，现在我和你离开文化革命，到一个深山里去躲起来。

这是一个假设，毛主席说，把文化革命进行到底，等到文化革命最后胜利结束了，我们两人再回来，我说，那时候还有我们两人一席之地。如果我们现在继续参加下去，真不知道后面是什么结果。在身体上，在政治上，思想上，我该走了，该养了，累的也是做不动了，认为这匹马就要趴下了，政治上是不知道将来是什么后果。我前几天还问过老蒯，当时跟你说，我们到深山里去，再回来还有一席之地，他回想这个话。然后我就开始找地方休息了。蒯大富在我面前都说对，好好，回去就不是那么回事。我前几天还问他，我说你看，1968年我跟你讲我们撤吧，文化革命不能参加了，他说我怎么能放下我那些弟兄就跑了。是，他有派性在里边。

清理阶级队伍

这个时候传达新华印刷厂清理阶级队伍经验,毛主席讲,文化大革命是国共两党斗争的继续,是无产阶级和资产阶级政治大革命。搞清理阶级队伍了,在这个时候市委学习班还有一个文章林副主席讲话,林彪有一个讲话,说周总理、中央文革日理万机,你们要请示报告,当时也学毛主席的一篇文章叫《关于建立报告制度》。今后你们大事小事向总理和中央文革请示。我因为在学习班做检查了,也感觉到回去按照林副主席讲的,大事小事请示报告。

别再犯错误了,很谨慎的,回去以后开始清理阶级队伍,涉及干部要被隔离,我就赶紧写报告,给中央文革一份,给北京市一份,给国防科委一份,说清理阶级队伍了,要发生隔离审查人的问题,权限怎么办,怎么批?然后再找市革委会,跟吴德说,吴德同志,你看,现在北京市和中央布置各单位清理阶级队伍,那么这时候就要发生隔离人的问题,请问怎么去整?吴德说:"就由你们学校负责清理阶级队伍的领导小组自己来定,不能一个一个往上报。"到国防科委,我去找聂荣臻的办公室主任刘长明,向国防科委请示工做了。国防科委还没有受过这个待遇,说我们去请示工作,这回韩爱晶来请示工做了。什么事?我说,关于清理阶级队伍,刘长明说,你看,王恒常委书记集合了,是解放军干部下去了,那条线就是黑市委的干部做典型了。至于你们要搞隔离人的事情也还是由学校做主,等我请示过了刘长明没几天开会,谢富治跟我说,听说你还跑到科委去了,有几分不太痛快——怎么你韩爱晶现在又跟科委请示去了?我说我们两条线,本来就是一条线归市委,一条线归国防科委。

现在清理阶级队伍有很多干部是科委这条线上的,我得去请示怎么处理呀,不可谓不谨慎吧。这时候我就琢磨了去哪儿,先到北京大学,我喜欢北大呀,这个文科大学有革命传统的地方,风景也可以嘛,又有水——未名湖。想到北大找个地方休息,我就跟聂元梓说,你看有什么地方我到你这儿来休息了,在学校,我也跟他们请假了,我给谢富治写了请假报告。我说由于我支气管扩张,痰里边有血,我实在要休息了，他也不好批准，我说今后市革委会，除了重大问题我来之外，别的就请我们学校别的头替我来开了，这个都请示了，在学校革委会也讲了，我请假养病，实际是一个"逃"字呀，这是刚才一番思想的结果，这匹马不能累死，这匹马不能在政治上最后落一个惨不忍睹的下场。

杨成武他们这些下场自己撤了，真病不是借病而撤，是既是身体病也是思想的悲观，聂元梓说好那你找个地方看在哪儿休息，一去，一看、一想坏了，北京大学是首都红代会办公的地方，我要在这里休息首都红代会一开会事情又找来了，不成不成不合适，最后找到北京体育学院离着远点呀，我说常殷你这地方有地方嘛，我在这儿养养病，那个留学生都走了，有一个留学生楼，一个楼里除了看门老头之外没有人，他说你就在这儿吧，我就在体院住下了，我已经躲开文化革命了，这就是1968年3月以后的心态呀，你说我的思想演变，演变到这儿，你以为，我在文化革命中一直头脑发热吗？不是。

如履薄冰，如临深渊，既有头脑发热，发昏的时候，又有在这个斗争里边看不清，最后结论是走，是躲，是请示对吧，请示你指示别犯错误，然后我再把这工作交给井岗山，我撤了，还不成吗？

到1968年这时候，然后学习要清理阶级队伍，以原来的党委书记为主，做动员报告我可以跟你说，他做动员报告的时候，他在上面讲我在底下就说怎么搞的这常委书记现在当副主任组织清理阶级队伍，认为他了解学校情况，这个调子比学生还左，红卫兵也没这么左，他做完报告第二天早上，就有人跳楼自杀，我第二天早上就打电话给广播台全员开大会，我就在主楼前讲话，我说清理阶级队伍要讲政策，有问题的人不要害怕，千万不能采取这种方式。等我讲话那个第一书记就把我拉到一边说，你年龄轻你不知道，我们党历来从延安整风以来肃反，又称，"大清洗"运动，肃反，审干了，哪有不死人的，这有什么怕的，不要大惊小怪，你说干部就掌握政策呀，干部还没有学生，还没有我稳重呢，我后来就离校就到体院养病了，又到中医研究院去住院了，就是躲呀。

就这样也没有落个好结果呀，倒好看看运动员什么过去体操冠军王伟坚，他们有时候还在那体操管里做体操呀，才休息下来了，就在这个期间，市革委会开会也还去过。

调解北京市的武斗问题

1968年5月，在北京市革委会开会说讨论北京要解决武斗问题，我在会上发言了，谢富治说清华，北大，还有钢院有武斗，虽然几个学校。但要解决。

谢富治是一般号召嘛，讲完了事情就过去了，大家就拥护，我们应当解决武斗，我有时候真的很较真的，我发言了，我说，谢副总理我提个建议。他说什么建议，我说由北京市革委会的干部、解放军和工人、红卫兵农代会头头，组成一个调解武斗小组，去清华，北大和钢院这些武斗单位找两派头头谈，请他们停止武斗，如果不停，不接受调解，请卫戍区派一个连的解放军把那搞武斗的做严肃处理。

我这个话讲了，市革委会感到很突然。人家是一般性地超高调的说说，都在看蒯大富的笑话。我是正经八百当回事说咱们解决。谢富治也没想到我会说这个话，他说，韩爱晶说这个话，大家什么意见，蒯大富说支持。蒯大富在平常要是我说话，他都表示支持，好像是他同意解决武斗，有的工人也支持，王大宾也支持，一机床的鲁文阁呀，工代会的一些头头支持，干部不发言，但是既然有人支持这事情也是个好事嘛，谢富治说，你看看既然大家同意，是不是，吴德同志，就按照这个去做？

这会就过去了，我是真的当回事呀，拉着工人希望干部，解放军参加，人家干部、解放军才不参加呢。人家才看好看呢。我和工代会的头头，和红代会的头头包括王大宾就去调解，一个去清华，老蒯这边好说，市革委会你同意的，那边就去找的沈如槐，这也是我在文化革命唯一一次见沈如槐，见"414"的头头，我和王大宾一块去的，两派嘛，既然那一派是你王大宾地派的，虽然这个时候派意见过去了，但是毕竟你跟他有关系，好调解呀。到了"414"的总部，说你们两派放下武器，成立一个大联合，然后慢慢慢慢怎么着。沈如槐说，我们跟他们和什么？你们调解什么？蒯大富是蒯匪、杀人犯，我和王大宾说这个事情都是过去时了,现在团结起来。沈说,不行,他是蒯匪。我们提议以蒯大富为主,你们为辅,票数上面比例上还是要少占一些,蒯大富还是北京市革委会常委嘛,红代会核心副组长,清华要联合蒯大富还是以井岗山为主。在这一点上,王大宾当时态度也很坚决,沈如槐坚决不干,大吵。王大宾气得大喊,怎么能这样呢?你怎么这么过激呢?

你非要蒯大富承认蒯匪,才能放下武器,才能联合,结果是不欢而散。我们又去北大,这也是我唯一一次见到牛辉林和周培源。到了井岗山的总部,井岗山很欢迎,因为毕竟我还发表过声明支持他,某种程度上得到我们支持,周培源耳朵上塞一个耳塞,一个老头,我们平常跟红卫兵打交道打惯了,怎么你们北大这边是一个老太太比我妈还大,那边再来一个派头头。你这个红卫兵和我谈,比如牛辉林跟我谈,不,周培源当仁不让地往下一坐,跟我谈判来了。我觉得莫名其妙,怎么这个新北大,北大井冈山闹出一个老头子科学家来跟我谈派性问题、武斗问题?他们讲,聂元梓不是造反派,北大井冈山是真正造反派怎么怎么,运动以来如何如何。聂元梓那边大多数都是干部、党员,运动一开始一下站在那边,实际对运动并不理解,怎么怎么样。讲了一番,后来也不了了之,由于清华这种反抗,以及北大的不了了之,我们这个心也就凉了,这个调解也就失败了。

如果谢富治是一个做事落实的人,吴德,你既然在市革委会的会议通过这个事情了,就应该派解放军和干部一起参加调解。不行就把你们头头找来,不听调解的,该怎么处分怎么处分。如果真这样做了,就没有"七二七"的事了。我怎么不认真?我怎么对北京不负责任?我是想在我力所能及的地方做些工作,想让北京的事情搞好。后来"七三"布告出来,我跟蒯大富去参加会,游行到了西单,我说老蒯你看,北京的市民对我们都已经很反感了,别打了。

"727事件"

我中午在北京大学红代会,在别人床上睡午觉,休息一下。还没有醒呢,我们学校的陈良把我叫醒说,快快出事了,我说怎么了?他说清华工人包围了，说是要拆除武斗工事。我说那好呀，这下武斗不就解决了嘛。陈良说，事情不那么简单。我说那就去看看吧。这是我听到这件事的第一反应，因为和去我前面的思想是结合在一块的，拆除武斗工事不打了不就好了。我们两人就从北大往清华那边走。穿过小树林和小河的时候，沿河边就看到到处都是大卡车和工人。

就像电影里演的，解放战争时聚集的支前民工一样，很整齐。我就去问，请问是谁让你们来的？工人说我们不知道。我说你们干什么？工人说，集合叫我们来我们就来了。问了一些人都不知道。我当时认为谢富治在北京市革委会讲过，我谢富治可没你们那么大本事，说开十万人大会，二十万人大会你们就开了，我谢富治在北京要开一个一万人的大会都要请示毛主席。我一看这个阵势，想这么大的动作在北京，谢富治怎么有那么大权？谢富治说过，他要开一万人的会，都要请示毛主席。再看那场上贴的他们"41"区的几个厂，我想这来头可不小，但是我也不明白。我后来推断，这是谢富治都做不了主的事。这么大动静，从清华附中的北面小门就进了清华，就像现在购物街那个庙会一样。进去的，出来的。我碰到李冬民，李冬民从里边往外出。我从外头往里进。我说怎么回事？李冬民也不知道。

就听那个高音喇叭喊：工人同志们，杨、余、傅挑动你们来镇压红卫兵，你们回去吧！然后就是声讨杨、余、傅聚集黑后台。我急了，谁敢定这个调子？定这个调子的应该撤职！这么大行动就敢说是杨、余、傅挑动的。我拼命回去打电话，找谁呢？上午一直往里走，问谁谁也不知道，结果只好就回来了，回北航了。回北航就打电话到北京市革委会问，说请问到底怎么回事，清华可能出事了，请赶紧向中央反映，上面的回答都是不知道，我们也不清楚。

我们是北京市革委会常委呀，用这么大的行动来解决大学问题，难道不应当和我们打个招呼嘛？荒唐！芝麻大个事开会，周恩来、陈伯达、江青都出来，谢富治找我们开会见面也是经常的事。可这么大的事不开会、不见面、不打招呼、不通知。所以"727"的发生，在这点上我一直是有意见的，主席自己后来也说，没打招呼，也认了这句话呀。

我回去了，中午又睡觉了，下午起来，坐在学校那个小院子里，院子里边有个台阶，我就坐那儿。天阴了，我坐在那儿就鼓掌：老天爷快下雨呀，下暴雨，下小刀子，把学生和工人分开吧，千万可别出事呀。当时就是这个心情，有什么办法呢？

到了晚上，听说开枪了，你说难过不？睡到半夜，刘风给我打电话，说军队代表问韩爱晶能不能到人民大会堂开会，说让人接你。我说是不是叫别人去呀？我觉得那么晚到大会堂熬夜，感到吃不消。我说让我学校的主持工作的别的人去，将来也好在学校贯彻，他说不行不行，这个事情要你自己来，就到了大会堂门口，每次开会从正面台阶上去，汪东兴有时候站在台阶上面握手。你们看看1967年5月1号的报道，汪东兴的名字是排在我们后面的。

这回好了，不但大门进不了，在偏门待着，没人理。聂元梓在，王大宾在，都在议论这事件。王大宾认为怎么能开枪呢，聂元梓说这么多工人去干什么呢？话有倾向性。又等了一会儿，谢富治来了，把我们带进去，摸一摸你身上有没有枪什么的，我那裤子卷到这儿，夏天热，"727"事件发生时，北京正是很热的。往里走，走到一半了，过道里了，他说快把裤脚挽下来，有枪没有？主席在里边等着你们。我们蒙了。

虽然以前在天安门见过主席，跟主席说过话，但没有这样让主席在里边等着。我年纪轻，第一个三步并成两步往前走，走到前边，主席已经在里边，都起来了，站在门口，往前头挪了挪，进去坐下来，后面就是五个半小时的对话，就是那个对话稿子，到中间三个多小时蒯大富来了，最后就回去传达了。

见了主席之后，我回到北航，最亲密的人问，快说说怎么回事呀，今天见毛主席什么感觉？我说，今天见主席可跟以前不一样，以前就说一句话，韩爱晶跟主席握握手，祝毛主席身体好。主席就过去跟别人握手了。我说这回是五个半小时。他们问什么感觉呢？我说两个感觉，第一毛主席是人，不是神，毛主席就像家里最亲的爷爷长辈那么慈祥，有什么话可以说什么话，他是最亲的，可以把心里的话都说出来，对我们青年是最爱的，就像家里老人爱孩子一样。第二，我说，毛主席听不到真话。主席周围的人都在哄毛主席，主席不能听到完全真实的事情。这是我当天晚上见主席以后的两大感觉。

后面就是传达主席指示解决清华的问题了，再过个把月我又住到医院去了，我住医院，既是看病，也是躲着。我保持着对运动一个脱离。最后北航也进工宣队了，一进学校也喊要文斗不要武斗什么什么的。北航的学生说，你们是不是在工厂里武斗了，跑到北航来了，你看看我们这儿坏过一块玻璃吗？北航文化革命说真的，一块玻璃都没有坏。教学仪器设备是完好的，在这一点上，我是尽了心的，把一个完整的北航保存下来。

主席后来讲，没打招呼。主席处理的事情那么多，疏忽了，没有想到打招呼。应该说，没想到也是做得不够细。但是从谢富治和汪东兴这儿来看，包括周总理这一块来看，起码谢富治是有责任的，怎么不召集开会呢？开会不要说主席，就是中央决定让工人到你们那宣传制止武斗，要好好欢迎，这是中央和北京市派的，应该打招呼，应当开会，我认为应该。

主席是忘了，当时没想到这个，但是那天晚上，主席就说没打招呼，说明说我们也有责任。原话我记不得了。主席总之说了这句话，肯定说没打招呼，这句话里已经包含着，发生了这个事没打招呼，主席不是有意的，不是说这个事瞒着他们，主席是爱护的，主席怎么会有意去呢？主席是没有想到要打招呼，而且主席这个位置你要他把这事情想那么细也是不太现实。但是作为谢富治，我认为应该打招呼，他怎么想呢，是不是觉得这事情是主席布置的，他也不好怎么样，还是别的什么原因？

市里组织这些工人，以及在清华那边西哈努克（诺罗敦·西哈努克）住的那个地方，没了一个指挥部，已经准备几天了，早有准备，拉电话线干吗，主席不是有意的。

他就是没有往这儿想，他就想着你们去宣传制止武斗，也没有想到会出现这种事呀，谁会想到开枪呢，工人去游行叫清华不要武斗了，要解决的问题了。

主席让工人去宣传制止武斗，他没有想到会开枪，从唐少杰写的材料来看，半夜里，总理打电话把主席叫醒说开枪的事情的时候，主席第一句话是，北京造反派反了。主席也万万想不到会开枪。中央碰头讨论过这个事，讨论的中间，就把他们叫来，有点像自己的小孩或者自己的兵惹了祸，叫来问问是怎么回事。主要还是找蒯大富，叫来解决问题，出这么大的事情要当面训了，就这么一个很自然的过程。

我感觉到周恩来是最明白的，主席不管讲什么，周恩来是洞若观火，记性又好，主席如果谈到什么事不记得了，总理就提醒谁谁，什么名，哪一年。比如叶群，主席当面就刺她了嘛，她说江青同志最爱学习如何如何。主席当时就说，你不要又吹她。真不给叶群面子。这反映主席对叶群平常的说话作风不是满意的，也反映叶群这样的人，平常言行和习惯跟主席的思想习惯就是不一样。

叶群就喜欢察言观色，顺着往上爬。林彪更是了，明白了主席只要说这个，他马上说一句比主席更肯定的，更拥护的，更支持的话。比如说主席讲到，彭小蒙这个人还是错的嘛。姚文元马上就讲，她跟伍修权的小孩怎么搞在一块，我当时听了心里是不太高兴。为什么呢？因为我们叫北航红旗。我跟彭小蒙没有一次照面，我始终认为，她是我们红旗的开山鼻祖，叫红旗这个名字。一个中学生红卫兵我是这个态度。主席要说谁好，是主席的态度，主席说谁不好，也是主席态度。我就烦别人来改变主席态度，主席说彭小蒙这个人还是不错的，姚文元马上就凑上去说，她跟伍修权的小孩搞在一块，要把主席的话给否掉，那主席说彭小蒙不错这个话就没法落实了。

如果你不反对主席，彭小蒙就可能再得到培养，或者原来挨整就过去了。不，有的人就不能让主席这个话来实现，对不对？比如说我问了那个话以后，你看陈伯达、姚文元、聂元梓对我的那份态度，干吗呢？他们不就是捧着主席哄着主席嘛，你韩爱晶大逆不道，怎么当着毛主席的面，问主席不在了怎么办？

我因为见过主席，但是没有机会跟主席坐下来谈，平常比如见到总理呀，见到江青，见到陈伯达，我也爱问问题，见了陈伯达也问，文化革命什么打倒袁世凯集团，窃取文化革命果实。见了周恩来也问，甚至说总理，你有些问题解答不了。想问你，也好找不着。总理就跟秘书说，下次韩爱晶有事找我，你们让他来见我。见江青也问，我对整个文化革命的发展闹不通，肯定有各种各样的问题，以及平常群众提的问题，都要去问嘛。想知道毛主席要把文化革命进行到底，什么叫到底？怎么进行到底？毛主席的战略部署一步一步是什么？问江青，毛主席战略部署下一步战略部署是什么？江青说，我回答不出来。又问陈伯达，或者问总理，感觉这个饥渴不能完全解决。最后的真理在哪里呢？在毛主席哪里，这回见了毛主席了，而我从1967年开始，心中最大的忧虑是什么，包括我向陈伯达这个问题，我忧虑文化革命的命运，我也忧虑国家这么乱，将来的命运。

这个时候已经这么乱了主席要不在呢，那不更不得了吗？如果我现在不问，将来中国出了事，我怎么向劳动人民交代呢？人民说，韩爱晶你见了毛主席，你都没有问出个办法来，现在天下出这个事了，我怎么对得起人民呢？我觉得今天有这个机会得问，不问就没这个机会了。那个会开了从头到尾五个半小时，当时已经起码都4个多小时了，有的话重复，大家也是。你想都有点那么一个空隙，我实际上是问了两个问题，一个问题是个人的命运，一个是国家的命运。个人的未来，国家的未来。我就说，主席我想问一个问题，请问如果50年以后，一百年以后，我们国家发生了分歧分裂，这一派说我是毛泽东思想，那一派也说我是毛泽东思想，打起来了，甚至可能出现割据了，这个局面我们怎么办呢？

这一问，全场都想到，就是问主席你死了怎么办？你不在了怎么办？大逆不道嘛。每个人都先是愣了，然后马上他们转弯了，缓和气氛，不能得罪主席。那就赶紧，林彪讲毛泽东思想，周恩来讲林副主席毛泽东思想学得好，很大的弯子。陈伯达和江青，尤其陈伯达，姚文元就不干了，陈伯达、姚文元人家是马列主义理论家，马上就把这个矛头对着我来了：韩爱晶，你懂多少马克思主义毛泽东思想？陈伯达的意思，就是你们懂多少马克思主义毛泽东思想，你就问这问题？主席就说，他还小嘛，你们就说人家不懂马克思主义，你们懂多少马克思主义？

姚文元又来了，韩爱晶，你对共产主义事业没有信心，你是个悲观主义者。我说中国革命难道从民主革命到社会主义革命到共产主义革命是一条直线通向胜利嘛，中间没有曲折、没有波浪，没有反复吗？你说我对共产主义事业没有信心，我为什么献身于共产主义呢？我说我不是对共产主义没有信心，我是认为这个革命的发展不可能是一个直线，中间是有曲折是有波浪的，这个话我认为说到主席心里了，主席是个唯物主义者，辩证唯物主义者，他对历史从来是这样的，他说，韩爱晶说得好呀，不可能没有曲折嘛。我当时没有什么顾忌，觉得这是个真理，怎么能没有曲折没有反复呢？一条直线民主革命社会主义革命到共产主义了，这中间没有曲折、没有波浪、没有反复、没有失败？我这个话是脱口而出，就觉得姚文元你说这话不是辩证法嘛。

我就没有在意什么理论家不理论家，毛主席在这儿呢，最后真理在这儿呢，很自然的心态嘛。毛主席最后肯定我，说你们不要说人家韩爱晶，韩爱晶这个人好呀，想得远好呀。江青又说，说韩爱晶你平常见到我就问，今天世界大战怎么样怎么样，我见他老问这个事情，我回答不了这些事情，那主席就说他年龄最小22岁，他问得好问得好，想得远好，想得远好。当时1968年主席已经是75岁了。我当时22岁，一个毛孩子，他说这个年轻人就跟我年轻时候一样，认为自己对就得说，实际也是这样。

一个是自己的思想性的问题，一个也是那个年龄问题。在那个年龄段，我认为我讲的是对的，你们就劈头盖脸压下来了，想也没想呀，那就争起来了，你看我在大会堂也争论，在哪儿也争论。现在毛主席跟前我不争论了，你们说我什么就什么了，就是不服这口气。这个时候什么你陈伯达，什么姚文元，就你们的权威是相对权威了。最高权威在这儿，毛主席在这儿，我能不争嘛？所以就做了一番争论嘛，然后毛主席讲了，韩爱晶，我们这个党出了刘少奇，出了张国焘，出了彭德怀，出了王明这些人。我们党不伟大了，我们党还是光荣伟大的，出了这些人也不要紧，跟人民在一起，跟生产者在一起，消灭他们，党还是光荣正确的党，我们党自己就能具体化，我们在查记录稿，这就是当时的原话。

然后我就问了个人命运,你现在回想起来,也很自然——见到毛主席了,问问国家和党的命运,再问我自己。我说,主席,文化革命搞完了我去当兵吧。我想到部队去,想考哈军工没考成,文化革命跟工农兵结合,到工厂去。当兵到部队去,是想找一个归宿。

没想到,主席说,去当那么长时间兵干什么?当两年工人,当一年农民,当半年兵,当兵还不是丘八(指当兵的人)。说心里话,那天见了主席以后,我以为毛主席当面讲了我将来的命运肯定就是当两年工人,当一年农民,当半年兵。没想到影子都没有,对这问题我比较有意见,毛主席说的话,你们都不落实。毛主席说彭小蒙的事,你们不落实,说我韩爱晶的事,你们也不落实。

他们有他们那一套,老要把主席慢慢慢慢引到他们哪儿去。这也是我反感的地方。毛主席说什么,他们马上拍拍怎么怎么着,温度加高点。毛主席说的如果不如他们的意了,他们就想办法扭扭扭。我怎么不反感?

我认为毛主席说这么,那咱们就这么;毛主席说那么,咱们就那么。毛主席要是听咱们汇报,咱们就好好讲外面的真实情况,然后看主席怎么办。他们不是这样的,他们老是在那跟主席搅。我意识到,平常开会肯定也是这样,他们要把事情搅到顺他们意。所以我回来,就认为毛主席听不到真话。我觉得总理最清楚,明白主席在想什么,也明白学生在想什么,也看得清他们在想什么。

关于国家的前途命运,我当时认为,主席谈的太理论化,太抽象。但是今天想,我认为主席的回答是根本的——跟生产者在一起。从1968年到今年42年了,我现在不是当年22岁的红卫兵,已经是个六十四岁的老人,经历了中国社会半个多世纪的斗争。我觉得,国家的命运,党的命运最后还是生产者——工人、农民,总之,决定于人民的利益和意愿。如果这个党要坚持一个什么方向的话,那他就应该牢牢地站在工人、农民,包括劳动知识分子,对社会进行生产和创造的这一部分人群里边去。

主席讲的是对的,主席讲的是他的世界观,是他的马克思主义世界观,唯物主义世界观,历史唯物主义世界观的根本反映。原来想得到个具体答案，实际是错的，是不可能的。如果说得具体了，恰恰就会是错的。毛主席平常一直强调的人民创造历史，人民是历史的主人，毛主席强调要为中国绝大多数人服务，这些思想在毛主席的深处，是他的根，是他的世界观和立场的一个根，也是他的历史唯物主义的一个根，所以他给我的回答实际是历史唯物主义的回答，是马克思主义的回答。

是，这个事情五个半小时谈完了，就跟毛主席握手了。握手时，我说，主席我一定为您的革命路线奋斗终身，主席您身体健康。主席每个人握一下手，主席先退场大家先站那儿等嘛，那个地方就是118厅，就是大会堂那个大堂隔壁那间房，就是湖南厅。主席有时候住在那儿，那么他住的地方和他见人谈话地方，中间有个小门拉着一个黑布帘，有个女的服务人员，面无表情。咱们见到毛主席是欣喜若狂，她可能天天见，就是黑格尔讲的"仆人眼里无伟人"。她面无表情，掀着帘，扶着主席进去了。

这边我们就和总理、陈伯达握手告别，就在我们握手的告别的过程中，主席又回来了，主席又进来了，说我不放心，你们回去不要又整蒯大富，交代了这个问题，这个准确的原话要看稿子。现在讲这个历史凭一个印象。我那份稿子是我费了很大的力气整理的，我找了若干份稿子，还找了一份稿子，是当时1968年7月28日回去我向我身边的人传达，他们又整理了一个稿子，整理在笔记本上，我拿到了那份笔记本，就是1968年他们记录整理的笔记，用这份原始记录，又参照王大宾的，聂元梓的，别人的记录又进行校对，所以我认为我那份稿子，当然不是最后稿。给别人看，别人就给我弄到网上去了，包括错别字。包括内容。我还要找个时间来再重新弄，弄的更准确一点。因为别人说你这个稿子里边有几个地方怎么跟谁的稿子的前后顺序不一样？我没有完成，别人就放到网上去了。在香港的杂志上也给登了，这样一搞，就比较无奈了。

这个谈话是有录音的。主席讲了，平常我是反对录音的，但是怕你们回去又各取所需，所以今天是录了音的，在中南海里，在中央办公厅有录音。

我原来跟主席只说过一句话，没有机会说这么多，这回我感觉，主席就是家里的老人，也不仅仅是老人，老人没有那个思想了。主席是最亲的人，跟他在一块，你想说什么，想干什么，从我来讲，我当时无所顾忌，我要有顾忌，就不会问那个话。我认为我是到了最亲的人，最信的人，最高权威的人那儿，我才说这个话，对他的信任，对他的爱，对他的亲，我认为是任何人都不能代替的程度。

在他身边的人是不能取代的，我认为他表了态的事情就服从，我就没想到，在他跟前别人老要扭一扭，老要把他的话变一变，这就引起我一个反感，那平常底下贯彻的东西，你们老按照你们的意图，把某个人变成什么，把某个事变成什么，不是主席真正的东西，那我心里就反感了。就觉得主席亲嘛，觉得主席亲，觉得主席对自己那个态度呀，就像回家最亲的老人。按说他女儿比我们大一些，应当是父辈，但是按照年龄的悬殊呢，他75岁，我22岁，这就不好说了。总之我们用亲人用老人这两个词最准确，最亲的人，家里最慈祥的老人来表达，而且他没有架子，没有顾忌，他是真心真意愿意听你讲真话和跟你讨论问题。

没有说非要怎么样怎么样，但是他的很多观点，他的讲解，他又是非常坚持的。在他面前有个说话的机会，你能说你不用？因为我那个年龄我一点惧怕也没有，我没有说今天见到毛主席了，说很注意很谨慎。没有，甚至于可以说有点放肆。为什么呢？你说哪个小孩回家，见到家里人会有什么顾忌呀，就是那个自己认为自己最亲的人你没什么顾忌呀，是想把自己的心掏出来，自己想说什么就说什么，没有顾忌，没有一丝一毫的隔阂顾忌。我感觉他们不真实就在这儿，我觉得他们有他们的政治目的，再一个他们伪装一下，你说叶群那个，江青说话是不顾忌，一个是山东人，在一个他的个性，在一个他的身份，他是想说什么就说什么，总理基本上可以感觉到他讲的话就是比较真实的，他比较注意方法，但是他讲的话要绕个弯，勉强同意主席。当时在那个场合主席问什么记不起来，他就直截了当把什么事情道出来，别的事他有时候不讲，他不卷到你们这个啰唆事情里来。

红卫兵运动终结

大学生红卫兵的世界观没有经过很好的改造，是有摇摆性的，他们需要有一个与工农结合，学习马列主义这么一个过程，需要去实践，去斗争，慢慢走向成熟和分化，分化到各个阶级以内去。

在学校的学生是典型的、标准的小资产阶级知识分子，他们不可能成为中国无产阶级文化大革命或者别的革命的主体。他们不具备这样的素质，不具备这样的资格，不具备这样的经验和水平。红卫兵运动的终结是必然的，是历史应该有的结果。如果红卫兵成为主题，一直下去恰恰是不正常的，红卫兵和大学生、中学生成为次要的，才是历史正当的位置。

至于这回是由于蒯大富开枪，打伤了工人，毛泽东召见之后，红卫兵运动终结。蒯大富扮演了一个直接剧目人的角色，这是一个历史的偶然。从历史的必然讲，大学生红卫兵就不应该成为组织，就应该是从属的。在十个指头里，大学生红卫兵只应该站在小指头的位置。中间的位置，应当是革命干部、革命军人、工人和农民，不应该是学生。

工宣队，军宣队北航

工宣队，军宣队进了清华以后不久，实际在 8 月 1 号，7 月 27 号、7 月 28 号差两三天了，就已经给北航打电话，说宣传队也要进北航，在当时我没在学校，是别人告诉我的。我不理解，宣传队应当是解决清华武斗的，进北航干什么呢？我在医院里头就听到广播姚文元的文章，然后就是毛主席给工人送芒果。整个社会敲锣打鼓，好像又有一个大变动。而我们好像是风暴中落在树枝上的一只小鸟，不知所措。风暴是冲着我们来的，我们感到茫然。

到底后面是什么，不明白，宣传队进北航也不明白，进来是解决什么问题，多长时间？不知道。宣传队是 23 号进去的，8 月 23 号正式进了北航，28 号前后，他们到医院去找我，要我回北航。他们要不找我，我就在医院待着。这有点像文革初期有的党委干部，红卫兵揪他们，他们在医院里躲着，这个历史的循环，循环到我这儿了。后来到工人到医院去说你得回去，回去表示对宣传队的态度，那就回吧。回去开大会，在大会上，我说我代表北航革委会，热烈欢迎工人解放军毛泽东思想宣传队来，向工人学习，解放军学习。

底下，除了学校的学生、老师、工人坐着之外，宣传队也排成一队坐着，他们就带着喊口号要文斗，不要武斗，打倒派性。这个锋芒冲着你来了，肯定这个情绪，还是不痛快嘛，谁愿意别人这么对待你？我也是装着若无其事地照样讲话，表示欢迎怎么怎么样，然后比如在学校里也游行，我就跟在后面游，就看这个戏到底是怎么回事，有时候也是一帮子工人，或者是工宣队的队长带的人把我围着，问这问那，问这问那，甚至有北航红旗战士站在旁边哭了——你们怎么能这么对待我们的头呢？我们这儿到底是什么事情？你们说有什么事，没过几天就提出解散红旗的问题，就在底下做各个小班的工作。

说北航红旗不是红卫兵，红旗怎么叫红卫兵呢？这个时候可就体会到什么叫革命了，体会到无产阶级的力量了。我想，各个小班都有工人解放军去叫把红旗解散了。班里的红旗原来是核心，你不解散，你就形成和工人对立。我照样给全院的革委会委员，各班的负责人开会，工宣队，军宣队的人也在场，我说你们所有的负责人回去，各个班只要宣传队提出来要你们解散的，你们立即贴大字报宣布解散，不要和工人对立，否则这个事情不好下台阶，至于红旗是不是红卫兵不要讲了，我说总之他是工人，他是解放军，就凭这条你甭跟他对立，你跟他对立就错，至于说我怎么办，总勤务站怎么办你们不要管，你们只管你们底下不对立就行了。好，大字报栏就像当时成立红旗一样，一个一个贴出声明，某某班红旗战斗队解散，某某班解散。

一片也是秋风扫落叶了，红卫兵成了秋风中的落叶。到了9月5号，在南操场开全校大会，我在这之前先开了北航红旗的总勤务站的会，我说今天晚上的大会我们就宣布解散了。大会上，我首先念了一个北航红旗解散的声明，说北航红旗跟着毛主席革命路线参加文化革命斗争如何等，我们的红旗战士做了很多贡献，由于他的头头韩爱晶这个头脑膨胀，全身浮肿，世界观没改造好，犯了多中心、无中心的错误等等，给学校的运动和社会造成了损失。韩爱晶辜负了毛主席党中央的信任，在工人解放军宣传队的形势下，宣布北航红旗解散。

宣布解散之后，我从口袋里又掏出另外一张纸，我代表北京航空学院革命委员会对北航红旗的解散做一表示。以革委会的名义表示说如何如何。也很有戏剧性，对吧。是啊，北航红旗解散了，我韩爱晶宣布解散，我韩爱晶又代表革命委员会，北航革委会，对北航红旗的解散表示一个赞成，表示一个认可，继续开会。

这样北航这个红卫兵就宣布结束了，1968年9月5号之后就是开始学习班了，做检查，就是一件一件事在倒，当时主要检查叫多中心、无中心、三头，你北航三头，如何如何检查吧。在这个期间就被隔离了，这个隔离怎么隔离呢，革委会委员若干人办学班有工人参加，有解放军参加，参加的时候派了两个工人，忽然这个学习班结束了，等我出门的时候跟着我了。

也不限制我去哪儿，比如我回宿舍睡觉呀，或者到饭堂吃饭，到学校校园里头走一走，不管，都在后面跟着，就贴着一米远跟着。这时候说我第一次尝受到被隔离，被限制人身自由的滋味，这个滋味可不是好受的，我不知道这个滋味诸位尝过没有。第一次失去自由，原来像一个鹰在天上飞，像野马在外面跑，忽然像个鸟似地往笼子一关，把马脖子一套，脚一套，往柱子上一栓，或牵着溜。可以说度日如年，人失去自由的时候度日如年，这时候什么也不想了，就渴望着身边没人跟着。

这时候，才知道人身自由是什么。而且一天加一天，一天加一天，上楼的时候，经过窗户，体会到为什么有的人会自杀——哪人呀就快被逼疯了。

实际上你说受什么罪了？也没挨打，也没怎么着，无非训几句，批判几句，批判批判，但是一下子失去自由，这种心理上的烦躁，渴望以及无奈，好像全身都像被捆着一样，实际谁也没捆你，这个时候最深的感觉就是体会到人为什么会自杀。

在旁观者看来，这个并不重，就像我们学校做个报告，有的人就跳楼了，还没有人找他谈话呢。有时候在强大的政治形势下，在人身受到一种限制的时候，他的精神状态变了，和正常情况下的思维都不一样了，情绪也不一样了。总而言之，千种感觉，万种感觉体会到，人为什么会自杀。虽然我没自杀，表面上走在马路上，还若无其事一样，实际上，内心里那个痛苦和急躁是不可名状的。学校里开始清理了，有的学生到外地串联，从地方借了钱，这时候相对安定了，外地把条子寄来了，寄来了到学校财务报销，报销后把钱给人家寄回去。我走在马路上，照样有人递条子：主任你看，我在湖南……。我拿起笔，当场签字同意报销。工作好像还在进行，他们也不管我后面跟不跟人，只想报销。我不管三七二一，照样谁要签字就签字。

快到国庆了，我们学校每年的方队在北京高校里都是第一名的，都是受到重点表扬的。学生不管是文革前，文革中背着伞兵的包、枪，在天安门走，是最齐的，预演也好，正式也好，北京卫戍区或者整个国庆筹备指挥处对北航的队伍都是一走过。

戏剧性的事发生了——我转到南操场，学生在军宣队的指挥下，正在练兵准备国庆检阅，工人跟着我后头，我站在跑道旁边看着。在台上训练的解放军忽然让大家集合，讲话，讲训的怎么样怎么样。讲着讲着，就说：现在欢迎韩爱晶主任给大家讲话。和这个气氛不协调，我是被学习班隔离的，后面还有工宣队的人跟着，军宣队的说请韩爱晶主任讲话，你说我上台，台底下是不是又要嘻嘻，又很尴尬？

我还是若无其事地讲话，我说，我们北航的队伍经过天安门时是最受到毛主席和中央首长称赞的，我提一下，我希望大家排面不能乱，在天安门上看着就是横的，弯一点效果就不好，在上面看的是胳膊，胳膊如果甩的齐看得最明显。至于脚底下你有点乱，就稍微调整一下，上面看不见。我说只要排面整齐了，手甩齐了，过天安门的时候，我相信我们北航不会丢分。这么一说，底下高兴鼓掌，我下去了。工人又把我带走了。走到宣传队指挥部门口的时候，宣传队炮兵政委刘英杰看我过来：小韩小韩，进来进来。我后面有人看着，进来进来，拉到办公室里，抓一把糖，吃糖吃糖。工人和解放军的关系很微妙。

刘英杰是师政委，讲我家小孩怎么着，怎么着怎么着，你看我每个周末回家。我们炮兵部队现在在平谷，有时间到我们那儿去。他好像没看到我被人家看着一样，我也不能问：政委，他们看着我干什么？我不问，若无其事，大家都若无其事，很有戏剧性。

到了学习班，晚上睡觉的时候，那个工宣队的队员就等着，晚上洗完脚要睡觉了，在一块睡，工人看着。工人说，韩爱晶，你知不知道，文化革命初期的时候我是六建的，就是你们去支持的。你韩爱晶把枪压着子弹带到大会堂里去，我看人民大会堂是你们家。你看这个工人善良呀，让你感到，中国老百姓呀，我敢说不管你什么干部，（就算是）黑帮，只要放到群众里去，你老老实实，那群众对你都是非常好的。老百姓心可软了，为了我们学校干部解放，放到班里劳动的时候，都是那个班提出来党委书记要解放，那个副院长要解放，那个副书记要解放，全是他所在的班改造他的班，最后贴大字报说应当给他工作，这就是中国的老百姓。

你只要态度好，老百姓是通情达理的。学习班搞了一阵子，最后就过去了。后面就到国庆节了，国庆节我还上天安门了。有的红旗战士捣乱，写大字报说，韩爱晶你不准贪污毛主席中央领导的指示，你得在全校大会上传达传达见毛主席。这时候挨批判跟后来不一样。

在隔离的时候，我并没有觉得委屈。我认为，我在政治上有错误，我愿意接受批判，我愿意做检查，因为自己承认自己犯错误了，承认自己什么开黑会，什么"九七事件"，什么整人家革委会，或者是戚本禹那些事呀，有错，接受批判。但是你别以为我怎么都行，那时候想的就一条——人身自由。后来又到工厂劳动，到国棉一厂跟纺织工人一块，看纺织工人拿着梭子，在织布机旁边一天要走四十多里路。

就是在上厕所的时候，小便的时候到了厕所站在那儿，厕所上边有一个窗户，外面的凉空气和里边热空气不一样，明显感觉到凉空气进来可以吸到，才感觉到机器和工人的关系。虽然我们学校也有工厂，但是毕竟自己没有跟班半小时劳动，到了国棉一厂跟班劳动了，早晨起来跑步。跟着这个班转，说心里话，我这才体会到工人阶级跟机器的关系。说难听点，工人哪有自由？工人是很苦的，有的女工都怀孕好几个月，还得在那个织布机旁边转，这时候自己感到惭愧，学生一天到晚，吃了饭这么着那么着，东说东有理，西说西有理，你看工厂的工人，八小时上班。说难听点，工人阶级的解放是机器更先进，八小时变成五小时，五小时变成四小时，如果不是这样，那工人永远是被机器束缚着，是很苦的。我因为身体不行，没干几天，痰里边又有血了，我这个气管上有伤，一累一疲劳就开始有血，也不好说呀，这种情况你就不能说了。

后来咱们正好也撤了，回来了，否则还得在哪儿咬牙坚持，总之在宣传队来的时候有这么一段，包括这个宣传队说学生有黑材料大门口守着，什么包要检查呀，实际学生能有什么黑材料？还用得着拿着书包背着去，工人阶级这个风暴对红卫兵对知识分子是一次冲击，在北航不大，后来就过去了。

上天安门

到 1968 年上天安门，我和蒯大富他们就在对面，就是那个木头塔的架子了，一层一层一排十几个人二十几个人，站在那儿观礼，还在天安门城楼上，但是离毛主席就很远了，而且好像 1968 年过去报纸就没有在等名字了（？），这就有变化了，有变化了，逐步的变化，到了 1969 年市革委会红代会几乎聂元梓走了，谭厚兰走了，蒯大富走了，王大宾走了，就剩我一个了，革委会开会原来这个委员十几个，常委是五个，后来开常委会就我一个学生。

在宣传队领导下

1969 年工宣队、军宣队和我之间关系很好，我跟红旗战士开会讲，你们各位想一想，我们当时造人家反的时候，是不是暴风骤雨？还说大方向是正确的。我说，你们说，工人大方向正确不正确？另外，我们搞文化革命，最后不就是为了把权夺过来，交给无产阶级嘛？现在来的就是无产阶级——工人和解放军。别操心了，他们要啥给啥。咱们念念书，然后毕业，你能怎么样？学校，工人和解放军占了，正好是无产阶级占了，这和我们的思想是一致的。我们跟工人、解放军没有根本的利害冲突，大家都想搞教育革命，都想搞无产阶级的学校，都想把北航办成毛泽东思想大学校。没有什么矛盾，学生也觉得，是这么回事，没有冲突。冲突啥，除非你不让当就当。大家都在等着，上课就上课，生产就生产，批判就批判，没有什么尖锐的根本的冲突。北航的学生和工人、解放军之间没有发生冲突，不像清华，这样慢慢慢慢就恢复平静了。

"九大"筹备

到了 1969 年 4 月 1 号开"九大"，"九大"有一个筹备，也就在 1968 年，宣传队来了没多久，秋天，北京市分配名额，提出来等学校什么什么代表，两个人还是几个，必须是学校没有搞武斗的。就给了一个名额在大会上宣布给北航，我们需要在红旗里边选，预备党员有，当时正式党员还没有，我不是党员，入党的问题没解决，最后这个名额就给了我们对面的北京医学院的一个女的。

从这个事情上，看出红旗和宣传队的关系，宣传队还是很通情达里的，在红旗里面选，只要有，韩爱晶你同意就可以去。到北京市革委会开会讨论北京市这个代表名额的时候，学校的小卧车解封了，因为解放军、工人来了，那小卧车把油也解封了，可以坐了。去市革委会开会讨论北京市"九大"名额问题的时候，我就已经和我们学校军宣队的夏云中（音，不确定）参谋长一个车去一个车回的。到了那儿开会就更戏剧性了，会议的名额，我记不得了，是 56 名。还是多少名？有一个发表下来多少名，然后又多了一名聂元梓，北大有武斗，聂元梓不够资格，但是给的名额又多一个。开会讨论到聂元梓的时候就发生了分歧。

清华、北大去的张荣温，光荣的荣温度的温，这个人当可能是清华的主任，因为清华北大都是 8314 部队的，都是他去的。在开会的时候他发言说不同意聂元梓当"九大"代表。轮到我们学校发言了，我说北京大学有武斗，聂元梓不够参加"九大"的资格，我同意这个看法，但是中央给的这个名额现在又多出一个来，我说考虑到聂元梓写的大字报，在文化革命中的影响这个特殊情况，是不是中央多给一个名额就是让聂元梓去？如果是这样的话，我表示赞成，赞成中央的安排，我们学校那个参谋长说，我同意小韩的意见，如果这是中央的安排，我们还是服从中央领导。所以开完会，聂元梓也奇怪，说韩爱晶你跟你们学校军宣队开会，一个车来一个车去，发言的时候互相之间还表示赞同，你们的关系怎么这样呢？我说，聂元梓，我跟解放军有什么矛盾冲突，我想把北航办成毛泽东思想大学校，他们解放军也想把北航办成毛泽东思想大学校，没有任何分歧。他怎么搞什么我都支持，我说我不要这个权，我跟解放军是一个阶级，是一家人，我不给他捣乱，他怎么安排就怎么安排。

从1969年5月，我整个生活改变了，本来想去上课，后来一想算了，太累了，身体吃不消。学校里的运动呢，不管了。开革委会，得，你工人、解放军怎么布置就怎么布置，我往那儿一坐，一块听，坚决支持拥护。院里有工人解放军，系里有工人，班里有工人、解放军。学校的机构强化起来了，领导贯彻比原来我们有力得多。他这里既带有工人，解放军这个本身他们成熟干部，再一个，他有带有工人、解放军上层次建筑，不确定，这种权威，学生也不敢不听，该批判批判，该清退清退，该上课上课，该下厂下厂。我不操心了，一下子解脱了。一开始市革委会打电话来，打到宣传队。宣传队跟我说，韩爱晶，市革委会有个会，让你去开会。下次你开会，跟我们说一下，我们给你派车。后来，我发觉再开会，我打电话给宣传队办公室，说我几点钟开会，请你们派个车。最后他们烦了：别再给我们打电话了，你自己给汽车组打吧。从此以后，我反而不忙了，不累了，工作规范了。

出去开会，学校里最高级的车我说开到哪儿，就开到哪儿，很正规化。革委会开会我是主任，大会我是主任主席台，到市里开会有小车送，小车接。我说司机你等着，或者一些外事活动，北京就剩我了。包括有一次去水库，工人、农民代表都到市革委会集合，集体坐车，就是我还坐着高级小卧车开到水库去，这在市革委会非常特殊化了。

市革委会有个看文件的办公室，有时打电话说，你来看文件。这个文件是只准看不准拿走，谁看完签字。我与市革委会的关系就变成开会、外事活动、看文件。另外，市革委会有什么事，我回校传达。开始军宣队给学校传达，后来军宣队说得了得了，韩爱晶你传达吧。

为什么呢？因为他们要等到市革委会传达到那个管军宣队的小组，小组传到他们，他们才能回校传达。军宣队说，韩爱晶，你直接传达得了。

所以，一直到离校，这七八个月是我在文革几年里最舒服的，身体也慢慢在恢复，而且出门就有车，你不管去飞机场还是去大会堂去市革委会，坐着最好的车，也没有人有啥说的。到市革委会，我就跟谢富治说，谢副总理，清华也成立革委会，我和我们学校的夏参谋长一块去参加清华革委会成立。清华革委会成立以后，我在市革委会提出，谢副总理，北航请工人、解放军当主任吧，现在也平稳下来了，对我的批判学习班也办过了，我也认错了，我说你看是解放军当还是工人当？咱们怎么调整一下。

谢富治说，你先当着吧，以后再说吧。这超出我预料了，已经到了这个形势，你不换也得换，人家工人占领上层建筑，你韩爱晶当什么主任呀。谢富治说你先当着，你先当着，不着急。他是不着急——工人，解放军不来当这个主任，他们自己也不能说，他们来当校革委会主任——不经过北京批准，他们能当主任嘛？而这时候，聂元梓、蒯大富、谭厚兰、王大宾都走了。这样一来，我在市革委会里，就成了一个很特殊的现象，一个学生在当着校文革主任，参加市革委会的活动，过得很潇洒。

为什么把我留下来？是因为我年级低。周恩来在大会上讲了。有人说怎么韩爱晶还在？他年龄小，他没毕业呢。我是1964年考进大学，应当1969年8月份毕业，而1969年和1970年这两届就是一年级和二年级，到1970年8月才毕业。如果不是后来谢富治要我离开的话，我应该一直到1970年8月才能离校。因为我是大学生，得按照毕业走。王大宾也是毕业，蒯大富也是毕业，聂元梓到农场劳动，谭厚兰在1968年主席召见后不久，就去了农场。所以这个情况就剩下我一个年龄小的，还在什么观礼台上，还在什么宴会厅，还在一些外事场合还在出现，很特殊。

活动不多，肯定没有1967年1968年多，但还是有，北京市有些事情要通知常委这一级。比如说台湾的飞行员驾驶飞机过来了，开什么会,请你几点钟到哪里去。诸如此类的事。那时,我签字还是管用的,李钟奇的儿子想进部队,他跟我关系不行,他就让黄作珍给我打电话。黄作珍说,韩爱晶我有个事,麻烦你帮一下忙。我说,你说吧。黄作珍说,李钟奇的小孩想退学,你能帮一下忙?不要阻拦。我说,没有问题,让他的小孩来找我。李钟奇的孩子叫李铁柱,李铁柱就来找我了。我说,你去写一个三句话的东西,申请要求退学。不要字多,拿给我。他就写了一个,我就写同意,签个名,去办吧。

给"五七干校"买拖拉机

到了 1969 年底,毛主席号召办"五七干校",北航准备在河南选地,要买拖拉机。宣传队说,韩爱晶,你去一趟好不好?你有关系,能不能到河南给干校买两辆拖拉机?

因为刘建勋曾经是北京市革委会的常委,后来调到河南去当革委会主任。纪登奎是后来当了政治局候补委员的,文化革命的时候躲在北航主楼里头,我去看过他。河南因为是造反省,河南的公社书记以上的干部大多数都到北航来过,所以他说,韩爱晶你去买两辆拖拉机。我就到河南去找了刘建勋,买了一辆东方红拖拉机,又到干校去选选地就回来了。

谢富治要我离开北京越远越好

回来没多久,谢富治就找我了,他把腿往沙发上一盘,说韩爱晶,我找你谈一件事,你找一个地方去劳动吧,离开北京越远越好,北京发生什么都不要管。

这是我提前八个月离开北京的原因,是谢富治要我离开的,我没听懂,实际上要抓"五一六"了。

1969 年底,我自己选了湖南株洲航空发动机厂。因为自己有支气管炎,气管上有老伤,天冷挨冻,一受累,痰里就带血,很难治。所以我不敢去东三省,不敢去沈阳、哈尔滨那些地方,又不可能去江浙,西安我去过,跟那里的派头头很熟。选来选去,最后选了湖南。

湖南株洲

我是12月二十几号到湖南的，12月26号去韶山瞻仰主席旧居，12月27号上班，在工厂待了到1971年3月8号，待了一年零三个月。这在个期间应该说是我第一次相对完整地跟工人在一起劳动。这一年是非常痛苦的一年，身体和精神备受摧残。工人对我很好，厂领导对我也很好，但是我走没多久，陈伯达、江青、周恩来就讲话抓"五一六"，学校里开始写大字报，往我身上牵"五一六事件"。我心里感到委屈——"五一六兵团"是1967年5月16日成立的，他们到北航贴大字报的时候，我们还布置人埋伏在学校楼的暗角抓他们呢。后来谭厚兰倒台了，我们挺解恨——谭厚兰反总理，该整。我们认为自己完全是"五一六"的对立面，抓"五一六"的风怎么会往我的头上刮呢？

一开始觉得不理解和委屈，这个时候，总理、陈伯达、康生、江青他们讲话，感觉不一样了，来头是中央呀，就感觉到不知所措。风暴又刮来了，精神上怎么不受摧残呢？关注着北京发生什么，可是还得劳动呀，我在厂里属于再教育，那个时候战备支持越南，我们车间是技术最高的车间，有些工人上班，一上就是40多小时，就在车间里头，不下火线。中间偶尔吃点东西休息一下。

你想我那个身体吃得消嘛，我没有坚持过40多个小时，星期六、星期天能有一天休息也是很难得的。毛主席讲"深挖洞，广积粮，不称霸"，山里边要挖防空洞，我又没有技术，班里边轮换去挖防空洞，就经常是我去。挖防空洞要打风口、抬土，这都不是我的体力能干的，但是你是接受再教育的，能说我身体不好，能告诉师傅，能去开病假条休息吗？都不能。工人那时候还支农、插秧、收稻子。湖南比较热，庄稼有两季，一到工厂支农，我又要被派去支农，精神压力大。去打针的时候，搞些什么打清叶（？），什么那些草呀，弄的那些药。

痰里边有时候一块一块大的红的血，自己还不能跟师傅讲。问大夫，大夫说，要不你就休息。我说，我怎么能休息呢？我怎么能让车间里知道这个事呢？可以说，那一年多，我的精神和身体是很痛苦的。厂里有的干部重新站出来了,开始"一打三反"。文革初期厂里的造反派头头,被五花大绑送上卡车抓起来,支持造反派的干部都被弄去劳动了,而且把造反派搞得很臭,说出身不好,阶级敌人造反。

你想想,对于支持那一派的,就像蒯大富1969年回苏北一样,感觉我们是不是错了?支持的这一派对不对?种种问题在脑子里头在起作用,我记得,我们那儿的军代表都是归广州区,传达"一打反三",有一次传达周总理给广州军区什么人打电话。说,现在"一打三反"别的地方都已经在杀人,怎么你们那儿那么软呢?这可是血淋淋的呀。

1969年底到1970年初,专门有一个叫"一打三反"的文件,可以查到。一打击反革命,三反贪污浪费还有反什么东西。和1967年抓人不一样,这回是在中央"一打三反"口号下抓的。有些地方的造反派已经开始被收拾了。很多是当时无政府主义,甚至极左行为,包括毛主席说的抢枪,冲击什么的,有的抓起来了,有的就枪毙了。

虽然在北京,我们也劳动,也去夏收,去帮什么房山或者东北旺、西北旺,一年也去两回。但是湖南潮湿,我身体受不了,吃的饭菜辣椒多,这都是我的大忌。插秧弯着腰,什么时候能盼着到地头,能在田埂上坐一下?到中午吃饭的时候,发觉爬出一个蚂蟥来,农民的疾苦也算是体会到了,甚至有时候到池塘里去,去扒芦苇。他们有的喝酒,喝点酒,身上热了,下去。我又不能喝酒,那个冷,咬着牙下去。

在政治上,有一件事,当时很吃惊——在农村劳动的时候,厂里的干部,我们的指导员来看我们,我现在都能回想起他当时的样子——走在那田埂上,声音很响亮,满脸洋溢着光彩,眼睛里闪烁着光芒。他说,给你们传达一个振奋人心的消息——放政治卫星了!我就凑过去听。他说,空军学代会林立果做了报道,关于新的时期,活用毛泽东思想,谈到科学化和革命化放卫星,我们国家又出天才了。那时我正好在读恩格斯。恩格斯说,有的人认为,好像苦难是五百年,几百年一回,因为天才没有出现,所以人们没有免于苦难。他挖苦"天才论",说,人们把社会的苦难和幸福都寄托于天才。就在我看恩格斯这个话的时候,正好来了个指导员,眉飞色舞,神采飞扬地传达说，我们国家又出了天才，超级天才，后来听说是林彪的儿子。我在北京时，毛主席当场说叶群，你不要吹江青。叶群拍江青的马屁，主席没给她留面子。

所以我觉得林副主席想让他儿子接班，现在就开始培养了，就是超级天才了，我想恩格斯在挖苦"天才论"，怎么林副主席没读过？

另外，林立果年龄跟我差不多，我们在北京参与那么多斗争，你说，我心里能服吗？能觉得有个天才了，希望就在这儿了，放了卫星了，不得了了。我心里肯定不服，不就林彪儿子嘛，你要说林彪咱们服还可以，副统帅学得最好举得最高，是毛主席接班人，咱坚决拥护。但是他儿子一下就变成超天才了，我心里根本就不服。我琢磨，林彪要干什么呢？他自个还没接了位，就想让儿子继承他，中国搞封建世袭。我就给朋友写信，说有的人可以欺骗全世界，难道可以欺骗他自己吗？那朋友说，你这话什么意思？那时候不敢议论谁谁谁。总之，当时这件事给了我很大刺激。到底下遇到种种现象，跟在北京的感觉大不相同。身体、精神受到摧残，不知道北京会怎么样，随时等着被北京带回去。

回北京

到了 1971 年 3 月 8 号中午，我们车间的军代表找我，平常都叫我小韩，那天忽然叫我老韩。我想，我才二十几岁，怎么叫老韩？军代表说，三机部就是航空部来电话，让你回去，有些事情搞搞清楚。

我一听，心里就明白了——这一天终于到了。我跟一位朋友说，如果哪天我不能按时给你去信，就说明我已经失去自由了。因为我以前在北京被隔离过，思想准备比较充分。

军代表跟我谈话的时候，脸都变色了。我心里明白，这是北京通知了，韩爱晶是反革命分子，是"五一六"。就像文化革命，今天说打倒杨成武，明天杨成武马上就完蛋。这个已经习惯了，我知道，肯定宣布我为什么人了。

所以军代表脸色全变了，我若无其事，我早就等这天。我说请你相信，我相信组织，相信群众，相信毛主席，相信自己的问题会搞清楚。我不会对你们有什么意见，我感谢这厂里的工人师傅对我的帮助关心教育，感谢这里的军代表，感谢这里的干部。我说，你们相信我，我说，你想想那些老干部挨斗的时候不是也说要相信组织，相信群众嘛，我韩爱晶经历过这些事情，你们相信我经得住。

他听我说这以后，才若有改变，实际旁边有个军代表就是来带我的，是我的专案组的负责人，北航的军宣队已经换成空军了，不是炮兵了。当天下午，东西都不准备拿，就到长沙机场，飞机还等了我们一会儿，3月8号坐飞机就回到北京了。

打成"五一六"

回到北京，接我和专案组姓田的，那个师傅姓王，他说回来了，大家就不讲话了。车开到学校已经是晚上了，一进校门，学校里的高音喇叭就响起来了："热烈欢呼毛泽东思想伟大胜利！""把反革命'五一六'骨干分子韩爱晶押回北航是毛泽东思想伟大胜利！""坚决打倒反革命'五一六'骨干分子韩爱晶！""谁反对中国人民解放军就打倒谁！"

下了车，地上也刷着大标语："谁反对林副主席就打倒谁！""谁反对中央领导就打倒谁！"每个字有差不多一米宽，一米长。马路上也写着这样的大标语："坚决打倒反革命'五一六'骨干分子韩爱晶！""谁反对林副主席就打倒谁！""谁反对中国人民解放军就打倒谁！"当天晚上，把我关在一楼的学生宿舍里边，学生宿舍有不同的门，把有洗手间的一段地方隔开，封闭起来，有五六间，隔一个门，里边又隔了这么一个封闭的空间，外面是工作人员的办公室，里面有一两间，一间是人员值班的，一间是关押我的，有一个厕所。

3月8号晚上被隔离，我心定神静——这回好了，精神上搞不清的事解脱了，我回到了北京。这样一来，我也免了在工人里边不知道跟人说什么的窘况——有个女工有一天说，韩爱晶，我看你每天干活时候好像都在想什么别的事。她说的对，我能不想别的事嘛？北京在狂风暴雨，我的命运在北京，我能安心吗？现在直面命运，怎么解决就怎么解决吧。

从这天开始谈问题，一个是"五一六事件"，发展"五一六"。二是反对林副主席。再一个是反对陈伯达，包括什么围困中南海，什么西山游行了，那时候彭德怀还不是事，没有人提。就提反对林副主席，反对周总理，反对陈伯达。这是最大的罪，然后就问我有什么要求，我说我没别的要求，我希望能晒晒太阳，在湖南晒不到太阳，另外希望吃到稀饭，另外希望能打针，我说别的问题咱慢慢来，希望能够给我一点马列的书和毛选。

我在写材料之余，能够学习，警方说一件一件给你办，但是想出去晒太阳不行，要等到将来问题解决差不多，这样的话，窗户都糊起来了，没有阳光，也不透气。当然，我知道晒太阳的要求行不通。每天把饭打来，在这里边吃，买一个保温的饭盒，那是三月份，天气还是比较冷的，有时候谈问题，这个问题那个问题谈。我们系里有个叫王晓婉的老师来看我，她在文革前是系里学毛著的积极分子。我临离开学校的时候，她还跟我挺亲热："韩爱晶，去劳动了？"这回来看我，往那一坐，脸板着："韩爱晶，你为什么反对林副主席？你为什么反对解放军？"

你说，我解释什么？我明白反对林副主席的帽子是最大的，这个罪最大，只要这条给你扣上了，你就跑不掉了。我觉得1968年第一次被隔离，给我带来了极大的锻炼，那次急的我要自杀，这回呀，若无其事，我夜里坐在那不睡觉，看我的是年轻的空军战士，是到学校工厂当工人的。我说，你们该睡觉，我绝不会自杀，也不会逃跑，也不会干什么伤害别人的事情。我说你叫我走，我都不走，我要把问题搞清楚，到底我怎么反对林副主席？怎么反对周总理？怎么反对陈伯达？他们不相信。一个是问问题到外面，早上起来冲厕所，把厕所那个水冲一冲，把楼道里地拖一拖，算是每天一个劳动，除了谈问题之外，过了一段时间就开始挨批斗了。

一个系一个系批斗，拉到系里已经是工农兵学员了，1971年招了很多工厂的，农村的一些优秀的战士和工人，工农兵，批斗的时候都是学校里边原来的人写的，那当然都是要打倒周总理，要反对，认为反对林副主席反对陈伯达，人家都说得有根有据的，我的特点是当我觉得这件事是对的,比如把外地的造反派弄到这来开会,说搞多中心、无中心,对抗中央。我就点点头,表示你批得是。他要说韩爱晶反对林副主席,我就喊,跳起来喊:造谣,胡说!我是为什么这样呢,我绝不能容忍他们向新来的学生散布韩爱晶是"五一六"骨干分子,发展"五一六",反对林副主席,反对周恩来,反对陈伯达。这三个罪我绝对不认,因为我没反,现在林彪也倒了,陈伯达也倒了,我也没反,我也没发展"五一六",只要涉及"五一六"只要涉及反对林彪,反对周恩来反对陈伯达的,我立即就喊:造谣、胡说!

你想工农兵学员受的教育,这台上是最凶恶的阶级敌人,是"五一六"的骨干头头,他已经在学校里发展好几百"五一六"了。这是个秘密组织,填表上不告父母,下不告妻女。这个大坏蛋反林副主席,反周恩来,反陈伯达,发展"五一六"反革命阴谋组织,做了这么多坏事,还不服,竟然在会上抖着头大喊。那些工农兵学员都气愤地从底下一窝蜂冲上台上来,把我的头往下按,表明他们的仇恨和反感。但是工人宣传队还是要保护一下,把这些愤怒的学员弄下去。

就这么一个系,一个系地斗下去,斗了两三个系之后,专案组就跟我谈,说你这是什么态度?!我说我就是这态度——你只要不符合事实,我就坚决反对。我说我批斗过别人,我知道,该我吃苦我吃苦,该我受罪我受罪。

斗我的目的,是为了给群众一个震慑——我们把韩爱晶抓回来了,以前他领着学生斗走资派,现在我们斗韩爱晶,让他老老实实地弯着腰挨斗。没想到韩爱晶嗷嗷叫,坚决不服。你说,这会斗得有什么效果?全校大会斗,没把我拉上去,搞政策落实大会,说某某人表现好,交代了什么问题,同意回家和家人团聚,那边谁不交代的,怎么从严给我看,我这时候已经麻木了,我也不像第一次被隔离时,想自杀了。让我屈服,拉倒吧!你们想办法请大夫给我打针吧,有稀饭,我就吃稀饭,有问题,咱们慢慢来,我不着急。

另外,我买了毛选四卷,买了《马克思恩格斯选集》四本。毛主席在1969年前后强调过读原著。我在文化革命中有两个很强的愿望,一个是觉得自己没有和工人农民结合,老觉得底气不足,心虚,世界观没有改造为工人阶级的。再一个就是马克思原著读得少，毛选读了不少，但是马克思的原著读得太少。所以这个时候，我真是非常饥渴，想读书啊，真恨不得把书吃进去。有了这么一个环境，一边看书，一边写材料，有时间就读毛选，读马克思的书。头一回读，很多文章感到真精彩！拿尺子把马克思那段话底下整整齐齐地画上道道，这段好，这段好，然后就拿写材料的纸，把毛主席语录分类，分类抄下来。马克思的话也分类抄下来。有个军代表说："怎么你还在编毛主席语录啊，这是林副主席的事情，这不是谁都有权编的。"我说，我学习嘛，我抄写，也是一种学习嘛。那军代表没好说什么。

这四本书，包括了马克思恩格斯的主要著作，读了以后心里头感到，哇，饥渴，饥渴，是真想读，在这之后，批斗慢慢减轻了，报纸每天有看的，跟看守的人慢慢熟了，感谢这两个军代表，有一个军代表每天板着面孔，往那一坐，茶杯一搁，他可能是从郊区或者是哪一个省调过来的空军的地勤，一听我是凶恶的"五一六"骨干分子，他面无表情，内心仇恨，要我交代问题，从来不跟我嘻嘻哈哈。他这样对待我的，我能理解。

还有个解放军干部，姓梁，高个子。他只要一进来，那个专案组的人就板着面孔走了。这个高个端个茶杯，往那一坐，坐下来以后，跟老同学见面一样：你看你，怎么怎么着。一聊天，我发觉他对北京的运动非常熟，他说：昨天星期六，我回家了，住五棵松。凭经验，凭他住的地方和说话内容，我明白了，他是三军"无革派"，是叶群支持的海陆空三军，空军，空司机关的干部。

你想想看，他上面的头头是和我打交道的，他对我熟悉得不得了，说你们是谁谁谁。我说，"你对这个事怎么这么熟啊？"他说："我在北京还不知道这个吗？"他说，你放心，对你的问题总会搞清的，最后会给你很好的安排的，你生活上有什么要求尽管说，我能给你解决的，一定给你解决。

那些看管我的小战士，监管我到什么程度？我上厕所的时候，离我一尺近，盯着你的一举一动，因为你是阶级敌人，是最凶恶的反革命分子，他们怕我动刀子。对这些小战士，说心里话，我很可怜。等到这个姓梁的高个子军代表一来，跟我这么亲切的一聊，这些小战士发觉自己的领导跟这个反革命就跟朋友一样，东开心西开心，他们也就放松了。我的生活气氛变了，给我一个解放，也给他们一个解放。这些小战士也不那么神经紧张了。后来我慢慢知道他们是邢台的，有的是黄继光的部队的空降的伞兵，慢慢大家熟了。他们一看，这个反革命挺好，除了写材料，就是看马克思，看毛著，他们也奇怪。

他们不理解，一个反革命，一天到晚学习毛选，拼命学，拼命抄。说心里话，他们不明白我怎么会有这样高的学习积极性？他们不知道，我的想法——自己犯了错误，是由于缺少马克思主义，缺少毛泽东思想，没有和工农结合。我世界观有问题，我现在要补上这两门课。我是带着发自内心的一种愿望，这回有时间读书了。

有时候，跟战士们看人民日报，讨论国际形势。那时候田中访华了，那个姓田的军代表有一次问我，韩爱晶你倒好啊，进党校了。我说什么意思啊？他说，你看别人如果犯一个小错误，一批评就哭哭啼啼，吃不下睡不着，整个变了个人。你倒好，该吃饭吃饭，该睡觉睡觉，该看报看报，在这儿就好像在党校一样。看了报纸，还和战士们国际国内的讨论，谈笑风生，若无其事，你受的是什么训练啊？我说，你是空军的干部，我是1946年出生（百度等媒体说，韩是1945年9月14日生人——本书编者），一直在红旗下长大的，我这个反革命是从台湾来的吗？他不讲话。我说，我跟你说个事，你知道你们是谁吗？你们是共产党，是解放军，我不怕你们！他很奇怪。我说，我告诉你，我热爱共产党，热爱解放军，所以你们在我周围，我一点也不怕。你们是自己人。至于你们说我是反革命，那咱们慢慢搞清好不好？我说我文化革命犯错误，不懂马列，我现在有机会了。毛主席让读马列，我这时候不读，什么时候读呢？我该补这个课了，我以前犯错误犯得很严重，那我现在不该好好学吗？我说我没机会进党校，就在这儿学啊，赶紧学啊。

另外我说，我如果天天哭哭啼啼，你们能把我放了吗？他问我，你受的什么特殊训练？木头疙瘩不开花，任凭风浪起，稳住钓鱼船。我说，我没有受什么特殊训练。我告诉你，我心里想的是什么——解放战争的时候，船过长江，百万解放军战士加上那些船夫.往南京攻的时候，只要防守南京的大炮打过来，一个炮弹掉下来，一船人就没了。这些人都是农民子弟，都是很年轻的战士。今年是1971年，我二十四五岁，我的命比他们值钱吗？他说，这什么意思？我说，我跟你讲，我家是革命家庭，如果我当年是那船上的一名解放军战士，一个炮弹下来，我就没了。而我二十四五岁上了天安门，住了中南海，见了毛主席，当了红卫兵头头和市革委会常委，党和人民给我的荣誉太多了，我比那些牺牲的战士强多了，他们死了连名字都没留下来。我要被整死了，毕竟还有这么一段人生挺值得。别人没有这样的荣誉和生活，没有这样的地位。我就是现在被整死了，也值。没有什么比过江的解放军战士更高贵的了。你们是解放军，我怕你什么？我跟你说我不投降，我说军代表，如果我现在被台湾国民党抓去了，你看我投降不投降，我说我就像李玉和似的，坚决不投降，从容就义。国民党我都不怕，我怕共产党吗？你们把学校占领了，你不就是空军换了炮兵吗？你们还是解放军，还是共产党，我有什么可怕的，我说就是台湾现在抓我去，要我投降，我也不会投降。我是不是"五一六"，咱们等着看，林彪、周恩来、陈伯达，我都没反对过。他说好好，你就按照你的态度往下过。

学马列

这样，我读完了四卷，就请他们到图书馆给我借马克思恩格斯全集。从第一卷开始，一卷一卷地借。看一本，换一本，再看一本。这个学习班给了我读马克思原著的机会，基本上把已经出的二十七八本，除了《资本论》只读了一些章节之外，其他的马克思、恩格斯的著作，我是粗读加精读，都过了一遍，心里非常有底了。原来心虚的，现在不虚了。

马克思，伟大呀，厉害呀，说的透彻呀，这是当时真实的感觉。把毛选四卷一读呢，思想就有另外感觉了，尤其读到《论联合政府》《新民主主义论》，当时跟国民党谈判前后，准备建立新中国的一些纲领，感到主席思想怎么变化那么大呢？——多种经济成分，全国各阶级的团结，统一战线等等。

我开始觉得，在我们党内像董必武、朱德、李富春、陈毅、陈云这些人是一批仁人志士，他们当年学马列主义，学俄国，到外国考察，要建设一个新的社会。这些人的建国理念应该是毛在《论联合政府》和《新民主主义论》中提出的理念。总结文化革命的经济、生产问题，我看到陈伯达1969年给毛主席一封信——搞电子革命。看到这封信，我高兴得不得了。因为我原来就有些浪漫，巴黎公社包括蒸汽机带来的蒸汽革命，列宁讲共产主义就是苏维埃加电气化，对于科技和共产主义制度的结合，是社会进步的两个轮子。所以看到陈伯达提电子革命，心里想，好好，这回中国可能搞电子革命了，科技要上去的。文化革命也到一个阶段了。马上中国就强大了，很希望国家强大。所以这个时候，看马列的书，看毛主席的书，对于国家的经济建设，人民的生活，各族人民的团结是如何重要啊。

读马克思的书，读毛主席的书，和我这几年的实践和斗争结合起来，毕竟有了一年多跟产业工人在一起，又是国防厂，农村也多少有些了解，再加上跟宣传队，军宣队、工宣队打交道，思想里空白的东西一点一点在补，心里的底气在一点一点增加，对社会的经济、政治方方面面的看法一点一点在总结，在变化。虽然还不能说很好，但是，除了政治上挨批斗，"五一六事件"之外，感觉自己越来越感走向成熟。文革是我的人生经历中的一段升华。

"九一三"，抓"五一六"无法进行下去

从1971年3月8号起，半年多，国庆节之前，忽然广播停止队列训练，凭我的政治经验，知道出事了。而且在我思想里，隐隐约约感觉到林彪出事了。文革的初期，我没反林彪，但是对毛主席若干次批示，我不止一次，偷偷地跟同学讲：这件事是冲着林彪。比如说毛主席说不要题字，林副主席前一段时间不停地题。海军甚至闹出事，半夜里满街都是卡车，敲锣打鼓。一件一件事，我说了好几件事。林彪，加上在湖南那些事情，他的儿子什么的，我有感觉。这是冲着林彪来的。

1967年部队里面传达，我到工厂劳动也传达，说空军怎么热爱毛主席，忠于毛主席。叶群同志带头，用塑料的薄薄的窄窄的条条，在主席像周围编什么东西。说心里话，我当时心里很反感——学毛主席思想是学毛主席的书，去理解他的立场、观点、方法。一天到晚编那个玩意，往面前一挂，毛主席思想就学到手了？我是很反感的。

等到国庆不搞了，我觉得出事了，出大事了。

我不讲话，军宣队专案组负责人不管我了，一天到晚，看他们出出进进，挖防空洞，神情异常，说什么准备打仗，我想形势的变化有这么快吗？又过了个月，传达说林彪出事了。

这之后就慢慢放松了，可以出来了。年轻人跟着我出来，我可以在校园里散步了，也可以走一走，到商店里买东西了。也可以到学校的工厂，当钳工，打毛刺，跟工人一起劳动。

密云液压件厂

1975年9月8号，就是四年半左右，就把我送到北京密云液压件厂，当了一个翻砂工人。八小时上班，住在一个宿舍里，有两个工人，这两个工人轮流回家。这个厂子不大，四面围墙，有一般的小学和中学那么大。我要说倒霉也倒霉，很羡慕老蒯，老蒯分到东方红炼油厂，那个厂子大的不得了，他可以到处跑，挖防空洞，甚至还可以谈恋爱，差点没结婚。我这个地方，有围墙，还有人看着，直到1978年4月19日被逮捕。

就在这个地方，扎扎实实的，每天都被看着，从1974年到1978年4月19日，干了不到四年翻砂工，铸造，每天有任务。将近四年的工人生活，实际上，我当工人的时间加起来也有六年左右了。觉得当工人和工人在一起的这一课，补上了。马克思、恩格斯的书二三十本读了，几乎把当时发表的都读了。毛主席四卷读了。列宁的选集，当时有两本，这么厚的也读了。

通过读原著，通过和工农相结合，经历了"五一六""九一三"几个重要的历史事件，思想上的变化非常重要。开始感觉到自己在实践上、理论上，在总结文化革命这些事情，我心里的底气越来越足了。我觉得要做一个马克思主义者，做个无产阶级革命接班人，自己从主观上慢慢进入角色了。不管他们最后怎么定我，怎么整我，但是我主观上确实想成为无产阶级革命接班人。

从我15岁-18岁这个世界形势，我就是走这条路，举着马克思的旗帜，跟着毛泽东干革命，无产阶级状态下的继续革命。想掌握马克思主义理论，想掌握马列主义毛泽东思想，读了这么多的书，我觉得我心里有底气了。别人再一说马克思，不像原来不知道说的是哪里，自己心里头虚。

1976年9月9号，毛泽东逝世之前，我在北京密云液压件厂劳动的时候，是扎扎实实地上全班。待了半年以后，有机会跟师傅到县城里去照个相啊，买点药啊，买点书啊，就是很少出这个小厂门，厂有高墙。

到了评《水浒》和"批林批孔"的阶段，我的思想有了变化，甚至变化比这更早。"九大"以后，再提"二月逆流"中的老帅，再提对副总理的批评，我已经有一点反感了。我就觉得这些事情我们在1968年春天都做了检查了，怎么中央还在批判呢，就感到不理解。

上海对陈毅几乎是作为一个反面样板，我心里也有些不舒服，我觉得陈毅军管（上海军管会）在上海当市长是非常有风度的，给共产党挣来了很好的形象。那些资产阶级、资本家，那些知识分子瞧不起共产党工农干部，认为他们大老粗。陈毅跟他们一讲话，他们发觉不对头了，这个人很儒雅的，不仅在文学方面有文采，人家还去过法国，能说流利的外文，很多资本家达不到这个水平。他们才发觉共产党里有人才。所以说心里话，我从小到大对陈毅是十分敬仰的。虽然我发过"炮轰陈毅"的声明，但是1967年我就讲，陈毅是个不倒翁，打不倒他。觉得群众运动免不了有这么一个过程。

到了工厂"批林批孔"等等，我觉得主席这么做有他的道理，但是由于我到工厂里当了工人，面临着吃饭、穿衣、住房等群众生活，尤其是年龄大的同学结婚、小孩、上学。上海提工资了，但各地都没提啊。像北航那些技校毕业的每月37块钱，从文革前到文革中，多少年，一家好几口人，就靠这点工资生活。虽然那个时候生活标准低，但是也很紧张的。住房方面，感觉到社会主义要安居乐业，这些问题怎么解决呢？

我的师傅的孩子，从河北农村来，讲农村的艰苦情况。1969年我在北京接触过一些从山东、内蒙回来的知青，一天是几分钱的工分。这些孩子的家里有的是很高的高干，不跟父母商量，拿着户口本到了派出所转了户口，一头就扎到内蒙，扎到延安、山西插队去了。这些孩子热情地响应毛主席与工农结合的号召，非常坚决，但是有现实的生活问题。

有的下地要走七八里路，一天才几分钱的工钱，一年下来才挣多少？由于和知青接触，他们回来找我，1969年我不忙，我带他们去见吴德。他们问过我，知青将来的发展是什么？我和他们探讨，应当是在农村周围形成新的小城镇，减少中国农业人口。7亿人里，如果有5、6亿农民，那么这个国家是不发达的。只有农民越少，国家才越好。这个思路我跟知青都讨论过了。怎么办？不可能大家都回北京，回上海，只能在农村周围形成一些新的小城镇，把你们的知识贡献出去。大家关心的是国家经济的发展，同时也有知青的生活。自己周围看到的老师、工人的生活，上海怎么知青提一级工资呢？当然上海工业大，可是这有利于稳定啊。革命是为什么？是为了人民生活，为了人民幸福，文革期间，长期不注意人民的生活。

这问题已经显露出来，在那种条件下，作为一个工人，虽然失去自由，但是感觉到，大批判要不要？要。学毛选，评《水浒》要不要？要。但是如果生活中的很多问题都不解决，你让工人坐在那一天到晚钻研柳宗元、王安石、秦始皇、盐铁论，那些文言文，一般大学生理工科到都攻不下来，何况工人农民，你叫他坐那讨论，就感觉到，这是个形式主义。

我到厂里头劳动，也有这种感觉，感觉到他们搞这些东西，你说不应该搞吧，毛主席说"批林批孔"等等都应该。另外比如黄帅出来，我就感觉怎么回事？红卫兵打倒了，红小兵又闹上来了。邓颖超带着黄帅走进人大会堂，我觉得邓颖超真有涵养。我们已经被关起来了，但是对这个斗争开始有自己的看法了，有距离了。甚至北航红旗的个别同学都说"狗咬狗"。你说这生动吧。已经有人反对江青了,把江青和他们的斗争说成狗咬狗了。这个话难听,但是,我当时关注什么呢?我关注毛主席的健康,我感觉别的都不要紧,主席只要在,咱就有希望。虽说主席统治的年代,我被关了,但还是相信主席,主席是希望所在。每天晚上有新闻,电视放在大院子里,放在马路边,墙旁边,工人们晚上都可以看。我必须去看新闻,第一个新闻是毛主席今天又接见什么外宾,看见主席,变化很大。

心里头是提心吊胆的,哎呀,主席要是万一离开了,中国会怎么样?当然这之前已经发生"天安门事件"了。有的群众已经把矛头对着主席了,秦始皇嘛,指谁啊,不是对主席对什么?对文革,对党史的不满,矛盾非常尖锐。我们是在外面观潮,怕主席万一不在怎么办?而且也在想,主席万一不在,他们应该有个安排啊——谁接这个班?是吧。那时候年龄还不大,1976年我正好30岁,三十而立还没立,但是已经感觉到这个政治问题,党应该解决。

后来看到主席出来,面部已经塌下来了,肌肉松下来了,口水几乎都能看到,动作迟缓,感到不得了了。这个时候,我没有人身自由,只能是无可奈何地等。

1976 年 10 月 6 号

1976 年 10 月 6 号的两天之后,别人告诉我,四个人被抓起来了。我第一个反应是,"四人帮"斗来斗去,我们已经不介入了,想取得人身自由做个老百姓过日子,想成家,30 岁了,想找个老婆结婚生子。没想到现在主席不在了,他们也被抓了。马上就会被重新审查,从头开始,重新挨整。这回对文化大革命要彻底算账,自己又要经受劫难了,这就是我当时的想法。

我后来问老蒯,抓"四人帮"的时候,你什么感觉?他说这下好了,他可能就解放了。我觉得这回才是真正从头来算文化革命的账了。反攻倒算也好,打击报复也好,拨乱反正也好,总之对文化革命的账,这回要算了。由于江青、张春桥的垮台,那要从头算。所以我就觉得不要盼望什么解放,等着吧,前面五年多,白关了。马上会从头来，而且会更残酷，我的思想准备是有的。

1978 年 4 月 19 日被逮捕

1978 年 4 月 19 日，是逮我的那一天。

工人说，学校来人逮来了，我走出宿舍，大义凛然，从容不迫，微笑着，就像没事一样。

那旁边的工人站在那，他们跟我是很熟的。厨房的师傅、工友在那劳动三四年，他们看着我经过的时候，脸色都变了，好像抓的是他们。我心里想，抓的又不是你们，你们紧张什么，抓得是我呀，我笑笑嘻嘻跟他们点头。就像没那么回事一样。

他们可能认为我是不明白怎么回事呢，我怎么不明白，带到北航的南操场，全校大会，加上中学，加上宣传队，从车上一下来，还没拉到主席台上去呢，口号声就起来了——"坚决打倒反革命分子韩爱晶！"

1971 年 3 月 8 号那个轮回，七年多一点，其中有五年半是在毛主席时代失去自由的。

我还是若无其事，我思想上已经什么都准备好了，然后就摁着我头，批判吧，这个发言，那个发言，我照样不喊胡说八道！造谣！又把我往下摁，往地下摁。我知道这个罪该受的咱就受，然后就戴铐子当场宣布逮捕，把铐子铐上，我无所谓，我真是无所谓。我对这些已经毫不在乎了。该反抗就是要反抗，铐就铐，你踢就踢，摁就摁。总之，你说别的可以，批判的时候如果是对的，我还是点头。我从来认为只要我做错的，我是有责任的。我对不起主席，对不起党，对不起人民，该点头我都点头。但是，你要造谣，说我反对周恩来（这是个老题目了，这个时候不说反对林彪，反对陈伯达了。这个帽子去掉了），只要说的不符合事实，我就坚决喊。因为我在北航当过一把手，我不能让群众说，韩爱晶认了，反对过周恩来。

然后就带到半步桥，陶然亭那的半步桥，北京的看守所，到那就叫我在逮捕书上签字，我没签，我说我要考虑考虑。

我本来的意思是不签，因为我认为我不能承认你们对我的逮捕，凭什么？我不接受，不承认。几天以后，有人跟我说，你要不签，万一将来判刑，不算你刑期怎么办？那你没法出去，恢复自由。我一想，这样的妥协还是必要的。就在逮捕书上签了字。

到监狱里也是一样，一帮犯人晚上坐在那，守着不睡觉，轮流值班，后来人民日报又登了，监狱里可以看到报纸，听到广播，就是反革命分子聂元梓、蒯大富、韩爱晶、谭厚兰4月19号被逮捕，是同一天逮捕。

在半步桥看守所

在半步桥，被捕以后审问，又像原来抓"五一六"一样，只不过把林彪、陈伯达的事去了，又一件一件地诱导。他们的重点是想把李明清、吴仙虎的死弄在我头上。后来他们看出来，确实我没有责任。我当校文革主任，学校里出事都有责任，但是我没有叫谁打，我还阻止了，我当时真是太累了。

没有我责任，这事才算过去。但是总得给你找事啊，不找事把你抓起来干吗？总要先戴帽子，后整材料，再判刑。总而言之，非判你不可，我明白这一条。

4月19日，后来才知道聂元梓，蒯大富，韩爱晶，谭厚兰同一天被逮捕，都关在半步桥，王大宾是在武汉。我听到广播杜鹏程的小说《保卫延安》，彭德怀平反了。我知道，这回又有新问题跟我算账了，原来这是打死老虎，不是事的事。

彭德怀问题，到一九七八年十二月二十二日通过的中国共产党第十一届中央委员会第三次全体会议公报指出：会议审查和纠正了过去对彭德怀、陶铸、薄一波、杨尚昆等同志所作的错误结论，肯定了他们对党和人民的贡献。

批斗大会

1978年12月27日，就是十一届三中全会之后，这个日子选得好，12月26日是主席生日，12月27日中午，看守所的队长找我谈话，说今天下午要安排一个批斗大会，你看你有什么要求，希望你能够配合。我说接受批判，没有什么要求，中午让我好好休息休息，我说身体不好，没别的，吃饭、睡觉，然后接受批判。中午，照样抓紧休息，实际上在我中午休息时候，我已经想好了，今天这个会，是逮捕以后的第一次会。不管你怎么批斗，我不能让你们把我韩爱晶制服了，中午睡觉攒点体力，睡觉干什么，攒体力，下午斗争。

因为我自爱自律，监狱里除了学习、生活之外，没有任何让警察不满意，我跟他们没有什么过不去的。

下午，拉到白石桥首都体育馆，应该能坐三万人，我到了大门外下来，看到外面场地上的小轿车几乎满了，今天是有很多领导人参加，我就知道这个会的分量了，这是群众大会。

会前，在我脖子上捆了个结实的绳子，可怕就可怕在细而结实，是那种细麻绳，手上带着铐子。脖子上捆这个绳没有别的意思，希望你自己明白。

这还是我失去人身自由之后的第一次遇到的，批斗的时候在脖子上捆着绳，很细的麻绳，那是一种和结实得麻绳，我知道它的厉害，我想他今天怎么对待呢，就在后台等着。

大会开始，没有把我拉上去，再一听，把反革命分子聂元梓拉上来，拉一个，然后有一个批判发言，到底是北大的还是什么，她批斗完了。拉下去，把蒯大富拉上来，我仍记得，蒯大富的批判发言是贾春旺，我当时想贾春旺是谁？怎么发言稿这么恶毒呢，听得很清楚。

然后把我拉上来，四周看台可以坐三万人，底下那表演场地也坐满了，恐怕有五万人了，当时的北京市市委书记林乎加主持大会，主席台上还坐着很多领导。

脖子上有绳，心里在考虑怎么办，我一想这个气管在这了，这个细绳在这个地方，一勒气管受得了吗？那个时候警察要用猛力气，要狠勒我，那我就够呛了。我还得要这条命，不能死在这，弯着腰，铐着铐子，低头，挨批斗。我还是一个态度。他们批斗说，我确有其事的，我还是点头，我觉得任何时候我都应当认我的错和罪，那个发言稿子恶毒啊，我这才明白，什么叫实事求是，咱们当时批斗人家不也是调子越高越好吗？上纲大批判，我算知道什么叫大批判这个政治运动了。

他说我反对周恩来,什么韩爱晶说要砍周恩来的几个柱子,几个副总理,几个老帅,你看韩爱晶厉害吧,韩爱晶为了打倒周恩来要砍砍柱子,如何如何,这群众不愤恨吗?

等他对着我的时候,我趁他们冷不防,迅速地把这两只手插到绳子里,用两个手保护住自己的喉管,就开始喊:胡说!造谣!胡说!造谣!

警察万万没想到,我就这么一下子把两个手卡到绳子里边来,喊起来了,全场听众就——哦---哦---

你想那个场子不乱吗?忽然,主席台上挨斗的那个人叫起来了,反抗起来了,前面坐的林乎加那些人物,我就冲着他们喊,你林乎加怎么了,你组织大会斗我,你讲的符合事实,我就服,你讲的不符合事实,我就坚决反抗!哪怕你今天把我在这打死,我也不服!会场乱一阵子,过去了。静下来发言稿还是得念。念着念着,又有地方不对了,我用两手把绳子一扣,又喊起来了。警察又跳起来,又把我往下摁,后面的绳子就往下勒,痛苦痛苦在我的手上,我的手就是破了,又怎么样?我喉管是不能破的。会场第二次闹,底下这个热闹——哪有北京市市长主持的大会出这种事?!发言的人说的话,韩爱晶不服,认为你胡说。起码批判的人是反抗的,你刚才念的这句话,说韩爱晶反对周恩来,韩爱晶马上就反抗了。我向北京的市民表示一个态度,我毕竟也是北京市委会常委,是吧,我在北京市的市民面前表明我的态度:你们不讲事实!就这样,闹了有三四次。

回到看守所,队长也不好说什么,怎么交代呢?我说今天领导让去批斗,本人在会场上对不符合事实的发言表示了不同意见,给他们工作造成一定的不方便,本人表示歉意。我说,从抓我的那天开始,甚至从"五一六事件"开始,只要大会对我不讲事实,我就要反抗。

牢房生活

有一段是一室七八个人,最多二十个左右。别人不喜欢一个人,我喜欢一个人。为什么呢?跟各种各样的犯人在一块儿,不得安静。

他们喜欢热闹，不停地说啊，唱啊，玩儿啊。我想安静，要么看看书，要么休息休息。所以，我一再要求让我一个人，我也不会出什么事，就一个人。

夜半会猛醒，忽地惊坐起来，梦见自己在原始大森林里，在大海中间，无路可走，孤立无援。四望茫茫，看不到陆地，看不到人，看不到路，看不到未来，看不到希望。

恐惧、孤独、寂静、只有无望通向绝望。

有时坐在凳子上弯身洗脚，右肋疼痛，口中念念有词，要活下去，一定要活着出去，要活着，不但要活着出去，还要创造更美好的未来！

毛毛虫，毛毛虫，我有十万鬼神兵，要抓你下地狱，毛毛虫，毛毛虫！

蒯大富传纸条来

监狱里有劳动号，在外面打水，递饭，监狱是筒子楼，两边一间一间，每天早上和中午，警察拿串钥匙一个门一个门开，咣啷，咣啷，一开门，不用讲话，犯人会把一个脸盆往门外一放，门咣啷一关，待会儿劳动号会把水倒在盆里面，一盆一盆的，你会听到外面哗哗。然后警察就开门，咣一个门，犯人出来把那个盆端回，咣，第二个门，……。

有一天，忽然扔进来一个纸条，我一看字，就知道是蒯大富的，他在外面劳动，提水、干活、晒着太阳，吃得也饱。

蒯大富还给我写一首诗，在监狱里最困难的就是没有笔和纸，如果能得到纸。那个用圆珠笔的笔芯，笔芯外面用纸卷上，在用线捆一下，就是一支笔，队长发这个东西用了以后要剩下一个小头，有的犯人偷偷把它藏起来了，就等于保存了这么一小截还能写字的笔，把后面空的那个管子剪掉，就很小，都藏起来了。如果外面扔进来一个小笔头，就是最宝贵的东西，能够写东西，你想写什么就写什么，或者是个小纸条。后来，有时候，比如也扔进来个小笔头，而且也建立了联系的方式，到那个厕所里啊，比如墙上有小洞，看守所上厕所是一个室，一个室去，去到马桶，上厕所，然后再回来，约定好了，写个纸条，往那一塞，如果原来已经有条了，就拿走，回来一看，是对你上次留的条的回答。

我也给蒯大富写诗，他给我一首诗，我给他一首诗，来往的诗，我保存了一部分，他保存得全。有时候也讨论案件问题，我说，蒯大富，要在刘少奇问题上定你反革命罪，是没有道理的。刘少奇的问题不是你的罪，刘少奇平反了，为什么？因为刘少奇在清华，王光美在那打了那么多的反革命，也死人了，你作为一个学生，公民反抗，在这种情况下，后来就算是反了，喊了，打倒刘少奇，能算什么呢？你喊打倒刘少奇，事出有因，他做得不对在前，怎么不可以喊打倒？喊打倒算什么罪？算什么错？凭这条定你反革命罪是没有道理的。我说，再说是毛主席把他打倒的，全国都喊打倒，喊个口号算什么？我说你的罪在武斗，好好的清华打死人，烧房子，这还不够判刑吗？我说你等着该怎么判怎么判，这是你活该，你要认罪。我说你不要认刘少奇的问题，刘少奇的问题恰恰不是你的罪。

1980年的7月，蒯大富去了秦城，去给张春桥作证去了，大概到1981年的春天，蒯大富回来，他去了不到一年。我说的日子基本准确，在我记录的监狱时间表里，是1980年7月，蒯去秦城，1981年2月判，"四人帮"1981年春天（判），蒯大富回来。

我在监狱里没看到他给张春桥作证的录像，如果看到，恐怕与蒯的矛盾就更尖锐了。我对张春桥有自己的看法。我并不是说张春桥是正确的，我这里不涉及张春桥的功过是非，也不涉及对张春桥被判刑如何如何，我撇开这个问题。蒯大富去作证，我认为可以，不管对审判我们采取什么态度，但是如果你同意出场了，就把事实讲清。说1966年12月20几号，张春桥叫你到中南海西门，让你打倒刘少奇。你做了，就实事求是地把情况讲出来。我并不反对这一点，但是他给我传的纸条让我恶心，我快吐了。

他的意思是说，这个监狱里的那个审判长，告诉他怎样怎样组织语言，怎样怎样姿势，怎样怎样背熟。他说他蒯大富永远都是光荣的，都是值得炫耀的，他说，他在条上写我背了多少次，背的一字不差,动作怎么演练了多少次。我看了以后,觉得蒯大富,这个灵魂啊……。你作证就作证,你被人家打倒在地,叫你学狗叫,你还对别人骄傲地说:你看,我学得多么像!不是这个灵魂吗?你看我背了多少次,背的多么熟,一个字不差,每一个动作都怎么怎么样。哎呦,真恶心!我真是认错人了,你作证就作证,你表现那么无耻干什么?简直没有灵魂。

这个朋友交错了,蒯大富的房间在我左边,大概隔三四个门,警察开门,我出去端水之前,站在楼道里头对着蒯大富的那个门就喊:"卑鄙无耻!卑鄙无耻!"警察不知道怎么回事,我喊完了就把水端进来。老蒯就在那可以听得清清楚楚。文化革命有个词叫"肺都气炸了"。我真气炸了!你给我们丢脸!你也是红卫兵头头,挨整就挨整,你得给底下的红卫兵,给全国的造反派争口气。错也罢,对也罢,你给大家留点面子。

等我出来再看那个录像,录像里的蒯大富就像个小丑,在法庭作证的时候,他台词背得烂熟,可人家张春桥一句话不说。蒯大富对着张春桥,就像泼妇骂街一样,整个就是被人导演的一个丑角。后来我关在厂子里劳动,又看到这个录像,我真是觉得羞愧。这是红卫兵头头的耻辱!你蒯大富什么日子没过过,你不就是为了自己处罚轻一点吗?你武斗打死人,你有责任,你这回被人抓住了,你用这种卑鄙无耻的形象来换取自己的生路。

他有的是什么灵魂?可耻,卑鄙,无耻!我当时给他写条子,我说,你蒯大富是你蒯大富,我韩爱晶是我韩爱晶。今后你是你,我是我,等于是宣布绝交了。后来出来到深圳,我知道他来了以后,差不多不来往,这口气咽不下去,咽不下去。

后来在监狱里和他又论战了,那是哲学和思想发奋的年代,他给我写条,说他有两个前途,要么无罪释放,要么无期。蒯大富的思想方法怪异,我想黄永胜他们也判过了,江青也判过了,就等着判我们了,这个刑期都已经出来了,无期的,死刑的,二十年的,18年的都有了,下面轮到我们,你蒯大富肯定是在十年以上,二十年以下,十年到二十年之间这个档次,我认为就是这个档次。我说既不会对你判无期，也不会让你释放，而是十年到二十年。

这个纸条上论战啊，他还保存着。我说你找啊，找出来咱们公之于众，看看我韩爱晶和你辩论时是怎么主张的。蒯有他的一套思想方法，他非说要么无期，要么释放。实际上，他认为他是会被释放的。他想用哲学的说法——既然你不会被判无期，照二者取一，不就是释放了吗？

他后来讲，监狱长找他谈话,,监狱长叫他坐，他说不敢坐，战战兢兢。我想到周恩来到工字厅与我们见面谈了 6 个小时，他也是不敢坐，打着半个屁股见到大人物，这回成了阶下囚了，秦城的监狱长叫他进来，叫他坐，他又不敢坐。这个画面就在我的眼前——那时候，监狱长过来就搂着他。我心里明白，监狱长是北京的干部，尤其对学生头头，心里是熟的，再加上蒯大富在那的表现，监狱长说你不想献身四化吗？蒯大富说想啊。监狱长对蒯说，他出去补他的工资，老鼻子了。

我看监狱长也不一定是骗他的，恐怕下面也确实有人提议：他给张春桥作证，立了功了，宽大他。我不相信，到这个地步还能释放？释放他，这个戏怎么交待？怎么自圆其说？报纸上登了几个大反革命，能放吗？我说刑期肯定在十年到二十年之间，你等着吧，判了我们，离出去也不远了。

1982 年，我已经关了 11 年了，我之所以敢和他们抗，也有一条，你抓到我什么了，你判不了我死刑，你也判不了我无期，你凭哪条判我死刑和无期？我又没有人命，你只能说批斗会，我让某某人受伤了。你还能抓住我什么了？

我知道我不够反革命，也不够多少刑期，对我在文化革命中做的事情，我心里有底，所以我敢跟你们闹。1982 年春天，我口眼歪斜了，流口水，说话也不清楚了，现在嘴也没有完全恢复过来，实际上细看嘴还是有点歪嘴，就是面部神经麻痹，中风，就是在监狱里的狱风。这个时候想通了，政治上打倒就打倒了，出去以后连话也说不了了，饭也吃不了了，一天到晚，这副样子更不要用说找老婆成家了。我很现实，你总还要过日子。从监狱出去变成这样子了。还好，监狱里的大夫给扎针、吃药、打针，嘴慢慢恢复过来，现在出来基本不显。

开庭，公诉方成为历史的被告

1982年的9月开庭，官方请律师，其实都是走过场，都是演戏。什么开庭不开庭，要抓，签个字就抓。要判，先定罪名，再找事实。别说你下面的审判庭，你中级法院的院长敢说不判吗？你敢按照事实来吗？你有这胆量吗？欲加之罪，何患无辞。依法办事？狗屁！上面判多少年都定了，再加上我态度不好，只能判得更重。

看守所田所长找我谈话，关着门谈，所长说，我也想不通，几个学生整就整吧，批就批吧，关也关了这么多年，怎么是反革命呢，怎么是反革命？想不通。

聂元梓也是，判多少年，彭真讲话，非要判多少年，彭真讲法律面前人人平等，依法办事，等到他们真掌权了，照样公报私仇。

聂元梓还说给她吃错药了，聂元梓血压低，谭厚兰血压高，把谭厚兰的药给她吃了。

对我开庭闹了大笑话，因为我认为，对我的审判是演戏，是走过场，是预先定好的，所以我对于审判有点藐视，不服，但还是做了认真的准备。

他们替我请了律师，在法庭调查的时候，那就是同意，不同意，说一说过去了。

下一个程序，法庭辩论，就是所谓的被告和公诉人之间在法庭上唇枪舌剑，我讲过来，他讲过去，要争论。宣布法庭辩论的时候，问我有什么不同意见和他们说，我说我放弃法庭辩论这个权利，我不辩了，为什么放弃呢，我觉得你是演戏，听命于人来跟我打一仗，我跟你打有什么意思？你代表谁，你只不过是拿着工资要吃饭，你敢不这么做吗？所以，我理解你们，也体谅你们，你们不可能不吃饭，你们也没有这个胆量讲真话，所以我不辨了，我跟你辩论什么？这个辩论没有意义，我说我不辩论，放弃辩论，这个是他们没想到的。

最后陈述，什么叫最后陈述？

开庭按刑事诉讼法，公诉人宣读起诉书，然后法庭调查，就是摆事实，之后法庭辩论，最后是被告人最后陈述，之后休庭。这是法律程序，程序是司法的第一个要素，如果程序不合法，本身就是问题。

刑事诉讼是检察官代表强大的国家向弱小的被告人发动的一场战争。控方掌握着国家强制力，可以实施各种强制措施，而被告人仅是被强制的对象。被告人在庭审中被赋予的最后陈述权，是保障被告人的人权，体现被告人的尊严。

我把我对本案事实与批驳统统放在最后陈述里，形成了公诉人与被告人的各讲各话。

我把要说的话一条一条说出来，包括彭德怀是什么时候定的案，打人的事情我没叫他们打，我也没有制止，他伤害如何，法律上应该怎么定性，以及没有反革命动机，毛主席对我的评价等等。当时的法律、法规的争论我讲得很详细，很充分。我的意思就是，我讲了，你法庭就考虑。这出乎他们意料，让他们很被动，为什么？他如果和我进行辩论的话，他可以一条一条来反驳我，我放弃辩论也就是剥夺了他对我反驳的权利——你稍息去吧，我不跟你辩，我藐视你，我把我的理由和事实长篇大论地讲个充分。

你们说说，为什么1976年以后，华国锋、叶剑英、徐向前在报纸上的文章，纪念解放军的什么节日等等，还都说彭德怀是反党分子，反革命修正主义分子，而我们在六十年代后期批斗彭德怀就犯了反革命罪？当时，岁数大的听众谁不明白这事，我长篇大论讲下来，那个公诉人怎么能不急——等于我把你准备的和我辩论的权利完全剥夺了，他肯定也准备了很多，怎么跟我争，怎么辩论，我不辩论，他准备的稿子就白费了。我利用最后陈诉的机会充分发言，他就只能听着了，而我这是最后陈述，我讲完了应当休庭，就到此为止了。

可是法庭闹出笑话来了，我讲的时候，法庭多次阻止我，不让我讲。等我讲完了，那个审判长却说，公诉人要求在做一次发言。这在程序上是违法的。什么叫最后陈述，如果被告人最后陈述再有人讲话，我还叫最后吗，戏弄法律，我跟你说，我觉得他们就是儿戏法律。

公诉人跳到最后陈述的位置上，等于承认他们才是被告。

他又讲了长长的一段来批我，又问我还有什么话说吗？

无聊，有什么理可讲，有权就有理，有什么法，就连这么一个演戏的作为样子的程序法，都不敢执行，还什么依法办事，还讲以事实为根据，以法律为准绳，我感到真是可笑，我觉得还有什么意思，连这么一点法律程序想给被告人留的这么一点权利都不敢兑现，那好了，回去。

公诉方用自己的行为承认公诉方是历史的被告。

宣 判

1983年3月16号，聂蒯韩谭，几个一块儿宣判的。

我听宣判最关心的是刑期多长，另外关心捕前羁押计算刑期问题，羁押一天，抵刑期一日，1983年3月16号，我失去自由12年过了8天，宣判15年，还有不到三年。

虽然是不公正的，对这个宣判是非常反感的，但不管怎么样，再有不到三年，我可以恢复人身自由了，到1986年我就释放了，正好40周岁，我还能够到社会上去创造我自己的生活。

总算有个头了，因为那个历史时期，像潘汉年、胡风，有些人关了就遥遥无期了，有的不判，就给你关着，有的人判了再重判，有些小偷流氓说，你们这些政治犯，永远也不会放你们的，你们出不去了。

二审没进行，过场也没走。一纸发来维持原判，是否违法？

转到一监劳动，就坐在那，给你送来一箱子凉鞋，上面弄个小扣子，别上去，把花边一掐。拿走，轻微的劳动。

送到青海

1983年的10月，监狱里开宽严兑现大会，对于累犯和罪行严重的送到新疆，青海边远地区，那个地方监狱在漫无边际的沙漠中间，跑一个月，周围人都没有，你出来，怎么出来？那就是说不仅监狱是监狱，那地方就是监狱。

开大会，只要一听这个，比判刑还可怕，为什么，传统说法就在新疆，青海就业，过去叫劳改释放犯，劳改释放还是犯，是不能随便离开的。对我来讲最怕的就是送到新疆、青海，那等于无期徒刑了。这个恐惧，真像地狱恐惧，非常盼望的一天一天的服刑赶快到日子，千万千万不要出现这件事。

但是最怕的事还是出现了，你最怕的，一听开宽严大会说一批犯人，多少多少号，要送到新疆，送到青海，过几天听到桄榔，桄榔，镣铐声，那重刑犯和屡教不改的犯，认为表现最坏的，送到新疆，，那就等于打入十八层地狱，永世不得翻身，这种恐惧一次一次在头上悬着，开一次会送走一批，开一次会送走一批。

最后有一次找我们谈话说送到青海，我整个的心又一次受到最沉重的打击，完了，最不愿意发生的事情发生了，对我们是肯定是要残酷到底的，但是也无奈，准备东西吧。

在往青海送的那天，坐的面包车送到火车站，那个夜晚，在我的心理，像电影一样，面包车的窗户还可以开一点风，10月份的北京正是最好的秋天，天已经黑了，八九点钟了，风吹到这个车里，吹到人身上，回忆起在北京街上走，还可以看到，北京街上走的人在树底下，在人行道，什么叫幸福。

幸福就是那一天，我能像这人行道上的人，自由地呼吸新鲜空气，在树下漫步，想到哪里就到哪里，没有人管，有人身自由，这是最最渴望的幸福。什么是天堂，这种生活就是天堂，眼睛看到那个马路上正在散步，自由走动的人，这就是自己最向往最向往最向往，高不可攀的幸福的境地。

所以我现在有时候跟小朋友到公园散步，我就说幸福啊，幸福，听者不明白，这幸福是什么？

我说你看，太阳，树，在外面走着，没有人来干涉你，幸福啊，再不生病。如果一个人能知道自己有自由，再健康不生病，有了这两条，在社会上自主地做人，自己安排自己的人生，就太幸福了。

我说有多少人能知道这叫幸福，要说身在福中不知福，几乎是大多数公民不知道的，谁会知道这是幸福啊，只有当你失去它，只有当你躺在病床上你才知道健康的重要，只有失去人身自由的时候，你才知道自由的重要，幸福就这么简单，就这么普通，就这么高不可及。

我心中梦想着的，就是在北京的人行道上，在树底下，风吹着，在那走，这就是我对幸福的理解和渴望。

到了北京火车站，已经很黑了，好像在火车换轨的道口，静静静黑黑黑，荒野边缘，军警晃动，之外无人。

下了车，就看到交接，这边交给押出的军警的。那个气氛，就像电影里边什么国际大间谍，或者是武侠里的飞贼，都是非常危险的，恐怖的，可能随时准备发生什么劫车劫人的什么事情的，那种气氛，那种焦急是很神秘的，森严壁垒的，军警布置的。

我当时下了车觉得可笑，我们是人民。我们是热爱共产党和社会主义，热爱这个国家的人民，你一个警察没有，我韩爱晶也不会干坏事，搞的这样森严壁垒，就好像是真是国际上不知道是多大的一个犯罪集团出现一样，那个警戒，那个神秘，那个握手，那个交接，那个气氛。

然后就把我们放上火车，我带着那个书啊，书是最重的，那个麻袋里，那个袋子里边大半袋都是书，再加上衣服和一些东西。

我的心冰冷，无边的无情与铁血，自己要被送到18层地狱去，押着自己的警察是像对待国际大盗一样如此严肃，板着面孔，面无表情上车了，地狱也得去。

反差，人间有时会有奇绝的反差与不协调，社会的本质往往包含其中。

我先踏上车去了，车下那两个军警战士，两三个战士帮我往车上搬行李，那个麻袋里，那个袋子里边大半袋都是书那个书沉得真能把人累弯，真要使劲全身力气，涨红脸，筋暴起，好不容易他们才把我那袋东西弄上车，我心里感到真不过意。让年轻战士受这个罪。

一个车厢，大概有四五十个军警，车厢是隔开的，好像是布帘，实际上是隔了四块，是蒯大富一块，魏京生一块，我一块，北京大学的聂元梓的助手孙蓬一。四个人一个车厢。但是用布好像是隔开的，每人一个封闭区，互相不接触，每人有十来个警察还是怎么的，分开的，也不是，警察还有一部分可能是公共的人物嘛，每人有几个警察，就是武警，负责你。一路看到了，那四块，有时候看到，那个挡的不严，看得到，老蒯、魏京生。魏京生我似熟非熟，说话也听得见。

到青海要好几天，看押我的就是那两三个涨红脸，筋暴起，好不容易才把我那袋东西弄上车的战士。坐下来我也是面无表情，刚才那个森严壁垒，那个如临大敌，好像马上要爆炸了，马上要劫狱了一样，我一言不发。

那个武警开始说话的时候，事又变了。那个警察，那个干部、那个战士说话的时候，你一听他和你问话，你就发觉，不是你想的。人间有时会有奇绝的反差与不协调，社会的本质往往包含其中。

他就好像跟你昨天很熟，班里同学一样，很热情，很友好，没有一点把你当作敌人的态度，就是押送的武警，这时候才发觉，执行任务的武警不是那个交接的军官那个态度，那就开始聊天了，。好像是一起外出旅行的朋友，他们非常亲善友好，明显可听出他们对于这次被派执行的任务是庆幸的。

他们不像那些官员领导把我们当成危险的反革命大犯，他们是在和毛主席接见过的红卫兵头头旅游。

车上聊"大跃进"，聊他们河北"学大寨"。大寨是因为山，没有水，把山弄成一个一点点宽梯田，种庄稼，好不容易把水担上去往下浇，是为了能够开辟一个土地，有一个面积来种庄稼。平原河北你这是一个平原，好好种庄稼，好好灌溉就是了，不，要"学大寨"！怎么学？"学大寨"堆成一个山，再挖梯田种庄稼，可见这个形而上学，这个形式主义，那些年已经到了极点。

小战士讲他年龄也不小了，为什么皮肤这么好，就是吃大蒜。

一路上谈笑风生，车厢里说话有声音大了，一笑哈哈。就像你出去旅游一样，什么对面是个阶级敌人，是反革命分子，没有那回事。

他们押送的时候，正好跟你问问这怎么回事，那怎么回事。他也好奇，所以押送真变成旅游了，一路上是个伴，分手的时候都不舍得了，要不是这个关系，都想好好问问电话，你家在那儿，将来怎么联系。之间的亲热程度到了像朋友一样，双方在分开的时候，都已经有一点舍不得。我们国家不光是工人，就是战士都通情达理。高干子弟有被打倒的，罗瑞卿的小孩到延安插队，那里的农民管你罗瑞卿不罗瑞卿，中央说他是坏蛋，他对那小孩宝贝得不得了。你爸爸那年在这儿怎么怎么回事，你到这来我好好照顾你，将来怎么样，他们不这么认为。老百姓有百姓的文化。你只要到他跟前，他有他的一套政治态度。这样一路高高兴兴送到地狱去。就是高级领导人，往往不明事理，非拿着政治油漆，今天把这个人抹红了，明天又把那个人抹黑了。意志强加，总而言之，底下老百姓不是那意思。

一路上起码是高兴的，往地狱去的道路上是高兴的，经过了四川，往青海，路过二郎山，想起小时候唱的歌："二呀嘛二郎山呀，高呀嘛高万丈……"。那时候小孩子，歌唱解放军筑路英雄，那个苦啊，修了这么一条铁路。

到了西宁，就要先看看西宁这个地狱。到西宁的看守所，还是监狱，总之司法部，监狱系统的单位，到那儿歇一下脚，我们要去的目的地是个农场，还在准备，就把我们放到那，先等待等待。

等到把我们放下来，到了西宁的看守所院子里边。虽然是监狱里的一个管理的地方，但是毕竟是到西宁了，在外面，快中午了，下来就往那歇一歇，再到房子里安置，在那坐着，院子里先歇一下，等我坐到院子里，往那地面一坐，看着这个恐惧万分的西宁的时候。思想即刻发生了天大的变化，所以说主观主义真是要不得，主观想象，唯心主义真不行，抬头看看青海的天，呼吸呼吸青海的空气，你知道给我的感觉是什么吗？哎呀，还有这么蓝的天！还有这么透的天！在北京，在湖南，真没见过，眼睛向上向周围看到的空间，好像是透的，再回忆北京和湖南的天，眼睛看天中间是被东西是蒙起来的，实际上那个时候，北京的空气还是可以的，湖南还是可以的，但是你要和西宁的天比，真是没有办法比，我第一次感到世界上，天空是这样的吗？长这么大，没有看到过这样的天空。这个天空是透的，好像中间什么阻挡也没有。那蓝的程度，透的程度，空气的新鲜，都是这一生没有体验过的。我当时就产生了一个概念——哎呀，青海是这个样，天这么好，空气这么好，将来释放了，就在这也行，也不可怕。你说这思想就这几天之中变化多大，人的思维来源于物质，感官给予思维第一信号，物质决定意识，这个唯物主义思想确实是哲学上的最重要的概念，你在家里头想说送到青海去多可怕，到这一看天这么蓝，这么透，空气这么好，周围有什么可怕的，将来放出来我就在这，我还不想回去了，就已经产生这个概念了。

这个时候心有点落地了，恐惧感淡然了。甚至盼着就在这过，把这三年过完，过完以后呢如果放在青海也不可怕。为什么，将来在这看书，过日子，成家，在这蓝天底下生活，你们在北京爱干吗就干吗，你们爱怎么弄去吧，我跟你们没关系了，跟你们彻底断绝了，不跟你们来往了。我就在这，好像是另外一个天地，另外一个世界，我在这儿过我的人生，享受这里的太阳，这里的空气。

产生了这样的想法，心情好多了。

待了八九天，舍不得西宁。又上车，去塘格木农场，那边有多可怕呢，恐惧程度减弱了。坐汽车，车开往塘格木农场，海南藏族自治州共和县。路上的人越来越少，山越来越高，一个小时路旁看不到一个人，就看到一条路，在那个草原上，也没什么草，也看不到水。哎呀，我们国家真大，你在这要划多大一块地就可以划多大一块地，都挤在哪有人的地方，怎么不跑这来呢？车开呀开往里开，哦，原来这没水。

是凡路过有一块水的，就会发现有牛羊，有藏民骑着马，也有个别骑摩托车，有羊，有牦牛。这些人不就在这过的吗，青海真大呀，土地辽阔没多少人，大概不到六七个小时还是八九个小时，就到了那个农场的场部附近。农场也不像想的那么可怕，还不是天，还不是地，还不是人，就是人少一点。

从九天之上到九地之下，从一个普通的学生上接触到毛主席，中央高级领导，将军部长，总理，副总理，大学、工厂这一级，到工厂去劳动，接触到厂的军代表，再变成犯人，阶下囚到监狱里，体会监狱的管理是社会文明的一个部分，知道了从地平线再往地之下，地狱是怎么回事，现在到了地狱，18层地狱了。从九天之上到九地之下，都看到了。

那个队长，指导员，早等在那了，他们给北京打电话，问听得清吗？

听到他们说，有一条专线，这是头一回使用，清楚嘛，清楚。

然后就跟我们见面，一听他们说话，讲普通话，也都是内地去的干部，河南的，西安的，我们四个人，到了农场，孙蓬一被带走了，带到农场的下面的一个大队了。

这儿有一个大院子，里面有四个连着的院子，像农村的猪圈，中间有隔墙，这个墙比人高，四个院子连着的，是一个长方形，中间隔了墙，组成四个院子。

每个院子外面一个门，进去以后有一个空间，是小院子，大概有几十平方大，是露天的。拉一个绳子可以晒衣服，院子里面还有一个小门，进去是一间大房，里面两张床，青海冷，有一个炉子，有一个陪着的犯人，配备的这个犯人就是男女关系，或者贪污。他负责给打饭，送报纸，搞搞卫生。

四个院子编了号，一号院住蒯大富，二号院住魏京生，三号住徐青，四号住韩爱晶，四个人叫知密犯，外加四个陪犯，六个警察，两个指导员，四个队长。就是知道秘密的犯人的队，叫知秘队。

四个知密犯，一般不出这个小院子，我们也不劳动，看书学习，看报纸，生活在这里边，可以在自己的小院子里散步。

春节，重要节日，四个知密犯可以聚到一个房子里看电视，说好了不要讲话，老蒯也来了，魏京生也来了，徐青也来了。

四个知密犯，一个人表现一个人的个性。

后来得知徐青就是许世友的儿子，在我隔壁。他早就来这里了。经常听到他在隔壁的院子里唱歌，声音唱的很高，主要是邓丽君的歌，还有那些流行歌曲，什么一把火，一把火，就当是我一把火，热情的沙漠。一个歌一个歌在那唱，声音很高，这个地方也没人管，实际谁管他，也没人管他。

四个知密犯，早上开一次大门，可以出大门，上外面的厕所。有时候比如服务的犯人去拿东西，有一天早上大门开了，忽然进来一个人，到我面前把手一伸，韩爱晶同志你好，我愣住了，这是什么人啊，徐青，他违反纪律，早上就利用出大门，就窜到我这来了，伸着手就问我韩爱晶同志你好，他知道我在这，我不知道他是谁。我根本不知道他是许世友的儿子，握握手然后又跑了。

他跟魏京生更是热闹，传纸条，赖我，说我跟他传的，我把他狠骂一顿，隔着墙骂。

那个警察说你怎么了，我不搞这些名堂，后来出狱以后了，他先出去的，我都讨老婆过日了，他到我那去，韩爱晶我来跟你道歉，道歉，赔不是，那个纸条不是你给我写的，我赖你了。

到三月，他哪像坐牢是唱歌，唱了以后呢，那个看他的犯人，出去了，他让人家带纸条，给他家里头发，带纸条就被搜出来了，搜出来那个武警的一个相当于处长，就是总厂的，就发现了，总厂的处长都不知道，我们底下指导员也不知道，他是许世友儿子。

啊，许世友儿子，后来那个处长有时候跑到再来跟他喝酒，那个干部也是个酒鬼，许世友这个儿子也是酒鬼，许世友就是喝酒不得了，这个作风是延下来了，喝酒犯纪律了。

那个警察干部呢，又跟魏京生有什么东西过不去。魏京生，这个特点，魏京生是翻到了报纸上一看，昨天晚上邓小平讲话，还是中央领导人讲话，他一看讲话，他不满意，第二天就写个东西，就请监狱，这个信是写到中央还是邓小平收，还是谁收，昨天你在那讲的什么，我坚决表示反对还是抗议，监狱里也不好不转，这个魏京生就闹这个事，不得安宁。

许世友这个孩子就是唱歌，唱歌就乱窜，然后就跟魏京生之间就串联，说共党怎么怎么样，他们口气就变了。

像我说话，还是我们党，我们国家，这个心啊，虽然自己被人家判成反革命，都不要了，但是自己已经养成多年的习惯，我们党，我们国家，我们……，哪里还是我们？人家都早不要你了，还我们！

许世友的儿子已经变了，开始说共党，他已经自己把自己划到共党之外了，跟魏京生说话，这个共党怎么怎么样，魏京生是反对共产党的，他们已经站到世界另外一个人类地区了。我自己脚还站在共产党，中国共产党无产阶级人类里呢，这就有区别了，我对他们说，共党我是很反感的，国民党才把共产党叫共党呢，怎么你们这个态度？

在监狱里，我这个政治立场，真是自己跟自己老是坚持，不好改，怎么改，我韩爱晶怎么忽然改了不是马克思，不是无产阶级，不是共产党了，这个态度了，不知道他们怎么变得，变了，他们变了，他们已经在立场上，自觉的变了。

魏京生除了写，不停地写之外，再一个就是跟干部斗争。他发现处长跟许世友的儿子喝酒，他一封信就告司法部，告到上面去了，给那个处长一个处分。

他们也知道，这些犯人你惹不起，一方面本来是讲政策，再一方面也觉得这个队叫知密队，他就跟你闹，你能怎么着，不好惹。魏京生最后发展到什么程度，我跟你们讲，徐青走了，就是许世友的儿子释放了，听说被安排在西宁农牧什么局，当了一个科员，我们羡慕透了，到底人家是许世友的儿子，安排到西宁就业去了，基本上也成了是干部了，从此自由了。

这时候不是空出一个院子吗，魏京生提出要求来了，要养兔子，说他姐姐和他妹妹从北京给他要了两种兔子来，监狱就答应了，就把那个院子和他那个院子挖一个门还是洞，等于把原来关许世友儿子那个房子变成养兔房了。那个干部跟我讲，这个魏京生啊，把馒头就好像解恨一样地喂兔子。我想这怎么行，该喂草喂草，你不能拿农民种的粮食来解恨。他这个行为，我很有意见。

一个人，一个人性格，风格，思想，迥然不同，喂兔子，就让他喂兔子，当回事，还挺帮忙他的，弄草，饲料，哪有在监狱里坐牢喂兔子的，这都是天下奇谈，他还给当时中科院写一个报告，写一个什么报告呢，说这个建议把喜马拉雅山上的冰雪搞融化，把水化到青海高原上来，这样高原可以解决冰水的问题，就可以进行种植了，不知道他是怎么转出去的。总之当时中科院一个科学家，回信来了，寄过来了：魏京生先生，你提的这个方案很有吸引力，但是具体怎么实施，你还有什么想法？你能不能够再细谈，我们也还没有研究过。

我跟老蒯隔得最远，他大概是一号，我这中间那两个，我这边是许世友的儿子，那边就是魏京生，那边是老蒯，因为我们俩是一路来的嘛，肯定得把我们隔得远一点。

波澜惊涛的事情发生在大监狱，大监狱离我们很远，听我们的队长说的，从上海，浙江送过来的犯人，在那边发生越狱，爬到监狱的顶楼上和警察对抗，在底下挖地洞要逃走，都是为了吃饭问题，江浙过来要吃米饭，这个地方吃的是青稞面，不像内地吃的面粉咬起来是很筋韧的，这里日照时间短，青稞没有完全熟透，做出来的馒头是黏黏糊糊的，半熟不熟，不好吃，浙江人要吃米饭，要改善伙食，集体闹事，是暴动性质的，站在楼顶上互相喊话。

我们和看我们队长之间，就跟在火车上送我们的警察是一样的，关系极好。蒯大富很聪明，很刻苦，不简单，他要真做什么事他要投入了，他在监狱里把英语学好了，能做到和高中生一起讨论英语了，警察带着自己要考大学的小孩进来，跟他讨论，怎么复习功课。

那个警察过来和我讨论什么呢，他在念业余函授，逻辑什么，课本，考试，做题，就我们两一块儿讨论，一块儿做，他考试，考函授什么，作文，题目寄来卷子，我都跟他一块儿讨论，这题怎么做，那题怎么做，甚至于说他们在干部之间，遇到什么事情，他都和你商量，你看这事怎么处理，这个事情怎么办呢，你就看到，这个武警看监狱的武警和犯人之间，已经成朋友了，就差没说，不注意我给你带出去玩儿玩儿吧，所以精神上，政治上，没有什么感到说受歧视。

他老婆考试，警察过关要考作文，我给他猜题，写好一篇作文，让他用小纸条带着，我一想警察考试，肯定是写一个优秀干部之类的，我写一个《我所尊敬的人》，我就以他们给我讲的，他们监狱里一位政委，怎么自己种菜，老婆种菜，很刻苦，一点特殊化不搞，对犯人，对工作，兢兢业业。我就把他们给我讲的事写成了一个人物。

他说他老婆说，我猜得真准，内容一模一样，就是标题不一样，写一个怎么怎么样人物。她把字条打开了，刷刷刷一抄，过关，你说这个关系到什么程度。

从送往青海那一天开始，在火车上，一直到放出来那一天为止，受到的对待，警察们不仅仅讲真诚，而且是真正的人心的一种温暖，他还问你有什么困难，我能帮你的，你看在政策范围之内，纪律范围之内，能做到的我们尽量帮你。

这就是监狱生活。

刑满释放，农场就业

1986年3月7号我就释放了。就给我安置在农场就业，编制犯人的管教科。这个科全是警察，负责整个劳改农场的管理教育，我就是没有那身警服，除此而外，我的活动的集体我的同事警察，管教科的科长，副科长，科员。我在管教科拿工资了。

给我分配的任务呢，在筹划之中，准备办一个初中，这个初中可能是犯人出来的，当老师，语文，数学，几何一个人教。

我就买一点中学语文课本，买了汉语大字典，中学几何课本，中学代数，自己在家就备课，实际上就是很自由了，没人管我了，按期给我发工资来。

在农场一也背课一边学习其他谋生手段，学学修电视机，修什么电器，说想出来找个吃饭的地方，后来发觉电压太高，自己思想容易开小差，别一下子在闹出事故来，不搞了不搞了，别学这个，这样开始学管理，开始看财务书，看计算机书，二进位简单原始基础知识。

自由了，也没有想过说提要求回家，觉得要求太高，还不合时宜。

我住在医院旁边，厂的总部的医院旁边的宿舍，在农场里走，哪些警察也在问，韩爱晶，有老婆没有，给你介绍个对象，要什么样的。

医院的院长是北京医学院的学生，叫张大昌。北京文化革命红卫兵，跟我同届的，他们学校我们学校对面，只隔一条马路。

老韩，我是北医的，他身份就不一样了，就当了院长了，有的时候，韩爱晶有什么事情，说，还有北京的红卫兵的亲热，蔓延到这了，那个，他也穿警服，这是监狱医院的院长，相当于总厂的副厂长那一级，人家一看，你看，老韩放出来马上就有朋友了，虽然没有什么来往，就医院哪些医生也是，也都是穿警察衣服的。

看到别人一男一女，两个人在并排走，自己从人家后面走，无动于衷，我40了，不感觉应当找个老婆，对于别人有个老婆，麻木不仁，但是，当我看到别人带着小孩的时候，我那心里头就极为不安，就是说我40了，还没有小孩，这可怎么办？

我就跟医院里的护士讨论。护士说抱一个。

你抱个男孩人家舍不得给你,抱个女孩你也不方便带,还是找个老婆生一个,自己成家,盼孩子,才在意老婆,好,既然定下方针,找老婆,我这个班在在家里上,每天看看书,有这么自由的吗。

没人管,就买点烟,买点糖往那小袋里头一放,像购物环保袋,就开始打听了,指导方针当然是毛泽东思想,调查研究,迈开你的双脚,来个孔夫子每事问。你把问题调查清楚了,解决了,你办法也有了,这毛泽东思想是贯穿的始终的。

嘴勤问出金马驹

农场有二大队,三大队,菜林队等等。

先在总厂这一片,就提着袋子,放点烟和糖,走到一个分场,碰到人,先打听一下,请问还有哪家有女孩没结婚的,姑娘,都是20来岁的了,人家说谁谁谁家,很热情,到人家,进门往那一坐就把那糖和烟往桌上上一搁,我姓韩,听说你们家还有个姑娘,请问多大了,人家马上直截了当,我这个从哪来,坐过牢,岁数也不小了,想成个家,看看你们家这个女儿是不是有人家。

要不然咱们就谈谈,我希望认识认识,如果合适,今年就结婚。就这样,一个队,一个队地找。

在总厂碰到四五十岁的大婶,问小韩我给你介绍个对象,好好,你看什么样情况,就是这样开展的,开展调查研究,来解决问题。自己这个条件,年龄也大,坐过牢,也没钱,穷啊,啥也没有,所以在对方的条件上,觉得人间有一部天平,人间这部看不见的天平一定是要平衡的,两面要平,自己在对方的条件上必须有所取舍,我这边有这个逆势,是,岁数大,没有钱,身体还不好,还坐过牢。

对方的家庭出身,工作,文化,经济,种族,这宗教,信仰各方面就要一个指标,一个指标来排除。

出身不好也要,没钱要,没工作要,没文化要,排除到最后是什么,甚至比如说回民也要,当地藏民也要,藏民差点,还是回民吧。

只要什么条件,第一健康,能生小孩,第二很善良。长的过得去可以了,别的条件将来再说,先解决小孩问题,这个太单纯了,年龄总要差不多 20 以上能今年结婚。

无巧不成书，千里有姻缘

医院旁边有厂部中学高中部，有些中学生离家远，住在老乡家，有一个中学生叫赵得孟，有时候跑我这里玩，熟悉了，说话就随便了。他说二大队有个女孩，你可以找她。我说多大了？他说 17 岁。

我说，又胡扯！17 岁太小，不现实！要大一点才能谈。

这个中学生蛮认真，周末休息，他去了人家，跟人家小孩妈妈说，我今天来谈一个事。

人家妈妈问什么事？他不说。

小孩妈妈拿针扎他：你说啊，你不说，又跟我在这调皮啊。在那闹一腾没说，又回来了。

总部有个大婶，姓杨的，说小韩，二大队有个河南的胖妞，我说行，下星期见见。

到了下星期说，哎呀，小韩呢，我去问了，跟别人跑了，被一个青年人带走了。

又过了一阵子，这个姓杨的说，我碰到一个四川老乡，他家有个姑娘，我一问还正好没结婚，你看她妈妈正好来了，你就去见见她妈妈吧。

我有点没反应过来，她责问怎么又不急啦？

我就到她家去了，见了姑娘妈我就问她姑娘多大？

她说我姑娘 17 岁了。

属什么呀？

属鸡。

我说怎么又是 17 岁呢，这个不现实，我说我可是明确的，我今年要结婚。

她说可以，那你不要管，我开出证明来给你，让你登记。

她接着说，过几天带姑娘来见面。

听她这么一说，我反而不能应承。

我说，那这样好不好，我回去考虑一个星期，咱们再商量。

介绍人忙把我拉到一边说,你平常叫我找,现在人家妈妈要带姑娘见面你又不着急了,你倒是见不见面了?弄得我好无理,我说那好,那好。

我想什么呢,我想缓一个星期,通过我的警察朋友去打听一下姑娘情况,因为我前面也找过一两个,还见过面,还送酒、送烟。情况与介绍所言不符,太离谱了。

我说好吧,那就见面吧,我悄悄把介绍人的小女儿叫到外边,小姑娘十四五岁,一只脚有点毛病,介绍人说过看我可靠,要不是太小,她就把她女儿嫁我。

我对小姑娘说,下次这个阿姨带她女儿来的时候,你给我先看一眼,你要是觉得可以,你就跑我那去告诉我说可以,我再过来见,如果你看不行,我就想个法躲开,把这个事给拖过去。小姑娘蛮配合,说行,我帮你忙,下次来了我你先看看。几天后一个下午,小姑娘跑来报信说,来了。

小姑娘说你去见见吧。我说你觉得怎么样?小姑娘说挺好。我就去了,到那这姑娘又不抬头。我说你抬头看看啊,咱们今天可是相亲啊,不要像老百姓说的,将来一有事,就说那天有风,吹迷了眼,没看清。

她还是不抬头,那桌上放着我的照片,我在密云照过一回相,有半身照放在那,她都看过了。

后来姑娘抬头了,我跟她说,我可是坐过牢,身体不好,岁数大,没有钱,规矩还多。我那时候规矩很多,女孩子出去跳舞啊,交男朋友都不行。我说我规矩很多的,就是一块儿学习,一块儿劳动,共同创造自己的生活,凭自己的双手,就讲这个条件。她说你要是喜欢就喜欢,你要是愿意就愿意,你看,这就等于她答应了。

上次见她母亲有十几分钟,这次见姑娘有几十分钟,就基本上就定了。我觉得行,就跟这个过吧。

我还把知密队的警察朋友小张夫妇约来,帮助参谋参谋。

晚饭后,按当地风俗初次见面相亲满意,要给介绍人和女方买东西。我说给女方买个钢笔和笔记本,让她回去学文化,因为她文化不高，小学。小张夫妇说，哪有送钢笔和笔记本的，老百姓表示同意，讲究买袜子、衬衫。我说这是我的愿望，希望她跟我一块儿学习工作，过日子。就去买袜子、衬衫之类生活用品。

结婚生子，艰难度日

又过了几天，1987年8月16日，她母女俩坐四川老乡的马车又来了，马车就直接停在我住房的院子里，乡亲热情吃饭喜气，说千里的朋友千里的威风。

饭后，她妈妈跟老乡到街上逛了逛后，回了生产队。

姑娘就留下再没走，我院子里医生、护士就问，来个女孩子到你这相亲，怎么不回去了呢？我说，这就跟我过日子了嘛。后来姑娘在门口呕，还失音。医生、护士说你老婆怀孕了。还没登记呢，真够时尚的！我们赶紧坐着车去登记，领了个结婚证，科长带着去的，后来这科长当了农场的厂长了。

1987年的5月（原文如此），生了个男孩。房子里头，晚！上放在脸盆里的水都结冰了，晚上睡觉就没脱过毛裤，那是什么温度？！不过也过来了。

这期间，胡耀邦来青海，见省委书记尹克升等谈工作，谈到蒯大富和魏京生服刑情况。

蒯大富坚决不在这个地方就业，哪怕跑也得跑，当时中央已经有文件了，因为送到边远地区闹得太厉害，中央改变政策，刑满后，从哪来的回哪去，包括在这就业的老职工也开始回老家了。

1987年的11月份，中央文件下来了，再加上胡耀邦讲话，蒯大富安置回宁夏了。农场在把他们放出来之前，还组织他们去青海湖玩了一趟。

通知我回湖南株洲航空发动机厂，我给司法部打电报，写信几次，表示我不回去，我不回湖南，在青海乐都，或者是什么地方，就是次于西宁的地方给我安排一个中等的青海城市，我还没期望到在西宁，我期望比西宁再低一点的，有一个县城就行。几次打电报，我专门从农场到西宁去发电报和写信，你看我坚决不，为什么不想回湖南，湖南总下雨，我总生病，我觉得我受不了，而且我觉得青海不可怕，在青海我反而没生病。担水、干活，反而没生病，青海干燥，青海的冷是干冷。

上级对我的电报没有任何答复。农场的治安和生存环境也时有困扰，有人说，你在青海高原生活，今后会影响你小孩受教育。我被打动，孩子接受教育，对孩子的培养很自然成为我决策的最大考虑，此后的岁月里几乎成为我人生战略安排的指针。

返回株洲航空发动机厂做文献员

农场的教育条件较差，就又回到了湖南株洲航空发动机厂，分我到资料室做卡片。

厂里的大学生很多，大多数是从北航、南航和西北工业大学这些半军事院校来的。1970年和我同年毕业的学生在厂里是中坚力量，比我低一个年级的校友已经当了厂里负责经营的副总了，我所在的处，处长是原来北航的老师，厂里管销售的处长也是我们红旗战士了。到了那以后，大家都来关心看望。

我们系的保守派乔钟涛，在株洲市当了副市长。我们厂的副总叶金福（后来到西工大当了党委书记），这两个人都到我家看望，邻居们看到株洲市的副市长来了，厂里的副总也来了，对我家很关照。但是，在经济上，我家是一贫如洗——房子是公家分给暂住的一室一厨一卫，没有电视，没有冰箱，没有洗衣机，没有衣柜，衣物行李包起来，在墙上钉个钉子挂上去，真是家徒四壁，非常穷困。我那时候连奖金在内，一个月有九十七块钱。

涨工资，大家都要争，韩爱晶能跟别人争吗？政治有问题，我从助工升到工程师这个档次，各单位分有几个名额，我是自己跑到院里要一个名额。我说你们给我个名额，我考得上就是我的，考不上这个名额拉倒，不要给别人，不要占我们单位的名额。这样，单位跟我也没意见。厂里一看也有道理，给了个名额，我考过了。给我工程师待遇，给了个中级职称。厂里对我还是很关照的，很帮忙的。

湖南多雨潮湿，我的气管炎出问题了，又开始吐血，打青霉素，反复生病，很痛苦。

邓小平说让一部分人先富起来，我给厂里的报纸写了一篇文章，标题是"应该让谁先富起来？"文章大意是：让谁先富起来？不是让有权的，搞违法乱纪的人先富起来。而是要让让工人、农民、知识分子、科学家里的那些做出贡献的人先富起来，让他们多得，让这些人带领社会。360行都有自己的榜样，为了富起来，要在工厂做好工，农村种好地，科学家搞好科研。这样社会主义建设才会往一个健康的道上发展。让360行的状元先富起来，我们国家就兴旺发达了。

我的文章登在厂报上，有人打电话，说韩爱晶的文章怎么能登在厂报上呢？厂里宣传部长说他的文章怎么就不能登？

不过，厂里后来也不敢登我的文章了。我本想在小报上练练笔，还不能写。得了，走吧，离开这个地方。

清华蒯大富的对立面，"四一四"的汲鹏、沈如槐、周泉缨都成了康华公司底下的老总了，邓朴方的康华公司，小国务院，双轨制，那地方要批钢材，批什么东西，进来的便宜，出去的贵，马上就发财。人家路路通。

到特区出差，在深圳打工脱贫

1991年，搞厂庆活动要印刷画册，处长听说我在深圳有关系，让我出差到深圳。顺便去珠海看了看。到深圳，早上下火车，十点钟，我第一站就跑到北方大厦，去见孔令华，他在那的一家房地产公司当老总。

我一进门，他说，哎呀我们领袖来了。中午请我吃饭，他知道我困难，就说，你要不就到我这上班，或者去广州下属公司，工资400多块钱。400块钱是我在内地工资97块钱的4倍了，摆脱贫困有希望了。

我又去见深圳市经发局的一个副处长乌传绍，他是北航的研究生，也是我们红旗的老战士，他是从湖南株洲航空发动机厂来深圳的，他和厂领导很熟，厂里有事要在深圳办，都会通过他。他给厂里总经理吴沈铎写了一封信，说，吴总，好久不见，有时间到深圳来玩，有什么需要我办的，我会尽力，现在有一件事麻烦你，请把韩爱晶放出来。

乌传绍为厂里办事从来不提要求，这回提出一个要求：你把韩爱晶放到深圳来。他把信给吴沈铎的儿子，让他转达。也顺便告知孔令华可接纳我。材料系的校友黄月梅在干部处，也不阻挡我去深圳。但吴沈铎的意见是，韩爱晶只能通过调动去深圳。孔令华没有权利解决我的调动问题，再说我这个情况也不好调动，卡住难办。

最后曲线救国，把我派到深圳宝安区，厂里在那里有一个生产航空模型发动机的小厂子，后来规模相当可以了。厂里的一把手是哈军工的，比我大几岁。好不容易，我到了这个厂，包吃包住，还有四百块钱。从此，我走上了脱贫的道路。后来提我当管委主任，协调大楼里的厂子。1993年8月，我又找到文革时北京经济学院的负责人李俊。这位气度不凡、善良的朋友接纳我，帮助我。

我在深圳走上职业经理的人生旅途，创造条件，我更抓紧地对文革史进行研究。

对毛泽东的感情，毛泽东功过是非

毛泽东发动文化大革命的时候72周岁。按毛主席的说法，文革从1965年的11月10号，姚文元那篇文章发表，算文化大革命开始。我从19岁追随毛泽东，一个老，一个小，文化大革命没有搞好，也是我的遗憾。

1966年，毛主席73岁，还能畅游长江，但毕竟思维和体力有自然的规律。我呢，20岁，缺乏政治理论、社会经验、历史知识。我追随毛泽东，我是他的崇拜者。成功也好，失败也罢，我都不能改变我是他的一个兵，或者说我是他帐下一员大将的历史。

由于毛泽东的女儿李敏、李讷，他的侄子毛远新，跟我是一代人，我对毛泽东的怀念也包含一种对亲人的怀念，对一位长辈的怀念。

对毛泽东功过是非，我有我的看法，人民有人民的看法，让时间和人民最后来审定。

我在文革中职务的合法性

1966年的10月4号，学校里真正的进行了一次改选，把我推举为北航红旗总勤务站的一把手。我担任北航红旗的一把手，一直到1968年9月5号，北航红旗战斗队是由我宣布解散的。

毛主席是在1967年1月19号，号召向上海学习，夺权的。北航也是1月19号宣布北航一切领导权归"红旗"，从1967年1月19日到5月20日，4个月。

在文化大革命中，革命委员会跟现在的大学校党委、校委会不一样，革委会是政权机关。

我成为北京航空学院革命委员会的主任，从法律上讲。我们是两条线领导，一条线归北京市革命委员会领导，第二条线归国防科委领导。在成立大会上，聂荣臻元帅代表国防科委来表示承认和祝贺，谢富治代表北京市革命委员会来承认和祝贺，它的合法性是不容置疑的。

我够不够格，有没有水平是另外一回事，但是当这个主任，是经过两个领导系统，正式承认和批准的，是合法的，任何人写北航历史，写文革历史，如果说北航是反革命夺权，那就是胡说八道！那就等于说，聂荣臻元帅承认和批准了一个反革命夺权。他的讲话在，白纸黑字。谢富治现在被否定了，你能不能说北京市革委会对北航革委会的承认，就等于承认北航是反革命夺权？这种说法是荒谬的，政治逻辑上是错误的。更何况北航革委会成立之后，谢富治向毛主席报告，说北京有几个大学，北航等等都成立革命委员会了。毛主席说好，很好。而且多次说，这些学生又要当官，又当老百姓。那段时期，毛主席有一个讲话，就是针对学生和工人参加革命委员会的，主席要他们既当官又当老百姓。

1967年的2月22号，在人民大会堂，周恩来、陈伯达、康生、江青、杨成武、谢富治、肖华等中央领导人参加的大会上，首都红卫兵代表大会宣告成立，成立的过程，具体人选，具体做法，都是主席安排的。

法律上看我任职情况

1967年的2月22号,首都红卫兵代表大会宣告成立,聂元梓是组长,我担任核心组副组长。到1969年的12月,大学红卫兵基本消亡,工军宣队进校,名义上还有红卫兵,实际上不起什么作用了,更何况我们宣布解散了,红代会成为空架子。

如果从法律上讲,1967年5月20号我担任北航革委会主任,到1969年12月离校,在这三年半多一点的时间,我在主任位置上。一直到1970年夏季,把留校的69届最后两届大学生做毕业分配的时候,把我分配到株洲航空发动机厂。之后,航空部也就是三机部,发了一个文,免去韩爱晶北京航空学院革命委员会主任职务。我的任与免都是有法律程序的,虽然1969年12月我离开学校时,并没有人宣布我不是北航革委会主任。一直等到我的毕业分配成了法律上的事实,他们才发文宣布免去韩爱晶北航革命委员会主任的职务,应该说大家做得还是很谨慎的。

在1967年的4月20号北京市革命委员会成立,我担任了北京市革命委员会的常委,工作到1969年12月,共计两年零8个月。如果从法律上讲,恐怕应该到1977年12月3号,北京市第七届人民代表大会选举吴德为主任。

如果讲法律的话,文化大革命中,一些中央委员、人大代表被打倒之后,要开会,票数连半数都不足。又把一些人撤出来去开会,哪怕关进监狱里,也必须承认这些人的职务。北京市革命委员会,严格来讲,对蒯大富,对王大宾,对谭厚兰,都有这个问题。1969年底,周恩来在北京讲话,说刘长信,体院那个主任,还是北京革命委员会委员。中央领导人讲话的时候,在法制上,在组织程序上还是比较严谨的,跟群众运动是不一样的。

对北航文革及自我评价

我作为一个红卫兵头头,在文化革命中间,是有特殊的地位,特殊的权力,特殊的影响,而毛主席把聂元梓、蒯大富,我和谭厚兰、王大宾称为五大领袖,这个称呼来自毛泽东。我们不仅在北京有巨大影响,而且对全国的文化大革命也有重大影响。我主观上是想好好跟着毛主席搞好文化大革命,是想好好为人民做事的,但是我自己的理论水平、社会经验,以及工作能力都远远不能和我的地位相称,也根本不具备处理好学校内外,中央上下的复杂关系,我不具备这样的能力。

北航的校长是副部级,而我还担任了北京市革命委常委,实际上起的作用、影响远远超过一个大学校长在政治上的责任,甚至超出十倍更多。中央发生事情介入了,什么王力、关锋、戚本禹、肖华、杨成武、这些事情,国务院的部委、北京市委也介入了,海陆空三军、各省夺权几乎也都介入了,有些省军区的事情也介入了。哪个大学校长会去参加上海夺权,山西夺权,山东夺权?更何况北航的运动和全国的运动相连,和军队相连,和工厂相连。这个斗争的复杂性,哪里是我韩爱晶在21岁和22岁所能够承担的呢?在文化大革命中,像我这样的人出差错是必然的。

我韩爱晶,当时怎么能有这样的理论水平,这样的经验,这样的能力呢?就连体力也没有,生活条件也没有。虽然说我是主任,北航主任,北京市革命委员会常委,我没有一点点生活上的特殊。不但不特殊,还得小心点,你要搞点特殊那不成了修正主义!吃不好,睡不好,没拿一分钱工资,还是家里寄得二十几块钱,吃饭到学校食堂,撕一张票,跟大家吃的一样。那个形势下,晚上熬夜,早上可能早饭吃不着,吃不好,睡不好,疲劳战,不把人累病才怪,这样的身份和职务,面对这样复杂的斗争,如履薄冰,怕出问题。

文化大革命中的北航科研生产

文化大革命我们在生产无人驾驶飞机的发动机,我们还给海军生产武器,海军都很惊讶的,到处找不到生产的地方,到北航就给生产出来了,海军高兴得不得了。

我们把空军打下来的十架无人驾驶的飞机都运到我们学校了,摆放在我们体育馆地板上,按照破碎的碎片拼成无人驾驶飞机。我们就在文化大革命中把无人驾驶飞机的发动机搞出来了。空军副司令员曹里怀很惊讶,怎么回事?那个生产的小棚子怎么就能把搞实验成功?我们是该上课上课,该生产生产,工人把铺盖卷放在车床跟前,说,除了1958年大跃进我们这么忙过,从来没这么忙过。甚至比1958年还忙,北航部分师生工人累坏了,蒯大富到北航说你这哪是搞文化革命,他去的时候是上午,北航学生课间在操场做广播操。

这就是北航文化革命,北航搞运动和没搞运动都在做。

北航文革是毛主席文革的样板

我作为一个红卫兵头头,在文化革命中间,是有特殊的地位,特殊的权力,特殊的影响,而毛主席,把聂元梓、蒯大富,我和谭厚兰、王大宾称为五大领袖,这个称呼来自毛泽东。我们不仅在北京有巨大影响,而且对全国的文化大革命也有重大影响。我主观上是想好好跟着毛主席搞好文化大革命,是想好好为人民做事的,但是我自己的理论水平、社会经验,以及工作能力都远远不能和我的地位相称,也根本不具备处理好学校内外,中央上下的复杂关系,我不具备这样的能力。北航的校长是副部级,北京市革命委常委,而实际上起的作用、影响远远超过一个大学校长在政治上的责任,甚至超出十倍更多。中央发生事情介入了,什么王力、关锋、戚本禹、肖华、杨成武,这些事情,国务院的部委、北京市委也介入了,海陆空三军、各省夺权几乎也都介入了,有些省军区的事情也介入了,哪个大学校长会去参加上海夺权,山西夺权,山东夺权,更何况北航的运动和全国的运动相连,和军队相连,和工厂相连。这个斗争的复杂性,哪里是我韩爱晶在1967年,1968年21岁和22岁所能够承担的呢?在文化大革命中,像我这样的人出差错是必然的。

我韩爱晶,21岁22岁怎么能有这样的理论水平,怎样能有这样的经验,怎样能有这样的能力呢,就体力也没有,生活条件也没有,虽然说我是主任,北航主任,北京市革命委员会常委,我也没有说有一点点生活上的特殊。不但不特殊,还得小心点,你要搞点特殊那不成了修正主义!吃不好,睡不好,文化革命身体是没吃的,没睡的,没有拿一分钱工资，还是家里寄得二十几块钱，吃饭到学校食堂你去撕一张票跟大家吃的一样，怕得很，那个形势下再累，晚上熬夜，早上可能早饭吃不着，吃不好睡不好疲劳战，不把人累病才怪，这样的身份和职务，面对这样复杂的斗争，如履薄冰，怕出问题。

文化大革命我们在生产无人驾驶飞机的发动机，我们还给海军生产武器，海军都很惊讶的，到处找不到生产的地方，到北航就给生产出来了，海军高兴得不得了。

我们把空军打下来的十架无人驾驶的飞机都运到学校，放在体育馆地板上，把碎片拼成无人驾驶飞机，我们就在文革中间把无人驾驶飞机的发动机搞出来了。空军副司令员曹里怀很惊讶——那个生产的小棚子怎么能把实验搞成功？我们是该上课上课，该生产生产，工人把铺盖卷放在车床跟前，说：除了1958年大跃进我们这么忙过，从来没这么忙过，甚至比1958年还忙，北航部分师生工人累坏了，蒯大富到北航说，你这哪是搞文化革命，他去的时候是上午，北航学生课间在操场做广播操。

这就是北航的文化革命，北航搞运动和没搞运动都一样。

虽然受到中央文革一些干扰，出了一些问题，北航仍是一个无产阶级专政下，用大民主的方式，进行文化革命的单位，是按照毛主席的文化大革命指示，一步一步要把文化大革命进行到底的一个单位，是毛主席文革的样板。

我不能和聂元梓、蒯大富相比，我跟他们是两码事，无论什么热闹场合，我都让聂元梓、蒯大富在前头，我韩爱晶往后退。我从不抢镜头，我觉得人家是个人，我代表集体，从这个意义上讲，我对他们是非常尊重，觉得自己比不上人家，我没有那样的身份，我也没有那样的功劳，也没有那样特殊的境遇，我始终是垫底的。

我这里是一个集体，我是北航的勤务员，我想跟毛主席把文化大革命进行到底，思想深处也确实想好好做群众的勤务员，不搞特殊，我想把北航建成毛泽东思想大学校，搞成培养无产阶级革命接班人阵地，搞成全国搞教育革命的第一块样板，从学校搞运动的方面，我认为北航必须超过北大、清华。

上有天堂，下有北航。我韩爱晶就是要把北航搞成样板，1967 至 1968 年，北航在一段时期影响比他们还大，还正面，因为他们搞武斗去了，搞了烂东西出来，拿不出东西见社会。

恰恰是中央一些指示干扰了北航的大民主，否则北航的运动是很健康的，大联合就大联合，夺权就夺权，上课就上课，三结合就三结合。上面派人来了，比如中央文革办事组负责人王广宇下来布置什么了，我能不听吗？

在北京的高校里，我们的队伍纪律严明，拉得出去，打得出去，派到外地的人，个人水平跟我韩爱晶差不多。为文革，为主席纯真热情参加文革的北航红旗战士是个集体。所以后来北航红旗在解散的时候，我说我对不起北航红旗战士，是我世界观有问题，头脑膨胀犯错误，导致北航红旗战士受了连累。

我至今也是这种认识和思想，坚持这种思想也是我对红旗战士，对与我共同走过的教师、工人们的一种尊重。挨斗判刑，就是被枪毙，我韩爱晶都不会屈服。林乎加主持五万人大会斗我，在我脖子上捆着绳子，在我手上戴着钢铐，往里按，往地下弄，我绝对不屈服，我就喊。为什么？我不能让跟着我的曾经战斗过的战士，觉得他们跟了一个窝囊废，一个孬种。老子不投降，就是不投降。他们判我十五年，当然也抓住点把柄，但大多数问题，不堪一击。

我是个忠于马列主义，毛泽东思想，忠于人民，忠于无产阶级的共产主义战士

我仍然是一个马列主义者，毛泽东主义者，是一个社会主义者，是一个把立场站在工人农民士兵一边，站在大多数人民一边，并且以此为世界观的人。这种世界观和立场，在今天的中国有人认为已经过时了，可笑了。但是我申明我个人的思想，也从反面说明我在参加文化革命的时候，我是抱着马列主义，毛泽东思想和社会主义的观念去参加的，没有任何颠覆社会主义和无产阶级专政的目的，所以根本不是反革命。

我的家庭，我的童年和青年，使我形成了这样的世界观。参加文

革的阶段，是我 20 岁到 23 岁的时期，这个时期的知识、能力和世界观，是在 20 岁以前形成的，它的根，恰恰是在初中、高中，甚至是小学、童年扎下的。我说过，我的思想还停留在 19 岁。

目前讲马列主义毛泽东思想，讲共产主义，在社会上有人觉得已经过时了。某些方面，我的思想还停留在 15 岁到 19 岁。为什么这么说，因为我 20 岁参加文革，思想基础恰恰就是 15 岁到 18 岁形成的。到了 20 至 23 岁参加文化革命。23 岁以后，我真正长大成人的过程中间，已经是无休无止地挨整了。整了 15 年。所以我参加文革的思想基础只有在 19 岁之前的生活里，才能找到答案。

当今世界发生了巨大的变化，苏联、东欧垮了，中国共产党，中国社会也在变化，马列主义毛泽东思想，社会主义这些概念在人民心目中也在变化。我呢，还是马克思主义者，为什么？因为我的世界观，我观察世界的方法，至今为止，仍然是用唯物主义，用辩证法在观察世界的经济生活。我还是马克思主义的。当然，我不是马克思主义经济学专家，但是，我观察社会还是用马克思主义去分析商品、交换、资本积累、垄断与竞争。我坚信毛泽东思想，坚信毛主席依靠工农兵，干部为人民服务，联系群众的思想。我观察这个社会，希望这个社会公正，还是马克思的，还是列宁的，还是毛泽东的。

我没有接受现在社会上的观点，认为美国社会都好，西方什么都好。社会主义本意上是什么？就是社会公正主义。社会主义的原始，欧文，傅里叶恰恰是资产阶级，是资本家，是资本家提出的社会主义，并且在他的作坊工厂里实验社会主义，想让工人得到好处，而不是把好处完全被资本主义占有。这样一个纯朴的、善良的思想，对我有影响。所以我今天仍主张社会公正，主张社会公道。我仍然关心工人、农民、士兵，关心弱势群体，关心中国十三亿人中大多数人的利益，希望建立一个公正的社会。从这个意义上讲，我还是社会主义者。

附录一
北京市中级人民法院刑事判决书

（82）中刑字第 1155 号

公诉人：北京市人民检察院分院检查员王鲁虹、代理检查员郑进峰。

被告人：韩爱晶，男，三十七岁，江苏省涟水县人。"文化大革命"初期为北京航空学院学生，北京航空学院"红旗战斗队"总负责人、北京航空学院革命委员会主任、"首都大专院校红代会"核心组副组长、北京市革命委员会常委。一九六九年十一月分配到湖南省株洲三三一厂工作。现在押。

辩护人：北京市法律顾问处律师程进璋。

北京市人民检察院分院以被告人韩爱晶积极追随林彪、江青反革命集团，进行犯罪活动一案，向本院提起公诉。本院依法组成合议庭，进行了公开审理，查明被告人韩爱晶犯罪事实如下：

一九六六年十二月，被告人韩爱晶在戚本禹的指使下，派北京航空学院学生去成都绑架中共中央政治局委员彭德怀。韩爱晶派去的学生与北京地质学院王大宾等人合伙于十二月二十七日将彭德怀夹持来京。一九六七年七月，韩爱晶又在戚本禹的煽动下，积极策划和组织实施对彭德怀的人身迫害。韩爱晶在七月十九日召开对彭德怀的"小型审斗会"上，抗拒周恩来总理不许武斗、不许虐待的指示，亲自对彭德怀进行逼供，首先动手打了彭德怀。在韩爱晶的带动下，其手下的打手也拳打脚踢，将彭德怀七次打倒在地，致前额出血，两根肋骨骨折，伤及肺部，造成重伤。七月二十六日，在北京航空学院召开了数万人参加的"批斗大会"，上街游斗，用"喷气式"、挂牌子、毒打等手段再次对彭德怀进行人身迫害。

一九六七年三月底四月初，被告人韩爱晶在林彪反革命集团主犯叶群及戚本禹的授意下，积极策划，煽动打倒中共中央政治局委员、中共中央军委副主席徐向前，中共中央政治局委员、中共中央书记处书记、中共中央军委副主席叶剑英。在韩爱晶的指使下，北航红旗连续发表"声明"，张贴大标语，内容有"打倒徐向前！""叶剑英、陈毅不投降就叫他们灭亡！"并成立了专门班子搜集"材料"，编造、印发《打倒徐向前》《叶剑英罪状》《炮轰陈毅，解放外事口》等大批传单和文章，诬陷徐向前、叶剑英是"叛徒"。

一九六六年十二月十六日，被告人韩爱晶决定将北京航空学院党委副书记周天行隔离审查。韩爱晶诬陷周天行是"叛徒""特嫌"，致使周天行遭到人身迫害。韩爱晶还批准对北京航空学院党委副书记程九柯隔离审查，也使程九柯遭到人身迫害。

上述罪行，经过法庭审查、辩论，核实了与本案直接有关的证据，事实清楚，证据确实、充分，足以认定。被告人韩爱晶推卸罪责，把犯罪说成是犯错误。

本庭确认，被告人韩爱晶在"文化大革命"初期追随林彪、江青反革命集团，以推翻人民民主专政的政权为目的，亲自组织实施对彭德怀的人身迫害，煽动打倒党和国家领导人，诬告陷害北京航空学院领导干部，已构成反革命伤人罪、反革命宣传煽动罪和诬告陷害罪。为维护社会主义法制，巩固人民民主专政，保卫社会主义制度，根据被告人韩爱晶犯罪的事实、性质、情节和对于社会的危害程度，依照《中华人民共和国刑法》第九条适用法律的规定和第九十条、第一百零一条、第一百零二条、第一百三十八条及第五十二条、第六十四条，判决如下：

判处被告人韩爱晶有期徒刑十五年，剥夺政治权利三年。

刑期自判决执行之日起计算，判决执行以前羁押的日期，以羁押一日折抵刑期一日。

如不服本判决，可在接到判决书的第二日起十日内，向本院提出上诉，上诉于北京市高级人民法院。

北京市中级人民法院刑事审判庭

审判长　　　祁广德
人民陪审员　胡庆禄
人民陪审员　张贡元
北京市中级人民法院（大印）
一九八三年三月十日
本件与原本核对无异
书记员　张健
一九八三年三月十六日

附录二
北京市高级人民法院刑事终审裁定书

(83) 高刑终字第 43 号

上诉人（原审被告人）：韩爱晶，男，三十七岁，江苏省涟水县人。"文化大革命"初期为北京航空学院学生，北京航空学院"红旗战斗队"总负责人、北京航空学院革命委员会主任、"首都大专院校红代会"核心组副组长、北京市革命委员会常委。一九六九年十一月分配到湖南省株洲三三一厂工作。现在押。

上诉人韩爱晶因反革命伤人、反革命宣传煽动和诬告陷害一案，被北京市中级人民法院以（82）中刑字第1155号刑事判决书判处有期徒刑十五年，剥夺政治权利三年。韩爱晶不服，向本院提出上诉，理由是：原判认定的事实与实际不符；他没有反革命的犯罪动机和目的；量刑过重。

本庭依法组成合议庭，审阅了本案全部案卷，查明：

一九六六年十二月，在戚本禹的授意下，上诉人韩爱晶派人到四川成都去绑架中共中央政治局委员彭德怀。派去的学生与北京地质学院王大宾等人合伙于一九六六年十二月二十七日，将彭德怀夹持来北京。一九六七年七月，韩爱晶又在戚本禹的指使下，积极策划和组织实施对彭德怀的人身迫害。在韩爱晶主持的会议上，决定召开一次"小型审斗会"、一次"批斗大会"，对彭德怀进行"斗争"。在七月十九日对彭德怀的"小型审斗会"上，韩爱晶亲自对彭德怀进行逼供，违抗周恩来总理不许武斗、不许虐待的指示，第一个动手打了彭德怀。在韩爱晶的带动下，有一些人也拳打脚踢，将彭德怀七次打倒在地，致前额出血，两根肋骨骨折，伤及肺部，造成重伤。七月二十六日，在北京航空学院召开了数万人参加的"批斗大会"，并上街游斗，用"喷气式"、挂牌子、毒打等手段对彭德怀再次进行人身迫害。

一九六七年三月底四月初，上诉人韩爱晶在林彪反革命集团主犯叶群及戚本禹的授意下，积极策划，煽动打倒中共中央政治局委员、中共中央军委副主席徐向前，中共中央政治局委员、中共中央书记处书记、中共中央军委副主席叶剑英。在韩爱晶的指使下，北航红旗连续发表"声明"，张贴大标语，内容有"打倒徐向前！""叶剑英、陈毅不投降就叫他们灭亡！"并成立专门班子搜集"材料"，编造、印发《打倒徐向前》《叶剑英罪状》《炮轰陈毅，解放外事口》等传单和文章，诬陷徐向前、叶剑英是"叛徒"。

一九六六年十二月十六日，上诉人韩爱晶决定将北京航空学院党委副书记周天行隔离审查。韩爱晶诬陷周天行是"叛徒""特嫌"，致使周天行遭到人身迫害。韩爱晶还批准对北京航空学院党委副书记程九柯隔离审查，也使程九柯遭到人身迫害。

综上所述，本庭认为：上诉人韩爱晶追随林彪、江青反革命集团，亲自组织对彭德怀的人身迫害，煽动打倒党和国家领导人，诬告陷害北京航空学院领导干部，构成反革命伤人罪、反革命宣传煽动罪和诬告陷害罪。原审判决认定事实和适用法律正确，量刑适当，上诉理由不能成立。依照《中华人民共和国刑法》第九条适用法律的规定和第九十条、第一百零一条、第一百零二条、第一百三十八条、第五十二条、第六十四条以及《中华人民共和国刑事诉讼法》第一百三十六条第一项之规定，裁定如下：

驳回韩爱晶的上诉，维持北京市中级人民法院（82）中刑字第1155号刑事判决。

本裁定为终审裁定。

北京市高级人民法院刑事审判庭
审判长　　陈建国
审判员　　王少川
代理审判员　张维田

北京市高级人民法院（大印）
一九八三年六月十日
本件与原本核对无误
　　书记员　卢小楠
一九八三年六月二十五日

第二辑

回 忆

回忆45年前三次见毛主席

石兴国

作者简介：石兴国，江苏江阴人，1945年9月13日生于革命干部家庭。1963年考入北京航空学院。文革中北航第一张大字报《一条"无头"黑线》的作者。

2013年12月26日，是毛泽东主席诞辰120周年。我现在已过68岁。此生深感十分幸运的是，在文化大革命中是北京航空学院一名学生，1966年7月29日和1967年12月30日在人民大会堂、1968年10月1日在天安门观礼台上三次近距离见到伟大导师毛主席。因三次见到毛主席时，正值北航文化大革命的关键时刻和人生转折，故刻骨铭心，终生难忘。

（一）1966年7月29日人民大会堂参加北京大中学校文化大革命积极分子大会

1966年7月29日，在人民大会堂召开的"北京市大专院校和中等学校文化大革命积极分子大会"上，我作为两名北航少数派代表，见到伟大导师毛主席。

我是江苏江阴人。父亲石英早年参加上海、南通学生运动，以后在家乡中共澄武工委从事党的地下工作，担任地下团总支书记。为配合解放军渡江作战。他曾到敌军江防阵地侦察，险遭不测。按照上级暂时隐蔽、迎接解放的指示，他曾抱着我隐蔽在地洞里，敌军两次寻找未果，要不是当晚村庄及时解放，难逃敌人屠刀。母亲刘竞解放前参加革命，在著名的江阴要塞起义所在的要塞区任妇女主任。

我生于抗日战争胜利日后第8天，伯父死于日寇枪口下。全家期盼国泰民安,将我取名为"兴国"。我牢记自己是革命后代,是党和毛主席给了我第二条生命,立志为共产主义奋斗终身。因此,自幼志于学,各课成绩均在前列。读了许多课外书,从中学起就开始学马列、毛主席著作,关心国家大事。1963年,我从南京大学附属中学考取北京航空学院,在五系(飞行器自动控制系)火箭解算装置3511班学习。课余,我还担任过北航上天通讯社文艺组组长,创办过北航文艺评论社。系统学习了毛主席关于阶级斗争、反修防修和教育革命的指示以及中苏两党论战中的"九评",并参加过北京通县的"四清",关注着党和国家的命运。

1966年6月2日,北大的一张大字报他《人民日报》评论员文章广播后,北航全校群情沸腾。上午,开始出现批评院党委的大字报。中午,我从校内商店买来白纸、毛笔、墨汁、浆糊,写出自己的第一张大字报:《最高指示哪里去了?》。主要内容是,全党全国人民应当自觉服从毛主席和党中央部署。大字报引用毛主席指示,批评了院党委搞关门学习和学术批判,阻止师生参加文化革命的言论和做法。

6月3日批评院党委的大字报继续增多,院党委竭力避免引为烧身。千方百计转移斗争目标,下午开始对给院党委提意见的人组织围攻,愈演愈烈。6月4日晚上,我与3511班戴维堤、尹聚平、吕香孝同学一起合写了一张大字报:《致院党委的公开信》,贴在北航行政大楼正门上的墙壁上,批评院党委对待群众的错误态度,同时批评了学校不符合毛泽东教育思想的倾向。

6月8日,以赵如璋为首的国防科委工作组进驻北航,我被推选担任3511班文革组长。工作组的表现不久就令全校师生失望。6月17日下午,赵如璋在全院大会上提出:"有什么问题就揭什么问题,谁有问题就揭谁的问题"的口号,出现了"全面开花"的局面,纷纷把矛头对准基层干部、辅导员、学生。6月19日晚上开始出现批评工作组的大字报。很快形成了炮火齐轰工作组的局面。6月20日,数百名同学分别到国务院、国防科委、北京市委汇报情况;中午,我也和许多同学一起打电话向北京市委反映工作组的问题。

6月21日晚,我贴出了一张大字报《一条"无头"黑线》,分析了当时院内运动的形势,希望能发动群众揪出与北航有关的黑线及其后台。大字报指出"工作组领导不力",并触到了工作组的痛处——方向路线问题:揭盖子还是捂盖子、查黑线还是护黑线、靠群众还是怕群众。

6月27日下午,在全院大会上,赵如璋传达李雪峰报告,部署在全院开展大辩论,对象就是我写的大字报。他预先定调说:"《一条"无头"黑线》是棵大毒草。毒就毒在无头,毒在……,就是落实到军委、落实到中央,这才是大字报的出发点和真正的目的。"由此,从6月27日至7月6日,北航开展了"六二七"大辩论。当时,北航不少师生不认同工作组的观点,有人指出大字报上"无头"是加上引号的,"继续沿着已经揭发的线索追下去,敢于触及国防科委以及其他一切有关单位"后面并没有"……"。

6月28日,3421班学生曹伟康贴出大字报:《几点粗略的看法》,公开反对赵如璋的意见,也被工作组定为大毒草。6月29日上午、晚上,6月30日晚上,在工作组亲自组织下,在3511班先后召开了三次辩论会对我进行围攻。7月2日,赵如璋找我谈话,说:"同学中和你持有同样的观点,怀疑工作组的人是不少的,你的文章正代表了他们的意见。"他要我做检查并承认三点:一是反军委反党中央。二是主观上站在反党反社会主义的立场。三是我的行动是有组织、有计划的反革命行动。被我拒绝。7月3日以后,工作组又接连组织批斗会,北航一下子点出了十几篇"大毒草",对所谓"牛鬼蛇神"进行围攻。7月6日,在全院师生员工大会上,赵如璋作总结报告说:"大辩论性质是夺取文革领导权。""扫出了石兴国之流牛鬼蛇神。"会后,工作组对持不同意见的北航少数派的迫害,转入幕后秘密进行,在全院师生中进行所谓"左、中、右"排队,按其对待工作组的态度,将师生划分成4类:好的、犯错误的、犯严重错误的、右派。我与200多位同学被划进4类——右派。还有更多的人被划进3类——犯严重错误的。

史料记载:1966年7月13日,北京市文教系统大学组根据包括北航、北大、清华在内北京 24 所高校上报的排队资料统计，24 校师生总数 99323 人，有 10211 人被划为右派（占总数的 10.1%）。同时，24 校的党委 90% 以上都被定为 3、4 类，教研室主任以上干部 60% 以上被定为 3、4 类干部，真是触目惊心。

"六二七大辩论"使北航运动陷入泥淖。面对打击迫害，支撑着北航少数派宁折不弯意志的是毛主席的教导："我们应当相信群众，我们应当相信党，这是两条最基本的原理"。7 月中旬，毛主席回到北京后，决定纠正派工作组的错误，解放被压制和迫害的师生。7 月 22 日，北航 1681 班学生刘金荣等贴出大字报：《关于转移目标》，对"六二七大辩论"提出质疑，要求重新大辩论，真正辨明是非曲直。7 月 27 日，国防科委工作组宣布退居参谋地位，并布置重新选举院文革会。3312 班学生肖淑桃等贴出大字报《清除大辩论的后遗症》，批判工作组的错误。

1966 年 7 月 29 日，是我第一次在人民大会堂见到伟大导师毛主席。事先无任何迹象。中午 1 时，我突然接到通知去北航东南校门集合，同行者有十多个人，大都是院文革筹委会委员、高干子女，另外只见到曹伟康。当时只说是去人民大会堂听一个报告，发给我一张"文化革命报告会入场券"。上面注明："中共北京市委主办"。时间：1966 年 7 月 29 日（星期五）下午 3 时半。地点：人民大会堂。编号为 000894。这张入场券，我至今仍珍藏着。

之前，我曾到人民大会堂参观过。这天来到人民大会堂就座，离主席台才十几排。当时我正处逆境。北航挨整的"阶下囚"，一下子成了人民大会堂的"座上客"，心情激动可想而知。

大会准时开始，李雪峰主持并讲话。大家才知道大会的正式名称是"北京市大专院校和中等学校文化大革命积极分子大会"。后来知道，开会前一天，7 月 28 日下午，毛主席说：明天北京市召开文化大革命积极分子大会，持有不同意见的人也可以参加嘛，比如说清华大学的蒯大富。正是根据毛主席指示，国防科委党委规定，北航文革筹委会十多名委员作为北航多数派代表、我与曹伟康两人作为北航少数派代表出席会议。

李雪峰首先宣读了北京市委7月28日《关于撤销各大中学校工作组的决定》。接着，邓小平、周恩来、刘少奇先后讲话。

5时20分，突然人民大会堂灯光全部打开，亮如白昼。周总理宣布，伟大领袖毛主席将接见与会全体代表！只见毛主席身穿灰色中山装，红光满面，精神抖擞，出现在主席台上。他没有和主席台上的人握手，迈着健步，径直走到主席台前，微笑着向代表们招手、鼓掌。大家知道，这是毛主席表示对撤销工作组的决定和对革命师生积极参加文化大革命的肯定和支持。全场代表发出热烈而持久的掌声，怀着无比激动和崇敬的心情，不断高呼"毛主席万岁！""毛主席万万岁！"震耳欲聋。因为都是学生，许多代表不顾人民大会堂的禁令，站到桌椅上向毛主席欢呼。毛主席在主席台上来回绕了两圈，其中有一次曾走到话筒边，好像是要发表讲话。无奈全场声音过大，终于没有讲成，正是一大历史遗憾！毛主席站在主席台中央频频向代表们招手。当毛主席离开主席台时，全场震天的掌声和欢呼声仍然不断，大家盼望毛主席再次出现。最后，周总理通知大家：毛主席已经离开，并亲自指挥全场高唱《大海航行靠舵手》，大会也在歌声中结束。这时，我看了一下手掌，已经拍得通红，微微生痛。

北航参加7月29日大会的代表回到学校，就聚集在一起回忆、整理大会中央领导讲话记录，立即用广播向全院师生传达。因我的记录速度较快，大部分材料都是按我的笔记整理的。这次大会本来是北航多数派和少数派师生消除隔阂的契机，可惜没有抓住。国防科委某些领导坚持与北航少数派对立的立场，工作组撤走前包办产生的北航文革筹委会，主要由高干子女组成，继续执行工作组路线。8月1日成立的北航红卫兵，以高干子女为核心，加入条件要求承认工作组是革命的；《一条"无头"黑线》是大毒草；对联"老子英雄儿好汉，老子反动儿混蛋。基本如此"是完全正确的等，将普通工农和一般干部子女尤其是少数派排斥在外。工作组匆忙撤离，后来在北航师生要求下，虽两进两出，但检查不深刻。7月29日大会坚定了北航少数派的斗争意志，我们通过重新辩论，驳倒了"毒草论"，系统批判工作组的错误，两次到中共中央接待站上访。

根据毛主席支持红卫兵的信的精神，8月20日，我们成立了自己的红卫兵组织——北航红旗，决定采用巴黎公社全面选举制，实行大民主；领导机构不采用司令部制而实行勤务员制；加入条件定为本人自愿参加，集体讨论吸收。革命不分先后，不排斥过去有过不同观点的人，不搞唯血统论；当前任务主要是批判工作组的路线错误，然后在正确路线指引下，切实执行《十六条》，进行一斗、二批、三改，把文化大革命进行到底。后来，由于赵如璋违背与红旗战士达成的协议，拒不出来澄清问题，从8月25日至9月22日数百名北航红旗战士不得不陆续滞留在国防科委门前的航模体校，与国防科委某些领导对峙的28天28夜。北航红旗又一次面临被打成反革命的考验，当时，我想：是党和毛主席给了我第二条政治生命，只有解放全人类才能解放无产阶级自己。根据分工，从8月29日至10月7日，我先后在航模体校和北航校内主持北航红旗总勤务站全面工作。北航红旗的斗争很快得到毛主席的关注，8月底，他亲自发出指示："不要怕，不要让学生席地而坐，搭起棚子，让学生闹上三个月。"最后，北航红旗的斗争以胜利告终。根据北航红旗总勤务站的决定，韩爱晶在10月1日代表北航红旗上了天安门城楼见毛主席，并在改选后，从10月7日担任北航红旗总勤务站负责人。

（二）1967年12月31日北京人民大会堂国防科委系统代表大会

1967年12月31日，是我第二次在人民大会堂见到伟大导师毛主席。这是国防科委系统的代表大会。这次能参加大会主要是因为北航积极参与了"红航一号"靶机和无人驾驶飞机发动机研制任务。我与院革委会委员和红航兵团、红旗兵团骨干一起参加了大会，1967年5月20日，北航在北京高等院校中率先成立了院革委会，7月3日在全国高等院校中率先复课闹革命。北航红旗战士和全院师生开始集中精力抓革命、促教学、促科研。

20世纪60年代随着我国地空导弹发展，决定自行研制高空高速靶机（靶-6）。1964年底确定总体方案。1965年11月国防工办、国防科委联合下达靶6的研制任务，由六院负责，北航参与，为此抽调2、3、5系教师成立213研究所具体负责。北航革委会成立后，决定把研制生产全过程抓过来，于是请北航原党政领导和知名学者教授，联名向上级打报告。1967年6月，国防工办、国防科委再次联合通知，决定把靶6的总体设计、试制、总装调试的任务全部交由北航承担。为此，北航革委会将靶6改名为"红航一号"，将213设计所改名并扩大为上千人的红航兵团，并成立了指挥部，由常委仇北秦、屠海鹰和委员李乐、李明启等负责。红航兵团几乎囊括了北航全校有关师生员工，最大限度地发挥了人员配套、设备齐全的优势，在全院掀起了研制生产的热潮。加上北航红旗当时得到中央支持，在全国的协作通行无阻。1968年6月'红航一号'原型机组装完成，布局为腹下吊挂单发，双垂尾。另一架用图-4母机挂飞。1969年9月第三架首次投放成功。1970年又投产四架，进行了大量静力、吹风、振动、挂飞和投放试验。1972年11月20日"靶-6"高空由国产轰-6飞机投放成功。"靶-6"最大平飞行速度M2.2-2.5，飞行高度18000-20000米，有效水平航程150公里，技术性能处于当时国际先进水平。

1967年10月北航革委会又组建红旗兵团，由常委杨瑞云和委员刁震川等负责，开始研制无人驾驶飞机发动机。这是北航师生对我军击落的美国无人驾驶侦察机拆卸，测绘的基础上研制的，1968年4-5月发动机试车成功，空军副司令员曹里怀来北航视察，表示震惊。以后北航继续研制无人驾驶飞机整机，命名为"长虹一号"（无侦-5）。1980年定型生产正式装备部队，是中国第一架高空无人驾驶侦察机。

12月31日，人民大会堂里温暖如春，国防科委副主任罗舜初主持大会，国防科委主任聂荣臻做了报告。国防工办主任粟裕讲话表示祝贺，给我印象最深刻的是他的发言提纲是在主席台上亲手起草的。他们讲完话后，只见罗舜初走到主席台中央，高兴地向全体代表宣布："同志们，告诉大家一个好消息，伟大领袖毛主席来看望大家了！"话音未落，大会堂里灯火齐明，掌声雷动。在震耳欲聋的"毛主席万岁"的欢呼声中,毛主席出现在主席台上。他时而向台下激动的人群频频招手,时而与参加接见的有关部门领导亲切握手,谈笑风生,台上台下气氛异常热烈。

(三) 1968年10月1日国庆19周年,天安门观礼

1968年10月1日,我身穿绿军装,带着红帽徽,以红卫兵代表的身份参加了国庆十九周年的观礼,这是我在文化大革命中第三次,也是最后一次近距离见到伟大导师毛主席。

在此之前,1968年8月10日,北航迎来了进驻学校的工宣队和军宣队,举办毛泽东思想学习班,推动全院师生实现革命大联合。我意识到,北航红旗这种组织形式已经完成历史使命,就代表几位院红旗勤务员起草了《关于解散北航红旗,实行革命大联合的建议》,建议自动解散北航红旗,组建统一的红卫兵组织。五系在全院第一个自动解散了系红旗战斗队。

9月5日,北航红旗总勤务站召开全体会议,作出解散北航红旗的决议。当晚,在全院师生员工大会上,韩爱晶代表北航红旗总勤务站发表宣言,向全中国、全世界宣布:北航红旗解散。北航红旗自动建立,又自动解散,这充分体现出这个红卫兵组织的民主性、自觉性和主动性。北航红旗解散以后,全院学生实行革命大联合,工宣队和军宣队首先在五系试点,重建统一的红卫兵组织,定名为"首都红卫兵",五系成立"首都红卫兵北航第五团",由我任团政委。因此,我被推选为作为首都红卫兵北航代表,参加国庆十九周年观礼。当时的请柬和佩戴的"红卫兵"袖章我保存至今。

我观礼的地点被安排在天安门灰观礼台西1台。在观礼台上,我从望远镜中,看到毛主席身体仍然十分健康,但是没有像往年一样始终站在城楼前面检阅游行群众,表现出明显的老态,不禁心中掠起一阵担忧。北京"五大学生领袖"这天仍然应邀上了天安门城楼。但今非昔比,站的位置已经靠边。经毛主席批准,这年国庆节邀请全国近万名工人代表到京参加国庆观礼,接受毛主席检阅,被安排观礼台的后排。当太阳刚升起来时,他们欢乐地跳起了"忠字舞",这还是

我第一次看到。

　　三次见到毛主席，给我一生以鼓舞。1968年12月，我从北航毕业分配到江苏常州，实践毛主席的教导：知识分子同工农相结合，在基层当了八年普通工人。后来，我担任公司团总支副书记，组织了青年毛泽东思想学习小组和共产主义青年突击队，获得工人认可，被评为先进生产者，在1975年7月1日成为共产党员。以后，我曾经担任过直6飞机总装厂生产计划科负责人。在改革开放中，虽然命运多舛，工作单位多变，我始终将"位卑不敢忘忧国，锐意进取终不悔。艰苦奋斗一辈子，做出第一等工作"作为座右铭，以继续革命精神做好各项工作。热情积极投入改革开放的各种实践和研究。（北航红旗博客，2013-11-25）

铭记毛主席对红卫兵的教诲

石兴国

1968年7月28日，毛主席召见首都红代会核心组正副组长，与他们语重心长地谈话，这是他最后一次接见红卫兵代表人物——"五大学生领袖"。

毛主席在召见中对红卫兵的教诲，内容丰富，寓意深刻。韩爱晶在2013年第11期《炎黄春秋》上发表的《毛主席召见五个半小时谈话记》和在2013年第2期《炎黄春秋》上发表的《1968年我向毛主席请教》中做了全面介绍。记得当年听到传达时既振奋又警觉。北航红旗是1966年8月20日在北航少数派基础上成立的红卫兵组织。毛主席的教诲，直接和间接地肯定了北航红旗两年中做出的努力，也批评了我们做过的错事、傻事。其中印象最深的有四方面：

一、关于派工、军宣队进驻学校

毛主席召见"五大学生领袖"的直接目的是说明派工、军宣队进驻学校的部署。毛主席说：你们看大学武斗怎么办？一个是统统撤出去，学生也不要管，谁想打就打。另一个是帮助一下，深得工人的赞成，深得农民的赞成，深受学生大多数欢迎。我看天下大势，合久必分，分久必合。如果你们不能解决，第三个办法，要么军管。第四个办法，斗、批、走。问题总能解决。你们搞了两年文化大革命了，一是斗，二是批，三是改。斗是斗，你们是搞武斗，也不斗，也不批，也不改。群众就不爱打内战。现在是少数学校搞武斗，人民不高兴，工人不高兴，农民不高兴，居民不高兴，部队不高兴，多数学校学生也不高兴，就连拥护你的那一派也有人不高兴，就这样一统天下！毛主席明确表示派工、军宣队进学校是他亲自部署的。他说：蒯大富要抓黑手，这么多工人去"镇压""压迫"红卫兵，黑手是什么？现在抓不出来，黑手就是我嘛！新华印刷厂、针织总厂、中央警卫团是我派去的。我说你们去做做工作看看。结果去了三万人。毛主席派工、军宣队进驻学校，不单是要制止武斗，而是要建立工人阶级对学校的领导，实现革命师生大联合，推动知识分子同工农相结合。他明确指出：不是说工人是领导阶级吗？工人阶级专政嘛！专你们学校里极少数坏人的政。他说：我看天下大势，合久必分，分久必合。不要分派了。不要搞成两派，搞成一派算了，搞什么两派？并嘱咐：如果以后有工人到你们那里去，应采取欢迎的态度，你们不要采取蒯大富这个办法。

北航红旗的实践与毛主席这些教诲基本符合。北航与清华、北大不同，没有发生过武斗，也未曾分裂为两派。韩爱晶在毛主席召见时说：我们学校工农子弟多，比较朴实，虽然有不同意见，但没有分裂为两派。这是一个原因。更重要的原因是当江青提出所谓"文攻武卫"口号时，我们就预感到这必然导致全面武斗的恶果，因而特别注意内部团结，防止产生分裂。由于毛主席和党中央对北航红旗的直接支持，使北航红旗在学校师生中占据绝对优势，早在1967年5月北航就成立了院革委会，在1967年7月，北航又率先复课闹革命，报道影响到全国。北航红旗对上努力同毛主席和党中央保持一致，对内实行大民主，对外坚持三结合，解放了院党委书记王恒等和多数系党总支书记等院系领导干部，使他们成为院系革委会成员或部门负责人。北航红旗内部是有不同意见的，例如，院革委会常委们盯着校外活动，疏于校内日常工作，利用"嫡系部队"，今天炮轰这人，明天火烧那个，干涉外地运动。院革委会中来自基层的几位委员——二系革委会主任吕治新、四系革委会主任张生法、五革委会主任石兴国、九系革委会主任杨瑞云等接近较多，经常在一起商议如何将注意力转到院内，协调各系行动，把斗批改和教学科研搞好，在院革委会会议上发表相同的意见。有人就把我们说成是"右倾""鸽派"，甚至说成是"天派中的地派"。"地派"的地院东方红曾有人乘机找过杨瑞云，鼓动我们搞分裂，被她严词拒绝。1967年9月22日，北航红旗和地院东方红响应毛主席号召,在北航召开团结联合大会,韩爱晶和王大宾在会上讲话。北航、地院分别是"天派""地派"的标志,这次大会对首都大专学校红卫兵的大联合起到了促进作用。

由于当时党团组织暂停活动,北航红旗成立后以及掌权后问题丛生。为克服这种先天不足,我在担任五系革委会主任期间,就特别注意在工作中依靠担任副主任的前党总支书记。1967年10月,党中央规定已经成立了革命委员会的单位应当恢复党的组织生活。我就直接请示北京市革委会大学组,经他们的同意后,提请院革委会作为试点,在12月成立了五系党的核心小组,这个小组成立后,参与五系革委会领导,在五系全面恢复了党的组织生活,党员先锋模范作用得以发挥。

毛主席召见后不久,1968年8月,北航迎来了工宣队和军宣队。院系革委会与工、军宣队真诚相待、合作良好。全体北航红旗勤务员和院革委会委员参加了他们举办的学习班。虽然我是北航红旗发起人之一,并曾分工主持过首届总勤务站的全面工作,对北航红旗怀有深厚的感情,但根据毛主席召见时的指示,我认识到,北航红旗的组织形式已经完成历史使命,到了自动解散实行"倒旗大联合",组建统一的红卫兵组织的时候了。因此,我代表北航红旗的部分院勤务员,公开提出了自动解散北航红旗的建议。北航红旗五系战斗队首先解散。1968年9月5日,在全院大会上,韩爱晶代表北航红旗总勤务站"向全中国、全世界宣布":北航红旗解散。北航红旗解散以后,工宣队和军宣队首先在五系试点,重建统一的红卫兵组织,定名为"首都红卫兵",五系建成了"首都红卫兵北航第五团",我担任团政委,周志明担任团长。我曾以首都红卫兵北航代表的名义参加国庆19周年天安门观礼。

二、关于学制改革和教育革命

毛主席在召见中再次强调学制要缩短,教育要革命,并就此提出了一系列设想:

一是学制必须缩短。毛主席说:小学六年太长,中学六年太长,荒废无度。要删繁就简。

二是办学体制应当创新。毛主席说：大学要不要办呢？要不要招新生呢？不招新生也不行。这个大学还要办，讲了理工科，并没有说文科都不办。并说：教育革命搞不上去，我们也搞不上去，何况你们。这是旧制度害了他们。学文学的你要写诗，写剧本；学哲学的，你给我搞家史。写历史革命的过程；我并没有说文科都不要办，但要改变办法。学文学的要写小说、诗歌，学哲学的要写论文，论述中国现在的革命斗争过程。大学办得那么死，这个大学应该比较自由一些。

三是学校应当重视实践。毛主席说：这个哲学是能够在大学里学出来的吗？又没有做过工人、农民，就去学哲学，那个哲学叫什么哲学？现在学文学的写不出小说、诗歌。一个孩子读历史，不懂阶级斗争，历史就是阶级斗争的历史，可是读了好几年，就是不懂阶级斗争。毛主席提出要给学生当工农兵的机会。当兵半年，一切就范，再当一年农民，两年工人，那是真正的大学校啊！真正的大学是工厂，农村。社会是个最大的大学嘛，坐在那个楼里怎么能行。整个社会是个最大的大学，列宁大学读了一年半，恩格斯中学没读完。我们两个比高尔基高明得多，高尔基只上过两年小学。华罗庚，数学家就是个中学生，自学的。苏联卫星上天，祖宗是中学教员。发明蒸汽机的人是工人，不是什么大学教师，是工人。

四是教学应当学生自主。毛主席说：学问才不是靠学校里学来的，以前我在学校里是很不规矩的，我只是以不开除为原则，考试嘛，60分以上，80分以下，70分左右，好几门学科我是不搞的，要搞有时没办法，他提出要组织个小组，自己读书，自修大学等等。来来去去，半年、一年，二年三年均可。要让工农兵都有时间去，到图书馆读书是个好办法。

五是考试应当改变方式，毛主席提出：不要考试，考试不是办法。一本书考十题，一本书一百个观点，不只是十分之一吗？就考对了么，对其他百分之九十怎么办呢？谁考马克思？谁考恩格斯？谁考列宁？谁考斯大林？并说：考试干什么呢？一样不考那才好呢！对于考试一概废除，搞个绝对化。

毛主席这些教诲虽然是45多年前讲的，但与如今在世界上流行的现代教育新观念——素质教育、创新教育、自主教育和全人教育等是一致的，在当前深化教育体制改革的实践中仍有指导意义。1952年北航成立后提出的"德才兼备、知行合一"的校训，在一定程度上体现了毛主席关于学制改革和教育革命指示的精神。1958年，北航就将教学与实践结合起来，全院师生动手将北京1号（飞机）、2号（火箭）、5号（无人飞机）送上了天空。即使是在文化大革命期间，北航红旗和北航革委会继承仍发扬优良传统，1967年6月组建"红航兵团"，研制"红航一号"靶机（靶-6飞机）；在1967年10月又组建"红旗兵团"开展无人驾驶飞机发动机（后称无侦-5飞机）研制。在复课闹革命期间对教学、教材等进行了多项改革。工、军宣队进校后还在北航革委会中还成立了教育革命领导小组，我曾是成员之一，直至毕业离校。

后来，当年的红旗战友中有不少人进入了教育界，如我自己以及我熟悉的院红旗勤务员屠海鹰、张生法，五系红旗勤务员武金木等。我们在各自岗位上实践着毛主席对学制改革和教育革命的教诲，取得了丰硕的教学科研成果。

三、关于对红卫兵的看法和政策

毛主席在召见中，表现出他密切关注红卫兵运动。一见面，毛主席就说：还不是在天安门上见过，又没谈话，不行嘛！你们是无事不登三宝殿啦，其实你们的小报我都看过，你们的情况我都了解。他对红卫兵的主要看法和政策可概括为：

一是支持红卫兵革命行动。毛主席说：你们这五大将，我们都是护你们的，包括抓黑手的蒯大富，我也是偏向你们这一边。我不怕别人打倒，清华四一四说四一四思潮必胜，我就不高兴。说打江山的人不能坐江山，无产阶级打天下不能坐天下，坐天下的就是四一四！但他又说：四一四有个理论家叫周泉缨，理论家何必抓呢？人家是一派的理论家嘛！人家写文章，你抓人家干什么！应该放出来，人家有意见，让他再写嘛！不然，不是没有言论自由了吗？毛主席充分肯定红卫兵的优点，给予赞许和鼓励。毛主席说："二十几岁，周瑜嘛！周瑜出身骑兵，才16岁。不能轻视他们年轻人，你摆老资格。"五大学生领袖"所在学校中，北航、地质没有武斗。毛主席问：王大宾你那里没有打架？当王大宾回答"没有"后。他说：那就好，以后一个你、一个韩爱晶内部就没打过架。并风趣地说：韩爱晶，你是韩信的后代，很会打主意，是个谋士啊？毛主席鼓励说：韩爱晶，你是蒯大富的朋友，你要帮助他，做政治上的朋友。毛主席还对两人说：韩爱晶、蒯大富你们不是好朋友吗？你们两个以后还要做好朋友。韩爱晶以后要帮助他，政策上做得好一些，"当江青无端批评韩爱晶时，毛主席立即批评说：不要总说他！你们专门责备人家，不责备自己，不在自己，总在人家"

　　二是批评红卫兵的错误倾向。毛主席说：不要膨胀起来，全身膨胀，害浮肿病。他说"五大学生领袖"有的错误相当危险，现在是轮到小将犯错误的时候了。毛主席爱之切、责之严，逐一严厉批评了聂元梓、蒯大富、谭厚兰搞武斗的错误，同时，毛主席还批评了红卫兵搞怀疑一切、打倒一切;搞天地两大派的派性斗争;颠覆北师大革委会;搞乱首都大专院校学习班;在校内搞逼、供、信和在京召开外地组织串联黑会等错误。他说：北京有个习惯，今天打倒这个，明天打倒那个。现在学校捉了人要做俘虏，要供，不供就打，打死了，打伤了，知识分子最不文明了。你说什么知识分子最文明，我看最不文明。你们都是主要人物，知名人士，包括蒯司令。现在还在搞串联会，又在清华开会，又在北航开会，还在什么和平里开会，很多是外省来的，又是广西的'四二二'，河南分出来的'二七公社'，四川的'反到底'，辽宁'八三一'的一部分，锦州的糟派，黑龙江的炮轰派，广东的旗派……不要搞这套。搞多中心，全国可以搞几千个、几万个中心。都是中心就是无中心了。各人皆以为自己天下第一，还有什么中心？一个单位只能有一个中心，一个工厂，一个学校只能有一个中心。毛主席说：让蒯大富猛醒过来！他们也是上了老虎背，想下也没有个好办法下。蒯大富可以下来嘛！应该欢迎工人。骑虎下不来，我把老虎打死。

三是分析红卫兵的错误原因。毛主席说：你们年轻人就是没有经验，上帝原谅你们。青年人就是要做些好事，也会做些坏事。他批评学生领袖：相当有点无政府主义。世界上无政府主义是跟有政府相对的。世界上只要有政府，无政府就不会消灭，这就是过去说的奴隶主义、驯服工具的走向反面，这是对右倾机会主义的惩罚，这是对我们中央右倾机会主义的惩罚。年轻人听不得批评，孩子们就是主观主义强，厉害得很，只能批评别人。并说：我们过去是犯过错误的，你们初犯错误，也怪不得你们。你们工作也确实有很多困难。文化革命我没有经历过，你们也没有经历过。

四是慎重处理犯错误的红卫兵。毛主席说：事情都要留点余地，都是学生。你们做了很多工作。不管你们工作有多少错误，我们是护你们的。他说：蒯大富这个人，我看是好人，出面多，操纵他的人是坏人。蒯大富以及出面的，我看是好人，这个经验很多。蒯大富一进来就扑到毛主席怀里大哭。毛主席也流泪了。毛主席还特别强调要正确对待反对过自己的人。他说：世界上的人，没人反对还行？反对就让他反对。我们这些人诬蔑些也不要紧。你们列举的罪状无非是攻击江青、林彪、我。统统可以一笔勾销，人家在小屋子里讲的嘛，又没到外面贴大字报。对其他犯错误的红卫兵，毛主席也一视同仁，他说：北外'六一六'的领袖刘令凯反对总理，总理一直保护着他。有人讲，总理宽大无边，我就同意总理这样做。毛主席说：联动这些人开始就不应该抓。抓多了，是我点了头。谢富治说：这与主席无关，是我抓的。毛主席说：你不要给我开脱错误，给我掩盖。抓，我也是同意抓的，放也是我同意放的。并强调对犯错误的红卫兵有自由，不勉强，不要侮辱人家，尤其不要打，不要搞逼、供、信。毛主席还反对株连，他对聂元梓说：人家说你哥哥也不好，姐姐也不好，你这个聂家就是不好。哥哥不好是哥哥，姐姐不好是姐姐，为什么一定要牵连妹妹呢？在召见结束和大家握手告别后，毛主席还特意转回来说：我走了，又不放心，怕你们又反过来整蒯大富，所以又回来了。他再三叮咛在座的中央领导人：不要又反过来整蒯大富啦，不要又整他们。

毛主席这些教诲表明，毛主席对红卫兵的看法是一分为二的，既不彻底肯定，也不彻底否定。这为当年红卫兵正确分析自己的是非功过指明了方向。红卫兵运动与中国历次青年运动一样，发挥了"某种先锋队"作用。例如北航红旗三年历史，最难能可贵的就是留下了北航红旗精神——胸怀祖国、敢字当头、自觉纪律、崇尚民主、真诚团结、锐意进取。这种精神是在北航红旗成立初期公开提出，在北航红旗实践活动中发扬光大的，是北航红旗战士的主流情感和意志的集中体现。这种精神符合毛主席召见时对红卫兵的教诲。同时，北航红旗也做过错事和傻事。如反"二月逆流"、批斗彭德怀、参与天地两派斗争、开"北航黑会"、院内清队扩大化等。这里有自己的责任，如毛主席所指出的无政府主义、主观主义、缺少自我批评等。形势复杂又没有经验也是重要原因。对此，毛主席对红卫兵是体谅的。北航红旗有个坚定信念：紧跟毛主席闹革命，党中央指向那里打到那里，却没有想到在一些问题上毛主席和党中央也会犯错误。当然也有犯错误者个人原因。红卫兵运动最终进入"轮到小将犯错误的时候"，与中国历次青年运动一样最终让位于工农运动为主，是历史之必然。

毛主席对红卫兵的政策，也是一分为二的，热烈支持红卫兵革命行动，又严肃批评红卫兵的错误，爱护青年，说服教育，重在引导，处理从宽。这种实事求是态度理应成为后来的领导干部处理红卫兵问题的原则。事情却非如此。许多领导干部没有以毛主席那种无产阶级革命家的胸怀来对待红卫兵。整个红卫兵运动历史不过三年，本不该把文化大革命后七年动乱的责任推给只存在于前三年的红卫兵，把本来应当由中央领导集体承担的责任推给学生，把老人犯错误的责任推给青年。然而，从清查"五一六"到清理"三种人"，二十多年内，当年的许多红卫兵一次又一次被秋后算账，在许多问题上很不公正。例如，北航红旗是北航少数派按毛主席致红卫兵的信的精神建立的，而少数派是由于刘少奇主持工作期间亲自指使工作组"反干扰""抓游鱼"，把大批革命师生打成反革命的情况下产生的。

北航红旗是跟着毛主席起来造反的，并不是什么"靠林彪、四人帮造反起家的人"。相反，首先向林彪、江青一伙发难的恰恰是红卫兵。例如，红旗战士曹伟康，曾与我一起作为北航少数派两名代表参加 1966 年 7 月 29 日北京市大中学校文化革命积极分子大会。

1966 年 12 月他写出大字报《林彪是中国最大的赫鲁晓夫》，因此被迫害投入监狱，经毛主席亲自批示获得释放。红旗战士吴茂杰贴出标语：林彪的讲话是反马列主义的，要正确评论刘少奇等。为防止牵连，他事先与女友解除了婚约，后来也与曹伟康有同样的遭遇。

1967 年 1 月，上海红革会炮打张春桥，当时我和刘金荣正在上海串联，就赶到了风暴的中心——复旦大学红卫兵总部，了解情况。复旦大学红卫兵总部的一位负责人和几位在座的红卫兵骨干接待了我们，并进行了交谈。我们建议他们将材料尽快上报，让毛主席和党中央了解张春桥其人，决定怎么办。后来在上海传说：北航红旗两位院勤务员支持红革会炮打张春桥。这句话传到北航，曾使我们遭到非难。

北航红旗成立当天就明确了实行大民主的组织原则、勤务员制的领导机构。加入条件为自愿参加，集体讨论吸收。革命不分先后，不排斥过去有过不同观点的人；不搞唯血统论，重在现实政治表现；主要任务是在正确路线指引下，切实执行《十六条》，进行一斗、二批、三改，把文化大革命进行到底。北航红旗在校内真心诚意地实行革命的三结合，并始终维护和积极推进革命的大联合，最后还为此自动解散，不是什么"帮派思想严重的人"。北航红旗成立较迟，不仅没有参与破坏性的"扫四旧"，而且对"扫四旧"中的过激行为一直持反对态度。不是什么"搞打砸抢的人"。

"五一六"是 1967 年 5 月出现的反周总理的反革命阴谋集团。北航红旗对周总理素来崇敬，以他的高风亮节为楷模，韩爱晶当年说：周总理是全国的大管家，是毛主席的亲密战友。周总理是支持我北航红旗的。没有周总理，全国就乱了套了。北航红旗任何人不准反对周总理。5 月 18 日，在"五一六"反动思潮刚袭来时，北航红旗就与清华井冈山等 20 个单位联合发表声明，强烈谴责反对周总理的这一小撮人。5 月 24 日，韩爱晶又在首都红代会核心组红代会会议上提议反击，发表首都红代会声明："炮打周总理就是炮打无产阶级司令部，就是反革命，谁要是恶毒攻击我们敬爱的周总理，我们就打倒谁！"呼吁彻底击溃这股攻击周总理的逆流。北航红旗还专门成立了"五一六"专案组密切配合党中央一举粉碎了这个反革命阴谋集团。然而在1970年开始的清查"五一六"中，韩爱晶以及不少红旗战士却被当作"五一六"审查。幸而毛主席发现问题，这场无中生有、不明不白的运动才戛然而止。

1967年7月批斗彭德怀是北航红旗在文化大革命中做的最大错事，自然应当吸取教训。但批斗彭德怀，将其视为反党集团头子，并非出于主观故意，而是根据党的八届八中全会《关于以彭德怀为首的反党集团的决议》的定性，是承担党中央下达的任务。如果是犯了政治错误，主要责任应由下达任务者承担。韩爱晶打彭德怀一个耳光，侵犯公民人身权利，应当追究个人违法责任，但他既无"反革命"、又无"杀人"的故意；彭德怀七年后才死于癌症，与此无直接关系，构不成"反革命杀人罪"，判处十五年徒刑。如真正依法办事，只适用于当年的治安管理处罚条例，即处十日以下拘留或者警告。

当年的红旗战友中不少人都受到过不公正对待。有一位当年的院红旗勤务员说：回忆40多年前，我们志向相同、步调一致，为了保卫党中央，保卫毛主席，保卫无产阶级专政，在共同构建的北航红旗这个大战壕中，一心一意，不惜一切代价的奋勇战斗、摸爬滚打。我们各奔东西后，各自所经历的，甚至所受的苦痛，就我自己所付出的代价并不比韩爱晶去坐牢要小。虽然如此，我对当年也并不后悔。当年的红旗战友并未气馁，在理论界、工商界、科技界和教育界，到处活跃着他们的身影，实现他们的价值，有的成为行业精英。历史和现实都证明，他们绝大多数是革命的、优秀的。毛主席对红卫兵的赞许和期望并没有错。

四、关于党和国家的前途和命运

在毛主席召见接近尾声时，韩爱晶说：毛主席，我想请教您一个问题。再过五十年，一百年，如果中国出现了分裂，你也说自己是毛泽东思想，他也说自己是毛泽东思想，出现了割据混战的局面那我们怎么办？话音一落，在座的中央领导神情严肃、气氛紧张。毛主席说：这个问题问得好，韩爱晶你还小，不过你问我，我可以告诉你，出了也没啥大事嘛。一百多年来，中国清朝打二十年，跟蒋介石不也是打了几十年嘛，中国党内出了陈独秀、李立三、王明、博古、张国焘，什么高岗、刘少奇，多了，有了这些经验比马克思还好。毛主席说：有文化大革命的经验比没文化大革命好，当然也不能保证，但我们保证要好些。你们要跟人民在一起，跟生产者在一起，把他们消灭干净，有人民就行。就是把林彪以及在座都消灭，全国人民是灭不掉的，不能把中国人民都灭掉，只要有人民就行。最怕脱离工人、农民、战士，脱离生产者，脱离实际，对修正主义警惕性不够，不修也得修。不能保证这次文化大革命以后就不搞文化大革命了，还是会有波折的，不要讲什么新阶段，党内出了陈独秀，党就没有啦？党犯错误，党还是有的，还是要革命的，军队还是要前进的。我们这个党是伟大的党，光荣的党。韩爱晶你问起我，我答复你了，不要以为我们这些人有什么了不起，有我们这些人在就行，没有我们这些人，天就掉下来了？为此，他还夸奖韩爱晶：想得远好，想得远好，这个人好啊，这个人好哇。韩爱晶这个人好啊！他的性格很像我年轻的时候，认为自己对的，就要坚持。一次前进是没有的，历史总是曲折的，一九二七年受挫折，二三次受挫折，胜了以后，又出现高饶反党联盟，庐山会议以后，出了彭德怀，现在有走资派。

毛主席这些教诲的核心是要坚持继续革命，将社会主义事业不断推向前进。毛主席所看重的毕生所做的第二件大事——文化大革命，说到底是要建立自下而上的社会主义民主监督机制，反修防修，防止党内出现资产阶级代表人物，导致资本主义复辟。如果45年前，认识比较模糊，那么20年苏联瓦解、东欧剧变的教训，说明这种现实危险是确实存在的。

北航红旗战士时刻关心党和国家的命运。例如，1966年10月，我和刘金荣就曾主动走遍大江南北进行社会调查，向党中央提出《关于中国共产党组织建设的建议》，主张党的组织建设必须以毛泽东思想为指导；应由革命群众根据三大革命斗争中的实际表现，根据党员条件进行评选，衡量、产生新的党员；每一阶段应由革命群众根据党员的真实表现进行评选，党员重新登记，吐故纳新，使每个党员高度地发挥积极性，使党组织保持一池活水；党的干部应当以认真执行党的路线，服从党的纪律，和群众有密切联系，有独立的工作能力，积极肯干，不谋私利为标准，党的基层干部应由革命群众监督，由全体党员依照巴黎公社全面选举制产生；各级党委要参照毛主席提出的党委会工作方法进行工作，认真参加集体生产劳动，密切联系群众，认真听取群众的批评和建议；加强党的监察机构，监察机构应由上级党委直接领导。党的监察机构的监察权力应当大于同级权力机构，应把监督重点放在监督党的干部执行什么路线、方针、政策上来，防止只监督党员群众，不监督干部，只监督具体事务，不监督路线、方针、政策的倾向，广大群众有权批评党和国家各级领导，反映意见、要求等。1967年9月，红旗战士朱进选学习毛主席在青年时代的革命实践，深入到农村、工厂，组建"河南省工农共产主义运动团"。从最基层组织——"工农共运村"开始对农民进行共产主义教育，把毛主席的"五七"指示落实到农村，实现农民工人化，农业工业化，以改善民生为最终目的，发展农村经济和组织农村生产。活动地区发展到河南、河北两省八县，成员发展到三万多人。还流传到黑龙江、安徽等省。后来他被关押在秦城监狱八年后才彻底平反。

当年的红旗战友中多数人后来虽然命运多舛，历经磨难，但是共产主义信念不动摇，继续革命精神不改变。他们在改革开放中冲在前头，尽力为国为民多作贡献。如今虽然退休在家，已过耳顺之年，仍然是家事、国事、天下事，事事关心。韩爱晶历尽坎坷，仍然百折不挠，潜心总结犯错误的教训，总结文革失败的原因。坚持攻读马克思、恩格斯、列宁和毛泽东的著作，努力为社会主义的民主法制、为科学社会主义的理想奋斗。（北航红旗博客，2013年11月15日）

北航红旗成立经过

韩爱晶

文化大革命时，北航红旗闻名全国，实际影响及历史作用非常独特。毛泽东主席、周恩来总理等中央领导对北航红旗极为看重，北航红旗是一支举足轻重的战斗队。

北航红旗的成立也非常特殊，比如，我们和清华井冈山兵团的情况就根本不同。清华蒯大富个人作用与影响很大，先有蒯大富出名后有井冈山兵团。而在北航，几乎是先有北航红旗这个战斗集体，后有我这个勤务员。而我后来铸成大错，愧对北航红旗。

北航被工作组整得最厉害的学生是石兴国，相当于清华的蒯大富，他比我高一年级，比我冷静成熟。还有个学生叫曹伟康，瘦小文弱，他跟工作组斗争不屈不挠，让人非常佩服。1966年7月29日人民大会堂召开北京文化革命积极分子大会，北航代表持不同意见的少数派参加大会的就是石兴国和曹伟康两个学生。

1966年8月18日，毛主席在天安门戴上红卫兵袖章，接见百万群众。8月20日，北航对工作组有意见的同学成立了北航红旗战斗队。我们成立的过程是由下而上，上下结合，同时实行巴黎公社民主选举的方式产生各级负责人。当时各班各系红旗奋起，一成立就有一千多人。

最早的北航红旗战士是屠海鹰、匡正芳、张依立。在北航红旗正式成立之前的8月18日，他们参加天安门大会后，就在市里买了红布，当晚张依立用黄线锈字，做了七个红旗袖章。屠海鹰、匡正芳8月19日上午就戴上了北航红旗袖章。

石兴国以及类似石兴国挨整的一些学生骨干也自发串联、开小会，组建红旗核心层，为全院成立统一的红旗做工作。

1966年8月19日，田东同学贴大字报，公开号召成立北航红旗，许多班级的红旗已经自发组成，大字报区到处可见红旗符号，在总勤务站还没组成的情况下，北航基层已经遍地红旗招展。这个情况与蒯大富在清华成立井冈山兵团完全不同。

北航学生绝大部分都出身于工人、贫下中农、革命干部和军人家庭，他们怀着深厚的无产阶级感情投身文化大革命。北航红旗战士的出身几乎都是红五类。那些出身于市民或知识分子家庭就算差的了。因此血统论在北航红旗并无多大影响，这与清华也不同。

北航红旗实行巴黎公社全面选举制。班、系、院三级，一层一层选举，不像清华，蒯大富当然就是井冈山的一把手，由他指派总部委员。

北航红旗每个系推举两人到院里总勤务站，加上教师和工人代表差不多20个人，形成院一级的领导核心。我只是这个核心成员之一。

据我回忆，各系推举参加院总勤务站的有：胡少南、邵仲威、屠海鹰、匡正芳、韩爱晶、何金国、杜小慧（女）、杜玉荣（女）、石兴国、戴维堤、刘金荣（女）、仇北秦、杜珏、黄铭钧等。另外，还有教师朱尚祥、张树泉（女）；工人李乐、靳晶印等。

总勤务站开会的时候，大家一致认为：一切活动都要充分发扬民主，尊重和发挥每个红旗战士的积极性和创造性。石兴国提议：北航红旗的领导机构，不采用司令部制，实行勤务员制。各系红旗战士选举产生自己的代表——系勤务员，由他们组成北航红旗院级领导机构"总勤务站"。勤务员只有分工，不分次序。北航红旗成立之初从法律程序上讲没有明确过常委，也没有明确过一把手、二把手。但无论从影响上讲还是根据总勤务站实际情况，最开始的时候，石兴国是主持全面工作的。我在校外、在国防科委门口负责那里的斗争。

"勤务员""总勤务站"的名称后来被全国各地许多群众组织采用，始于北航，创造者是石兴国。

有个戴维堤同学，是北航红旗老战士。他写文章说：大家一致推举北航"十大牛鬼蛇神"之一、曾写血书明志的烈士子弟戴维堤为北航红旗的总勤务员,并担任总召集人。其他几个总勤务员还有何金国、井岗山、田东、韩爱晶、仇北秦、侯玉山、屠海鹰等人。

这个说法是自我吹嘘加主观臆造。与事实根本不符。

1. 北航红旗成立之初从法律程序上讲没有明确过常委,也没有明确过一把手、二把手。

2. 根本没有推举戴维堤为北航红旗的总召集人。戴维堤当时也有相当影响,他腹中有文采,字也写得漂亮,但根本不具备召集会议、布置工作的能力和基本素质,生性如李逵,东一榔头,西一棒子,缺乏组织能力。

3. 无论从影响上讲,还是根据总勤务站实际情况,最开始的时候,石兴国是主持全面工作的,石兴国具备召集会议、布置工作的能力和基本素质。

4. 田东是北航红旗的公开发起人、按照田东的影响,完全可以担任北航红旗院勤务员之一。但在三系选举两人进院总勤务站时,田东表示自己不愿意当头头。这样,三系选韩爱晶与何金国参加北航红旗院总勤务站。但有时搞重大活动时,田东也常参加重要讨论。

5. 侯玉山也不是第一批院勤务员,四系院勤务员是杜小慧和杜玉荣。后来杜小慧对运动有看法,她向我举荐侯玉山,经过改选,侯玉山才进入院总勤务站。

6. 当时,井岗山也不是第一批院勤务员。九系选进院总勤务站的是杜琏和黄铭钧。而井岗山当时是北航红旗延安游击队队长。

戴维堤同学还写文章说:"自从我'自我罢官'把一把手让给韩爱晶后,我当起了小小老百姓——普通红旗战士,"这个说法同样是自我吹嘘,实在太不自重。

戴维堤同学说什么"自我罢官"?真荒唐!当时,北航红旗正处在最艰难日子,正在进行二十八天二十八夜斗争,戴维堤同学动摇迷茫,临阵避险。在斗争火线上贴出一张告示,表白说:辞职也能干革命。实际无人在乎其退出,只能成为笑柄。北航红旗翻身后,又进行巴黎公社式改选,他连基层勤务员都没当上。北航红旗是大民主选举,岂是戴维堤同学自吹的让出一把手,他凭什么有权指定谁当一把手？何况他本来也不是一把手。

直到1966年10月4日，我们北航红旗翻身了，又搞了一次普选，才产生五个常委：韩爱晶、井岗山（现名：井然）、田东、仇北秦、杜玉荣。这时才明确我为一把手。石兴国虽然没担任常委，但一直担任院勤务员，同时担任五系勤务站一把手。

北航红旗决定重大问题都要召开大会、小会、包括全体战士会，凡事少数服从多数。之后还进行过几次改选。我作为北航红旗主要负责人，在复杂的斗争中，因自身素质跟不上要求，受到中央文革小组某些成员干扰，左倾盲从，出了不少问题。使北航红旗做了一些错事、傻事。这是后来的事。我辜负了历史重托，愧对北航红旗的同学们。

驳《毛泽东私人医生回忆录》的作者李志绥

韩爱晶

有一本书,《毛泽东私人医生回忆录》,1994年台北市时报文化出版企业有限公司初版。作者李志绥。李志绥在自序中有一句话:"身在美国,就可以将这些年的所见所闻,秉笔直书,无须避讳,加以发表。"我带着好奇心,读得很认真。当我读到第481页至484页时,我呆住了。这四页写的是,清华学生打死打伤工宣队员后,毛泽东主席召见聂元梓、蒯大富、韩爱晶、谭厚兰和王大宾谈话五个半小时。还特别写到我向毛泽东主席请教的情况。

李志绥写道:"一九六八年七月二十七日,我仍躲在北京针织总厂。毛下令他亲自领导的六个工厂组织工人宣传队,由支左的警卫团官兵(即八三四一部队)率领开到清华大学,接管清华。""下午四点,工人宣传队和八三四一部队官兵到了清华。本来我是不用去的。但我想亲身体验清华军管的过程。""我和卫生员小李夹在人丛中。""到清晨四点钟的时候,突然开来一辆卧车,沿途叫我的名字,我应声而起。车停下来,毛的司机张从车上下来,看到我说:'快走,叫你哪。'我问他是谁叫我,张说:'还不是主席?在人民大会堂一一八厅。也叫学生们的头头去。'""我上了车,随他到了人民大会堂。""我走进一一八厅,毛坐在沙发上看书,见我进来,立起身。我急忙走过去。我这时感觉到毛是真的喜欢我。毛拉住我的手,仔细端详我的全身,说:'怎么这样狼狈,全身都湿了?'我说:'外面在下大雨。'毛说:'你先休息一下,换换衣服,我已经叫人通知清华大学的蒯大富,北京大学的聂元梓,北京师范大学的谭厚兰,北京航空学院的韩爱晶,北京地质学院的王大宾来这里开个会,中央文革的人参加,你也参加。'毛决意要'保'我。林彪、周恩来、康生和江青都会参加这个会,我和毛一起参加,是表示我是毛的下属,这样他们想搞暗的也不行了。也许我不用再整日担心被绑架了。这次会议,江青和所有的人热络地打招呼,唯独对我似乎不屑一顾。""毛与红卫兵的这次会议在文革中是个里程碑。毛要学生停止武斗,并进行联合。"

"会的当中,韩爱晶发言说:'现在大家都在引用毛主席著作中的一些话,来证明自己行动的正确性。在引用时,可以有不同的解释,甚至完全相反的解释。主席在的时候,容易解决。主席不在了,该怎么办?'韩的话刚完,康生与江青就立刻斥责说:'你大胆胡说八道……'这时毛接过话来说:'这问题很好,我年轻的时候,就爱从不同角度看问题。至于我说过的话,今后肯定会有不同的解释,必然如此。你看从孔老夫子到佛教、基督教,后来还不是分成许多派别,有着许多不同的解释。任何事物没有不同的解释,就不会有新的发展,新的创造。否则就停滞,就死亡了。'"

事实真相如何呢?1968年7月27号上午九点多,根据26日宣传队负责人会议的部署,北京市61个单位3万多工人组成的"工农兵毛泽东思想宣传队"和八三四一部队官兵一起,在北京卫戍区,海军等军代表配合下,各路人马分别抵达清华大学南、西、东三个校门。按指挥部规定,队伍在特别同时开进清华校园。大约下午两点多,我和同学陈良从北门进清华,校园里已经是水泄不通。我想搞清是怎么回事,却联系不上蒯大富,也联系不上中央领导,连北京市革委会副主任吴德也联系不上。蒯大富后来告诉我说:"下午三点多钟,我和段永基还有司机,三个人,翻墙出了清华,又遇到陈育延,四个人一起从清华西北方向到体育学院找了一辆存放在那里的小车。外面下着大雨,我们的车绕了一大圈,下午五点左右,到了市革委会。段永基他们在外面等,我上楼去找领导。"

工人宣传队和八三四一部队官兵不是李志绥说的"下午四点到了清华",而是上午十一点钟。下午四点钟的时候,蒯大富已经去市里找领导,他走后,校园里很快就出事了,他下面的负责人组织力量向宣传队出击。先后打死打伤了多名宣传队的工人。

发生如此严重事件，1968年7月28日凌晨，毛泽东主席召见聂元梓、蒯大富、韩爱晶、谭厚兰和王大宾五人，解决这个问题。凌晨两点多，我和聂元梓、谭厚兰还有王大宾在人民大会堂西门外一个过道的门里等着。大约二十分钟左右，谢富治副总理出来问："都来了吗？"我们说蒯大富还没来，谢富治对我们说："不等了，进去吧。"走了几分钟，谢富治才说："快进去，毛主席在里面等你们好一会了。"当时，我好像有迷离为梦的感觉，简直不敢相信。我们快步跟着谢富治往里边一个门走去。后来才知道这是人民大会堂的湖南厅，也叫118厅。走到门口，就看到毛主席和身后陪同的中央领导已经在门口迎我们。我们非常激动地跟毛主席握手，嘴里说："毛主席，您好！"

进屋后，毛主席要大家坐了下来。这是毛主席会见客人、召集中央领导人议事的一个室，十几个沙发围成弧形。陪同毛泽东主席召见的有：林彪、周恩来、陈伯达、康生、江青、姚文元、叶群、汪东兴、谢富治、黄永胜、吴法宪、温玉成、黄作珍及吴德。毛泽东主席和我们一边谈话，一边等蒯大富。蒯大富后来说："从市委回清华和迟群、谢静宜谈判后，团派绝大部分人撤出了清华。我和段永基、陈育延、司机共四个人，又赶到电报大楼。在7月28日清晨5时30分，致电毛泽东、林彪、周恩来、陈伯达、康生、江青以及中央文革小组、中央军委，向中央呼救，向毛主席呼救，恳求中央马上接见。发了电报我也没地方去啊，先想到天津。后来一想，还是到北航去看看吧。一去听说：'怎么中央首长接见你没去？'我立即上车赶到人民大会堂。"

毛泽东主席还在和我们谈话，有人报告说蒯大富来了。

蒯大富走进来，号啕大哭。毛主席起身，在座的也都站了起来。毛主席向前走两步，大家都站在主席周围。蒯大富握住毛主席双手，脑袋靠在毛主席胸前。他一边哭，一边告状："主席救我，主席救我！……"毛主席转过身，把手伸出来说："你要抓黑手，黑手就是我。工人是我派去的。"

我紧挨着站在毛主席右侧，我一边流泪一边对蒯大富讲："工人、解放军是毛主席派去的。"

蒯大富说:"不可能！主席每次派解放军制止武斗,都是不带枪、不打人、不骂人,把人隔开。这次怎么抓我们的人！"

毛主席对着谢富治、温玉成问道:"是不是抓人了？谁让你们抓人！统统放了！"蒯大富如同在外面挨打的小孩回到家里一样,只顾告状。

接着又坐下来谈话。因为蒯大富迟到三个多小时,谈话内容有重复。在接近尾声的时候,我决定向毛主席请教一个问题,我认为这是有关中国前途的大问题,如果不问,什么时候再有机会问呢？如果不问,毛泽东主席百年之后我怎么向人民交待呢？我鼓足勇气问道:"毛主席,我想请教您一个问题。再过五十年、一百年,如果中国出现了分裂,你也说自己是毛泽东思想,他也说自己是毛泽东思想,出现了割据混战的局面那我们怎么办？"

我的话音一落,在座的中央领导人神情都变得很严肃。想不到我会向毛主席提出这样的问题,气氛有些紧张。毛泽东主席很平静,回答说:"这个问题问得好,韩爱晶你还小,不过你问我,我可以告诉你,出了也没啥大事嘛。一百多年来,中国清朝打二十年,跟蒋介石不也是打了几十年嘛,中国党内出了陈独秀、李立三、王明、博古、张国焘,什么高岗、刘少奇,多了,有了这些经验比马克思还好。"

林彪接着说:"有毛泽东思想。"

毛泽东主席又说:"有文化大革命的经验比没文化大革命好,当然也不能保证,但我们保证要好些。你们要跟人民在一起,跟生产者在一起,把他们消灭干净,有人民就行。就是把林彪以及在座都消灭,全国人民是灭不掉的,不能把中国人民都灭掉,只要有人民就行。最怕脱离工人、农民、战士,脱离生产者,脱离实际,对修正主义警惕性不够,不修也得修。你看朱成昭刚当几天司令,就往外国跑,或者保爹、保妈就不干了。聂元梓攻他哥哥姐姐不好来攻她。你那个姐姐也不那么坏嘛,聂元梓,哥哥、姐姐为什么一定和她联系起来呢？"

周恩来总理说:"我弟弟周永爱,跟王关戚混在一起,我把他抓到卫戍区去了。"

毛泽东主席说:"我那个父亲也不大高明,要是在现在也得坐喷气式。"

林彪说:"鲁迅的弟弟是个大汉奸。"

毛泽东主席说:"我自己也不高明,读了哪个就信哪个,以后又读了七年,包括在中学读半年资本主义,至于马克思主义一窍不通,不知道世界上还有什么马克思,只知道拿破仑、华盛顿。在图书馆读书实在比上课好,一个烧饼就行了,图书馆的老头都跟我熟了。"

陈伯达批评说:"韩爱晶,你的缺点就是没有毛泽东思想,就是不知道这次文化大革命的伟大意义是什么。"

姚文元说:"韩爱晶提出这个问题、我们去年就说过,有林副主席做毛主席的接班人,有毛泽东思想,就不怕出修正主义。"

毛泽东主席说:"不能保证这次文化大革命以后就不搞文化大革命了,还是会有波折的,不要讲什么新阶段,好几个新阶段,我讲上海机床厂又是什么新阶段。"

姚文元说:"毛主席已经谈过这类问题,不要再提新阶段。"

周恩来总理说:"林彪同志对主席著作学习好,包括苏联在内,对马列原著都没掌握好,林副主席掌握了。"

毛泽东主席说:"党内出了陈独秀,党就没有啦?党犯错误,党还是有的,还是要革命的,军队还是要前进的。第四次王明路线那么长还不是纠正了,张闻天搞了十年也不高明,灾难多了,解放后又是多少次。我们这个党是伟大的党,光荣的党,不要因为出了刘少奇、王明、张国焘,我们党就不伟大了。你们年轻人就是没有经验,上帝原谅你们。韩爱晶你问起我,我答复你了,不要以为我们这些人有什么了不起,有我们这些人在就行,没有我们这些人,天就掉下来了?"

陈伯达又批评说:"韩爱晶你读过多少马列的书,你懂得多少马克思主义!"

毛泽东主席对着陈伯达说:"你们不要光说人家韩爱晶,他还小嘛,才二十二岁,你们就是不说你们自己,你们自己懂得多少马列主义?"

江青接着说:"韩爱晶给我写过好几次信,提出这样那样的问题。一到我跟前,就问将来,为什么韩爱晶总喜欢提这类问题呢,总说几十年以后的事,还问我第三次世界大战什么时候打。"

毛泽东主席说:"想得远好,想得远好,这个人好啊,这个人好哇。我有几种死法,一个炸弹,一个细菌,一个火车飞机,我又爱游点水,淹死,无非如此,最后一种寿终正寝。这无非还是细菌嘛。薄一波差点死了,听说刘少奇也救活了,一种肺炎,一种心脏病,还有肾感染,四个医生和两个护士抢救,可以说脱离危险期了。你们听说了吗?"

有人答道:"没听说。"

姚文元又指责我:"韩爱晶,你是个悲观主义者,对共产主义没有信心。"

我反驳姚文元说:"我相信共产主义一定会胜利,如果我对共产主义没有信心,我就不会献身共产主义事业。可是我认为,历史的发展是波浪式的,不可能是条直线,难道中国革命,从民主革命到社会主义革命到共产主义就是一条直线走向胜利吗?不会出现反复吗?不是波浪式吗?按照辩证法肯定有曲折。"

毛泽东主席说:"韩爱晶这个人好啊!他的性格很像我年轻的时候,认为自己对的,就要坚持。"

毛泽东主席又说:"一次前进是没有的,历史总是曲折的,一九二七年受挫折,二三次受挫折,胜了以后,又出现高饶反党联盟,庐山会议以后,出了彭德怀,现在有走资派。像蒯大富那个彻底砸烂旧清华,四一四就不赞成,四一四就说,教员也有好的,可你们说的彻底砸烂,不是砸烂好人,而是一小撮坏人,你把含义讲清楚,他就驳不倒了。赶快把六七个领导找来,集中起来,你们今天晚上睡个觉,明天再开会,散会算了,以后再来。"

我向毛主席请教问题后,康生没讲话,也没有像李志绥书上写的康生因此训斥我"你大胆胡说八道"。

毛泽东主席站了起来，大家也都站起来。我们围到毛主席身边，一一跟毛主席握手告别。过来一个女工作人员，扶着毛主席胳膊，向客厅里边走几步，掀起一个黑色的布帘，走过去。我们又分别跟林彪、周总理、江青等中央领导人握手告别。没想到，那个黑色的布帘又掀开了，毛主席又回来了，我们又赶紧迎上去。毛主席走过来说："我走了，又不放心，怕你们又反过来整蒯大富，所以又回来了。"

毛主席对在场的中央领导说："不要又反过来整蒯大富啦，不要又整他们。"毛主席说完了，我们又跟毛主席握手，依依不舍地，看着那个女工作人员又掀起那个黑色布帘扶着毛主席走了。我们再次跟林彪、周恩来总理、江青等中央领导人握手告别。之后，我和聂元梓、蒯大富、谭厚兰、王大宾跟在谢富治身后一起走出毛主席召见的厅，走进另一个大厅。

谢富治说："已经九点了，毛主席还没有睡觉，我们吃点饭，然后讨论怎样传达毛主席的指示。"我们五个人坐下，工作人员端来一盘鸡蛋炒饭和汤，还请谢富治到后面就餐。谢富治说："不用了，就在这里一齐吃吧。"饭后，谢富治说："今天，毛主席接见你们，从三点到八点半，谈了五个半小时，内容很多。我们先整理一个简单的统一稿，一齐整理，一齐备案，一齐签名。"我们整理了一份一千多字的稿子，念了两遍，又做了些补充改正，五个人都签了名就交给谢富治了。谢富治说："我看先照这份稿子传达，其他内容今后再说。"这就是第二天印着大红标题在北京市散发的统一稿。

毛泽东主席召见谈话的全部内容约有两万多字，毛泽东主席召见谈话有录音。毛泽东主席这次召见，从清晨三点到八点半，我始终在场，谈话过程中只有年轻的女工作人员进出，倒水、送铅笔和纸。没有出现过任何男工作人员，陪同毛泽东主席召见我们的都是当时中央最高层的党政军负责人。职务最低的是北京市革委会副主任吴德和北京卫戍区政委黄作珍。保健医生李志绥根本没有参加这次召见。

李志绥书中还说，毛泽东回答韩爱晶："至于我说过的话，今后肯定会有不同的解释，必然如此。你看从孔老夫子到佛教、基督教，后来还不是分成许多派别，有着许多不同的解释。任何事物没有不同的解释，就不会有新的发展，新的创造。否则就停滞，就死亡了。"当时毛泽东根本没有说这句话，李志绥引用的这句话可能是毛泽东在别时别处说的，具体在什么场合什么时间说的要查证。

李志绥书中说："到清晨四点钟的时候，突然开来一辆卧车"，"我上了车，随他到了人民大会堂"，"我走进一一八厅，毛坐在沙发上看书"，"毛说：'你先休息一下，换换衣服，我已经叫人通知清华大学的蒯大富，北京大学的聂元梓，北京师范大学的谭厚兰，北京航空学院的韩爱晶，北京地质学院的王大宾来这里开个会，中央文革的人参加，你也参加。'"

照李志绥的说法，他清晨四点从清华大学上车，那么最快四点半才能赶到大会堂见毛主席，还要换衣服，等我们，岂不是五点才开会？实际上，五点钟的时候我们在毛主席那里已经谈话将近两个小时了。李志绥确实是费了心机的，他在书中把自己编写到清华流血事件及毛泽东主席召见谈话中去，可是他连工宣队进清华的时间以及毛泽东主席召见谈话的时间、内容都编错了。这些情况，只要好好查一下当年红卫兵报纸也不会编错。

毛泽东召见之事，距今已过去44年。眼下，除谭厚兰1982年11月被整得病死之外，其他人都健在，聂元梓今年91岁，蒯大富住进了养老院，我和王大宾早已退休。2009年3月27日，我和蒯大富谈起李志绥的书，蒯大富当场给我写下一段话："关于一九六八年七月二十八日毛泽东接见我们五个学生头头时，自始至终李志绥没有在场，也没有资格在场。他的回忆录中有关描述是百分之百的吹牛和撒谎。"

2009年9月8日，王大宾给我来信也谈到李志绥的回忆录。王大宾在信中说："或是李志绥医生为生活谋出路，或是想发大财，不顾后果出卖灵魂，出卖民族，出卖国家，干出了比狗屎还臭的大汉奸的勾当。""李志绥此人做假都不会做。一个保健医生竟然参与中央首长一同接见我们。真是胡编故事。""李志绥或李志绥的幕后指使人或操纵者编故事的水平不高，李是无任何资格，毛主席是不可能要他参加此接见的。李志绥的此书，只有骗外国人，因外国人许多不了解中国的国情。"

2009年10月20日，我请北京体育大学刘长信去聂元梓家里，请聂元梓为此事作证。90岁的聂元梓写下一段话："李志绥在他书中说，1968年7月28日，毛泽东主席接见'五大领袖'时他在场。不，他不在场！大家知道，我是在场的。李志绥编造史实，欺骗读者，令人愤慨！"

本文举出的工人、解放军宣传队进清华后毛泽东主席召见我们的事情，只是李志绥回忆录中许多故事之一。李志绥的回忆录中有很多故事，同样是一个情节接着一个情节，说得活灵活现，叫人怎么相信呢？我的一个朋友说："李志绥回忆录的内容编织得可算是精巧绝妙，李志绥背后的操纵者运作得也确实诡秘。李志绥的任务是负责毛泽东的健康，职责很明确。看来是李志绥所写回忆录不能满足海外主子的需要，海外主子让人掺假再掺假。书中的李志绥变换了角色，回忆录仿照别人的经历及相关史料，把李志绥塑造成参与高层政治活动、甚至影响毛泽东决策的重要人物，还编造一些领袖生活隐私放在回忆录里。如此脱胎换骨，李志绥的回忆录就变成了一本奇书，变成海内外研究毛泽东、研究中国社会政治生活的重要史料。"

法国哲学家福柯说过："谁控制了人们的记忆，谁就控制了人们的行为的脉动"，"因此，占有记忆，控制它，管理它，是生死攸关的"。古人讲："灭人之国，必先去其史。"掌握过去的人才能掌握未来。我认为，中华人民共和国建立后，毛泽东领导了二十八个年头，搞了终身制，有成功也有曲折和失败。这是多种因素导致的，包括历史的原因和社会文化的原因。后人对毛泽东的功过是非应该认真严肃地总结，百家争鸣，无论经验还是教训都是中华民族的宝贵财富。对毛泽东的错误，人们可以批评，但不应该造谣编故事，更不应该给去海外主子当奴才。

（北航红旗博客，2013-11-11）

《逝者如斯》
——戴维堤长篇回忆录（节选）

戴维堤

作者简介：戴维堤，1944年出生山东安丘，贫农出身，烈士之子。1963年考入北京航空学院。1966年8月北航红旗战斗队成立后，任保卫部部长。1968年分配到738厂，1970年在"批清运动"中被打成"516"分子。2005年，其长篇回忆录《逝者如斯》在互联网上问世。2007年1月，作者对此书做了修订。

上部 渠河风云

11. 解放之初 /12. 启蒙老师 /13. 镇压反革命/14. 少年时代的故事 /15. 美丽的母亲河 /19. 反右派的故事 /20. "放卫星"的故事

11. 解放之初

父亲他们牺牲的时候，四叔戴福厚刚17岁，他随后也加入了共产党，解放后当了村里的支部书记。他虽不是我的亲叔，但却是除母亲、祖母和姑母外我最近的长辈了，他后来事实上成了我的监护人和抚养人。

1948年解放之后，人民政权刚成立，百废待兴。四叔在上级派来的工作队员的协助下，领导全村搞生产，组织民兵站岗放哨，动员适龄青年参军，建立扫盲"识字班"。村里许多人都在这时扫了盲，但四叔以工作忙为借口，就是不愿进扫盲班。他至今斗大的字识不了一升，但他脑子很好，上级开会内容他全能记住，在村民大会上讲话头头是道，滔滔不绝，远近闻名。

村里的小学校白天是孩子们上课和玩耍的地方，到了晚上便成了"识字班"的天下。提起这"识字班"，那可是沂蒙山解放区的"特产"。解放了的翻身农民迫切需要文化，"识字班"是专为年轻姑娘小媳妇们开办的扫盲班。由于全是清一色的年轻女性，而且主要是未婚的姑娘，所以慢慢得"识字班"便成了年轻姑娘的代名词，在沂蒙山地区广为流传。例如，人们一提起某某人家的闺女长得漂亮，便说："那个'识字班'真俊！"

识字班里，除了扫盲学文化外，还有人教唱解放区的歌曲，大都是革命歌曲和适合妇女唱的反封建婚姻、自由恋爱方面内容的。如"东方红""白毛女""妇女翻身歌""小二黑结婚""兰花花""信天游""李二嫂改嫁"等等。年轻的姑娘们都学得着了迷。一到晚上吃了饭，我们小孩子们也来到学校教室外面听歌。慢慢地，我也会了不少，回家后唱给母亲听，母亲也爱上了这些歌，有时一边给我缝衣服，一边哼哼，逗得我真乐。

当时吕剧"李二嫂改嫁"轰动一时。吕剧是发源于潍坊地区的地方戏。郎咸芬当时是吕剧明星，她唱的"李二嫂改嫁"感动了无数人，后来拍成了电影。有一天，我当着母亲的面唱起了"李二嫂改嫁"——"李二嫂眼含泪关上房门，对孤灯想往事暗暗伤心……"谁知刚唱了两句，母亲就不让我唱了。只见母亲一边流泪一边说："以后什么歌都能唱，就是不准唱这个！"说着，照我的头上拍了一巴掌。我知道触动了母亲的伤心事，吓得哭了。母亲把我搂到怀里，流着泪说："孩子，娘为了你从25岁守寡，什么苦和罪都受了，你长大了可别忘了娘呀！"我哭着对母亲说："我不惹您生气了，我一定侍候您一辈子。"

可是不久，我就惹母亲生了一次气，并挨了打。

这年春天，闹春荒，家家粮食不够吃，地瓜干和菜团子是主食。一些人口多的人家只好让孩子们外出逃饭。当时渠河南岸东南方向有个巴山，离我家 20 多里地，是我小时候看到的最大的山，其实是个小山包，潍河从山角流过，周围的村庄土地肥沃，农民生活好一些，人们一般都到那一带去讨饭。有一天，我看到村里一些大孩子要去讨饭，便瞒着母亲，偷偷拿了一个篮子，又捡了一根树枝当打狗棍，便加入了讨饭队伍的行列。谁知刚出了村南门，就被当支书的四叔追回来了。不管怎么说，讨饭总是件丢人的事情，不到万不得已，谁家也不让自己的孩子外出讨饭。我年幼不懂事，四书在村里当支书，我去讨饭，他的脸往哪儿放？四叔生气地说："全村都饿死，也不能饿死你！"母亲气得一边骂，一边用打狗棍打我。从此，我再也不敢跟着小伙伴们去讨饭了。

还有一次，母亲好不容易摊了一笤煎饼，累了大半天，便去找九祖母玩去了。我一个人在家，这时来了一位讨饭的老大娘，她说我应该叫她姨妈，同我家是亲戚。我看老大娘衣服褴褛，面黄肌瘦，又是亲戚，便把母亲刚摊的煎饼拿了一大半塞进了老大娘的篮子，老大娘高兴地走了。过了一会儿，母亲回来了，见煎饼少了许多，问哪里去了，我便照实说了。母亲气得把我打了一顿，说那个老大娘根本不是我的什么姨妈和亲戚，给她两个煎饼就行了。我这个可怜穷人听了好话就上当受骗的毛病生来就有，一直到现在也改不了。由于从小受过苦，见了穷人就可怜，见了乞丐就给钱，所以后来上了骗子们（政治骗子和经济骗子都有）大当，吃了大亏，几遭灭顶之灾，这是后话。

12. 启蒙老师

1950 年，我上学了。

提起我的上学，说来十分滑稽。解放后，村里办了小学，许多大孩子都上学了。母亲怕我太小，让我再过一年上学，我自己也贪玩，不愿进学校受约束。一天，我在学校门口玩，突然从学校里跑出了两个学生，不由分说把我抱住，一个人抬着头，一个抬着脚，把我抬进了学校。原来是老师让他们"抓"孩子们上学，谁抓的多，就受表扬。

我被抬进了校长办公室。校长姓戴，名耀臣，家是村西戴家庄的，论辈分，我应叫他叔。他左腿是跛子，说是校长，其实整个小学就他一个老师，真正的光杆司令。他笑着拎着我的耳朵，把我按在凳子上。

我挣扎着想跑，他板着脸严肃地说："不准跑，我跟你娘讲好了，今天正式上学，你不用交学费。"说完，他站着想了一会儿。

"给你起个大号，就叫戴维堤吧。你这一辈是维字辈。金木水火土，也是土字辈，'堤'带土，是大坝的意思。你将来要像一条大坝，能挡住惊涛骇浪，为民造福。"

我不懂这些，只觉得这个名字不好听，但也没有办法。

校长从桌子上拿起一本语文书，交给了我，让大同学们把我领走了。

就这样，六岁的我上学了。

学校是一个废旧农家小院，教室是几间破旧的农房。我最小，坐在第一排，随着同学们大声地念起了一年级语文的第一课：大羊大，小羊小，大羊小羊山上跑，跑上跑下吃青草……

戴耀臣是我的启蒙老师，我很快就成了他的得意门生，因为我比其他孩子聪明。可以说，全班的学生我最聪明，课文念两遍就背熟了，随后就把课本一张一张地撕下叠了小动物。学期完了，我的书也没有了。为此，戴老师常批评我，甚至气得拧我的耳朵。

当时老师可以打学生，谁不守纪律，谁学习不好，老师常用教杆打脑袋，或用竹板子打手心。我因学习好，尽管常违犯纪律，但老师很少打我，也可能老师看我是个没爹的孩子舍不得打我。

上学以后，正赶上抗美援朝，家家都多交公粮，妇女们都做军鞋支援前线。戴老师教我们唱革命歌曲："雄赳赳，气昂昂，跨过鸭绿江……"；"我是一个兵，来自老百姓，打败了日本狗强盗，消灭了蒋匪军……"。我和孩子们整天在大街上唱，许多大人也跟着会唱了。

家乡地处海防前哨，解放后台湾国民党的飞机经常来空投特务和撒反动传单，当时正是抗美援朝时期，有几次据说还投下了细菌弹。只要上级一号召，村干部和乡亲们便一齐出动，到村外去抓特务。戴耀臣老师跛着一条腿，带着我们到田野上去捡传单，捉据说带有细菌的老鼠、小虫子之类。特务倒没有见过，但传单拣过一些，记得内容都是慰问大陆同胞,鼓励大陆同胞造共产党的反的。有时能拣到饼干、糖果之类,但谁也不敢吃,连同反动传单都上交了。现在想起来,那些高级饼干、糖果绝对是没有毒的,可能后来都让上级当官的吃了。

戴耀臣老师教了我们两年就调走了,上级调他到另一个村子去当校长。是他,第一个把我这样的穷孩子领进了文化的殿堂,他是我们这批学生的启蒙老师。他跛着一条腿,辛辛苦苦地教我们,关心爱护我们,与学生们、家长们建立了深厚的感情。送他的那天,我记得全体学生都哭了。许多家长也来送行。母亲煮了一些鸡蛋,让我送给戴老师吃。我们扛着他的行李,一直把他送到新地方。田野里的小路上,排满了哭哭啼啼的学生们。戴老师也哭了,他让我们回去,但谁也不肯回去,那感人的场面,我至今记忆犹新。

后来,我一直没有再见过戴耀臣老师,我真悔恨为什么没有再去看望他。我万没想到,文化大革命中,可怜的戴耀臣老师(一直是小学校长)因所谓历史问题,被小学生们戴高帽子游街,活活折磨死了。啊!我的启蒙老师,愿你的在天之灵安息!

13. 镇压反革命

1953 年,开始了镇压反革命运动。那些没有逃到台湾的汉奸、土匪、恶霸和杀害共产党员、翻身农民的反革命分子、还乡团分子一个个被抓了起来,杀的杀、关的关、管制的管制,这就是所谓的"杀、关、管"。后来听说镇反中也有扩大化,把不该杀的人杀了,不该整的人整了,这也可能。毛泽东说过,革命不是请客吃饭,不是绘画绣花,不能温良恭俭让。相当年,国民党反动派、地主、土匪、汉奸对共产党人和同情支持共产党的老百姓宁错杀一千,不放过一个,制造了那么多血案、惨案。光胶东地区就有许多被国民党、还乡团分子杀光、烧光的无人村。刚刚夺取了政权的共产党和劳苦大众为了巩固新生政权,以其人之道还治其人之身,无可非议。至于个别地区有错杀、错整现象,在所难免,不足为怪,哪个坟堆里没有屈死的鬼呢?古今中外概莫如此。

一天，听四叔说，杀害九祖父和五哥的汉奸刘洪华在青岛被抓住了，就要拉回来枪毙。

反革命还乡团头子刘洪华心毒手辣，共杀害了包括我九祖父和五哥在内的共产党员和群众50多人，在沂蒙山区和家乡一带干尽了坏事，制造了许多惨案，血债累累。家乡解放后他逃到青岛，未来得及逃往台湾即被青岛市公安局抓获。

枪毙刘洪华那天，学校老师带领我们去参加公审大会。会场在景芝镇西的河滩上，已经人山人海。有些沂蒙山里的老头老太太是带着刀子、剪刀来的，他们大都有亲人被害，恨不得把刘洪华零刀割了以解心头之恨。

一会儿，刘洪华等八名罪犯被解放军押过来了，会场上顿时群情激奋，喊杀声震天。

这个刘洪华，说来也是个人物。他被抓后，自知罪孽深重，必死无疑，倒也态度老实，对所犯罪行供认不讳，并摆出一副满不在乎的样子。当公安人员和解放军去押他时，他要吃有名的景芝烧鸡，喝景芝白干酒。公安人员按人道和常规让他吃了饭，喝了酒。他酒足饭饱后竟迈着方步一步一摇地唱起了京剧《四郎探母》。公安人员气坏了，往他嘴里塞了一把石灰，他才住了声。

公审大会结束后，宣布对刘洪华等八名罪恶累累的反革命分子执行枪决。这时会场骚动起来，人们都冲到前面观看，一些受害者家属要冲过去报仇。老师怕吓着我们，不让看，组织我们回去。我不怕，溜出了学生队伍，从人缝里钻到前面。这时只见解放军和公安人员拖着八名罪犯到了河滩上，一字排开，让他们跪倒在地。刘洪华不想跪，被一个公安人员踹了两脚也扑腾跪下了。只见公安人员抽掉了八个家伙脑后的亡命牌。

这时人群又骚动起来，口号声、喊杀声响成一片。负责警戒的解放军和民兵用力阻拦着涌动的人群。随着"砰""砰"的一阵枪声，只见7个家伙一个个栽倒在地，有的腿还乱动。不知为什么刘洪华没有倒下，仍跪在那里。这时只见一个公安人员（可能是首长）把枪交给了身旁的四叔戴福厚。

只见四叔端着枪冲到了刘洪华身后,大喊:"刘洪华,你偿命吧!"说着照刘洪华的脑袋连开了数枪,刘洪华倒在地上一动不动地"老实"了。

后来据说枪毙犯人的执刑人员要保密,要戴墨镜,打完了就走,以免让犯人家属认出添麻烦,可当时"镇反"时,没有这些规矩。

四叔这几枪,总算告慰了惨死敌手的戴家烈士们的英灵。

据后来四叔说,当时这个安排,是事先经上级批准的。上级知道戴家苦大仇深,四叔又是共产党员和村支书,才这样安排的。

枪毙反革命的情况,我跑回家告诉了母亲,母亲早已包好了饺子,炒了几个菜,让我把四叔和村干部叫来喝了一顿酒,庆贺了一番。

14. 少年时代的故事

戴耀臣老师调走后,学校迁到了村东头刘家地主的一个大院子里。学校规模扩大了,成立了完小,上级又调来了几个老师,有教语文的,有教算术的,有教音乐的,逐步进入了正规。由于教室不够用,不同年级的两个班往往轮流用一个教室,这给我带来了方便。我常冒充高年级学生听课并回答问题,老师竟认不出来。

学校的东边是一片大松树林,里面有许多大坟头,那是我们玩耍的好去处。夏天大雨过后,树林中草地里、坟洞里能捉到蛇、刺猬和黄鼠狼之类。那些多得捉不完的知了龟(蝉的幼虫)和手指般大的蚂蚱是大人们喝酒的美味佳肴。捉回家用盐一腌,用油一炸,又香又脆,真是味道好极了。后来,老师组织学生们在松林中伐了几棵树,修了一个篮球场,供学生们上体育课用。学校的北面紧靠着松林是一个大湾(池塘),周围长满了芦苇和柳树,水里有鱼、青蛙之类。因湾很深,老师不准下湾游泳。可我和一些同学常趁中午老师们午睡时偷着下水玩,从此学会了游泳。

小学时的校长老师们都给我留下了深刻的印象,我至今仍记得他们的音容笑貌和名字。校长刘涌泉,体育老师张立芳,语文老师戴虎臣,美术老师徐惠贞,政治老师王福全……如今,他们大都不在人世了。

上小学时，由于贪玩，经历了数次劫难。

有一次，刚下过大雨，我和小伙伴们来到村北的池塘边玩耍，一不小心，掉进了很深的池塘里。当时刚六岁，不会凫水，眼看要淹死了，这时旁边一位洗衣服的婶子把我捞了上来。这位婶子的救命之恩，我至今不忘。

还有一次，是小学三年级时，老师带领学生们去村东的公路边栽树，栽完树往学校走的路上，遇到一辆大卡车下了公路往村里开去。当时刚解放不久，看到大汽车很新鲜，趁车慢慢经过我身边时，我一下子用两手抓住车厢，想爬到车上玩。汽车司机未发现有人吊挂在车厢上，继续开。这时有同学喊："快下来，前面有老师！"我一急，双手一松，摔在地上，汽车后轮紧贴着我的脑袋开了过去。我因惯性在地上翻了一个跟头，滚到了路边沟里，人已经失去了知觉。当我一会儿清醒过来时，满脸是血，前门牙也摔掉了一半。

回到学校时，不知为什么，一位老师不但不可怜我，关心我，反而把我叫到队伍前面示众，让同学们引以为戒。我浑身疼痛，站立不稳，挣扎着回到了家，就病倒了，把母亲急得要命。老师们、同学们都来看我，那位惩罚我的老师还向我母亲告状，我从此对这位老师敬而远之。有一次，趁没有大人在场，我和一个同学用弹弓把这位老师家的小狗打瞎了一只眼睛。这是我小时候唯一不尊重的一位老师。

最可怕的一次是遇上了蛇。

我家的三间土房，是父亲生前为了娶母亲紧急建造的，没有一块砖头，全是干打垒，墙里面有许多缝隙。由于房子紧靠村外庄稼地，每到夏季下雨时，院子里便来了许多蛇，有些蛇被邻居家大人们打死了，有些爬进了屋里，安营扎寨，繁衍生息。西屋里盛粮食和杂物，常发现蛇蜕的皮，我和母亲当时很害怕。北方人怕蛇，其实北方的蛇都是无毒蛇，但那副尊容，让人不寒而栗。

每到春、夏季，我和小伙伴们便掏燕子窝、麻雀窝，捉到乳燕和小麻雀养起来，十分好玩。由于从小把他们养大，所以十分听话。夏季随大人们下田劳动时，戴着斗笠，在斗笠下面缝上一个布袋，作为小燕子或小麻雀的窝巢。一到田间，便把他们放飞出去，让它们在田野上飞一会儿，捉昆虫吃，只要用口哨一招呼他们，立即就会飞回来，落到你的手上、肩上。这时把他们放进斗笠下的布袋里，随你干什么事，他们也不飞走。

有一年春天，是麻雀们生儿育女的时期，我和小伙伴到处寻找麻雀窝捉幼麻雀。有一天在我家的房山墙缝里发现了麻雀窝，里面的小麻雀"吱吱"地叫着。我和小伙伴搭成人梯，我在上面，拿一根树枝从墙缝里往外钩小麻雀。我一手扶墙，一手拿小树枝往墙缝里轻轻地捅，只觉得里面软软的。我张着大口，喘着粗气，想靠近墙缝看个究竟。这时，突然从雀窝里窜出一条蛇，一下子就钻进了我的喉咙。我"哇"地一下摔了下来，上下牙不自觉地一咬，把蛇咬在嘴上，外面还有大半截。蛇被咬痛了，用尾巴在我头上脸上使劲地抽打。而我已两眼发白，咬着半截蛇晕了过去。

小伙伴们惊呆了，闻声赶来的大人们也惊呆了，一个个束手无策。有胆大的大人上来抓住蛇尾就要往外拉，这时饲养室的二老爷大喊："不能拉，蛇有倒刺，会把孩子的喉咙拉坏的。快去拔棵大葱来！"附近有菜园，有人马上拔来了几棵大葱。二老爷挑了一个合适的大葱叶子，掐断两头，在众人的帮助下，把葱叶子从蛇尾套进去，轻轻地往里推。二老爷抓住蛇尾，喊道："孩子，张开口，不要怕！"我迷迷糊糊地张开了口，松开了牙齿，蛇已被我咬得半死了。二老爷像外科医生一样，把大葱叶子轻轻送到我的喉咙里，然后轻轻地向外拉蛇。一会儿，一条半死不活的蛇便从我嘴里拉了出来。我得救了，众人一片唏嘘声，二老爷救了我一条小命。从此，我再也不敢掏麻雀窝了，直到如今，我一见到蛇，便敬而远之。

学校旁边大街旁有棵老槐树，相传有几百年了，两个人都抱不过来，树干中间已经干枯，变成了一个大洞，但粗大的枝干仍枝叶茂密，像一把巨伞，足有篮球场大。夏天，人们在树下乘凉，冬天，人们在树下晒太阳，讲故事。老槐树下也是孩子们的乐园，白天，爬到树上玩，躺在树丫间睡觉，晚上钻到树洞里捉迷藏。据老人们说，这棵老槐树足有好几百年的历史了，大约是明朝末年的"文物"。老祖宗从山西洪洞县大槐树下迁来时，为了纪念，便种下了这棵槐树。它历经沧桑几百年，仍枝叶茂密，预示戴氏后人兴旺发达。逢年过节，红白喜事，人们都要在老槐树下放鞭炮，烧香烧纸摆供品供奉先人，并祈祷老槐树保佑平安，风调雨顺。

村里有个光棍老汉，按辈分，我应称他老爷爷，全村的人都叫他二老爷（老爷子的意思）。二老爷60多岁了，身体仍很硬朗。据说他年轻时也曾风光过，走南闯北，上过关东，被"拉过兵"，下过南洋，据说参加过第一次世界大战。他漂泊半生，死里逃生，光杆一人又回了故乡。互助组合作化以后，村里把所有的牲畜集中喂养，让二老爷当饲养员。我因从小爱动物，常去饲养场玩，帮着二老爷干活，二老爷很喜欢我。记得那时饲养场里大约有两匹马，三头骡子，十几条黄牛，没有毛驴，毛驴由各家喂养。这些马和牛，都成了我的宠物和好朋友。由于我常喂它们，给它们抓痒，它们都很听话。我给它们起了名字：大黄、二黄、老黑、小黑、花脸等等。每天放学以后，我常牵着它们到村外去放牧。

15. 美丽的母亲河

小时候，人小个子矮，"鼠目寸光"，只见到家乡一片平坦的大地，看不到什么大山。后来才知，家乡西面几十公里外就是沂山主峰，据说李逵沂岭杀虎的故事就发生在那里，自己其实是沂蒙山的子孙。

发源于沂山脚下的渠河，是潍河的一条主要支流。她像一位婀娜多姿的仙女，从沂蒙山的崇山峻岭中破雾而出，迈着轻盈的舞步，唱着醉人的山歌，姗姗而来，路过我的小村庄，向着太阳升起的地方飘然而去，撒下了一路芬芳。这条全国地图上找不到的小河，是我的母亲河。她携带着沂蒙山的泥土，造就和孕育了大片肥沃的土地，也把沂蒙山的刚毅、凝重和不屈不挠的精神留给了她养育的子孙。

小时候最喜欢的是到渠河里玩。盛夏中午时分，太阳火辣辣地烤着大地，连狗都热得一动不动，趴在树荫下伸着舌头喘着粗气；蝉在树梢上拼命地喊叫着；大人们正在歇晌。我和小伙伴们每人顶着一个大向日葵叶子，跑到村子南边的渠河边上，扒掉裤子，光着屁股扑腾扑腾地跳到了河水里，那种舒服和高兴劲儿甭提了。我们在水里扎猛子，学狗刨，打水仗，尽情地嬉戏着。

在不下大雨的日子里，渠河水并不宽，也不很深。靠北岸的地方较深，岸边长满了水草，里面有不少小鱼，小虾，河蚌，甚志还有螃蟹和鳖，每次去玩，总能捉到一些。当时不会钓鱼，只会用手抓和摸，吸一口气，钻到水里，两手在水草中、洞穴里轻轻地摸索，不一会儿就能抓到几条小鱼和螃蟹。渠河的南岸是一片金黄色的沙滩，沙滩后面是大片的白杨林。河中间有许多不规则的沙丘，那是大水过后形成的。由于河水是从上游山上流下来的，没有任何污染，河水清澈透明，捧起来喝几口，甘甜爽口，舒服极了。

玩累了，我们便躺在河中间的沙丘上晒太阳，或者用沙子把身体埋起来，只露出脑袋，瞪着眼望着天空的浮云，听着树林里叽叽喳喳的鸟叫，真是舒服极了。我们沉醉在渠河母亲的宽大的胸脯上，就像小时候依偎在母亲温暖的怀抱里。

当时年幼不知道，我和小伙伴们戏水玩耍的地方，正是父亲当年被敌人抓走的地方。可能是父亲的神灵保佑我，使我从小躲过了一个个劫难。

母亲河也有发怒的时候，那就是大雨过后发大水的时候。听老人们说，渠河里有水怪，每逢发大水时便出来兴风作浪。据说那水怪能顶起几米高的水柱，所过之处，吼声如牛，桥断树倒，惊天动地，十分可怕。传说归传说，谁也没见过。

当年，母亲河一年四季流水不断，夏秋季节发大水时，河面宽阔，水流湍急，汹涌澎湃，冬春季节也"小河流水哗啦啦"。如今，由于降水量越来越少，上游又建了水库，母亲河已经变成了季节河。谢天谢地，由于上游没有污染，水质仍很干净，每一滴水都像油一样宝贵。

19．反右派的故事

1957年的秋天，学校里又发生了重大事件。

音乐、体育老师李怀津，师范毕业，21岁，风度潇洒，同学们都很喜欢他；语文老师王继初老气横秋，阴阳怪气，同学们都很讨厌他；班主任老师桑焕明一本正经，严肃有余，同学们都很尊重但有点怕他。一天，桑老师通知我们到大教室开会。

　　大教室里坐满了人，校长兼书记李立华及全体老师都在场。我们站在门口，只见李怀津老师和王继初老师站在当中，低着头，头上身上贴着标语和纸条：打倒右派分子某某某！坦白从宽抗拒从严！

　　老师们有人喊口号，让我们也跟着喊，我们十几岁的孩子，从未见过这种场面。1953年见过枪毙反革命，可这是我们的老师呀！怎么一夜之间变成右派分子了呢？什么叫右派，当时不太清楚，反正不是好东西。

　　这时，李书记站起来讲话了。

　　"同志们，今天我们学校揪出了两个右派分子，这是伟大的胜利（当时还不大兴"毛泽东思想的伟大胜利"这种说法）。上级说我们学校起码有五、六个右派分子，今天先把李怀津、王继初揪出来示众。李怀津你听着：你年纪不大，却反动透顶，恶毒攻击党和社会主义。大家听着："李怀津在日记里写道：夜来生美梦，想吃落花生，醒来梦一场，肚子空荡荡。同志们，这不是反党是什么？"这时，一些老师高呼口号："打倒李怀津！李怀津必须老实交待！"我和同学们也跟着喊了起来。

　　李书记又接着说："要不是于某某老师偷看——不，是发现了李怀津日记里这些反动言论，我们今天还蒙在鼓里呢！于某某同志立场坚定，是伟大的反右派斗争中涌现出来的积极分子，大家应当向他学习！"这时我看见教生物的于某某老师很尴尬地笑着，许多老师都低着头不吭声。

　　李书记顿了一下，瞅了一眼王继初老师，大声地说："至于王继初，更是反动透顶。王继初历史上是国民党员，反动地主出身，一贯仇视共产党，混进了教师队伍。他教学生语文课，总是放毒，批改学生作文时，全是反动言论。一级三班的戴维堤来了没有？"

　　我一听，吓了一跳。班主任桑老师笑着把我拉到前面。

"戴维堤，你看看，这是你的作文。"李书记用右手拍打着左手里一本作文本，根本没让我看，对着大家说，"戴维堤的作文写得多好啊！你们听：毛主席教导我们，虚心使人进步，骄傲使人落后，我们一定要听毛主席的话。可王继初这个家伙用红笔批道：这话根本不是毛主席发明的，古来有之。下面还有，戴维堤说，只要听党的话，好好学习，就能使国家强盛起来，共产主义就一定能实现。王继初批道：幼稚可笑。好一个王继初，你这不是反党反毛主席又是什么？"这时老师们都喊："打倒王继初！王继初罪该万死！"

天哪！我怎么不知道我的作文里有这些批示呢？原来，这次作文本还很没发下来，就被校方收走了，为的是收集王继初的材料，难怪我不知道。

实事求是地说，当时很同情李怀津老师，对王继初没有好感，加上他是国民党员，我自然更恨他。我也跟着老师们喊："打倒王继初！"

后来，李怀津、王继初继续给我们上课，但非常小心，一句话也不多说，脸上毫无表情。

又过了些日子，公安局来人把王继初抓走了。据说在景芝西河大桥下面发现了反动标语"打倒共产党！"公安局破了案，是王继初回家路过时写的。看来王继初确实是个仇恨共产党的反革命分子。后来，王继初死在了监狱里。

后来被送到劳改农场劳动改造多年。后来我一直没有机会再见到他。听初中老同学说，当年英俊潇洒的李怀津老师从劳改农场出来后已经苍老得很，且一条腿瘸了。

反右期间，人人自危，十三岁的我又无意间捅了一个漏子。

冬天的一个早上，我第一个来到了教室。教室里没有火炉，玻璃窗子上全是冰花，十分好看。我爱练字，便用手指在窗花上乱画。这时，正好学校广播中央人民广播电台新闻，好像是中共中央决定、通知之类的有关反右派的新闻。播音员夏青（后来才知道）的音调好听极了，随着他说"中共中央……"我用手指在窗花上刚写完"中共"两字，听见门外反右派积极分子李某某老师在门外咳嗽，我便溜出了教室。我前门出，他后门进，没有看见我。

下午放学前全校开大会，李书记训话，点了这件事。他说："一级三班的教室里发现了反动标语！有人按捺不住反党野心，竟然在窗子上写"中共"。只有国民党才这样称呼共产党，这不是反动标语是什么？可惜窗子上的冰花已经化了，没有证据了。希望大家揭发检举，谁写的要坦白交待。反正不会是学生写的，因为字写得很老练，很有力。"

我的天哪！怎么好事都让我碰上了。我一个十三岁的初中生也不认为写"中共"两字就是反动标语，但我不敢承认。反正李老师也没看见我，也不可能怀疑到我这个烈士后代头上来，去他妈的吧！此事后来不了了之。当时我作好了准备，若李书记再说是哪个老师写的，我就站出来承认那是我写的。

反右派斗争，在我幼小的心灵里留下了深深的烙印。

20．"放卫星"的故事

1958年我上初二的时候，"大跃进"开始了。全国掀起了"赶超英美"、跑步进入共产主义的狂潮。

李书记不知道为什么出头露面少了。大跃进期间，他很少讲话，出头露面的常常是教导主任王年玉。王主任背有点弓，宽大的额头光光的，眼睛深陷，像个类人猿。他讲话笑嘻嘻的，一副和蔼可亲的样子。

在王主任的指挥下，学校里开始大炼钢铁。这可苦了学生们，半夜三更爬起来，用书包到几十里外的矿山背矿石和煤块。由于很少上课，许多同学溜回了家，帮家里干活。

费了九牛二虎之力，学校几个火炉子最后炼出了几块巴掌大的生铁。校领导用红绸子包着，敲锣打鼓到公社党委去报喜。

王主任又决定大搞试验田，放"卫星"。他在全校大会上雄心勃勃地宣布他的伟大计划。

"同学们，在伟大领袖毛主席和党中央的领导下，在总路线、大跃进、人民公社三面红旗的指引下，全国形势一片大好，我们学校形势更好。我们不但炼出了钢铁，也炼出了思想，炼出了许多积极分子。现在我们要像全国一样，大搞试验田，放'卫星'，彻底解决我们国家的粮食问题，那时我们就不会饿肚子了。不瞒大家说，我也吃不饱，今天我儿子去挖了许多马齿苋，我让老伴烫了烫，加了点盐和大蒜凉拌着吃，味道好极了，不过别吃多了，吃多了肿脸，拉肚子。"同学们哈哈大笑。

王主任用手拢拢脑后的几根头发，接着讲话。

"同学们，我们学校也要搞试验田，学校两边靠公路这片地都给我深翻两米，（注：不是两尺。）一层一层地倒，把熟土留在上面。学校里的茅坑都给我挖干净，全撒在地里，你们晚上出来撒尿也撒在地里。我算了一下，这片地五亩多，一亩地打20万斤小麦不成问题。我们撒上十公分厚的种子，也就才四指多厚吧！多施肥多浇水，明年春天每人带一把扇子在边上扇，保证通风透气。（注：当时学校里还没有电，用汽灯照明。）这样，成熟的时候，地上就会有半米厚的麦粒。大家算一下，各班主任要带领学生当作一道数学题，每个人都要算。根据试验田的面积，再乘以麦粒的高度就是体积，再查一下麦粒的比重，乘一下就是我们的实际产量。大家好好去算吧！明年我们放了卫星，大家保证天天吃馒头……"

王主任讲完话，有人鼓掌，有人高呼口号，但也有人偷着笑。大家都是农民的儿子，都种过地，谁不知道这是胡来，是吹牛皮。但当时人人都像疯了一样，没人出面反对。

以后便苦了我们这些十几岁的学生们，翻地两米深后，撒下了厚厚的一层麦种，出苗后整天施肥、浇水，总算熬到了冬天，封了地，才不干活了。

第二年春暖花开，麦田里密密麻麻，绿油油的一片，还挺好看，可不久就开始发黄、腐烂，到后来，一共才收了几十斤麦子，校领导再也不吹牛了。

中部 《文革风云》

3. 文革之初 /4. 怀念武光院长 /5. 反工作组的斗争 /6. 写血书 /7. 工作组走了 /9. 北航红旗成立 /10. 二十八天二十八夜 /11. 让"请柬"韩爱晶上天安门 /48. 天、地派的起因和斗争 /49. 北航"批斗彭德怀" /50. 北航红旗"红一连"问题 /54. 中央武装北航红旗 /56. 天安门广场武装游行 /57. 北航"824"事件始末 /58. 张体学上了天安门 /60. "红航一号"诞生记 /61. 武光问题真相 /62. 砸"八一"大会 /63. 北航"国际红卫军"事件 /64. 北航周国怀"叛逃"事件 /65. 朱东的故事 /66. 韩爱晶带枪进入大会堂 /73. 关于"北航黑会" /74. 清华园"七二七"大武斗（节选） /76. 毕业分配 /78. 关于"批清运动" /79. 隔离审查进"牛棚" /80. 一千多个"五一六"分子 /81. 逃出"牛棚"看娇儿 /82. 度日如年 /83. 小伙子看守的故事 /84. 与军管会的较量 /85. 转移"牛棚" /86. 夫妻双双在"牛棚" /87. 见"故人"——尹聚平还活着 /88. 见儿子——欲哭无泪 /89. 林彪完蛋了 /101. 李冬民事件 /102. "母亲打儿子"的故事 /103. 关于"三种人"

3. 文革之初

　　由于家庭出身的原因，我对共产党有无比深厚的感情，对伟大领袖毛泽东有一种天然的崇拜。随着世界观的逐步形成，这种朴素的感情得了升级和升华。我对马克思列宁主义和共产主义理论深信不疑，对无产阶级的革命事业和共产主义必胜充满了信心。这样，关心政治、关心国家大事便成了我的一种习惯、一种责任。"国家兴亡，匹夫有责"这句话，我从小铭记在心。我崇拜马克思、崇拜列宁、崇拜毛泽东，崇拜中国历史上的文化名人和民族英雄。屈原、杜甫、李白、岳飞、文天祥和黄继光、董存瑞、刘胡兰以及外国的保尔·柯察金、牛虻等都是我心目中的英雄。在那个年代，像我这样的热血青年大有人在。

像我这样的人，任何运动都不会当逍遥派。

1966年上半年，我对报纸上关于"海瑞罢官"和"三家村"的大讨论十分感兴趣。晚自习时，我常跑到图书馆去看报。作为一个青年学生，我当时对中央内部的情况和斗争一无所知，但我感到报刊上的讨论很有意思。令我不解的是，许多文章不是学术讨论，而是大帽子压人。特别是一个叫姚文元的人太霸道，写的文章不讲道理。他使我想起了反右派时那些积极分子教师们的所作所为。一种打抱不平的心理指使我，写了一篇短文，投给了《人民日报》，文中对姚文元等人不客气地进行了抨击。当然，我当时并不知道任何背景，也不知姚文元是何许人也，纯粹就事论事地参与了这场讨论。谢天谢地，我当时用的是化名。事后才知，由于这场讨论事关大是大非，所有投稿皆存了档备查，幸亏我用了化名。

我所在的3511班，共有25名学生，来自全国各地，大部分是工农子女，有几位干部子女。有一名女同学叫尹聚平，据说父母都是老干部。我虽然是共产党烈士的后代，但从小在农村长大，始终把自己当成农民的儿子，对学校里的干部子女向来敬而远之，因此尽管同班同学三年，同尹聚平很少接触，更缺乏了解。

后来有一次班里开忆苦思甜会，我向全班同学讲述了自己苦难的家史。同学们都很受感动，许多人都流下了眼泪，尹聚平同学哭得最厉害。后来我才知道，她也是烈士的后代，她生父早年牺牲了，母亲是1938年参加革命的老干部，把她养大的继父蒋中岳是1929年入党的老共产党人，顺便提及，他是赵紫阳的入党介绍人之一。

我对尹聚平同学的阶级同情心十分感激，但男女有别，仍以一般同学相处。

到文革开始前，我所在的3511班已有党员6名，包括院学生会主席郑焕城、系学生会主席张庆海和张玉台同学，他们是脱产一年的学生干部，担任过低年级学生的政治辅导员，都是贫苦农民子弟；另外3名入党不久的新党员是江苏同学吴开泉、苏州女同学吴明仪、湖南同学郭建廷；其他还有：江苏同学石兴国，他父亲是江苏省委书记的秘书，也算干部子弟；湖北同学陆澄平，因个子高，学习好，外号"拔尖"；广东同学陈海舟，因聪明伶俐，个头不高，外号"小广东"；山东同学吕香孝，为人忠厚老实，外号"老好"；上海同学王健良，孙明芳；河北同学鲍凤、刘建国、高振科、女同学刘秀须；湖南同学李和炳、安徽同学周谋太、福建同学陆建祖、大连女同学董瑞玲、河南同学白恩杰、北京同学庞仲举、辽宁同学马占魁（已病故）。

1966年6月1日，中央人民广播电台广播了北京大学聂元梓等人的"全国第一张马列主义的大字报"和评论员文章。第二天，《人民日报》发表了重要社论"横扫一切牛鬼蛇神"，从此点燃了无产阶级文化大革命的战火。不知为什么，全国像洒上了汽油的一堆干柴，忽地一下燃烧了起来。谁都知道，下令点火者是伟大领袖毛泽东主席。

不久，毛主席说："你们要关心国家大事，要把无产阶级文化大革命进行到底。"

学校乱了，停课了。学生们都跑到北京大学去看大字报，回来后便向院党委开了火。

据我回忆，北航最早给党委提意见、"炮轰"党委的主要是一批高干子弟，这不奇怪。北航工农子弟多，见识少，没有小道消息来源，只能听党中央号召和《人民日报》社论的。高干子女见识广，消息灵，胆子大，所以先行一步。

平心而论，当时高干子女们也好，工农子弟们也好，教职工们也好，对党委、院领导提意见写大字报全是好意，提的意见也不疼不痒，不外乎学生负担过重啦，工农子弟受排挤啦，修正主义教育路线啦，某领导讲话不符合毛泽东思想啦等等，还没有人上纲上线，要打倒谁，"砸烂"谁。

随着运动的发展特别是一些知内情的干部和教职工的揭发批判，全院开始乱了起来，党委已经瘫痪。北航主管上级国防科委按中央指示派来了以赵如璋同志为首的工作组，领导全院的文化大革命。

4. 怀念武光院长

随着院党委主要领导人被揭发、批判,一些干部和教职工提出了"武光问题"。

武光,1912 年生,河北省深泽县人,1930 年参加革命,1931 加入中国共产党,一直在北京、河北、山西等地从事革命活动。1945 年任中共北平市委副书记。建国前后任中共湖南省委委员、长沙地委书记、长沙军分区政委、中共华南分局委员粤西区党委第一书记、粤西军区政委。1954 年调任北京航空学院党委书记、院长。

武光是北京航空学院的创建人之一。他在北航工作多年,成绩很大。他是老革命,德高望重,平易近人,关心干部群众疾苦。有大字报说他大雨天打着伞,去看望工人住房漏不漏水,令人感动。

1962 年反右倾时,武光被北京市委打成右倾分子,撤销北航了党委第一书记的职务,"发配"新疆。随后上级派王恒来北航当了一把手。后来武光任新疆任自治区党委副书记,自治区政府第一副主席。我们入学时武光已经调走了,我没有见过他,但知道了武光同志许多感人的故事后,认为这才是共产党的好干部。于是有感而发,写了一首《怀念武院长》的诗,贴在了大字报区。

武院长,你在哪里?/北航的师生想念你。/你突然离开了北航,/走得是那样急,

把我们的心,带往了茫茫戈壁。/你从冀中平原走来,风尘仆仆,脚板踏实。

你带着乡亲们的嘱托,/去追求伟大的真理。/你牢记着共产党的宗旨,

为推翻"三座大山",/赴汤蹈火,战斗不息!

你从枪林弹雨中走来,/步履匆匆,马不停蹄。/你肩负着党的重托,

脱下戎装,穿起布衣。/为了祖国的航空事业,/你老骥伏枥,志在长空万里。

昨天,这里还是一片荒郊野地,/今天,革命的熔炉拔地而起。

面对这航空工程师的摇篮，/遥望那西北的茫茫戈壁，/莘莘学子都在想念你。

啊，武光同志，我们的好院长，好书记，/你在哪里？你在哪里？！

这首诗贴出后立即轰动了全院，许多同学传抄，大声地朗诵。据说有些老干部看后感动地掉了眼泪，我也顿时出了名。

这首诗，我是怀着深厚的阶级感情写出来的，它是我对共产党老干部的真情流露，也是我保老干部的铁证。武光老院长还健在，在他90岁高龄的时候，在北航建校50周年之际，我以此诗敬献于他，祝他老人家健康长寿。对于本书的某些政治观点，请他老人家谅解。

5. 反工作组的斗争

工作组一进院，便取代了党委，领导全院的文化大革命。工作组长赵如璋"老革命碰到了新问题"，他不知该怎么办，只好像其他学校一样号召全院师生揭院党委的盖子。很快，工作组便罢了党委书记王恒、副书记周天行的官，让群众揭发、批判，戴高帽子游街。不久，以沈元副院长为首的一批航空专家、教授也被打成"资产阶级反动学术权威""牛鬼蛇神"，受到了打击、迫害。

高干子女们没有料到，这场运动事实上是对着他们的老子们来的。他们在积极炮轰北航党委、批斗北航老干部的同时，他们的老革命老子们在全国各地也开始被批斗、打倒了。因此，随着运动的深入，高干子女们开始消极起来。他们开始保工作组，对工作组唯命是从，不愿再造反，有的人当起了逍遥派，洗手不干了。

我没有老子了，但作为烈士的后代，作为关心国家大事的热血青年，为了防止国家不出修正主义，为了红色江山不变颜色，我和许多同学一样，仍然积极地投入到了斗争中去。我和一些学生受到了工作组的赏识，成了文革积极分子和工作组的"红人"，被指定为基层"文革代表"。

实事求是地说，在揭批北航党委盖子的过程中，本人实在没有什么"功劳"可言，因为本人实在不知道党委主要负责人有什么问题。

在工作组的领导和支持下,本人和许多同学一样,写过几篇不疼不痒的大字报,批判所谓的修正主义教育路线,没有具体针对党委的任何一个人。对基层党支部普遍存在的发展"老好人"入党的做法,本人写大字报提出了尖锐地批评,认为这是修正主义的建党路线。

工作组取代党委以后,许多领导干部和教授都被打成了"黑帮"和"牛鬼蛇神"。这时,工作组又提出了"谁有问题就揭发谁,有什么问题就揭发什么问题"的错误口号,把矛盾指向了一般干部和广大群众。

而我和许多学生们(以工农子弟和一般干部子弟为主)认为,按照毛主席和党中央的号召,这次运动的重点是"整党内走资本主义的当权派"。工作组号召"谁有问题就揭发谁,有什么问题就揭什么问题",这是把矛头指向一般干部和群众,大方向肯定错了,为什么不能对工作组提提意见呢?

这时,同班3511班同学石兴国贴出了一张爆炸性的大字报《一条无头黑线》,矛头指向了工作组和上面。一石激起千层浪,北航顿时像炸了锅一样,支持的,反对的大字报铺天盖地。工作组如临大敌,立即组织人马批判,围攻。

我对工作组的做法也很不满。我认为工作组矛头指向学生和一般干部、教师,大方向错了。石兴国同学的大字报,是根据中央社论精神写的(当时我们还不知道毛泽东在"516通知"里那些惊心动魄的话)。走资派无论地位多高职务多大,只要他走资本主义道路,就要一追到底,把他们拉下马,所以,石兴国同学的观点没有错。于是,我和其他同学立即写了支持的大字报。由于3511班的大部分同学都支持我们,所以3511班以反工作组最厉害在全院出了名。工作组立即组织人马对3511班进行批判、斗争。

工作组的做法,令我们十分不满,在这种情况下,我写出了北航《赶走工作组》的第一张大字报。大字报内容是,"鉴于赵如璋同志为首的工作组把矛头指向了群众,大方向错了。赵如璋同志已不适宜继续领导北航的文化大革命,建议国防科领导另派负责同志。"当时,我的真实思想是针对赵如璋个人的,我当时对国防科委领导仍是拥护的，但是，大字报一出来，我便有口难辩了。

我的大字报顿时成了众矢之的。"谁反对工作组谁就是反革命！""打倒戴维堤的嚣张气焰！""揪出反革命分子戴维堤示众！"……顿时，全院铺天盖地的大字报、大标语对准了我。由于我是"文革代表"，许多人要求工作组立即罢掉我这个"代表"的"官"。我不甘示弱，又贴出了《砍头不要紧，只要主义真，罢了"官"也要干革命》的大字报。这时恰好工作组刚罢免了王恒、周天行的党委正、副书记的官，于是我又多了一条为黑帮分子"喊冤叫屈，助威打气"的罪名。工作组如临大敌，一面派人调查我的出身、家庭、表现、同"黑帮分子"的关系，一面组织人马批判、围攻我和石兴国等人，这就是北航文革初期有名的"627大辩论"事件。

1966年6月27日这天，我被许多人轮番批判、围攻一直到深夜，我"困兽犹斗"，被迫自卫，顾不得说话"结巴"，声嘶力竭地同众人辩论、争吵，一直到口干舌燥，声带失声。实事求是地说，当时没有武斗，没人打我，只有些推推拉拉而已。天快亮的时候，同班同学把我架回了宿舍。当我一觉醒来的时候，出现了奇迹，同学们突然发现我说话不结巴了。啊！真的，困扰我多年的口吃毛病一夜之间没有了。谢天谢地，这真是因祸得福也！从这点上，我真感谢工作组和批判我的老师、同学们，是他们治好了我多年的口吃毛病。（注：从那以后，我的讲话能力和口才逐渐好起来。如今"吹起牛"来，可谓口若悬河，走向了反面。）

在工作组的指使下，我和石兴国等3511班的同学们被轮番批判。以孔令华为首的四零五教研室和以陈忠为首的五零一教研室的老师们水平不凡，他们有理论，会分析，能上纲上线，极具说服力。他们的逻辑很简单，工作组代表党，反工作组就是反党，在1957年就要定为右派分子。现在承认错误，可以从宽处理。党和国家培养你们一个大学生不容易，你戴维堤是烈士后代，你已经背叛了无产阶级和革命家庭，如不悬崖勒马，改正错误，后果是不堪设想的……出于对老师们的尊重，加上当时确实害怕被打成右派和反革命，我们不得不承认了一些错误，但心里是不服气的。当时没有如今的口才，否则很可能老师们会甘拜下风,因为他们的大方向错了。

这位孔令华老师,非一般人物。他是孔从洲将军的儿子,李敏的丈夫,毛泽东的女婿,后来当了院文革筹委会主任。他是坚决反对文化大革命和江青的。他当时与我们对立得十分厉害,批判我们时十分卖力,我本人也同他辩论过多次。他虽同我们观点相左,但为人正派,不搞阴谋诡计,我们从人格上始终十分尊重他。

据多年后李敏同志在回忆录中说,孔令华曾受到过北航红旗的迫害,被批斗时坐过"飞机",并被诬蔑为"埋藏在毛主席身边的定时炸弹"等等。李敏在自己的回忆录中竭力表白自己是文化大革命的反对者和受害者。对此,我们深表遗憾。且不说当年孔令华同志为首的文革筹委会对我们的批判和打击是何等厉害——而这些我们早已哈哈一笑置之。据我所知,北航红旗"翻身"以后,对工作组和继承者——文革筹委会主任孔令华确实进行过批判,至于是否坐过"飞机",笔者印象已不深了,即使有,也是当时北航四系的一些学生们干的,与韩爱晶等人和笔者无关。这笔糊涂账希望李敏同志还是不要再计较了吧!李敏同志不了解的是,后来韩爱晶和我们曾经多次想邀请孔令华参加北航革委会领导班子,韩爱晶多次想把革委会主任位子让给孔令华,这绝对是历史的事实。多年以后,孔令华成了我们的好朋友,经常一起聚会,无话不谈。这些事孔令华可能瞒着李敏,否则为什么李敏同志不知道呢?由于多种原因,孔令华后来被调离北航,进入军界,但仕途不顺,后步入商界。1999年他在深圳出车祸,不幸身亡,我们知道后无比悲痛,有的人专程去深圳向他告别,我们至今非常怀念他。李敏同志如能看到此书,请不要再骂我们。至于本书中对毛泽东主席文革中某些失误的评述,请李敏同志谅解。毛泽东首先是属于全党、全国人民的。我们决不全盘否定毛泽东主席,我们对伟大的毛泽东同志永远哀悼和怀念。

陈忠老师是我们的专业老师,当时是五零一教研室党支部书记。文革初,他的许多亲友都受到了造反派们的冲击,他也是坚决反对文化大革命的。当时,他同我们观点对立得很厉害。他批判过我们,我们也批判过他。后来,文革中的事一笑置之,我们和陈忠老师握手言欢，成了好朋友，同学们都很尊重他，毕业后我和同学们常去看望他。他后来任北航党委书记，北京市高教局局长，现已离休。

6. 写血书

北航"627"大辩论后，我和许多学生被工作组定为"反动学生""牛鬼蛇神"，强迫接受批判，被责令检查交代问题。之后在天安门广场举行的百万人"抗美援越"大会，全院师生都参加了，我和"牛鬼蛇神"们被工作组派人看管了起来，剥夺了政治权利和人身自由。

一天晚上，我站在北航六系楼顶上，遥望中南海，心里百感交集。我一个贫农的儿子，烈士的后代，全家被敌人杀害的孤儿，怎么一夜之间成了反革命了呢？不就是给工作组提了几个意见吗？提点意见就打成反革命，这是哪家的逻辑？伟大领袖毛主席号召我们要关心国家大事。为了红色江山不变颜色，为了中国不出修正主义，我们响应毛主席的号召，积极参加文化大革命，给工作组提点意见，有什么错？不知毛主席他老人家知道这些情况不？我要让毛主席党中央知道我们的情况，我要自己救自己。于是，我割破了手指，写了一份血书："誓死忠于党，誓死忠于毛主席，永远不变心！"并连夜写了万言书大字报，公布了我的家史，呼吁工作组和全院师生不要把矛头对准我。

第二天一早，我推开了工作组长赵如璋同志的办公室门，把血书交给了他，并让他转交党中央和毛主席。赵如璋眉头一皱，似乎有所感动，收下了我的血书，安慰了我几句，把血书交给了身边一位仪态大方的女军代表。真是无巧不成书，当时我还不知道，这位女军人正是毛泽东主席的大女儿、孔令华的爱人李敏。她当时是工作组的秘书。

我的万言书大字报和写血书的消息又一次轰动了全院。许多干部、教师、同学纷纷到宿舍来看望我，并写大字报对我表示支持和声援。一些已有分歧的高干子弟也来看望我，甚至有许多不认识的女同学也多次来找我，对我表示同情和支持。

当时，支持我的同班同学中，尹聚平是最坚决的一个。在我挨整的日子里,她始终同情我,支持我,为此,她也被工作组列入黑名单中,被点名批判,可她似乎并不很在乎。她不善言辞,一遇批判就用沉默寡言来抵挡。

说实在话,尹聚平完全应该当"保守派"。作为干部子女,她的父母当时也被打成叛徒、特务、走资派,但她像我一样积极响应伟大领袖毛主席的号召,为了红色江山不变颜色积极投入了运动。我当时认为,像我们这种人,不可能也不甘心当逍遥派。我们的命运始终同共产党和国家的命运连在一起,若资本主义"复了辟",反革命上了台,我们也要跟着人头落地,不像有些人,蒋介石来了照样有饭吃。因此,对于某些所谓"胆小怕事""两耳不闻窗外事,一心只读圣贤书"的"老实人"和"逍遥派"我很有看法和意见。

当时,尹聚平因同情、支持我而逐渐走入了造反队伍,成了北航红旗一名能干的女将。后来身不由己地介入了某些重大事件,受了很大的牵连和磨难,差点丢了小命。从某种意义上说,是我连累了她,害了她。她是我生活中遇到的第二个女性,她后来成了我的患难妻子,但当时,我俩毫无特殊之处,仍是普通同学关系,因为我当时有自己的女友李青君。

据尹聚平后来说,她当时之所以同情、支持我,完全是因为我是烈士后代,同病相怜而已,她根本没同我谈过恋爱,更没想到后来会嫁给我。她当时刚20岁,天真无邪,可能什么也没有考虑,她也根本不知道有一个李青君在等着我。

7. 工作组走了

1966年8月初,中共中央八届十一中全会公报发表了。公报指出,工作组执行了资产阶级反动路线,犯了方向路线错误。当时人们还不知道,毛泽东8月5日写了一张"炮打司令部"的大字报,宣告了"刘、邓资产阶级司令部"的政治死刑。

该大字报全文于一年之后的1967年8月5日由《人民日报》正式发表,但有关内容当时就传播了开来。不久,便传来了工作组犯了方向路线错误并要撤走的消息。被工作组整过和对工作组有意见的学生和教职工们欣喜若狂，学院里又一次掀起了反工作组的高潮。许多大字报要求赵如璋为首的工作组向全院师生做检查，为打成"一小撮""反革命""反动学生"的师生们平反。这时，工作组指定了以孔令华为首的北航文革筹委会，领导全院的文化大革命，而工作组随时准备"溜之大吉"。

一天，石兴国、我和其他几个被工作组整得较厉害的学生（所谓北航十大"牛鬼蛇神"）被接替工作组的文革筹委会集中到北航六系楼开会。那天，北航戒备森严，不一会儿，几辆军队的高级轿车开进了北航。

国防科委的钟赤兵中将、罗舜初中将、刘化清中将、陆杨少将等领导来到了会议室，"召见"被国防科委工作组打成"反动学生""牛鬼蛇神"的我们。会场戒备森严，气氛紧张，如临大敌。钟赤兵等领导大发雷霆，他百般为赵如璋为首的工作组撑腰、辩护，一口咬定我们反工作组就是反党，就是反革命。他让我们好好检讨，不准抓着工作组不放。他说，聂老总是毛主席无产阶级司令部的人，国防科委也是无产阶级司令部的。国防科委没有任何问题，更没有什么"黑线"，谁要胆敢反对国防科委，我就枪毙了他，真是杀气腾腾。

钟赤兵将军是老革命，他在长征中娄山关战役时被敌人打断了一条腿，因没条件，锯掉了。他是我军有名的独腿将军，打仗时用担架抬着指挥战斗，这些我们都知道，但他同样是老革命遇到了新问题，他对文化大革命也很不理解。

工作组要撤走了，把许多干部学生打成"黑帮""反革命"的工作组没有一句交代就走了，把烂摊子留给了以孔令华为首的文革筹委会。我们认为：工作组不能走，筹委会是工作组指定的，我们不承认，它也解决不了北航的问题。于是反对工作组的学生、教师亮起了真正的红灯。许多人制做了各式各样的红灯笼，挂了出来；而拥护工作组的人们--大部分是老工人、炊事员、司机、某些教师和高干子女们却挂起了绿灯笼，为工作组放行。"红灯"派和"绿灯"派互相冲突了起来。保工作组的人挂出了醒目的大标语"热烈欢送工作组""老革命遇到新问题，真不简单！"有的人甚至高喊"工作组万岁！"以赵如璋同志为首的国防科委工作组就这样离开了北航。

9. 北航红旗成立

北航工作组长赵如璋撤走的时候,把"血书"还给了我。另外,使我感动的是,一些工作组成员找到我,向我赔礼道歉,承认了错误。我握着他们的手,热泪盈眶地表示感谢。

我和挨整的学生们要求赵如璋同志回北航为我们平反并作一个检查,但赵如璋自走后在国防科委大院里再也没有露面。可气的是,学校里保工作组的人们继续视我等为反革命,对立情绪十分严重。反工作组和保工作组的人们互相指责、攻击,双方逐渐形成了两大派。保工作组的人成立了"北航红卫兵","北航赤卫队"等组织,还有一个中间派"东方红"。

据我所知,以高干子女为主的北航红卫兵和以党员、老工人、工农子弟为主的北航赤卫队除了拼命保工作组外,他们的主要"功劳"就是到处抄家和批斗"黑帮""牛鬼蛇神",然后就是围攻和批判反工作组的人们。

由于工作组的错误,北航各系都有一些学生和教师、工人受到批判、打击和迫害。这些反工作组的人们在工作组撤走后开始串联,互相认识,并开始酝酿成立自己的群众组织。当时,无论是北航还是社会上,红卫兵的招牌已经被保工作组的高干子女们占用,这些"老红卫兵"在社会上到处搞"打、砸、抢",已经很不得人心。北航和其他学校反工作组学生们对"红卫兵"十分反感,许多人都回避"红卫兵"这个名字。后来,真正成为文革舞台主角的学生群众组织没有一个叫红卫兵的,但他们认为自己才是真正的毛主席的红卫兵。例如,清华大学"井冈山兵团",北京大学"新北大公社",北京地质学院"东方红公社"等等。

1966年8月20日,北航一个叫田东(本名盛喜延)的学生贴出一张通告,首先宣布成立"北航红旗战斗队",立即得到了许多人的响应。当天,在北航主楼一间大教室里,反工作组的学生们自发集中起来,宣告了1966年8月20日北航红旗的成立。当时为了区别于社会上许多华而不实的"兵团""司令部"等称号，大家决定叫"红旗战斗队"，总部叫总勤务站，头头叫总勤务员，取人民的勤务员之意。参加北航红旗战斗队的人们自豪地宣告自己是毛主席的"红旗战士"，坚决不用"红卫兵"这个招牌。

当天晚上，登记的"红旗战士"即为1070人，大约占北航学生总数的四分之一。由于我在文革中的名气大，大家一致推举我为北航红旗的总勤务员，并担任一把手。不久，我认识了韩爱晶，他因反工作组积极也被推选为总勤务员。其他几个总勤务员还有井岗山、田东、仇北秦、侯玉山、屠海鹰、何金国等人。作为北航"老造反"之一的石兴国同学因故未参加北航红旗总勤务站工作，后来是北航院革委会委员，五系革委会主任。

10. 二十八天二十八夜

北航红旗成立后的第一件事就是要工作组回院做检查。1966年8月25日，我和头头们带领几百名学生举着北航红旗的大旗，来到了国防科委大门口静坐示威，要求赵如璋回学院作检查，从此开始了北航红旗艰苦卓绝的"28天28夜"揪工作组行动。

话说这国防科委大门口，非一般去处，它同时又是国防部的西大门。因此，北航红旗的"静坐、示威"、揪工作组行为一开始就"冒天下之大不韪"。院内的反对派和社会上的"联动"分子天天来围攻、漫骂，甚至动手打人。各种吓人的大帽子铺天盖地而来。北航红旗的战士们顶着巨大的压力，坚信自己的行动是正确的、正义的，"揪工作组"的行动决心越来越大，支持和参与的同学们也越来越多。

北航红旗揪工作组的行动，得到了社会各单位、各阶层许多人的支持。这些人都是在本单位受工作组压制和打击的干部、工人和学生。他们纷纷成立自己的群众组织，要求工作组做检查，为受打击迫害的干部群众平反。其中北京地质学院的"东方红公社"也派人围困了地质部，要求工作队长、地质部副部长邹家尤回地院做检查。这些反工作组的群众组织，后来成为北京市的造反派骨干力量，并演化成"天、地"两大派。

北航红旗组织人马轮番在国防科委门口静坐示威（后来撤到附近的一个体育馆里），目的只有一个，要工作组长赵如璋回院做检查。这件事对错与否，主要责任应由我来负。我个人认为，同学们主要是为了支持我才这样做的，所以当陷入僵局，上上下下压力不断增加的情况下，我曾打过退堂鼓，决定撤军，回校闹革命。某些已参加了"联动"的高干子弟朋友也劝我"浪子回头"，加入他们的行列，我当然不同意，婉言谢绝了他们的好意，人各有志，不能强求。但是，这时的"红旗战士"们觉悟已大大提高，他们认为揪工作组大方向是正确的，不能撤退，劝我坚持下去，并用那句"宜将剩勇追穷寇，不可沽名学霸王"的最高指示来激励我。

"你是北航红旗的旗帜，你不能撤，也不能倒，你牌子最硬、名声最大，我们都拥护你。"许多红旗战士都这样说。

我决定继续坚持下去。学院文革筹委会不给送饭吃，同学们就啃一口冷馒头，喝一口凉水。许多学生席地而坐已经很多日子了，有的人病了，可是大家的情绪始终很高昂。晚上，同学们席地而坐，眼含热泪，一遍一遍地唱着：抬头望见北斗星，心中思念毛泽东……

我骑着一辆破自行车往返于学院和科委门口之间，安排轮换人员，交涉吃饭问题，向反对派们解释我们的行动，做某些人的工作。同时，发展壮大北航红旗组织，起草有关的宣言、声明等，忙得不亦乐乎。

时间一天一天地过去了，国防科委始终不让工作组长赵如璋出来见我们。尽管北航红旗的学生们除了静坐以外没有任何过火的言论和行动（这点历史已经证明），但国防科委的一些干部和社会上的保工作组势力依然把我们的行动视为反革命行为，某些"联动"分子甚至大打出手，扬言要"砸烂北航红旗"。由于我们的忍让和同情支持者人多势众，才始终没有酿成武斗和流血事件。

面对重重压力，北航红旗战士们岿然不动。我们坚信自己的行动是正义的，也是合法的。党中央、毛主席一定会支持我们的。你工作组把那么多干部群众打成"反革命"，残酷斗争，无情打击，究竟凭什么？如今明明错了，你为什么不能出来见一见群众，为受打击、迫害的干部、群众平个反、道个歉？群众的气消了，也就完了，难道群众还能把你吃了不成？共产党是为人民服务的，共产党的干部当年面对敌人的屠刀都不怕，为什么这样害怕群众？

在那艰难的日子里，北航红旗战士们经常眼含热泪，白天面对中南海，夜晚遥望北斗星，心中默默地唱着"想念毛主席"的歌。不久，经过几个红旗战士的酝酿，很快，一首红旗战士自己的战歌诞生了：

撼山易，撼"红旗"难，
红旗战士钢铁汉。
跟着领袖毛泽东，
高举红旗去造反。
横扫一切"牛鬼蛇神"，
坚决打倒帝、修、反。

撼山易，撼"红旗"难，
红旗战士钢铁汉。
誓死保卫毛主席，
赴汤蹈火也心甘。
彻底砸烂旧世界，
共产主义定实现！

北航红旗28天28夜揪工作组的革命行动，轰动了北京市乃至全国，最后终于感动了"上帝"，惊动了中南海。1966年9月21日傍晚，中央文革小组组长陈伯达和王力等人来到了我们的驻地。陈伯达说他是代表中央文革小组（没有说代表毛主席党中央）来看看我们。他说："你们是少数，少数是优秀的，真理有时往往在少数人手里。我们来就表示一种态度，你们懂吗？"

据后来才知道，以北航红旗、地院东方红为首的群众组织"揪工作组"的行动早已惊动了中南海。围绕工作组的问题，中央斗争十分激烈。毛泽东大发雷霆，对中央有关领导同志进行了严厉地批评。针对北航工作组的问题,"林副主席"下了命令:"赵如璋不出去,派一排人把他押出去!"陈伯达还立了军令状:"以普通劳动者的态度,同北航学生们聚谈或同住几天,科委的干部(包括罗舜初、赵如璋)如果被学生杀死或杀伤,陈伯达情愿抵偿。"

北航红旗终于胜利了。

关于北航红旗28天28夜揪工作组的"伟大壮举",当时从我个人来说也好,从北航红旗其他头头来说也好,目的很清楚也很简单,就是要工作组回院给我们平个反,做个检查,绝没有其他的野心和雄心壮志。因为当时我等根本不知道中央内部的斗争情况,更不清楚中央内部有两个司令部和两条路线的斗争。我们的矛头说穿了就是对着赵如璋为首的国防科委工作组的。我们知道,国防科委是北航的上级,又是全国全军最高级最机密最尖端的军事机关,不可能有什么问题,只要国防科委让赵如璋出来做个检查,给我们平个反,道个歉,就完了。我们当时想的就是这么简单。后来的事实证明,我们的确也是这样做的。聂老帅后来不但没怪罪我们,而且对北航红旗十分关心,有什么消息主动通知北航红旗(当然不是机密)。而北航红旗上上下下对聂老总始终十分尊重,更没有人反过聂老总,这是历史的事实。

经过文化大革命的中国人都应记得,文革中,副总理和老帅们大都被下属单位的群众整过,或被打倒,或被批斗,甚至被迫害致死。外交口的陈毅,农村口的谭震林,工交口的薄一波,宣传口的陆定一,经济口的李先念、余秋里、谷牧及军委系统的贺龙、叶剑英、徐向前等老革命家都无一例外被下属单位的红卫兵和造反派冲击、批斗过,贺龙、彭德怀等人被迫害致死,独有国防科委的聂老帅基本是稳坐钓鱼台。(注:后来江青曾借当年国民党飞机轰炸延安一事向聂老总发难,但很快就被毛泽东和周恩来制止了。)这里面,北航红旗不求有功,但求无过。北航红旗在保聂荣臻的同时,对聂帅的老部下肖华、杨成武、余立余、傅崇碧等人也爱屋及乌,十分尊重,没有任何不礼貌,这些都是历史事实。

后来,北航红旗把自己的斗争纳入中央两条路线的斗争,直接的原因是"中央文革小组"插了手。如果说蒯大富是造反的"独胆英雄"，那北航红旗则是战斗的集体。这个以工农子弟和普通干部子弟组成的战斗集体，具有巨大的战斗力和各方面的"人才精英"。由于北航红旗很快地一统了北航天下，很早成立了革命委员会，中央文革看中了这支力量，一步一步地控制了北航红旗，使北航红旗成了中央文革的"铁拳头"，成了全国有名的响当当的革命造反派。

中央支持北航红旗后，按照林彪和陈伯达的命令，国防科委不得不让工作组长赵如璋来到了北航。那天，我和一个叫朱兵的学生去接赵如璋，国防科委派了一辆白色的"胜利"轿车出来。赵如璋见了我们，害怕得很，反复说明他有病，希望同学们不要打他。我说："赵局长，你错了。我们没有你想象得那样坏，我们始终把你当成老革命看待，你同我叔叔差不多。（后来才知道，我三叔戴键在山西也当过文革工作队队长，受过造反派的冲击。）你放心，我们不是中学生红卫兵，不会打人，北航红旗没人敢动你一根毫毛，不过你得给我们平反，你做个检查就完了，我们不会难为你的。"赵如璋当时半信半疑。

此后，国防科委罗舜初副主任也奉命来到了北航。他和赵如璋与我们同吃同住了一些日子。这期间，北航红旗在学院体育馆里"文斗"了一次赵如璋。赵如璋站在台上，绝对没有人让他低头弯腰坐"飞机"，但有一个姓张的学生跑上台去撕掉了赵如璋的领章。这个过激的行动，遭到了许多学生的一致反对。这也是赵如璋在北航受到的唯一"迫害"。之后，我们和罗舜初、赵如璋二人交换了意见，消除了误会，握手言欢，建立了友谊。在我和头头们的关照下，罗舜初、赵如璋在北航没有损失一根毫毛。革委会成立后，我们经常向罗副主任和赵局长请示汇报工作，对他们十分尊敬，这就叫不打不相识。如果有人说北航红旗文革中迫害过罗舜初和赵如璋同志，笔者愿与他对簿公堂。

赵如璋同志后来有一次在大街上排队买菜，我遇到他时，他感慨地说，北航红旗的同学们真好。赵如璋同志现已去世，我从心里十分怀念他。

罗舜初将军平易近人，十分和蔼可亲。他曾经用他的"大红旗"

拉着我跑遍了北京市的大街小巷。我同他相处聊天时,他给我讲了许多战斗故事。他也是红小鬼出身,参加过长征,身经百战,解放后,授予中将军衔。他说他解放后不论在哪里,从未当过正职,全是副职,因此他开玩笑发过牢骚。中国人有"宁当鸡头不当凤尾"之说,自然是有道理的。后来他的牢骚被周总理知道了,有一天,周总理把他叫去说:"罗舜初呀罗舜初!听说你不想当副职,这不对嘛!今天叫你来,是想让你换换工作,但还是副职,你干不干?"罗问总理去哪里?总理说:"让你去国防科委当副主任,聂帅是主任,你去不去?"罗舜初高兴地说:"我去,我去。"罗舜初同志到国防科委后,勤勤恳恳,兢兢业业,在中央和聂老帅的领导下,为我国的国防科技事业做出了巨大的贡献。后来,他调到沈阳军区工作,仍是副职。他去世时,广播里报道了他一生的感人事迹,我听后难过地掉下了眼泪。我想,如果老干部们都像罗舜初同志这样,该多好呀!由此我更想到,假如邓小平、陈云、薄一波、王震等同志也像罗舜初同志那样与我们有接触和交流的机会,真正地了解我们学生红卫兵、造反派们的思想、为人和一切,后来很可能会对我们"手下留情"吧!

11. 让"请柬"韩爱晶上天安门

在国防科委大门口"揪"工作组行动中,北航红旗涌现出了许多"精英",这些精英后来都成了北航红旗的头头和骨干分子,其中首数韩爱晶。

韩爱晶是江苏涟水人,生父被日本鬼子飞机炸死了,母亲是新四军老战士,继父也是老干部。他1964年考入北航,是发动机系的,文革前他已是入党积极分子。他艰苦朴素,学习刻苦,善于思考,沉默寡言,本是个不错的学生,绝非像某些人所说的文革前就是坏蛋。文革初,他同情支持我们的观点,对工作组有意见,但并未挨整,也不出名,他之所以后来成为"五大学生领袖"之一,纯属偶然。

1966年9月29日,鉴于北航红旗28天28夜揪工作组的"卓绝战功",中央给北航红旗发了一张请柬。请柬是我去领来的,中央要求北航红旗派一名代表9月30日进住中南海,并于10月1日登天安门城楼见毛主席。这张请柬并未点谁的名，一切由我决定。按常理，作为北航红旗的一把手，理应由我代表北航红旗去，同学们也一致要求我去，没有任何疑义。

我拿着这张非同寻常的请柬，心里顿时似波涛汹涌，百感交集，千言万语涌上心头。我，一个贫农的儿子，烈士的遗孤，一个沂蒙山下的苦孩子，一个共产党抚养长大的大学生，现在就要去住中南海，登天安门见毛主席，这不是做梦吧？我想起了被敌人活埋的父亲，想起了苦命的母亲，想起了双目失明的老祖母，想起了二老爷，也想起了李青君……我恨不得立即把这个喜讯告诉他们分享。

但是，事情并非这样简单。面对这张沉甸甸的请柬，我清楚地知道它的份量。只要我一上了天安门，见了毛主席，北航红旗这个一把手我就要当下去了。可是，我却觉得，是该辞掉这个一把手的时候了。对天发誓，我当时不想当官。（注：后来想当官也当不成了。）我自感能力差，尤其是口才不佳--当时口吃毛病刚改，但口才仍不佳，面对以后很难预料的复杂局势，我将很难应付，干不好对不起毛主席，对不起广大红旗战士。至于别的，我确实没有想太多，更谈不上有远见之明、急流勇退之说。

我从小急脾气，做事干净利落，从不婆婆妈妈，但有时考虑问题不周，常有失误。唯独这一次，不知为什么，我考虑太多、太多。是上苍有灵，还是第六感觉起了作用，我也说不明白。

于是，我做出了一个惊人的决定。

我把大家召集起来，郑重地宣布："中央给我们北航红旗的这张请柬，我建议让韩爱晶同志代表北航红旗去。韩爱晶同志文革以来表现不错，他水平比我高，能力比我强。从今天起，我建议他当一把手，我决定辞去北航红旗一把手职务，当一名普通红旗战士。"

我的话还没讲完，大伙儿就炸开了锅，大声喊："不行不行，应当你代表北航红旗上天安门，应当你去！"韩爱晶也坚决不干，坚决让我去，我固执地大声喊："别说了，就这样定了。"

以上这段历史，发生在 1966 年 9 月 29 日，地点在国防科委大门口附近的体育馆里，在场的北航红旗战士有一百多人。

当时许多人为我惋惜，甚至愤愤不平。他们从文革一开始就同情我，支持我，为此都挨了工作组的整。他们当时对韩爱晶还不大了解，认为他是"无功受禄"，也有的人被我的行为所感动，握着我的手紧紧不放。韩爱晶也很激动，紧紧地握住了我的手。

韩爱晶个子较高，身材瘦弱，讲话声音有些嘶哑，但能言善辩。他不修边幅，衣着随便，记得当时他头发长长的，几个月没理发了，胡子拉碴的，赤脚穿一双破凉鞋，一根鞋带还断了。我立即派女同学去给他买了一双新鞋子，又找人给他理了发，把他送进了中南海。

1966年10月1日上午，我坐在北航红旗办公室里，接到了一位新华社记者打来的电话，询问核实北航红旗今天谁上天安门。我回答："韩爱晶。韩信的韩，爱情的爱，结晶的晶，三个日字的晶。"

这天上午，在天安门城楼上，伟大领袖毛主席接见了全国英模代表和首都大专院校真正的红卫兵造反派代表人物--北京大学聂元梓、清华大学蒯大富、北京师范大学谭厚兰、北京航空学院韩爱晶、北京地质学院朱成昭。消息立即传遍了全国、全世界。

所谓的"五大学生领袖"就这样登上了中国文化革命历史的政治舞台。后来，地院朱成昭很快下台，换成了王大宾。

关于"五大领袖"的提法，最早出于毛泽东之口。后来有人可能怕"犯忌"，改叫"五大学生领袖"。但有人认为北大聂元梓是老干部，不是学生，便仍称为"五大领袖"。

韩爱晶登天安门见毛主席之后，正式成了北航红旗一把手。

后来的历史读者都知道了，我这张请柬为韩爱晶换来了15年重刑。我经常觉得，我对不住韩爱晶，客观上是我害了他，他当了我的"替罪羊"。虽然韩本人在后来确实犯了许多错误（说实在话，有些错误实在没法不犯），特别是后来北航批斗彭德怀时动手打过彭德怀，但如果不当北航红旗一把手，他很可能见不到彭德怀，也就犯不了这个错误。我始终认为，是我坑了他，所谓好心办错事，真正是也！

48. 天、地派的起因和斗争

随着文革斗争的深入，在"中央文革"的挑动下，北京大专院校红卫兵造反派逐渐形成了"天""地"两大派。

1966年底，在江青、康生等人的授意下，戚本禹分别指示地院东方红和北航红旗派人去成都抓彭德怀。结果，北航红旗的人马先抓到了彭德怀，后被地院东方红的人抢走。从此"北航"和"地院"结了仇。据我所知，这是北京"天、地派"矛盾最初的起因。

随着学生们的"大串联"和红卫兵杀入社会，北航红旗和地院东方红之间的矛盾也带到了社会上和工厂里。由于北航的学生们出身好，而地质学院、清华大学等学校的学生们出身相对复杂一些，因此北航红旗的学生往往支持工厂里出身较好但偏保守的一派（例如我到大连就支持了出身好、偏保守但拥军的"五一兵团"），而地质学院和清华大学的学生往往支持出身比较复杂比较极左的一派，双方往往为此大打出手。

毛泽东1966年"818"接见红卫兵后，以高干子女和中学生"联动"为主的老红卫兵抢先"注册"成立了"首都红卫兵造反司令部"（即"一司"）。当时作为造反派代表的地院东方红头头朱成昭联合蒯大富成立了"首都红卫兵第三司令部"，先是朱成昭后是蒯大富任一把手，戏称"司令"。对此，北航红旗无动于衷。韩爱晶说，他们是大杂烩，我们不理他们。后来，北航红旗联合了一些学校的红卫兵造反派成立了"首都红卫兵第二司令部"，韩爱晶派红旗战士陈良等人去主持"首都二司"的工作。后来，老红卫兵的"一司"土崩瓦解，"二司"影响也不大，主要是靠北航红旗的名气，而"三司"由于蒯大富的名气大，干的"坏事"多，因此"首都三司"在中国文革中的名气和影响比较大。

所谓"天"者，航空学院也，"地"者，地质学院也。后来，聂元梓的"新北大公社"是"天派"的，对立派"井冈山兵团"是"地派"的；蒯大富的"清华井冈山兵团"是"天派"的，对立派"414兵团"是"地派"的；北师大谭厚兰的"井冈山公社"是"地派"的，对立派"井冈山造反兵团"是"天派"的。历史的事实是，北航红旗和地院东方红在各自的学院里都是一统天下，没有对立派组织。（注：反对者当然大有人在，但没有形成组织。）后来，北京各大专院校和工厂里的群众组织也分别向"天、地"派靠拢、组合,最有名的七机部(现在的航空航天部)的两大派"九一六"(天派)、"九一五"(地派)也介入了北京"天、地"派的斗争。而在中央文革内部,有人支持天派,有人支持地派。由于中央文革的背后操纵和挑动,"天、地"派矛盾越来越深,斗争越来越激烈。

北航和地院仅一路之隔,却互相视若仇敌,双方的高音喇叭天天互相攻击、谩骂。当时,《北航红旗报》和北航红旗广播站在讨伐"地派"的宣传战中首当其冲,立下了汗马功劳。

当时各方都有作战部,作战部都有一个搞情报的班子,专门搜集对方的情报。对方的重大行动、人事变动、主要头头们的档案、中央首长去对方的讲话等等都在搜集之列。"地院"王大宾的人晚上曾经爬进北航教学区活动,被我保卫部的人抓到过。谭厚兰也曾派人来北航捣乱,并使用离间计拉拢北航红旗头头中的"反对派"造韩爱晶的反,有一次竟然开着卡车来冲击北航,被我保卫部的人用枪赶跑了。清华"414"的人开始对北航红旗很尊重,后来因蒯大富同北航红旗关系密切,"414"也开始反北航红旗,以致后来发展到捏造事实,用假材料上报康生,差点把我和蒯大富置于死地的"借枪"事件。

笔者当时认为,天、地派的广大群众或者说"炮灰"们本没有什么根本利害冲突,全是中央文革在背后挑动加上头头们争权夺利的结果。这个观点现在看来不很全面。当时,对伟大领袖毛泽东的"最高指示"——"文革是国共两党斗争的继续"理解不深,甚至认为伟大领袖"言之过重"。但后来的历史证明,文革中的"造反派"和"保守派"(特别是他们的头头们)不是一般的观点分歧,而是对党和国家许多重大问题,如建党建国方针、组织路线问题、文化战线问题、两条路线(无产阶级还是资产阶级)问题、两条道路(社会主义还是资本主义)问题、17年的基本评价问题、毛泽东的继续革命理论和党内有无走资派等重大问题的看法上存在重大分歧,很难"合而为一"。其中以清华大学蒯大富的"井冈山兵团"和沈如槐的"414"兵团的分歧为典型代表。历史证明,这些分歧始终没有调和,没有统一,最后只能以"胜者王侯败者贼"——保守派代表人物升官发财,造反派头头下地狱收场。

文革中，中央文革内部是极不团结的，这主要是江青这个气量狭小而又大权在握的"旗手"从中作梗所致。不知为什么，中央文革内部狗咬狗的矛盾很多。江青死瞧不起陈伯达，经常辱骂陈伯达，以至逼得陈伯达要自杀。可笑的是，陈伯达这个书呆子为了证明自杀有理，竟查到了列宁说过"共产主义者也可以自杀，不算叛徒"之类的话。

笔者认为，中央文革事实上分"京派"和"海派"。陈伯达、王力、关锋、戚本禹是"京派"的，又叫"红旗"派，因为他们都是《红旗》杂志的人；张春桥、姚文元（加上后来的王洪文）是"海派"的，又叫"上海帮"。至于江青，基本上是站在"海派"一边的，她先把王、关、戚当替罪羊搞了下去，架空了陈伯达，后来又同"海派"组成了"四人帮"。至于老奸巨猾的康生，同陈伯达也有矛盾，又不敢得罪江青，基本上站在"海派"一边。在对待北京天、地派问题上，陈伯达是天派的后台（笔者亲自听陈伯达自己说过），康生是地派的后台，江青表现得不明显。以上所言，当然是一般而言，在对待文革的大是大非问题上，他们观点一致，没有根本的分歧。

文革中，陈伯达、王力、戚本禹等人或亲自或派人常到北航来，同北航经常联系，关系密切。江青、康生、张春桥、姚文元从未来过北航。江青倒是很喜欢蒯大富、韩爱晶，很宠他们。张春桥、姚文元对蒯大富、韩爱晶除了利用外，没有好感，经常阴阳怪气地批评蒯、韩二人。康生对"地派"很有感情，是地派的黑后台，我这话是有根据的，绝不是冤枉他。

在中央文革的挑动下，天、地派的矛盾越来越深，各自都想把对方搞垮。谭厚兰同王大宾和清华"414"打得火热，他们都是"地派"战友，对"天派"的"清华井冈山"和北航红旗十分不恭。蒯大富、韩爱晶很恼火，他俩商量着要找机会教训一下谭厚兰。

机会终于来了。1967年夏，谭厚兰的"井冈山公社"内部杀出了一个反对派"造反兵团"。"造反兵团"的头头是位漂亮能干的女将王某某（北师大阴盛阳衰，一把手全是女将），该女将投靠了蒯大富、韩爱晶的天派的怀抱。

于是，蒯大富、韩爱晶和谭厚兰的死对头"造反兵团"的头头们多次密谋，要把谭厚兰从北师大革委会主任宝座上赶下来。

天、地派斗争最典型的事件就是"颠覆"谭厚兰的北师大革委会事件。1967年9月7日，在蒯大富、韩爱晶的支持和参与下，北师大谭厚兰的反对派"井冈山造反兵团"的头头们趁开大会之机，搞突然袭击，把谭厚兰反剪双手押上了主席台，批斗了谭厚兰，并宣布夺权。这就是颠覆新生的红色政权北师大革委会事件，又称"97事件"。事后，蒯大富、韩爱晶等人受到了伟大领袖和中央文革的严厉批评，并被迫向谭厚兰道了歉，但天、地派的矛盾和斗争有增无减。

作为北航红旗的元老，我对天、地派斗争十分不满，我多次劝韩爱晶高姿态同王大宾握手言和。大家都是造反派，没有根本的利害冲突和矛盾，为什么不能团结起来呢？韩也认为这样闹下去不是办法，但他说关键是王大宾和蒯大富。王大宾支持蒯大富的死对头清华"414"兵团，矛盾没法调和。

在天、地派问题上，我个人无力"补天"，但很想表现表现，做点什么。有一天晚上，我拉了两个保卫部学生抬着墨水桶来到了地院大门口，在地上写了几条大标语："天地一家，联合起来！向地院东方红战友学习致敬！"署名为"北航红旗一老兵"。

我的这个举动，没有引起王大宾等人的注意和反应，我十分遗憾。

后来，北航革委会开会正式决定，派代表团同地院王大宾谈判，消除分歧，联合起来。韩爱晶那天有事，决定派二把手井岗山和我出面去谈。我和井岗山带了几个女学生来到地院东方红总部，接待人员找了半天王大宾，说没有找到，其他头头也没有露面，我们扫兴而归。我估计王大宾可能是故意避而不见，不知道当时王大宾是怎么想的。

值得一提的是，这次去地院谈判我疏忽大意，在打电话时把保密笔记本遗忘在了地院东方红总部。为此，闹出了几乎天大的风波和故事，见后述。

现在回想起来，那次去地院如果谈判成功，我们再和王大宾一起去做蒯大富和沈如槐、聂元梓、谭厚兰等人的工作，天、地派很有可能握手言和，这样就不会有后来的北京高校大武斗。没有武斗，也就不会有后来的毛泽东"728大召见"和工人、解放军的占领。这样，红卫兵历史甚至文革历史绝对要重写。

天、地派的斗争一直到工、军宣队进驻高校，"五大领袖"倒台才结束。

事过多少年之后，回过头来再看北京天、地派的斗争，正像全国两大派的斗争一样，由于有上层政界、军界人物的插手和操纵，关系错综复杂，派性根深蒂固，斗争你死我活，真正是"树欲静而风不止"，不以人的意志为转移。

笔者认为，任何国家、政党、组织和派别之间的斗争根本的原因在于一个"权"字和"利"字（不是狭义的个人权利）。为了争权夺利，人们互相残杀，人头落地，血流成河，尸骨成山，胜者王侯败者贼。这就是历史，这就是几千年的文明史。这话文革中韩爱晶公开说过，被批判为"反动言论"。事实上，这是大实话，是"绝对"的真理。历史就是这样走过来的。

现在看来，笔者当年想劝和天、地派头头的想法和做法实属幼稚可笑。

在"天、地"派的争斗中，北航红旗除韩爱晶等头头同蒯大富私交甚好，介入过天、地派的重大事件外，其他头头和广大红旗战士基本没有介入天、地派的争斗，而是专注于自己学院的"斗批改"和"清理阶级队伍"工作。

特别应当强调的一点是，整个文革过程中，包括北航红旗成员在内的北航"父老乡亲"们没有一个人反对过周恩来总理。

2004年4月，中国的《当代中国出版社》出版了前北京市委书记、市长吴德的口述访谈录——《十年风雨记事》。鉴于吴德的身份和地位，该书十分畅销。按理，该书应当具有一定的权威性，尤其是对于不明历史真相的年轻读者。但是，令人遗憾的是，可能由于人老了记忆有误，吴老市长在口述中有许多"口误"，有些叙述严重失实，甚至拿历史开玩笑。笔者文革中同吴德打过几次交道，但不熟悉。据我所知，文革初期，正是北航红旗奉周恩来总理之命把吴德、刘建勋等老干部从批斗会现场"抢"到北航保护了起来。文革中，笔者和北航红旗战友们对吴德同志十分尊重，因为他当时是"无产阶级司令部的人"，对北航红旗也十分友好和支持（证据很多）。但是吴德同志文革中照样是有错误的，"四人帮"横行霸道时期他的屁股也不太干净。全国抓"516"运动他是"中央办公小组"的组长，把全国那么多干部群众打成"516分子"，害得多少人家破人亡，妻离子散，吴老市长是有责任的，但他在"口述"中对此没有丝毫的道歉和忏悔；伙同华国锋镇压"天安门事件"，把拥护邓小平的李冬民等人打成反革命，鼓吹"两个凡是"都有他的份，否则他后来也不会被邓小平轰下台。

可能为了表白自己文革中如何"清正廉明"，以留青史，晚年的吴老市长在自己的口述中破口大骂他当年曾经支持过的北京红卫兵和造反派，包括与他"并肩战斗"过的"五大领袖"。（注：当年吴是市革委会副主任，"五大领袖"是常委。）最为可笑的是，吴老市长在口述中一语惊天："北京的天派、地派是一家，都是陈伯达、戚本禹他们在指挥的。在反总理上，他们是一致的。"

笔者绝无断章取义、咬文嚼字之意。北京的天、地派都是造反派，他们都是受中央文革操纵和指挥的"炮灰"和"打手"，这话没错。但说"在反总理上，他们是一致的。"这话就令人费解了。不知道这个"一致"是什么意思？是一致拥护总理吗？显然不是，只能解释为"一致反总理"。

周恩来总理是伟大的无产阶级革命家，当时造反派们天天喊"谁反对周总理就是反革命！"据我所知，文革中，只有北京钢铁学院的张建棋和北京外国语学院的刘令楷等极少数人给周总理贴过大字报，但这几个人与北京天、地派的斗争毫无关系。天派、地派的广大红卫兵造反派不但没有反总理，而且许多人誓死保卫过周总理。历史早已证明，文革中北航也好，"地派"的北京地质学院、北京师范大学甚至清华"414"的广大干部群众都没有反对周总理。不知道吴德的"天、地派在反总理上是一致的"结论从何而来！

还有，吴德在口述中还说，他听谢静宜说，"毛泽东曾大骂江青是大女流氓。"据笔者的朋友 2004 年 8 月 13 日找谢静宜核对此事时，谢静宜大呼冤枉。谢说，她根本没有说过这样的话。毛泽东的确多次批评过江青，但都是从爱护出发，从来没有骂过她是"大女流氓"。不知吴德的话从何而来？

笔者曰：江青文革中打击迫害了一些干部群众，已经受到了严厉的惩罚。但是，若说毛泽东骂她是个"大女流氓"，恐怕缺乏逻辑。退一万步说，就算毛泽东骂过江青脏话，也不说明什么问题。毛泽东骂过的人多了，被骂的人几乎都是好人。毛泽东说江青的好话更多，为什么不引用？毛泽东是人不是神，1959 年庐山会议上，当着那么多中央委员的面，毛泽东和彭德怀不是互相骂过娘吗？而且骂得十分赤裸裸。男子汉嘛！不会骂几句娘，算什么男子汉？事到如今，毛泽东和江青都已不在人世，死无对证，某些人说什么都行。墙倒众人推，鼓破众人锤，真正是也！

毛泽东曾经说过："吴德有德"，看来这话没错。笔者指出吴老市长的"口误"，绝没有"缺德"的意思。吴老市长早已作古，死者为大，同死者打笔墨官司已经毫无意义，但 2004 年《当代中国出版社》才推出吴德 1993 年的口述回忆录，必须遵守认真校对、严格把关、不误人子弟的编辑责任和良心。出书不能只是为了赚钱，还要讲点"游戏规则"，否则，只会被人理解为"缺德"。

49. 北航"批斗彭德怀"

批斗彭德怀问题，是北航文革中的一件大事，也是北航红旗和韩爱晶等人犯的主要错误之一。笔者认为，假如文革中没有批斗彭德怀这件事，韩爱晶等人的错误可能要小得多，起码不至于被判 15 年重刑。

文革中，几乎没有一个单位的老干部没有挨过批斗，也没有一个红卫兵和造反派组织没有批斗过老干部。包括刘少奇、贺龙等老革命家也被整死了，至于被老红卫兵、"联动"分子毒打、迫害致死的冤魂更是不计其数。这些大大小小的打手们理应当受到历史的惩罚和良心的谴责。但历史的事实是，批斗彭德怀与批斗别的老干部就是不一样，因为他叫彭德怀。他功大如山，仗义执言，为民请命，太值得人们同情。因此，主要是由于批斗过彭德怀，韩爱晶被判刑 15 年，王大宾被判刑 8 年。而那些滥杀无辜的老红卫兵和参与迫害刘少奇、贺龙等人的人不知道判了多少年。看来，法律面前人人平等很难做到。

笔者认为，文革中的韩爱晶实在是个复杂和矛盾的人物。

对于彭德怀本人，据我所知，北航红旗头头和群众中不少人对他是很同情的。1967 年夏天，有一次头头们在一起议论彭德怀，我也在场。头头们都认为彭德怀功劳很大，庐山会议上给中央和毛泽东主席提意见惹了祸，罢了国防部长的官，但还是共产党人；彭德怀已无权无势，又没搞什么阴谋活动，文化革命与彭德怀本人没有关系；吴晗写"海瑞罢官"也不可能是彭德怀指使的；彭德怀是只"死老虎"，批判他没有多大意思。（时过境迁，现在看来，当年吴晗写"海瑞罢官"很可能就是要为彭德怀同志抱不平，只不过当时不敢承认罢了。）

记得当时韩爱晶说："你们怎么看彭德怀？我觉得他挺冤枉的。他功大如山，心直口快，坏事就坏在嘴上。彭德怀是军事家，不是政治家，他没有总理厉害。我看主席对彭德怀是恨铁不成钢。主席这个人，在大是大非问题上，是听不进半点不同意见的。这也难怪，谁当官都愿意用奴才，整天给你提意见，你高兴吗？中国的一把手历来独裁。中国的事情，最后总要一个人说了算，你说了算还是我说了算？韩信功劳不大吗？不照样被刘邦杀了吗？现在谁还骂刘邦？"大家一致让韩爱晶住嘴。

不久，韩爱晶可能忘了他同情彭德怀的话，在批斗会上动手打了彭德怀。

还有一次，北航红旗内部有两个学生成立了一个反林彪的秘密组织"国际红卫军"，牵扯到革委会常委田东。此事非同小可，传出去北航红旗将有灭顶之灾。韩爱晶例行公事，开革委会批评田东。田东很老实，如实地把对林彪的看法说了出来，认为林彪像赫鲁晓夫式的人物。大家一致批评田东，韩爱晶当时没有吭气。

事后韩爱晶对我们说:"田东怀疑林副主席的话可能有一定道理,中央的事难说。你们认为中央净好人?陈伯达被江青逼得要自杀,你们知道吗?"

1966年底的一天,韩爱晶接到了中央文革戚本禹的电话,通话内容大致如下:

"韩爱晶同志,现在有一个人过得很舒服,你们为什么不派人去把他揪出来!"

"谁?"韩爱晶问。

"就是那个'海瑞'彭德怀嘛!"戚本禹神秘地说。

"彭德怀是只死老虎,揪他有什么意思?"

"彭德怀现在很不老实,闹翻案,不能让他太舒服了。"

"中央知道了批评我们怎么办?"韩爱晶当时就是这样说的。

"红卫兵小将嘛!这样婆婆妈妈还行?你们的造反精神哪儿去了?你们不是中央文革的铁拳头吗?"

于是,韩爱晶等主要头头派了几个精干的学生,赶到了成都,在当地红卫兵和一些老干部的协助下,到永兴巷7号抓到了彭德怀。不料在去机场的路上,遇到了王大宾的地院东方红的大队人马,因寡不敌众,彭德怀被地院东方红的人抢走了。彭德怀被押到北京后,先被拉到地质学院关了起来,后来周总理让北京卫戍区司令傅崇碧把彭德怀送到西郊什坊院的军营里"监护"了起来。

1967年7月中旬,北航奉命批斗彭德怀。

奉谁的命?不光是奉中央文革的命。历史的事实是,批彭问题,作为中央文革总召集人的周总理也是点了头的,或者说"迫于无奈,不得不违心地同意了"。但周总理指示要"天、地派联合批彭",并对批彭问题做了五点指示:不许搞"喷气式",不许武斗,不许挂牌子,不许游斗,不许搞"逼供信"。

北航要批斗彭德怀,革委会常委们开会研究过,决定先小范围审问,再组织大会批斗。会议的组织工作由五系革委会负责。这种事属于"斗、批、改"大事,由常委们亲自抓,不归我管,所以也没有任何人通知我和找我商量过。

我的组织保卫部办公室在北航主楼二楼，紧靠楼梯，里外套间。由于里面有临时档案和武器，一般人不准进里间。平时，个别常委常在我的办公室找人谈话。

下面的事是1967年7月19日发生在我办公室里的历史事实。

这天一早，我在办公室里刚起"床"（文革中我一直睡在办公室的沙发上），有人突然来告诉我，一会儿卫戍区要把彭德怀送来，韩爱晶说先在我办公室里等一会儿，再去会场。过了一会儿，两个学生把彭德怀带进了我的办公室，记得其中有一个是女同学。

我让彭德怀在我办公桌对面坐了下来，给他倒了杯水。彭德怀看了我一眼，说了声："谢谢！"

我端详着彭德怀，在此之前我从未见过他本人，只见他个子不高，身材粗壮，光头，脸上有不少刀刻般的皱纹。他一脸阴沉，毫无表情。令我吃惊的是，他穿着一件黑色的无领囚衣。这就是说，他在卫戍区是以犯人身份被"监护"的。

凭我的胆量和身份，我忍不住开了口。我没法称呼他，又不愿直呼他的名字，便说："您身体还好吧？"

我实在记不清彭德怀是怎样回答的了，是"还好，谢谢。"还是"老了，一身病。"记不清了，但他点头对我表示了感谢。

我又问了一句："知道是谁让我们批判你的吗？"

彭德怀看着我，说了一句："小同志，有些事你们不懂。"就不讲话了。

我没有再问敏感的问题。说心里话，我当时只知道彭在庐山会议上给毛主席提过意见，被打成右倾机会主义分子，罢了国防部长的官，但还是共产党人，只不过犯了错误而已。我心里确实对他十分同情，这绝不是事后诸葛亮。我敢说，如果让我负责批斗彭德怀，我当然也要执行，但他决不会挨一下打。所谓批判，不过喊喊口号，念念稿子，例行公事而已。我这人嘴硬心软，活到今天，除了揍过儿子的屁股外，从未打过任何人，包括小偷流氓。

这时来人通知送彭德怀去会场，彭被押走了。我没什么事，便锁上门，跟在后面向六系楼走去。我想去会场看看，虽然没人让我参加会议，但出于好奇，去看看还是可以的。学校里认识我的人很多。从主楼到六系楼很远，路上有许多学生围观，但没有发生任何事情，可能是我这个保卫部长跟在后面的缘故。

这次小型批斗会（韩爱晶叫预审会）在北航六系楼一间教室里进行，由韩爱晶和王恒（北航原党委书记，革委会副主任）主审，有关头头们和五系许多学生参加，但我赶到的时候，已挤不进去了。我便站在门口，跷起脚观看。这时，有人开始喊："打倒彭德怀！"记不清是韩爱晶还是别人开始审问。

"彭德怀，你为什么反毛主席？"

"我没有反毛主席。"彭德怀说。

"那你说的小资产阶级狂热病，指的是谁？"这时，一些人高喊："彭德怀老实交代！打倒彭德怀！"

我刚听到这里，后面有人扯我的衣服。我一回头，组织部的一个学生小声地说："你哥哥从山东来了，在办公室里等你。"

我迅速离开了会场，后边的事我就不知道了。

我回到了办公室，一看是维坦六哥从老家来了。他是五哥戴维玉烈士的亲弟弟，在家当小学校长。他问我干什么去了，我说学校正在批斗彭德怀……

六哥一听，瞪大了眼睛，大吃一惊地对我说："什么？彭德怀？彭德怀你们也敢斗？我跟你说，维堤，这事你少干！家里人听说你在北京造反，祖母和四叔不放心，让我来看看你。你知道咱家里闹成什么样子了吗？"六哥越说越有气。我忙让六哥喝水，向他简单解释了有关情况。

六哥带来了不好的消息。文革以来，家乡也闹得厉害。县委书记被批斗死了，村里也成立了所谓造反派组织，专斗村干部。当支书的四叔被打成走资派，天天挨批斗，差点被打死，已经到济南躲起来了，六哥本人也挨了斗。最可气的是，批斗四叔时，我老祖母上去保护，被"造反派"们推下台去，摔破了头。我老祖母在当地是赫赫有名的老烈属，无人敢动老人家一根毫毛！我听到这些，顿时火冒三丈，恨不得立即赶回家去，杀了那些王八蛋，解救亲人们。

六哥的来京，使我受到了极大的震动。我开始反思文革以来的许多事情。虽然我文革中有极左思想，但行动上往往偏右。对造反派我一直主张一分为二，有好有坏；对老干部我认为可以批判，但不能随便打倒，更不能武斗打人；在大连我甚至支保拥军镇压了"造反派"。作为一个青年学生，我对毛泽东发动的文化大革命坚决拥护，是理论上的铁杆造反派。我虽然没有参与批斗过任何一个老干部，但也没有理直气壮地站出来保过多少老干部（特别是刘少奇和邓小平）。我总认为，我们是按毛主席的号召造反的，中央是支持我们的，不造反当保守派岂不对不起毛主席？我对毛主席的感情和崇拜万分强烈，用当时的话说，真是"高过喜马拉雅山，深过太平洋"。我左右为难，思想陷入矛盾和痛苦之中。

我给自己立下了一条原则，任何情况下，决不参与批斗老干部。

六哥在北京住了几天，挂记着家里的事情，先回去了。他让我也尽快回老家一趟。

后来我才听说，在7月19日的北航批斗会上，有人打了彭德怀，韩爱晶也用拳头捅了彭德怀一下，主要是别的学生打的。后来的许多文革书籍几乎全部写了这件事，并引用了一个卫戍区小战士的话，说彭德怀被打得很厉害，连肋骨也被打断了，头也打出了血……不管小战士的话有没有水分，但彭德怀被韩爱晶和北航学生打了这是历史的事实。这件事无论如何，是韩爱晶和北航红旗某些人犯的重大错误。笔者认为，后来韩爱晶被判15年刑，主要罪状就是这件事。

本书不想为韩爱晶辩护什么，作为20多岁的青年学生，韩爱晶已不是小孩子，打人不对，打彭德怀更不对。事到如今，说什么也晚了。文革中无法无天，批斗会上打人是家常便饭。北航红旗中确有几个学生爱打人（顺便说一句，爱打人的学生大部分是东北人），这是我们队伍中的败类，我曾经处理过他们，但当时没有把他们开除出北航红旗，以至造成了严重的后果，这是我们的失职。但话又说回来，当年全国的红卫兵和群众组织（不全是造反派）不知打死打伤了多少"黑五类"和"黑帮"，但他们没有打彭德怀，所以也没有人被追究并判刑。当时中央让批斗彭德怀，彭老总被中央（绝不单是"四人帮"

之流）说成是反毛主席的大反革命，大"黑帮"。年轻无知的学生们把彭老总当成了坏人，动手打了他老人家。作为北航红旗一把手，韩爱晶亲自动手打人，这点无论如何是说不过去的，韩爱晶等人为此抱恨终生。

可怜的彭老总祸不单行。7月19日预审会后没几天，经中央批准，北航和地质学院于7月26日在北航南操场又召开数万人的大会正式批斗彭德怀。万幸的是，上天保佑我，7月25日下午，我不知哪根神经作怪，突然决定非回山东老家看看不可。韩爱晶等人不同意我请假，说明天要在南操场开大会批斗彭德怀、张闻天等"黑帮"，大会需要保卫，你不能走。我说你们常委分工批彭大会由五系负责，会场保卫工作保卫部有人协助，我非回家不可，我老祖母病了。于是我到学校商店给祖母买了几包饼干，就去了北京站。当时天安门广场已人山人海，欢迎谢富治、王力从武汉胜利归来的大会即将召开。11路电车到东单走不动停了半天，我记得清清楚楚。

第二天7月26日上午，我赶到了山东老家——山东省安丘县景芝镇大夫村，见到了老祖母和亲友们。我把村里的造反派们找来狠狠地骂了一顿，逼他们赔了礼，道了歉，承认了错误。几个造反派头头见我带着手枪回来的，都吓得乖乖的。

我的这次山东之行，躲过了一场大灾难。7月26日这天，"北航"和"地院"在北航南操场联合召开了批斗彭德怀、张闻天等人的数万人大会，会后游街示众。彭德怀等人又一次受到了残酷地折磨，心身受到了极大地伤害。

谢天谢地，这次北航"726"批彭大会，历史老人安排我"不在现场"。

万没料到，事过多年之后的1981年春天，我所在的北京738厂党委接到了一份通天的红头文件——中共中央纪律检查委员会通知。这份文件点名我是1967年7月26日北航批彭大会的总指挥，并要严肃处理我。

文革以来，中央专门下文件点名整一个青年学生，实在罕见。这令我既莫名其妙，又受宠若惊。

50. 北航红旗"红一连"问题

北航红旗"红一连"在北航文革中干了许多事情，比较有名。

北航红旗大队人马在国防科委大门口（后移到附近的体育馆里）静坐示威 28 天 28 夜取得胜利后，大部分人马撤回了北航。头头们决定留守一部分人员处理"后事"。因为北航红旗得到了毛主席和党中央的表扬和支持后，中央文革开始派联络员同北航红旗联系。一些北京市和全国各地的串联和上访人员纷纷找到北航红旗反映情况，送材料，希望得到北航红旗的支持并向中央反映他们的问题。其中最典型的案例是四川的刘、张（即刘结挺、张西挺夫妇）问题。文革前刘结挺夫妇是四川宜宾地委正副书记，文革初受到四川省委的打击、迫害。

54. 中央武装北航红旗

1967 年 8 月 5 日，我从山东老家赶回北航后，中央已经武装了北航红旗。"720"事件后，陈再道的枪杆子可能把毛泽东、林彪、周恩来等人吓了一跳。毛泽东指示：要武装左派！周恩来奉命执行。其实，早在 7 月 18 日，毛泽东在武汉就当着周恩来、谢富治、王力、陈再道、钟汉华等人的面说过："为什么不能把工人学生武装起来，我看要把他们武装起来。"周恩来、谢富治、王力等人贪污了这个"最高指示"，没有向任何方面传达。而陈再道等人早已经领会了毛泽东的最高指示，"百万雄师"的武器大部分来自武汉军区。

鉴于北航红旗在中国文革中的特殊地位，中央决定，首先武装北航红旗。经周恩来总理亲自批准，北京卫戍区奉命把数千支枪发给了北航。（注：谢天谢地，幸亏中央文革的秀才们无权给北航发枪。）

1967 年 7 月 27 日，北京卫戍区在北京航空学院主楼前举行了隆重的授枪仪式，北京军区第一政委、公安部长、副总理谢富治、代理总参谋长杨成武、北京卫戍区司令员傅崇碧等军界领导人出席了授枪仪式。卫戍区副司令员李钟奇同志奉党中央、周恩来总理指示，代表北京卫戍区把二千五百多支苏式冲锋枪、新式半自动步枪和 20 支

"五四"式手枪授予了"北航革委会"。随后,北京卫戍区有关人员如数把武器运到了北航。

这事立即轰动了北京市和全国。据我所知,文革中由中央直接发枪的,全国仅北航一家。外地群众组织的枪,有些是部队偷着给的,有些是抢的。关于子弹问题,历史的事实是,当时谢富治、杨成武等人说,"你们还没有经过正式训练,发了有危险,过几天派解放军来军训时再发。"

关于给北航发枪一事,据韩爱晶说,他很早就向总理请示过,目的主要是想民兵训练打靶用。当时红卫兵们崇尚毛泽东诗词的一句时髦话——"不爱红装爱武装"。另外韩本人文革前是北航射击队的队员,爱好射击,有了枪可以组织民兵打靶——既刺激又好玩,这也是北航所有头头和群众的想法。除此之外,绝没有任何其他背景,甚至同派性和武斗也联系不上,更不可能像北航某些人后来说的"是为了反党乱军、威胁首都和伟大领袖毛主席的安全"。至于周总理在武汉"720"事件后为什么亲自批准给北航发枪——其中的奥妙笔者不得而知。但有一点很清楚,如此大事当然是毛泽东、林彪和中央、中央军委同意批准的。

现在看来,给群众组织发枪,绝对是神经病,但当时我们却受宠若惊。

革委会常委决定,由我和革委会委员刘建华负责武器保管和组建"北航红旗武装部队"问题。于是,我们把保卫部进行了改组和扩大,从全院学生中挑选了三千多人组成了北航基干民兵队伍,对内称"红武连",对外称"北航红旗武装部队"。我们制定和公布了有关制度和组织纪律,规定:北航红旗武装部队的宗旨和口号是"誓死保卫毛主席""誓死保卫党中央"。(注:当时有人提出加上"誓死保卫林副主席"和"誓死保卫中央文革",我和韩爱晶等人认为有"誓死保卫党中央"就行了。)北航红旗武装部队只执行党中央、北京卫戍区和北航革委会军事委员会的命令。北航任何个人(包括韩爱晶和我本人)无权调动武装部队到学校以外执行任务。我们还建立了武器库,派可靠的红旗战士昼夜值班看守。我对管武器的学生下了死命令,没有我的批准，任何人（包括常委）不准动用一枪一弹，否则"军法从事"。万没想到，我这个近乎玩笑的命令，由于我和有关人员严格执行，后来管了大用，可说救了我和北航红旗一命。

56．天安门广场武装游行

北航红旗武装部队的最大一次行动就是参加了天安门广场的武装游行。

武汉"720"事件之后，北京市整天示威游行，声讨武汉军区和"百万雄师"的"反革命暴乱"。作为中央文革的铁拳头，北航红旗自然不甘示弱，加上北航红旗直接有人在"720"事件中挨了打，红旗战士们气不打一处来。

革委会常委们决定北航红旗持枪武装游行，由我负责领队，要求绝对不能出事。我建议是否向北京卫戍区打个招呼，韩爱晶等人说，打了招呼反而麻烦，决定不打招呼。

我严格地挑选了持枪人员，检查了每一支枪，不准有一发子弹。韩爱晶说，带枪为了吓唬人，若出了事，要你的脑袋。那天，我带领荷枪无弹的数千名北航红旗武装部队战士，后面跟着浩浩荡荡的游行队伍，很快到达了新街口北口。

新街口是北京内外城分界线，进了新街口，就是进了内城了。北京卫戍区的值勤战士和公安干警如临大敌，组成了人墙，阻止游行队伍进城。

大队人马被挡住，我很着急，请值勤战士马上放行。战士们不敢作主，要打电话请示上级。一会儿，战士让我去岗哨接电话。

因工作原因，我常同卫戍区打交道，我的名字卫戍区许多有关人员都知道。

电话里的人我不熟悉，可能是值班首长，他问我是谁？

我说："我是北航红旗武装部队司令戴维堤。"

对方哈哈大笑，说："你们武装游行，谁批准的？"

"毛主席批准的。"我随便回答。

"我们没接到通知，不能放行。你知道，这是首都，任何人不准带枪进城。"

"你们当兵的为什么能带枪？我们也是毛主席的红卫兵。你快请示傅崇碧司令员和黄作珍政委，耽误了大事你负责。"我口气很硬，有恃无恐。

"你等一下。"我等了一会儿。

"你们枪里有子弹吗？"口气有缓。

"绝对没有，我向你保证，我一支支亲自检查的，一粒子弹也没有。枪是你们发的，一粒子弹也没给，等于烧火棍，你们怕什么？"

"你们一定要注意安全，绝对不能出事，否则谁也担当不起。你不能说是我们同意的，你们自己冲吧，我命令值勤战士撤开。"

乖乖！很好，够朋友，给面子。我放下电话，赶到队伍前面，大喊："同志们，冲呀！"这时执勤的战士们全让开了。

队伍长驱南下，赶到西单，又遇上了麻烦。只见一排排警察组成多道人墙，不准队伍前进。

建国后一直到文革中，除了国庆节阅兵经中央批准，解放军和民兵可以持枪经长安街进天安门广场外，还没有任何群众组织敢持枪进城游行。当时北京市的警察们没有接到任何通知，被我们的持枪队伍吓坏了。有的警察根本不知道中央给北航发了枪，所以他们如临大敌，拉起人墙不准我们通过。没有功夫扯皮了，我用携带的喇叭大喊："警察同志们闪开，保卫毛主席的请参加我们的队伍，北航红旗武装部队誓死保卫毛主席，谁胆敢阻拦谁就是反革命！同志们，正步——走！"我下了命令。

数千名持枪的红旗战士高喊着口号，排着整齐的队伍正步向天安门方向挺进，后面跟着几十万大军的游行队伍，警察们被冲了个落花流水，有的人帽子都掉了。游行大军很快到达了天安门广场。

游行的队伍在天安门广场呼喊了一顿口号，许多人的嗓子都喊哑了。那天天气又闷又热，但游行队伍秩序井然，斗志高昂，没有人掉队，没有人开小差。

游行结束返回学校后，我让学生们清点了武器，擦得铮亮，入了枪库，没出任何问题。

天安门广场的武装游行,锻炼了北航红旗武装部队的学生们。他们服从命令听指挥,不怕苦,不怕累,若打起仗来,一定不怕死。我和韩爱晶等头头们都非常满意。

天安门广场武装游行之后,北航红旗又捞取了不少政治资本。

57. 北航"824"事件始末

1967年8月24日,北航发生了打死学生李明清、吴仙虎的严重事件。李明清是中共中央西南局书记李井泉的儿子,吴仙虎是工农子弟。

文革以来,在对待工作组和其他大是大非问题上,北航的许多高干子弟同工农子弟之间的矛盾越来越明显。反工作组的人们得到了毛泽东、林彪、周恩来和中央文革的支持,并于8月20日成立了以工农子弟和中下级干部子弟为主要成分的北航红旗。以保工作组的高干子弟为主的红卫兵组织土崩瓦解,高干子弟们产生了强烈的失落感和不满情绪。他们百无聊赖,有的外出串联,实际是游山玩水,有的谈情说爱,但有的人开始秘密串联,搜集中央内部斗争的消息和情报,把活动转入了地下。随着父辈们受冲击越来越厉害,他们对文革开始怀疑和反感,由开始的"保工作组派"变成了"保爹保妈"派。他们对北航红旗和全国造反派——尤其是蒯大富等人十分仇恨,进而对中央文革直至毛泽东也产生了怨恨情绪。

从1966年8月初的中共中央八届十一中全会后,刘少奇、邓小平和一些老干部开始挨整。8月5日,毛泽东亲自写了《炮打司令部》的大字报,矛头直指刘少奇等人。刘少奇的被整,使得一些高干子弟感到"唇亡齿寒、如丧考妣"。北航的高干子弟们同社会上的老红卫兵和"联动"分子们一道,开始公开"炮打中央文革",指名道姓地批评和指责江青等人,最后发展到把矛头直接指向毛泽东主席。"你毛泽东可以炮打刘少奇,我们为什么不能'炮轰'一下你毛泽东?"1966年8月24日,北航6系(导弹系)学生李明清(李井泉之子)等5个高干子弟联名写出了一张《炮轰……》的大字报,在为刘少奇等老干部喊冤叫屈的同时,直接把矛头指向了毛泽东。大字报一出，立即轰动了全院。

当时我们刚翻身，北航红旗刚成立4天。作为红卫兵造反派，我们对李明清的大字报坚决反对，但又不得不从心里佩服李明清等人的胆量。事后，李明清等人被群众扭送到公安部门关了一些日子，后又放回了学校。（注：事实上是毛泽东和江青让谢富治放的）从此，李明清等高干子弟们当起了逍遥派，但对中央文革的所作所为和毛泽东的文革路线始终耿耿于怀。

吴仙虎是北航九系学生，当时对他毫无所知。据说他也是老造反，但思想极左，目空一切，因此可能没有参加北航红旗，更不是头头。

多年之后，笔者才从沈如槐（清华大学414一把手）先生的书中得知吴仙虎的有关情况。原来他文革初期就"跑单帮"，在西南地区串联时曾经和沈如槐等人认识并一起成立了"清华北航南下串联小分队"，吴仙虎自任负责人。据沈如槐书中说，吴仙虎曾带领他们大闹西南局，抓住西南局书记李井泉不放，逼着李井泉对他儿子李明清的《炮轰……》大字报表态，企图逼迫李井泉承认自己是李明清大字报的后台。最后李井泉写了一份表态性的文字：

李明清是我的第二个儿子。他在北京航空学院写这张大字报我事先不知道。他也没有向家里任何人谈过。后来我看到了同学们抄来的这张大字报，我认为这张大字报是极其错误的，性质是严重的，立即托在北京的同志对他进行批评教育，并且赞成和支持同学们对这张大字报进行彻底地批判。

李井泉 1966年11月4日

关于这件事，在北航都少有人知。

吴仙虎回学校后，不知什么时候思想发生了180度大转变，开始反对文化大革命和中央文革。1967年夏，他在北航贴出了一张大字报《谈谈孙悟空》，"影射攻击"毛泽东、江青、中央文革和北航红旗。大字报一鸣惊人，吴仙虎出了名，立即受到了红旗战士们的批判和围攻。

事过一年之后的 1967 年 8 月 20 日，北航红旗的学生刘天章在河南开封串联时，因支持当地造反派，被保守派开枪打死了。（注：不久，北航红旗战士周锡坤在湖南湘乡县城被保守派抓住后枪杀于县城街头，身上中弹数十发。）

刘天章是普通干部子弟，为人正直朴实，艰苦朴素，关心党和国家命运，思想比较激进，是北航红旗的骨干分子，在同学中威信很高。刘天章同我很熟，本来，他是约我和他一块去河南串联的。我因工作忙，脱不开身，他便一个人去了开封，结果血染黄沙，命丧古城。噩耗传来，北航立即炸了锅，北航红旗的战士们气炸了肺。

当时，北航红旗号称中央文革的铁拳头，在全国响当当、硬邦邦无人敢惹。我想打死刘天章的人也不一定知道他是北航红旗的。当时，中央刚武装了北航红旗，发了数千支枪。假如打死刘天章的人和单位在北京，那后果不堪设想。

北航革委会成立了数十人的治丧委员会，召开了隆重的追悼大会，追认刘天章为革命烈士。追悼会上，主要头头们对天鸣枪为刘天章送行。

追悼会后，刘天章的骨灰放到俱乐部门口灵堂，北航红旗战士们为刘天章守灵。一些炮打过中央文革的高干子女被押来跪灵请罪。北航红旗的一些学生发誓要为刘天章报仇，许多对北航红旗不满的人吓得敢怒不敢言。如果说那几天北航充满了"红色恐怖"，也算事实。

8 月 24 日，恰逢"炮轰……"大字报发表一周年。这天晚饭后，一些北航红旗的学生们自发地陆续把几个"炮打中央文革"和写过"炮轰……"大字报的学生拉到东操场批斗，其中有西南局书记李井泉之子李明清，地质部长孙大光之女孙茜玲，建材部长赖际发之子赖锐锐，铁道部军管会主任苏静之子苏晓前和工农子弟吴仙虎等人。当时人很多，现场很乱，没有固定的组织者和指挥者。批斗过程中，发生了武斗，有些在北航串联的外地学生也参与了打人。后来人群一哄而散，被批斗者都自己回了宿舍，当时并没有死人。唯有吴仙虎被一批学生拉到十二楼前继续审问拷打。

历史的事实是，这天晚上，恰逢北航革委会在主楼召开全体会议，所有头头们不知道东操场发生的事情。散会后，已经很晚了，头头们往宿舍走。韩爱晶等主要头头们听说十二楼前批斗反革命，绕道走开了。我住十三楼，和几个革委会委员路过十二楼时，见许多学生们正在打吴仙虎。我当时并不知道批斗会的全过程情况，吴仙虎本人我也不认识。我从来反对动手打人，文革中我从未打过一个人，包括小偷流氓。于是我对打人的学生（大部分是"红旗"的老造反们）喊道："算了，算了，别打了，快回去睡觉吧！"一些学生把我推开，说："这里没有你们的事，你管不了，快回去吧！"于是我便和几个头头回宿舍睡觉去了。对这件事，我虽然简单地制止了一下（我是唯一出面制止的头头），但没有最后尽到责任，这是我的严重失误，多年来我一直十分内疚。

我当时之所以没有站出来坚决制止，一是打人的学生都是老造反，有些还是基层的头头，听不进劝。他们正在火头上，我一个革委会委员是管不了他们的；二是我个人认为群众专政嘛！反毛主席的反革命分子批斗时打几下也可以。我当时确实有这种思想，但我当时绝对没有说过这种意思的任何话，也根本想不到后来会打死人。天快亮时，有人叫我起来，说吴仙虎被送到了保卫部的红旗院。我去一看，吴仙虎被打得很重，打人者全跑光了。我立即让人把吴送了校医院，吴因伤势太重，死了。

我正破口大骂打人的学生们时，又有人来报告，说李明清也死了。我和革委会委员李某某跑到李明清宿舍，见李明清躺在床上，我摸了摸他的胸口，心脏已停止了跳动。同宿舍的学生说，李明清回来后，喝了许多凉水就睡了，天亮时发现他已死去。李有心脏病，可能是被打后导致了心肌梗死所致。李明清之死，吓了我一跳，北航谁都知道他是李井泉的儿子，这下子问题就麻烦了。

我立即报告了常委们。这件事对我震动很大，被批斗和挨打的几个高干子女，文革之初我和他们一块造反，彼此有些了解，后来因观点分歧，分了手，但我对他们并无成见。我理解他们老子被打倒的心情，所以当他们炮打中央文革被公安部抓去关了一段又放回学校后，我并没有难为过他们。这点，孙茜玲、赖锐锐等人后来替我说过公道话。他们说北航头头中戴维堤是个好人，要不是他，我们可能都被打死或整死了。孙茜玲、赖锐锐等人后来都成了高级干部，他们当时确实是死里逃生。

学校出了人命，主要头头们皆很吃惊，韩爱晶说："这件事同革委会没有关系，谁干的谁负责！我们没有让他们开批斗会，更没有让他们打人，谁打死人谁负责！"韩让我把此事上报了市公安局和卫戍区。

处理完后事后，北京卫戍区奉江青指示，限令北航 24 小时内交出凶手。

文革中被害死、打死的人成千上万，无人问津，屈死的冤魂不知有多少。江青之所以对北航大发脾气，主要还是李明清是李井泉的儿子。中央文革整了大批老干部，包括李井泉，已经不得人心，如今中央文革的"铁拳头"打死了李井泉的儿子，当然是给中央文革找了麻烦，让"老家伙"们抓住了把柄，所以江青十分恼火，下令抓凶手。韩爱晶立即召开革委会，研究抓凶手的事。

实事求是地说，韩爱晶在抓凶手问题上，是持坚决态度的，其目的可能和江青一样，为了洗却自己和北航革委会的责任。所谓韩爱晶抵制抓凶手的说法是不对的，但一谈到谁是凶手问题上，革委会内部产生了严重分歧。

经对目击者和参与者调查，一时很难判断谁是主要凶手。批斗会确实是群众自发的，导火线是红旗战士刘天章在河南被保守派打死了，许多红旗战士有报仇心理。批斗会没有固定的组织者和指挥者，参与打人的学生也有上百人，有些外地学生打得也很厉害，很难说是谁打死的。革委会头头们谁也不敢判定谁是主要凶手并送卫戍区，但卫戍区限令半夜十二点交人，怎么办？

韩爱晶等人主张，把参与打人者全部送卫戍区，让卫戍区和公安局去处理，该怎么办怎么办！

但这样大约要送一百多人，这不成了示威了吗？许多人反对韩爱晶的意见。

我建议，虽然马上定不了凶手，但是为了表示我们对卫戍区和江青同志的尊重，可以先派代表去卫戍区解释一下，缓几天时间，等查出凶手，立即送去。若今晚不去人，过不了关。

众人同意我的意见，许多委员自愿当谈判代表。我是保卫部长，负责同卫戍区和公安局的日常联系，自然算一个。革委会委员匡正芳和徐佛书愿意去。为了解情况方便，吴仙虎的同班同学张平也被选中。

我们四人正要动身，突然革委会女常委杨瑞云说："戴维堤最好不要当正式代表。这件事事关重大，需要性格脾气好的人去办，戴急性子，别把事情办砸了。"众人同意杨的意见，我也无话可说。于是我不算正式代表，但负责送他们去卫戍区谈判。

我调了车赶到卫戍区时，正好半夜十二点。

卫戍区支左办公室主任哈斯和另一位干部接待了我。我郑重说明了北航革委会的决定，今天实在查不出凶手，但我们有诚意，为了尊重卫戍区，我们特派了三位革委会代表，同你们谈判，希望宽限几天时间。

哈斯笑着说："可以，你让代表们留下，你回去吧！"

我说："你们谈吧，我等着！"

一会儿卫戍区来了辆小轿车，让代表们上车，匡正芳、徐佛书和张平随哈斯上了车，立即开走了。

我突然恍然大悟，不好，上当了，哈斯把我给涮了。我急得在卫戍区门口大喊："姓哈的，我们来的是谈判代表，不是凶手，你要听清楚了！"

我立即乘车返回了北航，向韩爱晶等人报告了情况。韩爱晶一听，笑着说："你们走后，我们就议论，你干不成大事，非捅娄子不可。我们早就想到，去的人一时回不来，所以未让你去。算了，这事我来处理吧！"

我不领情。人是我送去的，许多人都会骂我，我的面子往哪儿放？我要返回卫戍区要人，若不行，我也不回来了，陪着他们坐牢。韩让我别蛮干。

第二天，我又去卫戍区找哈斯，同他大吵了一顿。哈斯一点也不发火，他笑着说："我也是奉命行事。你们也替我想想，江青同志和司令部首长们命令我抓凶手，不这样你们什么时候交出凶手？你快回去抓出真正的凶手送来，我们就放人。"

结果，匡正芳、徐佛书、张平三人被关进了功德林看守所（这里曾关过溥仪），受到了极不友好的待遇，徐佛书和张平因解释被打得鼻青脸肿。7天之后，韩爱晶请谢富治写了一张条子——"若果真不是凶手，可以放人。"我拿着条子去要人，卫戍区只放了匡正芳、徐佛书。张平因在监狱里承认打过吴仙虎一个嘴巴，被当作凶手和人质仍关着不放。

张平的老父亲从东北老家跑到北航来要儿子，天天坐在我的办公室门口又哭又闹，搞得我没法工作，后来还是找谢富治写了条子才放了出来。张平被关了7个月零7天。

那位北京卫戍区支左办公室主任哈斯，后来再也没有见过面。听说他后来也犯了错误，被关了起来，不知真情如何。

后来，工、军宣队进驻北航后继续抓凶手，查了半天，也定不了谁是主要凶手。最后，把发起批斗和参与打人较厉害的几个学生抓起来判了几年刑。

以上就是北航"824"事件的全过程。

李明清、吴仙虎二位同学是好同志，他们不该死。他们反对文化大革命，反对中央文革，反对毛泽东的错误路线，为此献出了自己年轻宝贵的生命，愿他们的冤魂安息。而文革中被保守派打死的我北航红旗战士刘天章、周锡坤同学，我也借此书也向他们默哀，祝他们安息。他们都是文化大革命的牺牲品。

58. 张体学上了天安门

"720"事件之后，北航红旗像全国造反派一样，在中央文革某些人的煽动指使下，干了一些对彭德怀、徐向前、徐海东、陈再道等老帅、老将们不尊重、不礼貌的勾当，这是事实。（注：有些事情仅仅是个别头头和个别人干的，但最后都加到了北航红旗头上。）但北航红旗死保聂荣臻、肖华和杨、余、傅，以及认为应该保的人，这也是事实。韩爱晶说，中央让打倒谁，我们就打倒谁，不能唱反调。中央一旦解放了谁，我们立即保，对他们的子女立即照顾。对有些已被当时群众组织打倒的人，只要我们调查清楚没有大问题，就大胆地保，不要让别人认为我们"打倒一切"，我们不可能"打倒一切"。

北航红旗要保起某个干部来，那也是不含糊的，甚至一保就把他保上天安门城楼。

1967年夏天的一天晚上，我在组织部办公室的沙发上正要睡觉，忽听楼道里传来杂乱的脚步声。我开门一看，是作战部的一些人抓了人来了。只见几个头上蒙着麻袋的人被推进了韩爱晶等人的办公室兼宿舍。我一打听，被抓的人是张体学（湖北省委书记）和穆欣（光明日报总编辑）等人。之所以抓张体学，是想通过他了解有关武汉事件和湖北省委的有关情况，至于穆欣，可能是抓错了人，很快就放走了。

文革中，北航红旗陆续把一些老干部"抓"到北航保护了起来的。这些行动，大都是中央文革办事组的人打电话指示的。

由于这种事不归我管，我便睡觉了。第二天一早，我来到了韩爱晶的办公室。韩的办公室没有锁，里面仅有一张桌子和一张上下床。我一进门，吃了一惊，只见韩爱晶在上床，张体学在下床，两个人的手用一根线绳连接着，正在呼呼大睡。后来才知，韩同张体学聊了一晚上，刚刚睡下。韩爱晶怕张体学逃跑或跳楼自杀，用一根线绳拴住张体学一只手，另一头拴在自己手上，但为了照顾张体学，他让张睡下铺，自己睡上铺。这种小孩儿戏如不是我亲眼所见，是绝对不信的。后来我们取笑韩爱晶，你也不怕张体学勒死你。韩爱晶笑着说："君子之交，不打不相识，意思到了就行了。"

张体学是韩爱晶下令从武汉在京群众组织处抢来的。对张体学本人，北航红旗并不知道有什么问题，"上面"让北航"抓"他，就把他"抢"来了。韩爱晶干过一些错事，坏事，但也干过好事。错就是错，对就是对，是就是是，非就是非，不能胡说八道。

张体学当时已被湖北许多人打成"黑帮"，整天挨批斗。他是红小鬼，老红军出身，没什么大辫子可抓。他向韩爱晶详细介绍了自己从小参加革命的过程和经历，也谈了湖北省委和武汉一些情况。他反复向韩爱晶说明，自己从未被捕过，绝不是叛徒，希望革命小将相信他。文革中的老干部，最怕被说成叛徒。只要不是叛徒，都问题不大，早晚会被解放。

韩爱晶相信了张体学的话，对张体学十分同情。他让学生们好好照顾张体学。文革中，没有一个造反派是真正打倒一切的，也没有一个保守派是一切都保的。有打有保，有保有打。所以后来中央有人说，造反派、保守派都是文革派，都不是好东西，还是逍遥派好。这话有一定道理，不过执行起来，就不一样了。

韩爱晶把张体学的事告诉了我们，记得他说："看来张体学没有什么问题，这样的干部应该保，我们不能把毛主席手下的老干部都打倒了，那样不就把毛主席架空、孤立起来了吗？"这话出自韩爱晶的口，确实不简单，可能有人不相信，不相信就不相信吧！

韩爱晶给张体学出主意，让他给毛主席和中央写一个检查，态度越诚恳越好，把工作中的错误上纲上线，上升到路线斗争高度，然后恨恨地骂自己一顿。另外，一定要表示如何如何想念毛主席他老人家，一定要表示坚决拥护文化大革命，等等，等等。张体学唯命是从，很快写好了信，韩爱晶帮他修改了一下，让张体学签了字。

不知韩爱晶把张体学的信交给了谁。反正不几天，周总理就派人把张体学接走了。国庆节那天，被湖北某些人打倒的"黑帮"张体学登上了天安门城楼。（注：后来张体学当了湖北省革命委员会副主任，省委书记。）

60. "红航一号"诞生记

北航革委会成立后，合法地掌管了北航的一切权力。遵照毛主席和党中央的战略部署，领导全院师生牢牢掌握斗争的大方向——进行所谓的"斗、批、改"。

1967年夏季，中央军委和空军通过国防科委向北航下达了为空军研制高空、高速靶机的光荣任务。北航革委会把该项目命名为"红航一号"，由革委会副主任井岗山、仇北秦挂帅，成立了由革委常委屠海鹰、李乐和刁震川、王敬明（刁、王都是三结合老干部，原北航副院长）、唐邑（二系主任、航空专家）、革委会委员李明启、何凌书、张奎宾等人参加的"红航一号"指挥部领导小组，组织精干的科研力量进行设计、研制并在北航附属工厂总装车间生产。

作为国防科技院校，北航文革前经常承担大大小小的航空、航天军事科研项目。早在1958年，北航师生就自己设计、制造出中国第一架飞机"北京一号"并飞越了喜马拉雅山。实事求是地说，比起火箭、导弹、人造卫星等许多重大项目来，"红航一号"算不上重大工程项目。但是，当时是在文革中，全国武斗成风，许多单位的科研、生产几乎瘫痪。不管是北京，还是全国，绝对找不出第二家像北航这样安定团结、秩序井然的大学来，更不要说承担军事科研项目了。

当时的事实是，一些运动初期被工作组和群众打成"反动学术权威"和"黑帮"的相关专业的教授、教师立即成了宝贝。许多人积极报名参加该项军事科研任务，以此作为向毛主席、党中央表忠心的好机会。因为一旦被批准参加"红航一号"的研制工作，就说明自己政治上已经没有问题，是非常光荣的事情。

作为革委会组织保卫部长，我参与了"红航一号"主要参战人员的政治审查。我例行公事地查阅了每个人的档案，没有重大历史问题的一律放行。

我负责"红航一号"研制的安全保卫工作。为了保证"红航一号"的研制成功，圆满完成上级交给的光荣任务，防止泄密和阶级敌人的破坏——在当时阶级斗争为纲的年代里，这是非常重要的——我向北京卫戍区请示报告，为北航附属工厂增加了一个解放军岗哨。我又派"红武连"的学生们在工厂周围加强巡逻，保证万无一失。

但不久，就出了大事。

当"红航一号"正处于紧张的试验阶段时，上级有关单位通知我们，"红航一号"总装车间的现场照片和"中共研制新式武器"的报道出现在了香港的报纸上。国防科委的领导非常恼火，责令北航革委会严查此事。

我一听此事，惊呆了。韩爱晶等常委们指着我的鼻子大骂。作为组织保卫部长，"参战"人员是我参与审查的，现场是我负责保卫的，出了如此重大的事件，我罪责难逃。

我立即组织人马展开了调查。据有人反映，一位参与研制的二系教师曾经带照相机进入总装车间，并说他家楼顶上有天线一样的东西。我立即对该教师进行了询问和审查，并搜查了他的家、楼顶和办公室，但没有发现什么问题，他也矢口否认自己绝没有也不可能泄密。有人主张把所有可疑人员一律审查和逼供，我和头头们制止了。由于没有足够的证据，此事成了无头案，最后不了了之。尽管没有造成其他重大损失，但这是我的严重失职和无能。事后，我自己向革委会和国防科委写了检查，请求处分，最后也不了了之。

事到如今，对天发誓，在这件泄密事件中，我们始终没有对该教师进行逼供，更没有打他一下，尽管当时打他几下也属事出有因。就这样，作为北航红旗的保卫部长，我保持了文革中从未打人的"吉尼斯"记录。

"红航一号"在北航革委会的领导下，继续研制、生产，经历了失败，最后圆满地完成了任务，向空军提交了高水平的新式靶机，受到了中央、国防科委和空军的表扬。这是参与研制、生产的广大教师和员工的功劳，北航革委会不求有功，但求无过，而我本人是有过之人。

需要指出的是，北航研制"红航一号"，是在全国乱成一团、大部分高校两大派对立严重甚至武斗成风的形势下进行的。当时北大、清华等学校的许多人也没闲着，他们正在造炸药，造手雷弹，造装甲车等，准备炸大楼，炸高压线杆，炸对立派。在这样的形势下，北航革委会能够领导组织北航师生员工为部队研制出新式武器——尽管不是原子弹和宇宙飞船——不能不说是难能可贵的。这一点，笔者不得不交代清楚，因为后来在某些人的眼里，北航革委会是"坏人篡党夺权"，北航红旗简直就是"反革命组织"，北航红旗的头头和积极分子全是坏蛋。某些"胜利者"在写北航历史的时候，站在派性的立场上，颠倒是非，混淆黑白，极尽歪曲、夸大、污蔑之能事，并口口声声说北航文革中是"重灾区",北航红旗没干一件好事,这恐怕不是实事求是的态度,也难以服人。

历史不可能永远被强权者所涂鸦。北航红旗,千秋功罪,自有后人评说!

61. 武光问题真相

北航红旗对老院长武光的保与批,需要让历史说话。这里面有复杂的原因和经过。北航一些同志武断地说北航红旗迫害过武光,有失公允。

北航许多人应该知道我是第一个保武光的。本书前面已有诗为证,对武光没有感情写不出那首诗。北航红旗一开始也是保武光的,没有人反武光。武光后来在新疆被打倒后,被人"揪"到了北京。开始住在北大,我和头头们派人去把武光接来,藏在北航保护了起来。

听韩爱晶说,康生说武光是好同志,我们党像武光这样的老同志不多了,应当好好保护。我们本来保武光,听了康生的话,很高兴,对武光照顾得很好。由于北航红旗的保护,新疆方面不敢抢人,武光同志免受了许多苦难,这是历史的事实。

后来,还是这个康生,在飞机场送外宾时对韩爱晶说:"武光是大叛徒、大特务,你们怎么还保他?"韩回来一说,我们都气坏了,大骂康生出尔反尔,不是东西。由于康生是地派的后台,北航红旗一直对他有看法,只不过不敢公开反他而已。

我们对康生的话半信半疑,阳奉阴违,决定继续保武光,走一步算一步。

不久,卫戍区来人找韩爱晶要武光。韩爱晶说不了解情况,让找我。我一口咬定武光不在北航,早就被新疆的人抢走了。当时北航上上下下的人都保武光,不愿武光被卫戍区拉走。卫戍区来了两次人,都被我顶回去了。我当时幼稚地认为,说不定康生又出尔反尔,说记错了,武光不是叛徒、特务,这不就行了吗?

卫戍区的同志从北航某些人口中知道武光就在北航,便上报了谢富治,不知北航是谁告的密。于是谢富治给韩爱晶打电话,阴阳怪气地说:"我派人去要武光你们不给,你们北航红旗眼里没有我,难道还要我这个北京军区第一政委亲自出面才给吗?"

没有办法,我只好把武光交给了北京卫戍区。我知道北京卫戍区对"黑帮"的"监护和监管"是怎么回事,贺龙、彭德怀不就是被监护死的吗?

后来,迫于康生的淫威,为了洗去保"大叛徒、大特务"武光的罪名,北航主要头头们在没有召开革委会全体会议研究讨论的情况下,就在院内提出了"打倒武、周、程、王、张"的错误口号,并把武光拉回学校批斗了几次。尽管北航红旗对武光恨不起来,批判纯粹是例行公事,但不管怎么说,这也是完全错误的,是对武光和其他北航老干部的迫害行为。

需要指出的是,1968年春天那次在体育馆批斗武光,我得到消息后,又一次出面保护武光。本来"斗、批、改"方面的事情(如专案组和批斗会之类)不归我管,但出于良心和不放心,我怕武光在会上吃苦头,便利用职权跑到会场对有关人员说:"不准武斗,否则后果自负。"并在众目睽睽下跑上台去对武光小声说:"例行公事,你不要怕,没人敢打你"。

以上情况,绝对是历史的事实,说表功也可以,因为那是客观存在。

武光同志后来被关押审查了整十年,受了不少苦难,1978年返回北京,平反后曾任中国社会科学院副院长、北京市人大副主任,现已离休。前几年他写的回忆录《不是梦——对"文革"年代的回忆》,详细叙述了他在文革十年中遭受的迫害,内容十分客观和感人。近年每逢北航校庆会时,武光老院长都出来与北航校友们合影留念。如今,他年事已高,笔者衷心祝他老人家健康长寿。

最后提及,近几年,作为老共产党员和老革命家,像许多有理想有良心的老干部一样,已是耄耋老人的武光同志仍在时时、处处关心着党、国家和人民的命运。对于某些人抛弃马列主义、毛泽东思想,大搞资本主义复辟的罪恶行径和中国残酷的社会现实,他老人家痛心疾首,慷慨陈词,强烈反对,并公开表示自己的立场和观点,这不能不令人肃然起敬。看看某些整天大骂文革大骂毛泽东的所谓共产党员和老干部（包括北航）的随波逐流、贪污腐败、数典忘祖、为了个人既得利益不惜出卖良心和灵魂的丑恶嘴脸，谁是雄鹰谁是鸡，谁是战士谁是叛徒，不是一清二楚了吗？

62. 砸"八一"大会

1967年春夏，在反击"二月逆流"和"揪军内一小撮"的高潮中，北京出现了一股反总理的逆流。以大学里的几个思想极左的学生组成的"516兵团"，给周恩来贴了许多大字报。社会上一些人建议废除"八一"建军节，立毛泽东领导的秋收起义（9月9日）为建军节，因为"八一"南昌起义是周恩来、贺龙等人领导的。

对此，毛泽东曾明确表示反对。他说，"八一"在前，"秋收"在后。是"八一"首先打响了对国民党的第一枪。但是，毛泽东的意见当时许多人并不知道。

1967年9月9日，北京市工代会、农代会、红代会组织一些人在北京工人体育馆开大会，纪念毛主席领导的秋收起义40周年，会议组织者邀请了有关中央首长出席，周总理来了，江青等人不知为什么没有到会。

北航红旗派了六百人参加会议。韩爱晶说，今天这个大会不是我们组织的，什么人都有，成份比较复杂，要求我把人马安排在主席台下面，保卫好主席台。

大会发言一开始，我就听出苗头不对。

大会组织者安排的发言者在歌颂了毛泽东主席领导的"秋收起义"的伟大意义之后说，是伟大领袖领导的秋收起义打响了对国民党的第一枪，不是"八一"南昌起义打响的第一枪。"八一"南昌起义是大军阀贺龙他们领导的，最后以失败告终。这次起义不是工农武装起义，而是资产阶级旧军队的一次兵变，所以"八一"不能作为中国工农红军的建军日，必须彻底砸烂。我们强烈要求中央废除"八一"建军节，把"秋收起义"纪念日9月9日定为建军节。这时，会场上不断有人高呼："砸烂八一！""秋收起义万岁！""毛主席万岁！"

这时我看见坐在主席台上的周总理非常激动和气愤。谁都知道，"八一"南昌起义是周恩来等人领导的，这次大会明显的是对着周总理来的。我心里顿时为周总理捏了一把汗。

果然，几个发言者调子皆大同小异，主张立"秋收起义"为建军节，废除"八一"建军节。这时会场上乱起来，有人支持有人反对，有人要抢话筒，台下有人要冲上主席台。大会组织者不知是谁，一个劲地要大家安静，但会场怎么也安静不下来。

文革中，凡有中央首长参加的大会，从来没有这么乱过。我立即通知北航红旗的学生们把住两个出入口，防止意外。

实事求是地讲，北航红旗也好，韩爱晶也好，都是保总理的。韩爱晶常说："周总理是全国的大管家，是毛主席的亲密战友。周总理是支持我北航红旗的。没有周总理，全国就乱了套了。北航红旗任何人不准反对周总理。"这是历史的事实。至于我个人，始终对周总理非常钦佩，又加上总理亲自为我平了反，即使从个人利益上说，我也绝对是死保总理的。

我们同意参加这个大会，是为了纪念秋收起义，但没想到有人要砸"八一"。我们事先不知发言者和组织者的目的和宗旨，否则，北航红旗不会参加这个大会。我心里直埋怨韩爱晶。

这时韩爱晶、蒯大富等人坐在主席台上，看到会场很乱，他们也害了怕。我看到韩爱晶走到周总理面前，不停地同总理讲着什么。大概是向总理解释什么还是劝总理离开会场。据后来韩爱晶说，他是请示总理要不要拒绝参加这个会议，立即离开会场，总理没有同意。

这时，大会组织者请总理讲话。

总理站起来走到麦克风前，开始讲话。会场静了下来，韩爱晶和蒯大富紧紧地站在总理身后护着总理。

据我所知，凡是参加这种大会，总理的保安人员和警卫战士都不上主席台上，一般也没有必要。毛主席第六次接见红卫兵时，走下金水桥，乘敞篷汽车从红卫兵人群中穿过，也没有任何危险，但今天我为总理捏了一把汗。今天大会不是我们组织的。我仅带了六百个人来，万一出现情况，有人捣乱，上万人一乱起来，不好控制。我也真想让总理赶紧离开这是非之地。

总理的声音有些嘶哑和颤抖。

"同志们,同学们,无产阶级革命派的同志们,今天这个会,事先我不知道,我是紧急赶来的。今天大家在这里纪念伟大领袖毛主席领导的秋收起义40周年,这是非常好的,我坚决支持这个会议。坚决支持大家的革命行动。但'八一'建军节是毛主席同意的,不能砸……"

这时会场里突然有人喊:"周恩来下去!""我们要见江青同志!""我们要见毛主席!"会场顿时又乱了起来,一些人的狂叫声压倒了总理的声音,他们不让总理讲下去。

我大吃一惊。文革以来,我可说什么场面都见过,唯独没碰上过这种场面。这不是公开反总理吗?这还了得!这算他妈的什么造反派?大会组织者和叫喊的人是些什么人?若这个会在北航召开,我定会让北航红旗武装部队把他们全抓起来,可这里是工人体育馆,不是我们的天下。

我立即让北航红旗六百名学生全体起立,组成了人墙,把主席台包围了起来。为了镇住一小撮人,我叫人把北航红旗的大旗举了起来,并带头高呼"誓死保卫周总理!""谁反对周总理就打倒谁!""北航红旗坚决拥护周总理!""反对周总理就是反对毛主席,绝没有好下场!"我一喊,北航学生和会场上的群众也跟着我喊起来,一下子把一小撮人的气焰压了下去。当时,我的心情紧张到了极点。如果有人胆敢上去揪斗周总理,我和红旗战士们绝对把他打翻在地,揍个半死,别的,我顾不得了。在保总理问题上,我决不含糊!

周总理继续讲话,出乎我意料,总理下面的讲话令我大失所望。这是我知道的总理最违心的一次讲话。

"同志们,无产阶级革命派的战友们,红卫兵小将们!我很理解大家的心情。你们热爱毛主席,热爱江青同志,这是完全正确的。我完全理解你们的心情,但是,我要告诉大家,我周恩来热爱毛主席的心情不比你们差。我要告诉你们,'八一'南昌起义,不是我周恩来领导的,是林副主席领导的,我周恩来不过是参加了而已。'八一'

建军节是毛主席确定的,不能砸!砸'八一'是不对的!我周恩来一生犯了许多错误,但我是拥护毛主席的,拥护林副主席的。不信请同志们看一下,我周恩来的心是红的!"

说到这里,周总理突然用手撕开了衬衣,露出了胸膛。

由于我没法看到总理讲话的原始录音(可能没有录音),仅凭记忆,上述总理的讲话可能略有出入,但几句关键的话确凿无误,撕开了衬衣绝对是历史的事实。我和许多人被惊呆了,会场上群情激奋。"誓死保卫周总理!"的口号声响成一片,许多人愤怒地谴责一小撮人反对总理、破坏大会的行为。主持大会的人见没法再开下去,便草草收场。顿时,人群拥向了主席台。

说时迟,那时快,我带着北航红旗的学生们冲上了主席台,把周总理紧紧地保护了起来,并护送着总理退场。

那天负责警卫的卫戍区的战士们离得很远,他们可能未遇到过这种场面。面对体育馆内外人山人海的群众,他们近不了身,干着急使不上劲。我几百名北航红旗战士护卫着周总理,成千上万名群众围着我们,一步一步艰难地下了主席台,好不容易出了体育馆。啊!只见体育馆外的群众也是人山人海,望不到边。当时我没有受过警卫业务训练,也不会武术,但我知道,这种场面什么也用不上,只靠我20多岁小伙子的身躯和一颗红心护卫着周总理。我面对着总理,向后倒退着,指挥学生们开出一条走道。我对着一个当兵的大喊:"快把总理的车调过来!"我当时急于要把总理护送上汽车,让总理尽快脱险。

现在不记得当时在场的卫戍区负责人是谁了,是傅崇碧,李钟奇,还是其他首长?我估计他们当时也吓坏了,恕我不恭。

关键的问题是人群中有反总理的坏人。

周总理的"大红旗"慢慢地从人群中开了过来。我正要护送总理上车,不料总理不肯上车。他向人群不停地挥着手,点头微笑,不停地同人们握手。伟大的周恩来,他此时的心情我明白,他不愿这样灰溜溜地走掉,他早把个人生死置之度外。他相信群众,他不相信有人会害他,但作为我们,作为总理临时的保卫人员,我却不能不高度警惕,以防万一。这时,我看见远处卫戍区部队的战士们一队一队地开了过来，我心里稍微踏实了一些。

这时，周总理大声地说："同学们，红卫兵小将们，不要怕嘛！毛主席说要相信人民群众嘛！我周恩来问心无愧，我不应该害怕群众嘛！现在天快黑了，大家都没有吃饭，我也一天没吃东西了。"他朝旁边挤过来的卫戍区负责人说："你们是不是搞一点吃的来，我和大家就在这里吃一点晚饭怎么样？"大家顿时欢呼雀跃起来。

这时，周总理一屁股坐在了地上（后来知道总理那天已经连续参加了几个会议，已经累坏了），我们围坐在他的周围，外围是官兵们和人山人海的群众。不一会儿部队拉来了供战士们吃的几大木桶盛着的稀饭、馒头之类，总理要了一小碗稀饭，我也要了一碗，陪总理喝了起来。

就这样，公元1967年9月9日傍晚，中华人民共和国的总理周恩来，在北京工人体育馆北门外的马路上，席地而坐，与人民群众们一起喝稀饭，并用舌头把碗舔得干干净净。

我和在场的人都感动得流下了热泪。

文化大革命中，北航红旗犯了许多错误，我也不是白璧无瑕，这点，我从不否认。但是，起码在对待周总理，保卫周总理方面，我们问心无愧，无可指责。

文革中，北航（不光北航红旗）没有一个人反总理。文革中红卫兵的形象，不单是军装、皮带加皮鞭的形象。历史就是历史，对的就是对的，错的就是错的。这点，无论是史学家，还是当事人，都应尊重历史，而不应胡说八道。

63. 北航"国际红卫军"事件

1967年夏，北航红旗内部有几个学生成立了一个叫"国际红卫军"的秘密组织，公开的宗旨和口号是"把无产阶级革命和红卫兵运动推向全世界，为解放全人类而斗争"，实际上是反林彪的。主要人物叫白晓宏、曹伟康，二人皆是干部子弟，平时关心政治，博览群书，思想比较激进和活跃。他们认为，文革以来林彪的表现和言论十分出格和反常，令人怀疑。林彪对毛主席的评价不是实事求是地赞扬，而是别有用心地吹捧，令人肉麻。许多话是明显错误的，违背了事实和辩证法。林彪的心术不正，明眼人一看就知道他要捣鬼；林彪军权在握，靠吹捧毛主席成了接班人，一旦毛主席有个三长两短，林彪当了中国一把手，许多人要人头落地，全国非大乱不可；林彪才是中国真正的赫鲁晓夫，是野心家、阴谋家；毛主席看错了人，树林彪当接班人是极大的失策，早晚要吃大亏；在中国，绝对不能让掌握枪杆子的人当一把手……白、曹二人秘密地向许多人特别是北航红旗的头头们散布他们的观点。他们还认为，北航红旗已经成了"保皇派"，成了毛主席、林彪和中央文革怀里的"阿斗"，不再继续革命了；真正的革命造反派应当继续造反，造林彪的反，把中国真正的赫鲁晓夫、反革命两面派林彪揪出来示众。那样，北航红旗才是真正的革命造反派，才会受到全国、全世界的赞扬和佩服……

据我所知，北航红旗有好几个头头对白、曹二人的观点表示了默认，起码没有公开表示反对和制止。其中革委会副主任田东竟然赞同和支持白、曹二人的观点，并秘密介入了他们的行动。例如，为了验证林彪某一天是否上过天安门，田东曾带领白、曹二人专程拜访了当时国务院秘书长周某某。

由于我是北航红旗的"元老"和革委会组织保卫部长，白、曹二人也偷偷地向我散布过他们的观点，但因我当时的思想还没有达到他们那样先进的境界，对林彪的认识还同芸芸众生一样，所以我没有接受他们的观点，并劝他们不要胡思乱想、怀疑一切，不要到处散布这些观点，以免惹是生非。由于白、曹二人是北航红旗的"老造反"，同我很熟，出于派性，我不可能出卖他们。

当时的中国，"公安六条"有明文规定，反林彪绝对是反革命，要抓起来坐牢的。

俗话说，没有不透风的墙，白晓宏、曹伟康二人反林彪和北航红旗头头态度暧昧的消息很快就传了开来，有人开始发难，让头头们交代清楚。如此发展下去，北航红旗将有灭顶之灾。韩爱晶等头头们看事不好，立即召开了秘密会议，决定统一口径，并立即把白、曹二人的情况上报了北京卫戍区。很快，卫戍区就来人把白、曹二人抓走了。上车时，常委中有人还打了他们几个嘴巴。

作为保卫部长，这事本来归我管，可能因为事情太严重，太突然，韩爱晶和主要头头们没有让我处理，我也乐得做好人，一身轻松，两袖清风。

1968年春，白晓宏和曹伟康在卫戍区被关了半年之后放回了学校，按照上面指示，回来劳动改造。我安排他们在学院绿化队劳动了一段时间。按常规，二人应开除学籍或留校察看。同样是出于派性，我丝毫没有为难他们。后来我毕业了，白、曹二人的情况就不清楚了。估计在后来的抓"516"运动中，二人日子不会好过。但1971年林彪摔死之后，二人肯定已彻底平反。

关于北航革委会副主任田东，后来在革委会会议上做了检查，受了大家的一致批判，并写了检查交代材料。值得说明的是，我当时奉常委们之命，曾负责整理过田东的交代材料，并以北航革委会名义上报了北京市革命委员会。我做了一件对不起田东的事，尽管是奉命的。此事后来不了了之，北京市革委会没有下文，田东也没有受什么处分，继续当他的常委。

但是田东毕业后抓"516"时被整得很厉害，直到林彪摔死后才平了反。我借此书再一次向田东老同学和战友表示诚恳地道歉。

64. 北航周国怀"叛逃"事件

1967年11月的一个晚上，北航南操场演电影。几个男女学生抓到了一个耍流氓的人，扭送到保卫部。我一看，是四系的主任周国怀。

周是航空材料系主任，中国的航空材料专家，他了解国家的大量航空机密。周当时40多岁，风流潇洒，不知怎的，看电影时不老实，被女学生们当场捉住了。这真是人不可貌相，海水不可斗量，扶不起来的"天子"。据我回忆，他好像还是北航红旗的成员。

周一见到我，羞得立即抱着头，蹲在了地上。

我为他难为情，说："唉呀老周，你怎么搞的？"

我让周回去写检查，并通知四系革委会，让他们批评一下就算了，不要再声张了。

我认为我的处理没有错误。

谁知过了几天，周国怀的爱人，政治教研室的吴老师哭哭啼啼地来到我办公室，交给我一张纸条，上面写道："亲爱的妻，我对不起你，我到天涯海角去了，不要找我……"

这显然像一份遗书，我看后，半信半疑。据我所知，四系确实没有怎么难为周国怀。但这种事，传得很快，堂堂的系主任耍流氓，确实不好见人。我估计周国怀可能出去躲一段时间，等事情被人淡忘了，就回来了。周同爱人关系很好，但没有孩子。我安慰了吴老师一番，让她不要着急，等几天周国怀就回来了，有消息随时报告。

我当时年轻，没有经验，因不是政治问题，此事没有引起我足够的重视，加上工作太忙，我没把这事放在心里。

不料几天之后，北航革委会突然接到了厦门市公安局军管会的电话，说有一个叫周国怀的北航教师，在鼓浪屿海滩洗澡失踪，岸上留下衣物、手表及工作证等物品，请速来人处理。

我大吃一惊，立即调阅了周国怀的档案，一看，把我吓坏了。

周国怀生于台湾，厦门集美中学毕业，在学校时是游泳冠军……

大事不好。我立即报告了常委，常委们决定让我亲自带人立即到厦门寻找周国怀，并要求活要见人，死要见尸。革委会写了紧急报告，上报了国防科委、北京市公安局、中央情报部等单位，希望提供敌情通报，尤其是台湾方面的有关反应和信息。

我马上挑了两名得力助手，带了有关证明、证件、枪支等，乘火车直奔厦门。当时不知为什么没有乘飞机，后来才知，乘飞机也晚了。

两天之后赶到厦门，顾不得休息立即赶到了厦门公安局，军管会的同志把周国怀的衣物和工作证等交给我们，经验证，确系周国怀的东西。

公安局军管会的同志介绍，那天下午，太阳快要落山了，鼓浪屿山顶上有一位离休老干部发现海滩上有一个人脱了衣服下了海。他认为是游泳者，因当时气温还能游泳。不料此人一直往深海里游去，一会儿就看不见了。对面就是敌占岛大旦、二旦、三旦,水性好的人完全可以游过去,不过我方岸上有巡逻哨,海里也有我巡逻艇来回巡逻。

我们去了现场,拍了有关照片。果然,站在海滩上,能看见对面的敌占岛,据说阴天又无雾时,肉眼能看见敌占岛上的蒋军跑步。

看来周国怀很可能是叛逃了,只是不知道是否叛逃成功,若叛逃成功,我方损失就大了。

我们想去水警区了解一下有关情况,但是,正赶上厦门两派武斗,枪声不断,为免意外,我们放弃了找部队的打算,去集美找周国怀的姐姐了解情况。

出事才几天,当地群众组织已行动起来,周国怀姐姐家门口贴了许多大标语和大字报,内容都是周国怀投敌叛逃内容,并勒令周的姐姐和亲属老实交代问题。周国怀的姐姐向我们哭诉说,周前几天回来一次,说是学校派他到厦门出差,顺便来看看她,没有任何迹象要走绝路。谁料前几天,突然来了一些人,说我弟弟逃到台湾去了,让我交代问题,家也被抄了……

由于事关重大,暂不能定论,在台湾方面没有准确消息的情况下,暂不宜定为叛逃。为了保护周国怀姐姐家的安全,我认为应当按政策办事。于是,我给周国怀姐姐留下了一份盖有北航革委会和北航红旗公章的证明:

鉴于我院教师周国怀下落不明,我们正在调查之中。在问题未定论之前,不宜以叛逃台湾论处,其家属不应以反革命家属论处。希望当地革命群众组织按党的政策办事,否则引起的一切后果自负。

北航革委会组织保卫部长
北航红旗武装部队司令
戴维堤 1967 年 11 月 8 日

由于厦门两大派武斗,到处枪声不断,我们的调查已经无法进行。于是,我们乘船绕道漳州,乘火车返回了北京。

过了几天,收到了周国怀姐姐的来信,对我表示感谢,说我留下的东西真管用,当地群众组织看了后,便不再找她的麻烦了。

后来,北航又两次派人赴厦门调查。从有关方面得悉,周国怀下海后的第二天,我方人员用望远镜发现敌占岛上蒋军从海里打捞上一具"尸体",另外,台湾方面对此事始终没有任何反应。文革中,只要大陆有叛逃去台湾的人,台湾方面就会用高音喇叭大吹大擂,宣扬他们的胜利。根据以上情况判断,周国怀可能已淹死,但这不是唯一的结论。我代表革委会把上述情况报告了国防科委等上级单位,上级方面认为我们的处理和分析是正确的。我个人认为,当时只能做到这一步。

现在回想起来,作为事后诸葛亮,我有许多失误。一是应当把周国怀关进牛棚,这样总比跑了好;二是应当马上查看他的档案,若知他是台湾出生,且会游泳,无论如何不能让他出北航;三是应当乘飞机去厦门;四是应当想尽一些办法同驻军联系上,乘巡逻艇去敌占岛附近转一圈,实地考查一下,顺便开开眼界。

其实周国怀给他老婆的遗书里写的"天涯海角"可能就是指的台湾,只不过当时我太笨,没有看出来。天要下雨,娘要嫁人,由他去吧!

按现在的法律,我认为周国怀只能定为"失踪",而不能定为"叛逃台湾",因为证据不足。

65. 朱东的故事

朱东,本名朱进选,1946年出生于河南省清丰县一个贫苦农民家庭。其父是1932年参加革命的老共产党员。朱从小天资聪慧,勤奋好学,1964年高考时以全县第一名的成绩考入北京航空学院自动控制系导弹控制专业。大学期间,他政治上要求进步,学习刻苦,成绩优秀,决心为祖国的航空航天事业贡献自己的一生。

1966年"文革"爆发后,年轻气盛、思想激进的朱东响应毛泽东的号召,积极投入了运动,参加了北航红旗红卫兵组织,成为一名积极分子。朱东博览群书,尤其是马列和哲学方面的书看的很多,知识面丰富。他口才很好，讲话旁征博引，极富煽动性。不久，他厌倦了学校和社会上的派性斗争，回到了原籍老家，深入到工厂、农村，发动工人、农民和老干部成立了数十万人的群众组织"河南工农共产主义运动团"（简称"河南共运团"）。

作为贫农的儿子和共产党人的后代，作为新中国的大学生，朱东对伟大领袖毛泽东极其崇拜；他对毛泽东将马克思、列宁主义的普遍真理与中国的具体国情相结合，发动农民起来闹革命，以农村包围城市，最后夺取全国政权的伟大革命实践十分钦佩。他认为，建国以后，中国的最大问题仍然是农民问题，革命必须给人民大众首先是农民带来好处和实惠。上层意识形态的革命如果不能最后改善人民群众的物质生活水平，这种革命就不是真正的无产阶级革命。他经常在大会上宣讲，文化大革命必须首先解决工人、农民温饱问题，不能饿着肚子闹革命，那是扯淡；中国大部分老干部是党的宝贵财富，不能统统打倒；他慷慨激昂地宣告，县级以下没有走资派；马列主义、毛泽东思想还要发展，永远没有顶峰。他甚至在大会上点名"攻击"林彪是别有用心。他曾经讲，"热爱毛主席要凭行动，光喊万岁、万岁、万万岁！这不符合辩证法，人能活一万岁吗？"

朱东把自己的思想和观点变成了河南"共运团"的行动纲领，受到了当地几个县数十万干部、工人和农民群众的拥护，但也遭到了某些人的反对。有人很快添油加醋地把河南"共运团"和朱东的事反映到了中央。

首先是林彪"发难"，然后是毛泽东、周恩来、谢富治批示：河南"共运团"是极其危险的反革命组织，朱东是大反革命分子，立即逮捕法办。

1968年1月2日，中央军委办事组、公安部军管会派人急赴河南，把正在大会上讲演的朱东逮捕并用专机押回北京，关进了专门关押政治要犯和大人物的秦城监狱。

作为朱东的同学和好友，作为北航红旗的主要头头，我们不相信朱东是"大反革命分子"，但我们当时没法保护他，因为他是"钦定"的"要犯"。

开始给朱东罗列的主要罪名是"挑动群众斗群众,破坏毛主席的伟大战略部署,破坏文化大革命,恶毒攻击毛主席和林副主席,密谋组织几万老干部和几十万工人、农民起来暴动。"专案组如临大敌,对朱东展开了严厉地逼供信并追查他的后台。

朱东在秦城监狱中一直关押了八年,受到了非人道地折磨。笔者访问他时想请他讲讲当时所受的苦难,但他哈哈大笑:"八年了,别提它了!"随后,他严肃地说:"自1968年1月2日至1975年12月30日我整整被关押八年之久,这对一个青年学生来说确实是从天而降的巨大灾难。严酷的现实摆在面前,一个忠于党,忠于人民,热爱社会主义,向往共产主义的热血青年,怎么一下子就成了反革命了呢?巨大的打击,几乎要把人的精神撕得粉碎。但是,毛主席说,既来之,则安之。民不畏死,奈何以死惧之?要做坚定的共产主义者和彻底的唯物主义者就应当无所畏惧。八年的牢狱之苦,可想而知,但牢门可以锁住人的肉体,却锁不住人的精神。在漫长的不知尽头的关押期间,自己得以大量地阅读和精读马列经典著作、毛选四卷、哲学、历史及社会科学著作。这对于自己的马列主义、毛泽东思想理论素养的提高及坚定科学社会主义和共产主义理想产生了巨大的作用,受益匪浅。我在监狱中构思了几部长篇理论著作的雏形。1975年12月30日,我被'教育释放'回校,到工厂参加劳动;1979年,公安部发文给我彻底平了反,后经我的专业老师朱开轩(时任国家教委主任)亲自过问,北京航空航天大学给我安排了工作。这些年,我一方面努力做好本职工作,一方面抓紧读书和研究,使自己在社会科学和人文科学研究方面逐渐进入'自由王国',取得了一定的成绩。只可惜,在航空航天专业方面,我只好忍痛割爱了。"

朱东从1976年到1983年用八年时间撰写并完成了数百万字的巨著《社会共同论》(含《社会形态论》《社会进步论》《社会文化论》三卷)的初稿。1984年10月,应邀在中国科协组织的中央管理知识讲师团进行了讲演,受到了专家们的好评;1985年在中国科协和社科院组织的有关会议上提供论文和讲演《关于劳动保护安全科学的提纲》《关于地区发展战略思想的几个问题》,1985年12月在文化部和《光明日报》联合召开的文化发展战略座谈会上，发表了《关于中华文化发展战略的设想》的书面发言；1989年8月25日在《中国科学报》发表了论文《谈科学家的政治素质》，对当时科学界存在的许多敏感问题提出了尖锐、中肯地批评和分析；1993年10月中共中央党校出版社出版的《政治科学现象》一书，收录了他的论文《中国古代政治科学现象的文化分析》；1995年6月5日在北京召开的第十八届国际太平洋科学大会上，发表了论文《科学与中西文化问题》；之后，朱东不断有重要论文在国内、国际重要学术会议和杂志上发表。

2001年10月，中共中央宣传部和中国社会科学研究院组织国内八位理论专家（其中包括中共中央党校副校长，中国社会科学院副院长等人，朱东是其中之一）编写的一套哲学和社会交叉科学系列丛书（每人写一本）正式出版，朱东写的《"三文"文化论》一书出版后受到了好评。朱东现已被冠为著名人文学家、哲学和社会交叉科学学者、马列主义、毛泽东思想研究学者。最近，他的又一哲学力作、一百多万字的《社会形态论》即将由出版社出版。

朱东至今对毛泽东、周恩来等老一辈无产阶级革命家怀有深厚的感情。对于领袖人物的历史功绩和在特定历史条件下的失误，作为研究学者，他直言而中肯地提出了自己的见解和尖锐的批评，实话实说，从不随波逐流。他对理论学术界某些人全盘否定马列主义、全盘否定毛泽东思想的反动思潮深恶痛绝，称这些人是"蚍蜉撼树"的小丑。

朱东说："我相信科学，忠于科学，并要献身于科学。我受到现代自然科学的教育，又具备了一定的马克思主义哲学社会科学的理论素养，再加上特殊的人生经历，使我进入社会科学和交叉学科领域的研究阵地也就成为必然的了。回顾自己30多年来的人生经历和整个学术研究的跋涉过程，我完全可以满怀豪情地说，'天若有情天亦老，人间正道是沧桑。'"

作为朱东的老同学和好友，笔者感慨之至。历史证明，当年的"红旗战士""大反革命分子"朱东是条汉子。他没有给北航红旗丢脸，也没有给当年的北京航空学院如今的北京航空航天大学丢脸。

66. 韩爱晶带枪进入大会堂

韩爱晶这个人，实事求是地说，本质上不坏，正像我本质上很好一样。文革前，他政治上要求进步，是入党积极分子。他平时关心国家大事，博览群书，知识面丰富；他生活上艰苦朴素，不爱张扬，甚至不修边幅。特别是当了北航红旗一把手后，他处处严格要求自己，以身作则，带病参加劳动；他不追求享受，不搞特殊；他的办公室就一张桌子、一张木床和一部电话机；他平常很少用学校的公车，他在小事上很注意影响，他专干大事。

韩爱晶有时候很深沉，像个小老头儿；有时活蹦乱跳，像个孩子，什么洋相都出。文革前系里排演抗美援越活报剧，他演美国总肯尼迪，演得活灵活现，丑态百出，惹得大家哈哈大笑。他爱好射击，是北航射击队的队长。

北航红旗的主要头头们大都是政治上的活跃分子和文体爱好者。文革前，井岗山是院田径队的，田东是院排球队的，侯玉山和屠海鹰是院文工团军乐队的，我是长跑队和民乐队的。

据我了解，文革中各单位的造反派头头大都不是"安分守己"分子，不是等闲之辈。尽管有些造反派头头文革前是"落后"分子、"官迷"甚至"鸡鸣狗盗"之徒，但大部分是热爱党和国家、关心政治和国家大事的人物。他们爱好广泛，博览群书，知识面较广，不是书呆子，不是唯唯诺诺、人云亦云、树叶掉下来怕打破头的"老好人"，也不是"两耳不闻窗外事，一心只读圣贤书的"的"老实人"。有的造反派头头甚至是难得的人才精英。

作为20来岁的青年，韩爱晶爱开玩笑，有时甚至恶作剧。有一次，他在我保卫部的床上睡了一觉，醒来时坐在床上发呆。我嫌他身上有土，让他把床单抖一抖。那是条黄色条纹的床单，韩站起来抓起床单抖了几下，突然披在了身上大喊："快看，像不像皇帝？"逗得大家直乐。此事后来传了出去，有人说韩爱晶是野心家，想"黄袍加身"当皇帝，挨整时成了一大罪状。韩爱晶不以为然地说："我文革前演肯尼迪时，为什么不说我想当美国总统？美国人人想当总统，中国人人想当皇帝,难道都是野心家?中国人就是虚伪,又想当婊子,又想立牌坊。"

文革开始时,几个头脑简单、素质较差的学生依仗自己是"老造反",自发成立了"北航红旗造反大队",干了一些打砸抢的坏事,名声很坏。后来诬陷我是批斗彭德怀总指挥的刘向东,就是原造反大队队长。北航革委会成立后,韩爱晶让我解散了"红旗造反大队",改组了保卫部。

北航主楼一个大教室里,堆满了抄家物资。这是文革初期北航"红卫兵"和"赤卫队"抄家的"战果",里面全是金银财宝,贵重物品,光"金砖"就有好几箱子。革委会成立后,保卫部接管了这些抄家物资。我因忙于大事,没有严格管理。刚开始时,学生们在屋里拿"金砖"摔着玩,摔得地上成了黄色。韩爱晶发现后骂了我一顿,我不服气,说:"这些东西没有什么用了,将来送校办工厂当材料用吧!"后来,我才让保卫部三个学生配三把锁,每人拿一个锁的钥匙,三个人同时才能进屋。当时实在是一心搞革命,视一切金钱如粪土。如果当时有私心想贪污的话,太容易了,后来早成了百万富翁了,查也查不出来。有一次,我带人检查时,发现了几个罐头,可能早过期了,便让学生拿到了我的办公室。因晚上头头们常在我办公室里开会到很晚,饿了没东西吃。韩爱晶等人发现后,批评了我一顿,让我立即送到校医院给病号吃。这就是韩爱晶。

当然,作为20岁出头的韩爱晶,由于外因和内因的双重作用,文革中确实干过不少错事和坏事。北航红旗文革中的许多错误,如批斗老干部、打彭德怀、揪军内一小撮、清队致死人命等,韩本人当然有不可推卸的责任。尤其是打过彭德怀一事将成为他终生的遗恨。但是,这些错误都是在特定的历史条件下犯的,有许多事情是受中央文革甚至周恩来、毛泽东指示干的。文革中、江青、陈伯达、周恩来和毛泽东都很喜欢韩爱晶。对于韩爱晶犯的错误,毛泽东曾说:"你们不要再批评韩爱晶了,他才23岁嘛!"

1967年中央武装的北航红旗,发了数千支枪,包括20多枝"五四"式手枪。我给每个常委配发了一枝。韩爱晶嫌太大,没有要。后来，湖北某造反派头头托人送给他一枝小手枪，韩很喜欢，让我教会他用后，整天带在身上。因当时晚上常出去办事，怕遇上坏人。我怕他出事，建议他不要带枪。我说："在北京市，谁敢找你的麻烦？连小偷流氓也敬你三分。谁惹了你，北航红旗还不把他踏平了？你万一丢了枪就不好办了。"韩不听。

韩爱晶进城常骑一辆破自行车，很少用公家的汽车。也是该当出事，1967年秋季的一天，他正在城里办事，接到通知去人民大会堂开会，便骑自行车赶到了人大会堂东门外，匆忙存了自行车，便大摇大摆地进了人民大会堂，把身上带着装有子弹的手枪一事忘得一干二净。

人民大会堂是什么地方？韩爱晶刚到门口，忽然警铃大作。警卫知道来人是谁，很客气地说："韩爱晶同志，请你把武器交出来！进门是不准带武器的。"

韩恍然大悟，立即把枪交给了警卫人员，然后大摇大摆地进了大会堂会议厅。

不一会儿，周总理、陈伯达、康生、江青、谢富治等人来了，开始开会。这时，韩爱晶发现北京卫戍区司令员傅崇碧同谢富治咬耳朵。随后，谢富治、傅崇碧站起来，把韩爱晶叫到一间屋里，问他是不是带枪进来了，韩爱晶老实承认了。

"小韩呀，你真是骄傲自大！你闯了大祸了！"谢富治严肃地说，"你怎么敢带枪进来呢？大会堂这个地方，连我这个公安部长也不敢随便带枪进来的。你怎么这么大胆！你问问傅司令员，他敢带枪进来吗？"

"不敢！不敢！杀头之罪！杀头之罪！"傅崇碧唏嘘不已。

（注：几个月之后，傅崇碧带人去钓鱼台办事。因没有事先请示，后被林彪、江青诬为"私闯钓鱼台，并用装有手枪的公文包打了江青"，因此下了大狱，差点丢了老命。）

"这事换任何一个人，非抓起来不可！你们这些小将呀，真拿你们没办法！今天不准你参加会了，回去写检查！这事若让总理和江青同志知道了，还不知道怎么处理你呢？"

韩爱晶灰溜溜地离开了人民大会堂。

当时，谢富治、江青等人对韩爱晶很宠，周总理对韩爱晶也很喜欢，并派自己的保健医生给韩爱晶看过病。但这次，韩闯的祸实在太大，把总理和江青也气得够呛。唏嘘不已江青后来见到韩爱晶时，破口大骂："韩爱晶，你给我滚！你好大胆！你敢带枪进来，听说枪里还顶着火，你想杀我们吗？"

后来，韩爱晶为此事在北京市革委会上做了检查，又给江青一连写了两次检查都没通过，有一次还是我代写的。

随着文革中惊天动地的大事连接不断，韩爱晶带枪进大会堂这件"小事"很快就被大人物们淡忘了，最后不了了之。

有一句话，叫作"初生牛犊不怕虎"，用这句话形容 22 岁的韩爱晶带枪进大会堂一事，恰到好处。

73. 关于"北航黑会"

所谓"北航黑会"，是惊动了中央和伟大领袖的大事件。悲哀的是，由于"是人不是神"的大人物的偏听偏信和主观臆断，这件被扭曲和夸大了的事件对毛泽东和中央刺激很大，后来竟成了韩爱晶和北航红旗的重大错误和"失宠"的重要原因之一。

所谓"北航黑会"的背景如下。

1968 年夏季，北航革委会按照伟大领袖的战略部署，正在"清理阶级队伍"。尽管"清队"后来看也是错的，但当时北航在革委会的领导下，可说上下安定团结，没有两派斗争，更没有武斗。当时的北航红旗上有中央的支持，下有广大红旗战士的拥护，牢牢地掌握着北航的大权，日子过得很舒服。在全国各地，北航红旗作为"响当当、硬邦邦"的革命造反派，影响很大，受到全国造反派的赞扬和羡慕，可谓"功成名就"。难怪当时全国的造反派感叹道：上有天堂，下有北航。

但是，在 1968 年夏季，全国的形势仍然稳定不下来。文革以来，在毛泽东的"三支两军""要支持左派"甚至"武装左派"的最高指示号召下，中国人民解放军驻各地部队不同程度地介入了群众组织的派性斗争。许多军区按照自己的理解，大都支持了以党员、干部和老工人为主的所谓"保守派"，对受到中央文革和毛泽东赞扬、支持的造反派实行压制和打击。而许多文革以来响应伟大领袖号召起来造反、自认为大方向没有错的造反派们不甘心受压制和打击，对军队的不满情绪越来越大，许多地方发生了冲击军事机关、抢劫解放军武器弹药的严重事件，大规模的武斗和流血事件时有发生。许多省市虽然实现了大联合和三结合，成立了革命委员会，但由于派性没有根除，自认为受压制的一派继续造新生的红色政权——革命委员会的反，导致武斗不止，天下继续大乱。

在北京，以清华、北大为首的武斗也继续升级，天、地派的斗争愈演愈烈。

作为文革的发动者和指挥者，毛泽东、林彪、周恩来和中央文革对这种形势当然十分恼火。中央连续发布了制止武斗的通告，但收效甚微，武斗就是停不下来。这使得党中央和毛泽东的绝对权威受到了严重地挑战。而作为毛泽东本人，他当时怎么也搞不清楚，这究竟是为什么？为什么全国两派武斗不止？为什么那么多群众和军队对他发动的文化大革命至今不理解甚至反对？群众组织的派性为什么那么严重？难道仅仅是因为群众组织里混进了个别坏人吗？当时，他老人家不愿意也不可能承认，全国之所以天下大乱，"始作俑者"正是他本人也！正是他老人家自己说过"党内、军内有一大批资产阶级代表人物""文化大革命是国共两党阶级斗争的继续""解放军应当支持左派，而不是支持保守派甚至右派。"有了这些最高指示，全国能不乱吗？哪个群众组织愿意当反革命？哪个愿意当保守派、右派甚至做国民党呢？这样派性能不严重吗？这正是：不识庐山真面目，只缘身在此山中。但是，毛泽东究竟是伟大英明领袖，在"车到山前疑无路"时，他老人家往往灵机一动，顿时扭转乾坤，结果当然是"柳岸花明又一村"。去年（1967年）夏季，武汉发生"720"事件，军人"造反"，军心不稳。他审时度势，很快把中央文革的三个秀才（王力、关锋、戚本禹）抛出来当了替罪羊，暂时平息了军界的不满。但按下葫芦起来瓢，军队高兴了，造反派又不干了，全国继续大乱。面对今年夏季的局势，他老人家只好"故伎重演"，很快又使出了撒手铜：敲山镇虎，杀鸡儆猴！让工人阶级领导一切，让枪杆子里面出政权！此为后话。

7月中旬，广东省造反派头头、省革委会常委武传斌等人来到了北京，联络了全国各地一些造反派头头，想在北京召开一个"全国形势分析会"，并希望得到北航红旗等首都造反派组织和北京五大学生领袖们的支持，并通过他们向中央喊冤叫屈、反映情况。现在看来，这是很正常的事情，是造反派们的"人权"，理应受到法律的保护。

当时，韩爱晶因身体不好，在北京体育学院（其头头刘长信是天派的）留学生楼边治病边休养，此事北航只有我和几个主要头头知道。1968年韩爱晶大部分时间都住在体院，不抓具体工作，只参加中央首长的接见和北京市革委会的会议。学校里的清队工作由二把手井岗山和王恒主持，"看家护院"的日常工作由我负责。

得知外地造反派头头想见他并想在北航开会，韩爱晶不太愿意，怕受牵连，但碍于造反派的面子，又不好拒绝，便勉强同意了，并交给一个女同学段孔莹负责操办和接待。韩以有病为不能参加会议，让其他常委酌情处理，并把有关情况随时向他汇报。

可能是蒯大富树大招风，比较好说话，也可能是一些外地造反派头头想参观一下清华大学，考察一下清华大学的武斗现场，会议首先决定在清华召开。

7月16日，由武传斌等人召集的全国各地比较有名的一些造反派头头（来自西安、广西、内蒙、江苏、辽宁、吉林等地的十九个单位）首先来到清华大学，穿过武斗封锁区，来到了蒯大富的"据点"。会议开了一天，主要是各地代表诉苦，反映当地造反派如何受压制、打击，有些发言措辞激烈，可能有点出格。蒯大富等人只听，没有发言。最后，大家以清华条件不好（武斗不安全）为理由，建议第二天到北航继续开会。

第二天，外地头头们来到了没有武斗、"歌舞升平"的北航。据参加过会议的有关人员回忆，会场在主教学楼三层一间教室里。负责筹备和接待工作的是北航红旗（没有打北航革委会的牌子）"全国动态组"的段孔莹等几个学生。到会人员约有八九十人。其中有黑龙江"炮轰派"、辽宁"831"、锦州"糟派"、镇江"三代会"、青海"818"、贵州"411"、桂林"老多"、广西"422"、广东"旗派"、武汉"钢工总"等全国20多个著名造反派组织的头头和代表,还有清华井冈山头头蒯大富和鲍长康、北京六中的两个中学生代表。北航红旗二把手井岗山(中间赶来听了一会儿就走了)、常委侯玉山以及作战部、"红一连""全国动态组"的一些学生约20多人参加了这个会议。地质学院王大宾派人参加了筹备会,正式开会时没有来人。笔者因那天有事,没有参加这个会议。

  会议由广东省革命委员会常委、广东"旗派"造反派头头武传斌主持。北航红旗常委侯玉山先讲了几句欢迎的话。他说:"外地革命造反派到北京来,到伟大领袖身边来,我们北航红旗非常欢迎。我们有义务接待,提供一些方便。我们对外地文化大革命的情况不很了解,我们主要是来听听情况的,别的我没有什么好讲的。"据当事者回忆和记录,侯玉山就讲了这几句话。

  在这个会议上,来自外地的十几个造反派头头发了言,介绍了当地的有关情况。许多人的发言观点极左,矛头指向了当地驻军和新生政权革命委员会。有人慷慨激昂地控诉当地驻军是如何镇压造反派的,抓了多少人,打死多少人;有人把全国的文革形势描述得漆黑一团;有人对中央内部斗争情况妄加猜测和议论;有人认为中央军委的八条命令和十条命令自相矛盾,是造成军队和造反派对立的根源;有人甚至对中央(包括中央文革和毛泽东主席)怨声载道,认为中央出尔反尔,搞实用主义,推完磨杀驴子,把造反派当替罪羊。有人建议成立"全国造反派联络站",请求中央批准,地点设在北航,由"五大领袖"轮流当头;有人甚至要踢开中央文革,自己闹革命,自己救自己;还有来自国防科委系统的外地造反派头头主张揭开国防科委机关阶级斗争的盖子……由于发言者的许多言论非常出格甚至"反动"(在当时看来,现在看来都是些派性言论,应当不算违法),吓得许多人溜出了会场。蒯大富看事不好,溜了,北航二把手井岗山也溜了。会场里的主人只剩下北航红旗常委侯玉山和"全国动态组"的几个学生。由于大家谁都不认识谁，会议照常进行。最后，外地参会人员都要求蒯大富和北航红旗头头发言，并反复鼓掌欢迎。其实蒯大富早已经溜之大吉，找不到人了。

这时，侯玉山坐着没动，北航红旗"钢铁纵队"负责人柴孟贤、"红一连"代表许志新、"全国动态组"的祝春生（普通学生）代表北航红旗分别发了言。

祝春生是北航红旗的"元老"，口才极佳。他在发言中先说了几句对外地造反派战友表示热烈欢迎和坚决支持之类的套话，然后便慷慨激昂地大声教训和训斥起外地造反派头头来。他说，你们这些外地造反派头头不读书不看报，你们根本不理解伟大领袖毛主席的战略部署。你们自认为山高皇帝远，根本就不把中央放在眼里，不把解放军放在眼里，这样下去，你们要犯大错误的，要走向反面的。你们应当拥护当地解放军，要打不还手，骂不还口。你们不取得解放军的支持，早晚要完蛋的。真正的革命造反派决不能反军。我们北航红旗就坚决拥护解放军，上到最高统帅毛主席和林副主席，下到解放军战士，我们都拥护，特别是对国防科委聂老帅，我们北航红旗是坚决拥护的，所以解放军从来没有打过我们，不但没有打过我们，还坚决支持我们，所以我们北航红旗才坚不可摧。有人说，上有天堂，下有北航，这话很对。但人间天堂不是天上掉下来的，而是我们坚决听毛主席党中央的话，听中央文革首长的话，通过艰苦奋斗换来的。还有人说，北航红旗架子大，老子天下第一。这话不对，不是第一，是第二。第一是毛主席、党中央、中央文革，是伟大的中国人民解放军，第二才是我们北航红旗。这不是谦虚，这是事实。我们北航红旗的宗旨是解放全人类，我们没有忘记全国的无产阶级革命造反派战友们。但是，现在泥沙俱下，鱼龙混杂，造反派中什么王八蛋都有。我们支持真正的革命造反派，凡是怀疑毛主席党中央的无产阶级文化大革命路线的，凡是不紧跟伟大领袖毛主席战略部署的，凡是反对中国人民解放军的，就不是真正的革命造反派，我们北航红旗决不支持他们……

祝春生一番云山雾罩的发言，把外地造反派头头们骂得目瞪口呆，很不自在。许多外地造反派头头们起哄，中断了祝春生的发言。最后会议不欢而散。

谢天谢地，幸亏祝春生代表北航红旗做了这个发言，好歹总算同外地造反派的言论划清了界限。据说后来康生看到了记者上报的会议内容后，说："这个北航头头的发言还差不多。"（笔者注：主要是因为参加过这个所谓"黑会"，祝春生后来受到了数年的审查、关押和无数次的批斗，被打成"516"分子，身心受到了极大的伤害。2004年12月15日，祝春生老同学因突发心脏病在老家无锡去世，享年62岁。本文算作对他的怀念。）

韩爱晶在体育学院听了有关人员关于该会内容的汇报后，吓得出了一身冷汗。政治敏锐性极强的他知道捅了大娄子。这事要传到中央耳朵里，肯定会说成是"反革命黑会"，是想夺取中央对文化大革命的领导权。什么北航红旗天下第一、第二，这还了得？赶快写检查！谁知检查还没有送上，中央的批评就传下来了。

不出韩爱晶所料，据说由于参加会议的有未暴露身份的有关方面的"记者特务"，所以会议的有关情况很快就被中央知道了，康生、姚文元等人立即表态该会是"反革命黑会"，背后有"黑手"。只不"特务"们不认识祝春生，把他说成了北航革委会常委侯玉山。

所谓的北航黑会立即惊动了中央，在不久的毛泽东"728"大召见中，韩爱晶、蒯大富受到了毛泽东主席和中央领导人的严厉批评。

笔者认为，现在看来，在所谓的北航黑会问题上，韩爱晶和北航红旗本来是没有什么错误和责任的——如果讲理的话。第一，韩爱晶一开始就反对开这个会，他借病拒不参加，当时能做到这点，就很不容易了。第二，文革中中国人有"四大"自由，这是毛泽东支持和倡议的。群众组织头头聚在一起开个会，交流一下文革信息。就算发发牢骚，讲了几句出格的话，但没有密谋武装暴动，没有违反宪法的任何行动，凭什么叫"黑会"？这是对人权的严重亵渎。"北航黑会"不是黑会，正像"二月逆流"不是逆流一样。但是，可悲的是，在大人物面前，有时候是很难讲理的，因为他们是"神"。连韩爱晶、蒯大富等人也把此会当成了黑会，真是可笑之极！这件事情产生的影响和后果是严重的。"北航黑会"和清华武斗事件使毛泽东大伤脑筋,最终导致他老人家做出了重大决策。

74. 清华百日大武斗(节选)

由于清华、北大的武斗和蒯大富向北航借枪事件,在陈伯达、康生的建议下,中央决定收缴北航的枪。不久,卫戍区通知我们把枪支清理好,擦干净,要来人收缴。卫戍区来人的时候,我和同学们都难过地流了泪。我们把擦得亮亮的枪支如数上交,与卫戍区的账目完全相符,一支不少,不但不少,还多出一些从外出串联的学生手中收上来的杂牌枪支子弹,一并上交了卫戍区。

卫戍区的干部十分满意,一位王参谋一个劲地夸奖说:"北航真不简单!这么多枪支子弹,一支不少,一支不坏,一点没出事,真不容易!了不起,了不起!要是换个学校,就很难说了。"

中央收缴北航的枪,是一个信号。"枪杆子里面出政权"被"缴了枪"的北航红旗和红卫兵们的末日不远了。

76. 毕业分配

毛泽东"728"大召见之后,北航革委会敲锣打鼓把"工人、解放军毛泽东思想宣传队"迎进了学校。头头们被集中起来办学习班,接受再教育,北航的权力逐步移交给"工人、解放军宣传队"。

不久,"工、军宣队"召开全院大会,由韩爱晶、二把手井岗山和我做检查,主要检查"派性"和工作中的错误。(注:文革中我始终是北航革委会一普通委员,但是某些人"器重"我,把我变成了所谓的"第三把手"。)结果,韩、井二人的检查没有通过。由于我经过一段反思,态度较好,加上没干什么坏事,检查被通过。"工、军宣队"继续让我主持了一段日常工作。

我行使的最后一次权力是审核了六六届、六七届、六八届毕业生分配方案并签字批准生效。这样,几千名毕业生分到了全国各地。

我把自己分到了电子部 738 厂。由于已成为我女朋友的尹聚平父母还没有"解放",只能进工厂。为避免以后两地分居,我放弃了参军和去研究所的机会，两个人都分到了738厂。

1968年12月30日，我们来到北京738厂报到，成了该厂的正式员工。

北京738厂又叫国营北京有线电厂，是国家第一个五年计划重点工程之一。该厂由苏联专家帮助援建，是中国第一家生产电子计算机和电话交换机的工厂，产品主要供给部队，当时为中国最大的电子工业基地。

原北航3511班的同学们一部分来到了738厂，一部分去了部队农场锻炼，后来分到了中国科学院半导体研究所。分到738厂的几个同学按规定皆分到了生产车间劳动锻炼，我被分到了几乎全是女工的计算机插件板生产车间，整天穿着白大褂同女工们一块焊插件、测试插件。

尹聚平分到了磁芯板生产车间，穿磁芯板。这是一项比绣花还要细的活，特废眼睛。当时的计算机内存，全靠磁芯板记忆数据。固体电路和RAM内存条尚未问世。

738厂也早已成立了革委会，同北航差不多，主要由造反派头头和三结合老干部组成。这个厂的造反派头头们文革中也很能干，但比起北航来，自然是小巫见大巫了。

厂里住房十分紧张，许多工人住在贫民窟一样的平房里，有的一家三代住在一间屋里，但就连这样的平房，我们也分不上。我和尹聚平只好像别人一样，在厂子附近的农村租了一间民房，算是安了个家。1970年初，我们有了第一个儿子。

78. 关于"批清运动"

1970年的中国，红卫兵学生们早已被赶下了文革历史的舞台，但文革并未停止。我所在的738厂又派来了新的军管会，奉上级指示，展开了批判极左思潮，清查"516"反革命阴谋集团的"批清运动"。

关于"批清运动"，历时数年，是文化大革命的重要组成部分。这场运动，在中央的直接领导下，大张旗鼓地搞了数年，被整的干部群众何止成千上万。光一个小小的738厂就抓出了一千多个"516"分子。据资料载，江苏一个百万人口的城市就抓出了27万，一个六千人的工厂就抓出了二千多个"516"分子。许多地方和单位抓"516"中关"牛棚"的人数近乎天文数字，施行的刑讯逼供手段令人发指。据有人粗略估算，"批清运动"中，全国起码抓出了一千多万"516"分子，被关押、致死、致残、"发配充军"、家破人亡者不计其数。这么大一个运动，整了这么多人，最后不了了之。如果说文革中最大的冤假错案，这绝对是其中之一。可是，某些党史、文革史"权威"和"御用文人"们至今对此事连"屁"也没有放一个，甚至有人至今认为抓"516"整的是"造反派"，好得很。据说只有和抓"516"毫无关系的伟大的邓小平说过，抓"516"是错误的，应当平反。

笔者有感而发。中国历史上最好的人不是皇帝佬儿和文官武将，而是正派有骨气的文人，如屈原、杜甫、文天祥、鲁迅等人；同样，中国历史上最坏的家伙不是小偷、流氓、土匪、强盗，而是历代的某些御用文人。中国的某些文人要么是权势者的哈巴狗，要么专吃同类，且不吐骨头，比豺狼过之。单从这一点上，笔者很赞同秦始皇和毛泽东的做法，把许多成事不足、败事有余、丧尽天良的秀才们全杀掉，免得他们当面说人话，背后说鬼话。

多少年来，在抓"516"运动中被伤害的干部群众忍气吞声，忍辱负重，没说三道四，更没有闹事。为了国家的大局，为了安定团结的大局，他们忍了，他们认了。他们没有搞报复，没有把整过他们的人置于死地，更没有挖他们的祖坟。中国人多好呀！这些可敬的我的同类们，是中华民族的脊梁，我向他们三鞠躬。

或许我没有同类们那么大的气量。不，这不是气量大小的问题，也不是个人恩怨问题，这是大是大非的问题，这是血写的历史。某些人不是要"全盘否定和控诉文革"吗？笔者也来助助阵。为了披露历史真相，揭露丑恶，吸取历史教训，教育子孙万代记住黑暗年代里的黑暗故事，我有义务重温历史，来讲讲抓"516"的故事。

蒯大富在挨整时，曾发牢骚哀叹：红卫兵是一年香，二年臭。我追加两句是：三年就挨斗，四年、五年成了"516"。

"批清"运动一开始，就来势凶猛。伟大领袖又发了最高指示："革命的学生要团结，要联合，共同打倒反革命阴谋集团'516'"。林副主席不甘示弱，杀气腾腾地跳了出来，像疯狗一样狂吠：军队是专政的工具，一定要把'516'分子查清，一个也不能漏掉。敬爱的周恩来总理也锦上添花，火上加油：查"'516'，不但查组织，也要查罪行，罪行够了，就是'516'"。

看来，"516"这个宝贝儿确实存在，不但存在，还很了不起，惹得领袖们如临大敌，草木皆兵。

30多年过去了，人们要问："516"啊"516"，你这个宝贝在哪里？

30多年来，对莫须有的"516反革命阴谋集团"，没有人站出来说个清楚。那些制造了"516"大骗局的政客们上欺领袖，下压庶民。然而，在他们（当然是林彪、四人帮之流）受审的时候，竟然没有一条"利用抓'516'运动迫害干部群众"的罪名。（注：单凭这一点，就足以说明那个所谓的"历史的审判"是多么"偷工减料"，派性十足。）全盘否定文革之后，那么多的人写了那么多的文字（报纸、杂志、电台、电视、书籍等等），声嘶力竭、捶胸顿足地控诉文革，却少见关于"516"问题的片言只语，更谈不上为成千上万的"516"分子正式平反，就连可爱的平反专家胡耀邦也把这件事忘得一干二净。那么，只能解释，当年抓"516"运动好得很，不是问题。那么请问苍天：错误地整了上千万人，牵连了家属、亲友数亿人的大运动谁来负责呢？（注：文革中全国各种造反派组织、保守派组织和逍遥派成员按各占三分之一，计算约3亿人。造反派组织中起码有50%的人被怀疑、审查和关押，起码有10%的人即一千五百万人被打成"516"分子。这个计算绝对是偏保守的，据本人所知，当时连农村生产队里也抓了许多"516"分子。）

从某种意义上说，我很"赞同"国外某些法西斯恐怖组织的做法，他们干了坏事之后，立即声称对该事件负责，省得人们疑神疑鬼。这大有"好汉做事好汉当"的味道。可是中国的政治家和政客们，连恐怖分子都不如。

笔者认为，1967年武汉"720"事件之后，在手握军权的林彪和中央文革之流的煽动下，全国到处掀起了"揪军内一小撮"的恶浪，军队受到了很大的冲击。毛泽东看事不好，怒斥"毁我长城"。中央文革看事不好，急忙把王力等人抛出来当了"替罪羊"。但军界的老帅们和各大军区的将军们不买账，继续指责中央文革，并对伟大领袖和他的亲密战友怨声载道。这时（1967年春夏季），正巧有一些极左思潮严重的学生（北京钢铁学院张建旗和外语学院刘令楷等人）以"516兵团"的名义贴出了给周总理提意见的大字报，刮起了一股反总理的"妖风"。这些人数不多能量很大的家伙们很快被谢富治抓了起来，周总理知道后让把他们放了。这件事很快就平息了。

　　这就是说，"516兵团"确实存在，但仅局限于北京几所大专院校的几十个人，大部分被抓过，且事情早已平息。

　　面对当时全国纷乱的局势，毛泽东、林彪、周恩来和中央文革十分着急。武汉"720"事件军队"造反"和有人反周总理这两件事对毛泽东震动很大。没有军队的支持，没有周恩来的支撑，共和国的大厦将倾覆，文化大革命将以失败告终。毛泽东权衡利弊，考虑再三，认为保住枪杆子、保住周恩来是头等大事，其他都是次要的，于是决定"安抚"周总理和军界（用军管会抓反总理的"516"就是铁证）。这样必须忍痛割爱，继续"丢卒保车"。"卒"者，"王、关、戚"和红卫兵、造反派也！"车"者，中央文革也！

　　中央文革的政客们也认为，红卫兵和造反派们的利用价值已不大了，何不把自己干的许多坏事都推到他们身上，以平息一下"老家伙"们的怨气，取得"老家伙"们的谅解，保住自己已经到手的权力和地位呢？但这样干，必须有一个合适的借口，而反周总理的"516"兵团正是一个好"宝贝"，尽管事情很简单且早已经平息了，但中央文革的政客们仿佛拣到了救命的"稻草"。于是，他们无中生有，小题大做，把只有几十个人且早已被抓起来了的"516"兵团"招兵买马"，"增员扩军"，然后煞有介事地向毛泽东、林彪、周恩来谎报军情，"516"兵团说成是以肖华、"杨、余、傅"和"王、关、戚"为后台的（后来又加上陈伯达）、遍布全国的、文武结合的、以青年学生为主的、罪大恶极的"反革命阴谋集团"（政客们知道毛泽东一辈子最讨厌别人搞阴谋），如不清查和打击，十分危险。可悲的是，领袖们和中央文革的"政客"们"英雄所见略同"。于是，上演并制造了文革史甚至中国历史上最大的"惨剧"和"冤狱"。

历史的经验值得借鉴。当年希特勒为了致德国共产党于死地，制造了"国会纵火案"，对共产党栽赃陷害并大开杀戒。中央文革经过一番密谋，由姚文员出面，先造舆论，抛出了醉翁之意不在酒的"评陶铸的两本书"一文，表面是对着王力来的，实际上是全国"516"的信号弹。在这篇文章中，毛泽东亲自加上了一段话：

请同志们注意：现在有一小撮反革命分子……他们用貌似极"左"而实质极右的口号，刮起"怀疑一切"的妖风，炮打无产阶级司令部，挑拨离间，浑水摸鱼，妄想动摇和分裂以毛主席为首的无产阶级司令部，达到其不可告人的罪恶目的。所谓"516"组织的组织者和操纵者，就是这样一个搞阴谋的反革命集团，应予以彻底揭露。"

最高指示，"一句顶一万句"，接着，中共中央正式下达文件。于是，一场轰轰烈烈的、席卷全国的批判极左思潮，清查"5。16反革命阴谋集团"的声势浩大的"批清"运动从天而降，全国范围全面开花。结果是，几乎一夜之间，全国就抓出了一千多万个"516"分子，为毛泽东充当了一年多"炮灰"且倍受其宠爱的"革命小将""革命造反派"们一下子变成了"过街老鼠"，成了"罪大恶极"的"516反革命阴谋集团"分子。

伟大、英明领袖毛泽东和中央文革的秀才们万万没有料到，这场抓"516"运动的结果丢的不仅仅是"卒子"，连"马、炮、士、相"也丢了，"四人帮"这些"车"们最后也没有保住。丢了"车、马、炮、士、相"，文革这盘棋还下个屁！光杆司令纵有天大本事，也无回天之力。想当年，"西楚霸王"大势已去，众叛亲离，成了光杆司令，面对四面楚歌，只好"挥泪别姬"。伟大、英明领袖毛泽东一生运筹帷幄，百战百胜，"笑傲江湖"，视秦皇、汉武、唐宗、宋祖、成吉思汗、蒋介石之辈为"小把戏",然而晚年却"败走麦城","挥泪别姬",何故也？盖因抓"516"这步棋走错也！可悲的是,伟大领袖战术上的失误发展到战略失误,抓"516"一步棋走错,步步皆错：如反击右倾翻案风,批林批孔批"周公",三落三起邓小平,天下留给华国锋,最后导致全军覆没,不能不说是势在必然也！看来毛泽东的确是人不是神。

79. 隔离审查进"牛棚"

不到三年,历史重演,真是何其相似乃尔！正如 1966 年红卫兵、造反派们响应伟大领袖"你们要关心国家大事,要把无产阶级文化大革命进行到底"的伟大号召,积极造反,把许多老干部们打成叛徒、特务、走资派一样,1970 年,伟大的人民解放军按照正、副统帅的命令,派出一个个军管会,积极展开了大规模的"批清运动",矛头直指文革中为毛泽东立下了"汗马功劳"的红卫兵、造反派们,并把他们一个个打成了"516"分子和坏人。

利用学生整干部,利用工人整学生,利用军人整工人,又利用一部分军人整另一部分军人,最后联合起来整学生,这就是伟大的无产阶级文化大革命。这种说法和观点可能偏激,但事实基本如此。"中国变成了一部绞肉机",这话忘了谁说的了,说这话的人活该当死,但这句话让他说对了。

自古枪打出头鸟,造反没有好下场,政治斗争无诚实,宫廷里面无真理,胜者王侯败者贼,一朝天子一朝臣。这些民间俗语小时候看《三国演义》和《水浒传》时也略知一二,怎奈到了关键时刻,忘了。

既然造过反,就应付出代价。果然,历史的惩罚到来了,绞肉机的刀片很快地转到了我辈的脖子上。

1970 年 12 月 26 日伟大领袖生日这天,我和 738 厂的造反派头头们一个个地被关了起来。当然,"私设监狱"名称不雅,美其名曰"毛泽东思想学习班"。

没过几天,尹聚平也被作为所谓王力的"黑秘书"和"720"事件的参加者被隔离审查。那天正好是我儿子的一周岁。在这一点上,军管会还真是有政策水平,因为据说世界各国在母亲被关押时,孩子不能小于 365 天。

与尹聚平同时被隔离审查的一个从部队转业来 738 厂的男子汉钱植平,不几天便被军管会逼得上了吊,结束了自己年轻的生命,抛下了年轻的妻子和两个孩子。

以上这些,我当时是不知道的。

80. 一千多个"五一六"分子

我被隔离审查后不久,就被拉到厂里陪斗一次。这天是 1971 年的 3 月 17 日,738 厂的军管会组织了本地区的批斗"516"分子大会。也不知军管会用什么神通广大的魔术,几天之间,便撬开了 738 厂许多人的嘴。他们一个个被押上台去,低头弯腰三鞠躬,痛哭流涕而又口若悬河。不但一个个承认了自己是填了反革命登记表的"516"分子,而且交代出了几十、几百个发展对象。我想起那天的场景,真是滑稽。文革中我几乎什么场面都见过,可唯独未见这种场面。

在军管会的安排下,已经缴械投降的头头们一个个走上台去交代问题。站在台上的交代人在交代他发展的"516"分子时,显然是按军管会的要求,用×××(念某某某)代替姓名。这样坦白交代者只好说:"我发展了×××,×××,×××,×××,×××,×××……"。会场的高音喇叭有放大功能,这种绕口令的美妙声音响彻了 738 厂的上空,陶醉了坐在主席台上的军管会首长们,但却吓坏了台下的数千名职工,也惊呆了周围马路上的一切行人和车辆。于是,一切都凝固了,人们侧耳静听,不知道 738 厂大院里上演什么好戏。我站在台下看着手表,洗耳恭听着这一连串的迟迟不停的"某某某"。我的天哪!有一个头头竟然连续说了十分钟的"某某某"。按两秒钟说一个计算,他一口气交代出了 300 多个"516"分子。

此后不久,在军管会的强大攻势下,那些"某某某"们也一个个乖乖地"缴械投降"了。不几天,738 厂就抓出了一千多个"516"分子。军管会王主任(738 厂群众尊称他"王大刀")在全厂大会上掩饰不住心中的喜悦,伸出四个手指大喊:"同志们,谁说 738 厂没有'516'分子？现在已经四位数了！四位数了！同志们！"

我的好友张君，是厂革委会人事组织负责人，与我在北航的身份差不多，不过他不管保卫工作。张君为人忠厚老实，甚至有些谨小慎微、胆小怕事。他无造反派的气魄，但有造反派的观点，如此而已。他为人正派，被委以重任。抓"516"一开始，我曾对他说过不要怕，更不要胡说八道。

张君患有慢性心脏病，被军管会关起来后，身心压力都很大。他是个孝子，家有多病的老母。军管会抓住他急于想回家的心理拿他开刀，对他进行逼供。开始几天，张君尚能顶得住，拒不承认"516"问题。随着逼供的加剧和压力的增大，他顶不住了，终于痛哭流涕地向军管会承认自己参加了"516"反革命阴谋集团。他幻想着承认了就能放他回家。

军管会很高兴，因为除我和尹聚平等外来户外，张君是738厂内抓出的第一个"516"分子。万事开头难，有了第一个就不愁第二个，第三个……打过仗的军管会负责人知道突破口的重要性。他们认为，张君可能是一条大鱼。他是管人事组织工作的，他既是"516"分子，一定发展了不少人。738厂的"516"之鱼一定少不了。于是，军管会负责人在全厂大会上洋洋得意地说："庙小神通大，池浅王八多。738厂这座庙不小，水也很多很深，'516'这些王八、游鱼少不了。林副统帅要求我们'一个不漏'，我们的办法就是'网大眼小'。'516'分子这次一个也跑不了。不把738厂的'516'分子抓干净，我们决不收兵。我们还是那句话，坦白从宽，抗拒从严，顽固到底，死路一条！"

张君既然开了口，下面的事就由不得他了。这正如长江、黄河大堤一样，只要开了一个小口子，就很难堵上了。

"要想早点回家，就要竹筒倒豆子。说吧，是谁发展你参加'516'反革命集团的？"军管会的人边问边记录。

"67年我去北航串联时，认识了戴维堤，是他发展我参加'516'的。他让我在工厂里发展'516'成员，并交代上不传父母，下不传妻子。"张君此时的嘴巴已经像决口的黄河大堤。

军管会的人又惊又喜,立即紧追不舍。

"你发展谁参加了'516'?"

"我是管人事组织工作的,认识的人多,发展的人也多,让我好好想一想。不过,你们要替我保密。"

"这点你放心,我们会替你保密的。你一边想,一边写出来,记错了也不要紧,但不要漏掉,一个都不要漏掉。我们不搞蒋介石那一套,宁错杀一千,不放过一个。我们是一个不杀,但一个也不放过。你老实交代吧!交代的好,可以从宽处理。"

于是,张君把厂里300多个干部、工人的名字写了出来,其中包括文革初期挨过批斗的原党委书记、革委会主任等一批老干部都成了'516'分子。

于是,一批批干部、工人被谈话、审查。不承认怎么办?很好办,关押,逼供:"发展你的人都交代了,被你发展的人也交代了,你还等什么?"这是军管会的诱供秘诀。

于是,好汉不吃眼前亏,许多人便承认了自己是'516'分子。对于某些交代问题不太痛快像挤牙膏一样的人,军管会便让某些工人看守们练练拳脚,并长期关着不放。

一年多后我被放出来见到张君时,他的心脏病已很厉害。他含着泪向我说明了一切,并表示对不起我。他说他当时被逼得实在没办法了,甚至不想活了,天天思念老母亲和妻女,以泪洗面,心脏病常犯,差点死在"学习班"里。我谅解老张,劝他不要难过,好好养病。我调侃说:"老张你真有两下子。你这叫曲线救国,故意引导军管会犯错误。承认'516'的人越多越好,法不治众。你事实上帮了大家的忙,军管会搞了扩大化,才草草收了场,否则把我们整得还厉害。你干得漂亮。"

漂亮归漂亮,张君此后却高兴不起来。他是老实人,心胸不宽,总感到有愧于人,内心十分痛苦。他的心脏病越来越厉害,不久,他就突发心脏病去世了,死时刚40多岁。我至今十分怀念张君,我敢说,如果没有抓"516"运动,如果没有军管会的法西斯逼供、迫害,张君不至于死得这样早。

81. 逃出"牛棚"看娇儿

我被关后,军管会的专案组只让我交待问题,没有逼我交待是不是"516"分子。大概他们认为我是条大鱼,不必操之过急。我自己当时也不太在乎。"学习班"嘛!学几天就完了。文化革命中干了那么多事,审查审查也是应该的,反正我文革中也没干什么坏事,经得起审查。至于"516反革命阴谋集团"这个组织,去他妈的!我从一开始就认定这是"莫须有"。我是北京市文革的见证人,不算活字典,也算万事通。这么大一个反革命组织,以前闻所未闻,如今突然冒了出来,必定事出有因。

在738厂这么多人承认了自己是"516"分子后,我心里更加明白,这完全是军管会逼供信的结果。工厂里的工人同志大多没见过世面,被军管会一压、一吓就害怕了。他们有妻子老小,承认了可以回家。好汉不吃眼前亏,何乐而不为呢?

但厂里的造反派头头们,也一个个承认了自己是"516"分子,并揭发了许多人,这使我十分不解。既当头头,就应有当头头的风度,不能把自己混同于一般老百姓。

当时我感到困惑的是,抓"516"是伟大领袖和他的亲密战友亲自下的"圣旨"。究竟是谁欺骗了他们,挟天子以令诸侯呢?他老人家为什么这么好骗呢?

我把自己文革中的一年多的全部所作所为写成了材料,请军管会过目。我要求回家看看儿子。但是,我的材料被退了回来,军管会说那是宣言书和请功表,不是交待材料,要我态度放端正一点,脑袋放聪明一点。至于回家,那就看你自己交待的如何了,一切取决于你自己。

我真的非常想儿子。他是我戴家先烈的后代。当时,我还不知道尹聚平也已被关了起来。

一天晚上,我趁着看守们在外面打扑克,偷偷打开了窗子(当时关在平房,窗子还未加固),跑回了家——那间厂子附近农村的小屋。

一进门,我惊呆了。70多岁的姥姥(尹聚平的外祖母)正在喂我的儿子。儿子站在潮湿的土地上,一边吃东西,一边用两只小手拿着快垂到地面的亮着的电灯泡玩。儿子见我回来了,立即哭着让我抱,并喊"妈妈,妈妈!"姥姥哭着告诉我,尹聚平前几天被厂里的人叫走了,再也没有回来。

我的热血一下子顶到了脑门上。军管会这几个法西斯军人,真他妈的歹毒,简直不是人。我们犯了什么罪,如此对待我们?我把电灯线弄高,安慰了姥姥几句,亲了儿子一下,立即头也不回的赶回了"学习班"。从我逃跑到返回,前后不到一小时。

这时军管会正在组织人马抓我,见我自己回来了,松了一口气。不知为什么,他们没有太责难我,只宣布以后不准再跑。

而我当时正在气头上,怒火难消。我冲着管专案组的军代表,破口大骂道:"我操你妈的姓×的,蒋介石害得我家破人亡,你们害得我妻离子散。老子一家都是当兵的,没有一个象你们这么混蛋。你们别放我出去,否则我同你一块见阎王。"

我的嚣张气焰惹火了军管会。第二天,我被押到厂里批斗了一场。批斗完后,军管会副主任周胡砍来到我的牢房训话。"周胡砍"是738厂工人给他起的外号,主任叫"王大刀"。

"戴维堤,我告诉你,你给我放老实点。老子管过监狱,像你这样的,老子在监狱里见的多了。你的问题很严重,我们有充足的材料。坦白从宽,抗拒从严,顽固不化,死路一条。你不要认为你出身好,我们就不敢怎么着你,你的出身我们也要调查,烈士当中也有叛徒。我们现在是挽救你,要是换一个人,这样骂军管会,我们决不轻饶!"

"我有什么问题,你们可以拿出来,我自己认为我什么问题也没有。我骂军管会不对。可我家里确实有困难,一老一小没人管,出了人命怎么办?就是我和尹聚平有罪,那老人孩子无罪。我儿子绝对是烈士的后代。烈士也有叛徒,这话可是你说的,你是共产党员,不能这样胡说。我要求军管会派人给我看孩子,扣我的工资也可。"

"你孩子的问题,我们会考虑的。你老实交待问题吧!告诉你,你们学校来了许多材料,你是'516'的头头,问题严重,有许多人检举你。我们给你时间，让你主动交待问题，争取从宽处理。否则就不算你主动交待的了。"周胡砍说完就走了。

他妈的，活见鬼了！谁检举我是"516"？不可能！周胡砍有审犯人的经验，他一定是在诈我，我不会上当的。

过了几天，军管会派人买了火车票（当然扣了我的工资），把一老一小送到了北京站，打发回了郑州我岳母家。当军代表告诉我这件事的时候，我已经不再生气，但心里在流血。

据后来得知，军管会中有人很同情我，认为不应该这样对待我，但此人很快就被军管会调走了。

82. 度日如年

自从被隔离关押后，我同外界失去了一切联系，窗户被钉死了，还糊上了报纸。屋里有四张床，晚上有三位工人看守陪我睡觉。我身上除了一支笔，没有任何硬物可以"行凶"。白天，我被锁在屋里，看守们在外面打扑克。他们轮流回家。写交待材料发纸，发一张收一张。连一张报纸也不让看，只有一本毛选四卷本，已经快背熟了。我向军管会要书看，要纸写东西，不允许。真正是"秀才遇到兵，有理说不清"了。

我实在没有什么问题可交待了。在北航我除了反过工作组，当头头管组织保卫工作，未干其它任何坏事。我没打过一个人，没参与整过任何一个老干部。北航批斗彭德怀，打死李井泉之子李明清算大事，但与我无关，我还有什么问题可交待呢？我一天到晚没事干，实在无聊，书报不给看，连个说话的人也没有，我开始体会到坐牢滋味不很好受，特别是单人牢房。怪不得监狱里惩罚犯人时关"小号"，有道理！

无聊之极，闲得难受，人不能让尿憋死。谢天公给我手一双，写写画画磨时光，自古天无绝人之路，东方不亮西方亮。我从小喜欢诗书绘画，且多少有点这方面的"歪才"，今天派上了用场。没有纸，我让"看守"师傅给我买了一些卷烟纸（吸烟他们不禁止）。这种纸二指宽，白而薄，有韧性，同宣纸差不多。我用圆珠笔在上面画人物头象,从样板戏中的人物,到《水浒》《三国演义》中的英雄好汉,画了一本又一本。

画画帮我消磨了许多无聊的日子,后来被一位"看守"发现告了密,军代表带人抄了我的"家",除了一本《毛泽东选集》四卷本外,其他东西全抄走了,并宣布只有写交代材料时才发纸张和笔。幸亏我把画好的"作品"早藏在鞋子里,才"幸免于难"。

又回到了度日如年的日子。

失去自由的日子真难受。外面的世界很精彩,阳光、蓝天、白云、春风,多好啊!但都不属于我,只有利用上厕所的机会出房门吸收一下新鲜空气,但两个看守始终左右不离。每天,我像一只关在笼子里的野狼,在屋子里不停地走来走去。历史的巧合是,正如当年捷克革命作家伏契克在法西斯的牢房里得出的结论一样,"从门口到窗子是七步,从窗子到门口也是七步,这点,我很熟悉。"

无聊的时候,我常常盯着天花板发呆。天花板由八块水泥板组成,中间缝隙很大,有几只蜘蛛在上面结了网,网上缠住了几只苍蝇。那几只可怜的苍蝇还没有死,正在垂死挣扎。蜘蛛正在一个一个地把它们吞食。我想,我现在就如同这几只苍蝇,任人宰割,人为刀俎,我为鱼肉,没有办法。此时,我不由得想起了"四郎探母"中杨延辉(杨家败类、民族叛徒)唱的那几句"西皮原板"。

83. 小伙子看守的故事

一天,一个刚进厂不久的17岁的徒工被派来看守我。几个老看守们陪我时间长了,早就烦了。白天总让这个小伙子值班看着我,他们好出去玩。不几天,这个小伙子也烦了,在屋里坐立不安,活像关在笼子里的一只小老虎。

军管会规定,看守人员须同被看守人员划清界限,不准随便说话。可小伙子实在忍不住了。一天,他又单独陪我时,问我:"你是不是'516'?"

我一听,十分好笑。但为了不连累他,我没好气地对他说:"你不要同我说话。我是'516'分子,大'516'分子,别连累了你。"

他神秘地笑着说:"我看你不像'516'分子。厂里的'516'们都承认了,就你一个人还没承认。"

"我本来就不是什么'516'。你年轻,有些事你不懂。厂里那些人都是群众,承认了就没有大事了,可我不行,我承认了他们也不会放我出去的。"我想试探一下他了解多少情况。

"对!他们说你是大'516'分子,是高校伸向738厂的黑手,不会放你出去的。"他的回答在我意料之中。

"厂里抓出多少'516'了?"我问。

"一千多了,还在抓,办学习班都没有地方了,有些人承认了就放了。"

"现在还关着多少人?"

"一百多人,大部分是头头。"

"知道我老婆的情况吗?"

"不太了解,只说她是王力的秘书。"

我不再多问。我沉思起来,心里百感交集。

小伙子见我不高兴的样子,便说:"不谈这些了,你会下棋吗?咱俩下棋怎么样?"

"不,不行,别连累你。"我心里一阵热,小伙子真是不错,但我决不能连累他。我说我不会下棋。文革中,忙于革命,我确实不会下棋。

"没事,他们进城玩去了,晚上才回来,没人知道。不会下我教你。你陪我玩玩吧,我快闷死了。"他一脸稚气地看着我。

这真是天上掉馅饼,世上还是好人多。我顿时感到鼻子发酸,眼睛发湿,喉咙发干。

小伙子像变魔术似地,从大衣口袋里拿出一付小象棋,教我下了起来。

就这样,我学会了下象棋。

然而好景不长。不久,小伙子陪我下棋的事,就被一个姓刁的看守报告了。第二天,小伙子一边整理铺盖卷,一边难过地对我说:"戴师傅,我不能陪你了,你保重吧,我走了。"

他走了，一个多好的小伙子走了。是我连累了他，我太自私，我恨自己，他才17岁，是我连累了他。我用拳头使劲捶着自己的脑袋。

后来得知，他回厂后被军管会整了好几天，逼他交待与我说过些什么。后来，让他下车间劳动去了。

姓刁的看守对我看得很严，我不理他。万没想到的是，不几天，出卖小伙子的刁看守也被人"咬"了，他也成了"516"分子，卷起铺盖进了"牛棚"。

真是好人有好报。多年以后，小伙子已从工人提为干部，入了党，当了处长，如今是一家公司的总经理。我永远忘不了他，他的名字叫张建国。

84. 与军管会的较量

我又陷入了孤独寂寞之中。一本毛选四卷被我翻了一遍又一遍，许多重要文章我都快背熟了。"敦促杜聿明投降书"写得多好呀！这是军管会要求每个被审查人员必读的。我联想到军管会已抓出了一千多个"516"分子，绝对已陷入四面楚歌之中，军管会打击一大片的错误是犯定了。他们现在骑虎难下，不得人心，进退两难，已同杜聿明差不多。我心血来潮，想说点什么。于是，我给军管会写了一封信，劝他们放下屠刀，立地成佛——

军管会的首长、同志们：你们好！

据我所知，你们都是好人，老革命，有许多功劳。你们打过淮海战役吧？一定认识杜聿明。但是，功劳归功劳，错误归错误，你们跟着共产党和毛主席干革命，打蒋介石、国民党，功劳大大的，你们不愧是解放军的代表。但是，今天你们似乎又老革命又遇到了新问题。今天，你们打击的是革命群众，你们已经犯了很大的错误，而错误的责任应由你们个人来负，不能代表解放军。

你们现在的处境是骑虎难下，进退两难，同当年的杜聿明差不多。听说738厂已经抓出了一千多个"516"分子，这是你们的伟大胜利。但我相信这绝对是逼、供、信的结果。因为据我所知，所谓的

"516反革命阴谋集团"是根本不存在的，就像秦桧整岳飞的罪名一样，叫作"莫须有"。我向你们保证，738厂也好，北京航空学院也好，只要我不是"516"，那任何人不可能是"516"。738厂的这些"516"，是你们生产出来的。怎样生产的，你们自己知道。

据我所知，文革中，以北京钢铁学院的一个叫张建旗的学生为首的几个学生——最多100个——给周总理贴过大字报，用的是"516兵团"的名字。后来，谢富治抓了他们。……

85. 转移"牛棚"

我又开始了闭门思过，度日如年的日子。

1971年清明节前后，大雪纷飞，好一个银白世界。屈指一算，我和厂里的头头们关在这片平房里已半年了。厂里的头头们常去厂里开批斗会，这与他们承认了自己是"516"分子有关。他们被军管会当成"鸡"，去惊吓厂里的那些"猴"们。而我什么也没承认，反倒乐得轻松，逍遥自在。军管会同我谈话后，也不把我拉到厂里斗了，只让我闭门思过。

事后我才知道，当时军管会对我的话根本听不进去。我骂军管会和发牢骚的话军管会反复地研究了。军管会内部有人主张给我点颜色瞧瞧，但有人认为我的家庭出身太好了，家里一大堆烈士，不能不考虑影响问题。目前还没有抓到我过硬的问题，把我逼急了万一出人命怎么办？尹聚平也早已关起来了，钱植平自杀了，再死了人影响不好。北航转来的材料水分很大，需要核实，需要时间。戴维堤这个人又臭又硬，一是因为他出身太好，二是可能最后查不出大问题。为了妥善起见，先关着他再说。直到后来，运动搞了一年多了，军管会中有些人才逐渐认识到我当初的某些话有道理，并初步认识到了问题的严重性，加上厂里已有人开始闹翻案，军管会中的有识之士也认为运动搞扩大化了，有没有"516"他们中有人也开始怀疑起来。我是唯一一个否定有"516"存在的人，我的意见看来不能不考虑一下了。这时，军管会负责人的头脑才开始冷静起来。在厂里，"王大刀"

和"周胡砍"讲话也收敛多了,"牛棚"里的待遇和看守们的表情也好了起来。实事求是地说,军管会应该感谢我。

一天晚上,我在一直亮着灯的平房里睡得正香,忽然被外面一阵阵呵斥声、跑步声吵醒了。同房间的看守们全爬起来跑了出去。我躲在被窝里倾听外边的动静。一会儿,看守们进来了,脸色都很难看。我从被窝里坐了起来,外面发生的事情我已经听清,我悲愤至极,大声地说:"逼死人了吧?!"

"你怎么知道的?不准胡说!"看守们大吃一惊,急忙掩饰。

"我早听清了,某某某自杀了,你们逼死人命,该当何罪?"我气愤地说。

"可惜他没死成,畏罪自杀,死了活该!你想向他学吗?随便。"这个看守一直很坏,常动手打人,但没敢打过我,仅用肩膀撞过我,可能军管会对他们有交待,不准打我。

"姓张的,你少来这一套。想让我死,没门!有本事你打死我。现在我就写遗书,我死了,就是你小子打死的,你敢签字吗?"我同他大吵起来。

吵闹声惊动了附近的军代表和看守们,他们进来劝了一顿,我钻进被窝蒙上了头。

事后知道,头头蒋某某因受不了长期关押和逼供,一时想不开,趁看守不注意,触电自杀未遂,被救活了。

第二天,突然通知我换地方,从平房搬到楼房去。我分析可能因为这里关着头头们,怕我闹事,扰乱"军心"。

新"牛棚"在福利区二楼二层。从看守们嘴里,我才知道尹聚平原来关在这里,现在让我俩交换了地方。

"换防"后,我一开始十分高兴。这是二层楼一套三室的套房,是建厂初期按苏联人的图纸盖的,专供厂领导住的。该杀的"老毛子",把窗户搞得小小的,尽管在我的抗议下,撕掉了窗子上的报纸,但仍进不了多少光线和阳光。万幸的是,站在窗前,能看到楼下马路上的行人和风景。

这套房子里有一个一平方米左右的厕所和一个长一米六八、宽一米二的小水房，可以洗冷水澡。谢天谢地，因祸得福，分到 738 厂后一直没有房住，这次住上了高级房子。

这次"鸟枪换了炮"，军代表让我单独睡在最里面一间足有 15 平方米的大屋子里，我可以在里面翻跟斗。看守们住在外面屋里，时间长了，他们百无聊赖，又不读书不看报，白天常常打扑克消磨时间。军管会也不指望我交代什么问题了，就这样关着我。单元门常锁着，我仍然像笼子里的动物，度日如年。

86. 夫妻双双在"牛棚"

我后来才知道，在我被关起来不几天，尹聚平也被军管会隔离审查了。

尽管我后来早已同军管会的同志握手言欢，但我当时骂他们是"法西斯"，实在是事出有因。军管会当时并不知道我们有什么问题，怀疑、审查都是可以理解和接受的，但在还没有查出问题之前，就把审查对象当敌人对待，采取极不人道的手段对待一个正在吃奶的孩子的妈妈，用对付监狱里犯人的办法进行逼供，这种做法不是法西斯又是什么？

据说尹聚平的主要罪状是参与了"7.20"事件、反军乱军、王力的黑秘书等等。这真是抬举了尹聚平。给王力当秘书，本人还差不多，她是不够格的。这个该死的王力，害人不浅，据说他是"516"反革命集团的黑后台，据说他是个国民党，据说他反周总理，据说"揪军内一小撮"的口号是他发明的。因此，在"武汉事件"后不久，他就被打倒了。我早就预感到尹聚平等人要受牵连，果然如此。

按说军管会的某些人是见过世面的。对于一个小小的尹聚平，一个跟着中央代表团出了几天差的青年学生，若怀疑有什么问题，让她交待一下完全可以。要知道，当时王力已被打倒，但谢富治还未打倒。中央至今也没把以谢富治、王力为首的中央代表团定为反革命代表团。毛泽东、周恩来、林彪、江青等人当时都活着，武汉"7.20"事件是怎么回事他们都清楚。一个小小的学生在中央代表团里又能干什么大事呢？稍有常识的人都不能从这里抓到什么"大鱼"。后来得知，同在一面五星红旗下，其余几个一块赴武汉的北航学生也受过审查，但不过是把事情经过写成材料，上交组织就完了。有的同志很快就解脱了，并入了党，提了干。井岗山、吴介之、胡惠娟三人皆未因"7.20"事件而"获罪"，可是738厂军管会却如临大敌，认为抓大鱼、立大功的时候到了。

738厂军管会把尹聚平从吃奶的孩子身边押走，召开了全厂批斗大会，宣布抓出了大"516"分子，混进中央代表团一级的，王力的黑秘书，反军乱军的反革命分子，立即隔离审查，关进了"牛棚"。同时宣布隔离审查的是一位刚从部队转业来738厂工作的男子汉钱植平——为了纪念他，此处用真名，请他的家属理解。

尹聚平的"牛棚"就是我后来的"别墅"。后来我才知道，尹住在这里时远没有我幸运。军代表和女看守们让她住在那间长一米六八、宽一米二、面积一算就知道的阴暗潮湿的小水房里，用木板搭了一个小床，这就是尹聚平的新家。万幸的是，尹聚平身高一米六六，小房的长度还多出两公分，谢谢军管会的长官们！

军管会专案组长是一个知识分子出身的白面书生，此人姓梁，外号"凉半截"。在他的指挥下，年轻的、立场坚定的女看守们对尹聚平采取了非常"革命"但极不友好的行动。

"老实交待，你是怎样混进中央代表团的？""你跟王力干了些什么？""王力什么时候发展你参加'516'反革命集团的？""老实交待！你是怎么反军乱军的？""你的黑手是怎么伸进738厂的？""戴维堤是坏头头，你老实交待他的罪行！"……

文革中，中国大陆的"牛棚"多如牛毛，被关的"牛"们也五花八门，各有千秋。否定文革后，制造"牛棚"的人大都下了"地狱"。可是，惟独抓"516"时制造"牛棚"和虐待"牛"的人们却立了大功，官运亨通，心安理得。这，就是后文革时代的中国历史。

由于众所周知的原因，本书不愿再追述军管会专案人员和女看守们的"革命行动"。我敢保证，他（她）们百分之百是好人。在那个人人发昏的年代里，最最革命的行动就是整人，就是把同类打成反革命，甚至把人咬死后连骨头吃掉。

感谢那个阴阳怪气、皮笑肉不笑的"凉半截"前来暂停了对尹聚平的"革命行动"。他说："尹聚平，听说你父母是老革命，你生父是革命烈士。我们不管那一套。现在老革命和烈士中叛徒、特务多得很，谁知道你老子是不是叛徒、特务？这很难说，我们不管这些。王力是十恶不赦的坏人，你给他当秘书，知道的情况一定不少，你要老实交待。看你的态度，坦白从宽，抗拒从严，顽固到底，死路一条！交待好了，可以从宽处理。我们讲人道主义，今后不会再有人打你，也不会不让你喝水，你累了可以坐一会儿，但问题交代不清不能睡觉。革命嘛，需要付出点代价。"

斗室，小小的斗室，从此成了尹聚平的"家"。其实根本不是家，家可以关上门来睡觉，这个小小的"家"没有门，里面装上了二百度的电灯泡，"光芒万丈"，"主人"没法睡觉。738厂有的是女工，积极分子们很好找。车轮战术开始了，整天整夜不准尹聚平坐下，更不准睡觉。连续几天轮番逼供，只有到天亮时才让坐下打一会儿盹。接班的看守又来了，立即站起来，又开始了一天的逼供……

尹聚平头几天加起来一共让睡了三个小时的觉。就算她是个动物，也需要打个盹儿。可是，只要她的头一垂，立即传来女看守们的拍桌子声和呵斥声。由于挂记家中的老人、儿子，她整天以泪洗面，"废寝忘食"，悲愤欲绝。父辈们都是共产党人的烈士后代，一个年轻的孩子妈妈，蒙受如此摧残和奇耻大辱，要不是想到儿子，她真不想活了，死了什么都不知道了，也免得受罪了。

经过几天的连续折磨，尹聚平已经面目皆非。她欲哭无泪，呆若木鸡，身心受到了极大摧残。她的内分泌已严重失调，脸上、身上长满了水泡，眼球突出，头发大把大把地脱落，迅速地消瘦，几天下来，仿佛换了一个人，"苗条"得几乎皮包骨头。当年不兴减肥，否则军管会的逼供专家们发明的这种减肥秘方足可申请国际专利。

尹聚平不明白，生父是1946年牺牲的革命烈士，母亲是38年的老党员，继父是1929年入党的老资格共产党人，丈夫戴维堤的亲人中有四位烈士。如今夫妇双双成了"516"，反革命，而大打出手的人从军管会到看守有好多人都是中国共产党党员，这是为什么？

为什么？

不知道联合国妇女儿童权益保护委员会的洋鬼子们死到哪里去了。这些该死的帝修反分子，整天游山玩水，不干正事，也不愿到1971年的中国北京738厂来看一看。

天要绝人，没有办法。身居中南海游泳池游泳的毛泽东以及忙忙碌碌的周恩来不可能想到，那个在武汉东湖宾馆"百花一号"扎着两条小辫跑来跑去的女学生尹聚平今天不想活了。让她的儿子、丈夫、父母、兄弟姐妹们见鬼去吧！来世再见吧！尹聚平的情绪已经反常，随时可能出事。

还要感谢军管会"凉半截"。一天，他突然交待女看守们，千万提高警惕，一秒钟也不准离开人，不准她手里有硬物和绳子之类，千万不能让她自杀了。

当时尹聚平不知道，同时被关的钱植平同志，这位当过兵的男子汉在附近的"牛棚"里经受了数天的折磨之后，一时想不开，在牛棚的厕所里自杀了，抛下了年轻的妻子和年幼的孩子。

钱植平是从海军转业到738厂的，据说他文革中参加过"冲派"，如此而已。

钱植平自杀，救了尹聚平一命。军管会似乎感到人死了倒无所谓，弄不出多少口供和材料，如何论功请赏？如何升官？不行，不能让尹聚平也自杀了。那样传出去，军管会逼死了两条人命，听起来不太好听，人家要骂我军管会是笨蛋，是法西斯。

于是，"凉半截"来到尹聚平面前，皮笑肉不笑地说："尹聚平，前几天对你的革命行动，你要正确对待。我们共产党人，伟大的中国人民解放军看在你是烈士后代的面子上，今后允许你每天睡一会儿觉。她们不会打你，但你也不要惹她们。你要老实交待问题，坦白从宽，抗拒从严，态度好可以从宽处理。"

从此以后，尹聚平的待遇稍好了一点。

钱植平呀钱植平，你用你年轻宝贵的生命，救了尹聚平一条命，我代表全家谢谢你了。愿你的冤魂安息吧！你不该死，你应该活下来，顽强地活下来，你怎么那么狠心呢？连老婆孩子也不要了？

从此以后，小屋里的小床才真正成了尹聚平的"家"，尹聚平可以坐在上面，晚上可以在上面睡几个小时。保持革命警惕性的女看守们一怕尹聚平逃跑，二怕尹聚平行凶，逼供完后就把她赶到小屋里。二百度的电灯泡始终"光芒万丈"，七八只年轻漂亮而又凶狠残暴的大眼睛24小时轮流盯着她。旁边就是一平方米的厕所，大小便必须开着门，漂亮的大眼睛们继续盯着。

87．见"故人"——尹聚平还活着

一天，"我正在楼上观风景，忽听见楼下乱纷纷。"透过玻璃窗，只见尹聚平被四个女看守押着从楼下马路上走过，可能是进厂批斗刚回来。尹已瘦得皮包骨头，四个女看守前后左右簇拥着她，许多路人围观。

我自命为男子汉大丈夫，从不婆婆妈妈，但如此面对近一年渺无音讯的妻子，我肝肠欲断，心如刀绞，百感交集，两行热泪流了下来。谢谢苍天，尹聚平还活着。

尹聚平的老家是河南省清丰县，在黄河北岸，是黄泛区。生父曹从之1938年入党，1946年任延津县委组织部长时牺牲，当时她才五个月。母亲也是38年入党的，当时才23岁，抱着她到了冀鲁豫解放区根据地，认识了继父蒋中岳。继父1929年入党，是河南省老资格的共产党员，当时同万里、吴德、赵紫阳等人同在冀鲁豫工作。尹完全是在革命队伍里长大的，从小靠供给制生活。六六年文革时，她刚20岁，为了响应伟大领袖毛主席的号召，积极投入到文化大革命中，参加了北航红旗。因随谢富治、王力去了趟武汉，被军管会隔离审查。

当时738厂夫妇俩同时被关起来审查的，只有我和尹聚平。我是男子汉，虽不算铁石心肠，尽管思念妻儿，但能挺得住。尹聚平作为母亲，孩子刚一岁，就被迫母子分离了。我不知她心里有多难受和痛苦，但她最后也挺过来了，她没有自杀，也没有得神经病，但关了一年半后放出来时，已是皮包骨头，脑子受到了伤害，一直健忘得很，脾气也变坏了。

88. 见儿子——欲哭无泪

被关押以来,自从刚开始偷跑回家见过儿子一面之后,再也没有见过儿子,我无时无刻不想念和挂记他。他是我的骨肉,是我们戴家先烈留下的一条根。军管会说老人孩子已经送到郑州,让我安心交代问题。近一年过去了,不知儿子现在什么样了,我实在想他。至于儿子的母亲尹聚平如何想儿子,我就顾不得了。

"学习班"遥遥无期,不知何时才能恢复自由。整天关在屋里闭门思过,连一张带字的纸也没有,无聊之极,度日如年,我强烈地思念所有的亲人。除老婆孩子外,山东老家年迈的双目失明的老祖母和亲人也令我挂念之极。

想起自己两岁丧父,从小成了孤儿,那是万恶的国民党反动派对我的"照顾"。可是在共产党领导下的中国,在伟大的文化大革命中,仅仅因为听伟大领袖的话造了几天反,一没杀人放火,二没丧尽天良干坏事,却落得夫妻双双关"牛棚","妻离子散",远在千里的儿子不得相见,不知这是为什么?

自古监狱可以探监,军管会办的"毛泽东思想学习班"却连老人孩子也不准见。古人尚且讲点人性和人权,可是,不知哪个祖宗发明的"学习班"和"隔离审查"却不管把人关多少时间,也不准亲人探望,哪怕是吃奶的孩子。

1971年秋的一天,我正在屋里"熬钟点",忽听窗外楼下有哭叫声和呵斥声。我推开窗子往下一看,只见不知何时从河南回来的姥姥和我的儿子坐在地上,对着我的窗子哭喊着。有几个工人看守正在轰老太太走,周围有许多看热闹的人。

我大吃一惊,想从房门冲下去,可房门反锁着。我只好从窗子探出身子喊着"姥姥",呼唤着儿子的名字。我心里难过之极,悲愤欲绝。已快两岁的儿子抬头呆呆地望着陌生的我,突然大声哭喊起来。从儿子的哭叫声中,我分辨出了一声声"爸——爸——"的声音。我悲喜交集,这是我有生以来第一次听见有人叫我爸爸,这是我的儿子。谢天谢地,总算见到姥姥和儿子了,尽管这种见法有点残忍。

70多岁的姥姥哭闹着一定要同孩子上楼来看我。看守们和几个军管会的人如临大敌，呵斥着让老人带孩子赶快离开。围观的人们知道了事情的真相后，有人指责看守，有人擦着眼泪离开了。我一狠心，关上了窗子，一屁股坐在屋内的水泥地上，长叹一声，呆若木鸡。

后来才知道，尹聚平的姥姥和儿子在河南郑州我岳母家住了快一年了，仍不见我和尹聚平的影子和消息，一家人都焦急万分，度日如年。岳父知道我儿子是烈士后代的后代，气得天天破口大骂738厂军管会是法西斯。岳母让弟弟、妹妹们又把姥姥和我儿子送来了北京，希望能见我和尹聚平一面，并幻想能感动军管会尽快释放我们。

近一年来，军管会的所作所为已引起了全厂干部、群众的公愤。一千多个"516"分子们纷纷翻案，指责军管会的逼、供、信行为。但军管会顽固不化，拒不向被整的干部群众认错并赔礼道歉。为了保住他们的运动成绩，为了守住最后一道防线，他们把早已查清问题的几十个头头继续关着不放。这期间，被关的头头们有的家中亲人去世，有的老人卧病在床没人照料，有的家属带着孩子天天在"牛棚"周围转来转去，希望能见到亲人一面。有一天，我从窗子看见一个小女孩和她的妈妈——我一个车间的沈师傅在楼下哭。沈师傅要给关在我旁边房间里的丈夫杭某某（也是厂里的造反派头头）送点吃的，看守们不让。趁沈师傅同看守们争吵的时候，小女孩飞快地跑上了楼，见了她爸爸杭某某一面。这个聪明的小女孩后来成了有名的歌星，她就是杭天琪。

各家有各家难念的经。我家的经最难念，因为我是"夫妻双双在牛棚"，不知道何日"夫妻双双把家还。"

我强烈要求军管会允许我和尹聚平分别见老人和孩子一面，如不答应，我将绝食，以死抗争。

看来还是我错了，军管会的"长官"们不是法西斯，不是冷血动物。他们经过研究，认为没有必要为这点儿小事儿让我死，他们同意我见儿子一面。

"戴维堤，你岳母家怂恿老人孩子回来大闹'学习班'，这是破坏运动的行为，是错误的，这对你和尹聚平没有好处。好在不是你指使的，就算了。我们军管会还是讲政策、讲人道主义的。看在你是烈士子女面上，我们同意你看看儿子。这是军管会对你的关怀和照顾，是党的温暖，是军管会讲政策的体现。我们不是法西斯，我们是伟大的中国人民解放军。你再骂军管会，我们就不客气了，你要为你的骂人承担一切后果。"

"谢谢军管会，只要让我见见儿子，我就不骂军管会是法西斯了。否则我就是法西斯。"

于是，经过一番周密的安排，只允许我见姥姥和孩子一面，尹聚平仍不让见。会见安排在厂五层大楼招待所一间屋里，军管会早已派人把老人和孩子接来。两个看守领着我来到到了会见房间，并告知我会见时间不能超过半小时，并不准哭。

我一进屋，只见又苍老了许多的姥姥坐在床边流泪，不懂事的儿子坐在床上吃花生。我一把抱起了儿子，用力亲了一下。谁知儿子可能被我的胡子扎痛了，哭喊着挣扎下来不让我抱。儿子根本不认我，我心里一阵难受。去年底被关时，儿子不到一岁，现在快两岁了，他当然不认得老子。房间里站着几个军代表和工人看守，戒备森严。我强忍着眼泪，拉着姥姥的手，安慰着老人，给她擦去脸上的泪水。儿子不停地吃着花生，傻乎乎地望着我，却始终不肯叫"爸爸"。我急了，不由自主地给了儿子一巴掌，儿子"哇"地一声哭了。姥姥指着我的鼻子骂起来。我双手抱着头，蹲在了地上，偷偷擦去了流出的泪水。

"戴维堤，你这是干什么？你这是打儿子还是打我们？你要冷静一下。你看到了吧，你老人孩子都很好，这下你该放心了吧？今天希望你做做老人的工作，动员老人带孩子再回河南。在北京不方便，'学习班'还没完，希望你能配合我们。"

我站了起来，突然看见一位年轻一点的军代表在擦眼泪。

我只好劝姥姥再同孩子回河南，不要着急。北京这里没人照顾，我和尹聚平也不放心，我们很快就会出去的。我安慰了姥姥一顿，又抚摸了儿子几下，然后一咬牙，转身出了房间，头也不回地向"牛棚"走去。整个会见大约20分钟，给军管会节约了10分钟。

这次老人孩子千里探亲却未能见到尹聚平一面。举目无亲的姥姥和儿子只好又哭着返回了河南郑州我岳母家。又过了半年多，当我走出"牛棚"奔赴河南再见到姥姥时，受到严重刺激的老人家已经疯疯癫癫，不久就去世了。我对不住老人家，面对老人家的遗像，我热泪盈眶……

89. 林彪完蛋了

转眼到了1971年9月。一天，又来了一位新看守，人称小李子。这是位复员军人，山东沂蒙山地区的。老乡见老乡，两眼泪汪汪，他一来就对我非常同情和友好，说话很随便，直来直去，标准山东人的脾气。我劝他注意，不要对我太友好，以免受牵连。谁知他满不在乎地说："管他娘的，都什么时候了。厂里现在闹得很凶，全翻案了。军管会顾不得你们了。文化大革命，我们也参加过，谁都知道是怎么回事。"

"你在哪儿当过兵？"我问他。

"福建。"

"福州军区吗？什么部队？"我有目的地询问。因为68年我去过厦门处理周国怀叛逃事件，到过福建。

"某某军的，我们是野战军。我们几个老乡都在某某军，驻在漳州。68年大武斗，可热闹了。我们司令支持一派，政委支持一派，后来部队和部队也打了起来。有一天，首长让我们追赶逃敌，是对立派的群众。我们端着刺刀把几个家伙追到稻田里，咱们一个老乡跑在前面，上去一刺刀一个，一刺刀一个，连捅了三个，真过瘾！"山东老乡很随便地说。

我的天哪？这就是解放军支左？我以前听说过类似的事。外地武斗死人可多了，但听了老乡的话，仍令人吃惊不小。

"你们随便捅死人，不受处分？"我问。

"处分？还立了功呢？我们也有战士被他们打死了。当时都红了眼了，大炮隔着山打。我们的司令部差点被对方击中。你不知道，台湾还打过传单来，表扬我们打得好呢？后来我们首长挨了中央批评，给撤了职。"老乡越讲越来劲。

这就是毛泽东发动的文化大革命吗？

突然，老乡把门插了上来，神秘地说："你知道吗？林彪完蛋了，坐飞机摔死了，现在外面都传遍了。"

"是吗？"我惊呆了。我每天关在屋里，报纸广播皆没有，与世隔绝，什么也不知道。

"详细情况不清楚，咱一个老乡在中南海当兵，听说是前天晚上出的事，好像是坐飞机叛逃，被打下来了。"老乡说。

这真是爆炸新闻，实在没有想到。

实事求是地说，对毛主席选定的接班人林彪，我们是拥护的。林彪战功赫赫，从东北一直打到海南岛，三大战役林彪指挥了两个，没人能比。尽管对他文革中整天举着红宝书的做法有看法，但在那个非常的年代，人人如此，也算不了什么，谁让毛主席喜欢这一套呢？从1968年退出文革历史舞台后，对中央和上面的事知之甚少，尤其是一年多来关在"牛棚"里，断绝了同外界的一切联系，更是孤陋寡闻。所以，听到林彪出事的消息，确实是没料到，大吃一惊。我对林彪叛逃摔死一事大为不解。

我请老乡多打听点外边的消息告诉我。

过了几天，军管会奉命向全厂"革命职工"传达中共中央关于林彪事件的文件，据说会场戒备森严。但是，我等被剥夺了听文件的权利和知情权。由于军管会和工人看守们没有任何人告知我关于林彪事件的一个字，连《人民日报》也不准看，我向军管会提出了严重抗议。军代表说："现在你不能听中央文件，对你不利，将来会让你知道的。"

"岂有此理！林彪完蛋对你们军管会不利！林彪是你们军管会的老祖宗，你们做贼心虚！"我心里愤愤地想。

感谢山东老乡"看守"，他随时把外面的情况偷偷地告诉我。

林彪事件对我震动很大，我预感到中国的局势将会出现重大的动荡。

林彪完蛋，有一点值得我高兴。738厂军管会按照林彪"一个不漏"的指示，发明了"网大眼小"的战术，搞扩大化，打击一大片，搞逼供信，搞非法关押，私设监狱，剥夺人权，这是地地道道的法西斯行为。林彪倒台了，军管会该收敛点了吧？

90. 关于"反军、乱军"问题

从一开始，军管会就拿"反对解放军"的大帽子来吓唬我。文革以来，我从未干过反军乱军的勾当，不料如今却成了"反军"者。由于我的阶级本性和出身，我永远不可能反对解放军。文革中，伟大领袖号召解放军"支左"，事实上军队不同程度地介入了派性斗争。解放军内部也分派，什么"老三军"派、"新三军派"；"空军派、陆军派"；"5·13演出派""冲（5·13）派"；还有"司令派""政委派"等等，一应俱全。军管会也观点对立，且一批一批地换。738厂的军管会就换了三批，先是空军军管会，后是通信兵军管会和北京卫戍区军管会，各个军管会皆支一派压一派，彼此互相否定。对群众来说，支持张三就等于反对李四，支持这个军管会就等于反那个军管会，你说让群众怎么办？听谁的？怎么才算反军？

如今林彪完蛋了，反林彪是不是反军？据说林彪反革命集团为了篡党夺权，对上要谋害毛主席，对下残酷地迫害包括老帅们在内的大批党政军老干部和反对他们的人民群众，其手段之残忍，罄竹难书，古今中外罕见。文革中林彪及其死党们的所作所为完全不能代表伟大的中国人民解放军。对于忠实地执行了林彪一伙的反革命指示，把上到胡耀邦等老干部、下到我辈年轻学生打成"三反分子""516分子"的军管会某些人，对他们提提意见甚至骂他们几句，难道这就叫反军？

写到这里，笔者认为应当是澄清某些历史事实的时候了。文革中和文革后，"反军乱军"的大帽子满天飞，许多人被戴上了这个帽子而敢怒不敢言，很悲哀的。这是中国特色的发明，也是天大的笑话。

什么叫"反军乱军"？文革中究竟是谁反军乱军？有良心的历史学家应当"拨乱反正"，说句实话了。

笔者认为，所谓"反军乱军"问题，是文革中后期和文革后的当权者用来残害老百姓的法西斯罪名。是让全世界吃惊和耻笑的中国特色的发明,是中华民族的耻辱。它必将被抛进历史的垃圾堆。

古今中外,"反军"者历来有之,因为历史上的反动军队都是镇压老百姓的。老百姓要活命,要造反,只有同反动军队对着干,直到夺取反动军队维护的政权。而"乱军"者却不是平民百姓望而可及的,只有管着军队的人或军中的高官们才能把军队搞乱,这是小儿的常识。中国人民解放军是人民的子弟兵,保卫国家领土完整,抢险救灾,为国为民流血流汗甚至捐躯是他们神圣的职责。这样的军队无人敢反,无人能乱,除非台湾当局和美国、北约之流的政客。除此之外,军队就应该待在自己的军营里训练,绝对不允许军人跑到大街上对老百姓指手画脚。如果一个国家用军队用来对付老百姓,治理和管理国家,那是大错而特错,那是落后和愚昧,那是一个国家的悲哀。

在特殊的历史年代——文化大革命中,最高统帅号召解放军支左,要"支持左派而不是保守派甚至右派"。而毛泽东眼里的左派,当然指的是造反派也。由于许多将军们对文革不理解,甚至有抵触情绪,所以许多军区不支持造反派,甚至把造反派当成反革命镇压。文革中许多军区事实上介入了派性斗争,介入了武斗,有的甚至开枪杀害了人民群众(如内蒙和青海军区)。有的部队同部队之间也打了起来(如福州军区、昆明军区、大连的陆军和海军等)。当时,中央军委一会儿"八条命令"支持军队镇压所谓的"反革命群众组织",一会儿"十条命令",又支持造反派,朝秦暮楚,令军区和群众组织无所适从。一会儿宣布许多军区犯了方向路线错误,镇压了群众,一会儿又骂造反派们反军乱军,这必然导致造反派和解放军的对立。由于事实上军区处于当权位置,一些遭到军区打击和镇压的造反派为了维护自己的人权和尊严,干出了冲击军区机关,静坐、示威、绝食之类的蠢事,最后成了"反军乱军"的罪人。现代法律讲究"作案动机",现在回想起来,有几个红卫兵学生和造反派是真正的坏人,希望把解放军搞垮、搞乱的呢?你当兵的老老实实待在自己的军营里练兵,谁冲进军营你可以开枪干掉他,无可指责。谁让你支一派打一派呢?你打击镇压了人家,还不准人家反抗,这是哪家的王法?"反军乱军"

这个词，正像"黑帮""走资派"一样，是中国特色的发明，在国外的法典里是找不到的。多年以来，在"反军乱军"这个问题上有许多误区，许多人戴上了"反军乱军"的帽子敢怒不敢言，打掉牙往肚子里咽，这是很悲哀的。

参加过文革的人都清楚，文革中，真正鼓吹"揪军内一小撮""带枪的刘、邓路线"等"反军乱军"口号的是林彪、江青等人，而伟大领袖毛泽东一开始对"揪军内一小撮"的提法也是同意了的，后来他老人家看事不好，便出尔反尔，大呼"毁我长城""大、大、大毒草"，那只能解释为"放火"和"点灯"的故事。铁的历史事实是，"揪军内一小撮"的始作俑者，正是伟大领袖毛泽东本人也！早在"516"通知中，毛泽东就白纸黑字指出："混进党里、政府里、军队里的资产阶级代表人物，是一批反革命的修正主义分子。"这种"一句顶一万句"的最高指示，必然产生重大的作用和后果。因此，事到如今，应当是实话实说的时候了。文革中真正"反军乱军"、搞乱了军队的是林彪、"四人帮"之流，而伟大领袖毛泽东主席和敬爱的周恩来总理在这个问题上也绝对是有责任的。既然军队里有"资产阶级代表人物"，而且还"是一批反革命的修正主义分子"，那中央文革也好，红卫兵造反派也好，积极响应伟大领袖的号召，去揪这"一批反革命的修正主义分子"中的"一小撮"，岂不是不但无罪，反而有功吗？结果不但不给记功，反而翻过手来把他们打成"反军乱军"的反革命，这不是千古奇冤吗？多年以来，某些人挥舞着"反军乱军"的大棒子和大帽子，把那么多的同胞置于死地，让人家家破人亡，妻离子散，难道今天不应该忏悔一下吗？难道他们的良心被狗吃了？

某些人不是说毛泽东文革中犯了严重的错误吗？我看最大的错误就是利用"揪军内一小撮"和"反军乱军"——还有用"516反革命阴谋集团"的大帽子草菅人命，残害生灵，把全国亿万青年学生、红卫兵打入了十八层地狱，大大伤了国家的元气，也导致了文化大革命的灭亡。全国真正的"走资派"才整了几个人？而抓"516"整了多少人？有良心的人自有正确的结论。

更可悲的是，某些利用"反军乱军"和"516"罪名把自己成千上万的同胞搞的几乎家破人亡的刽子手们，至今不但没有丝毫的忏悔和认罪，反而继续高高在上、出书立说、追忆欣赏自己的"丰功伟绩"。

文革中我虽然没干任何"反军乱军"的勾当，甚至我还支持解放军镇压过造反派（对此我已经多次忏悔和向受害者赔罪），但我始终认为不应当把解放军和老百姓（包括红卫兵和造反派）人为地对立起来，更不要以"反军乱军"的罪名随便整人。军民本是一家人，万事以和为贵，我就不信有那么多反军乱军的坏人。"反军乱军"不好听，因为枪杆子里面出政权；"反民乱民"更难听，因为失民心者失天下。随便给青年学生们扣上"反军乱军"的大帽子，正与随便给整过群众的老干部们（包括军队干部）扣上"反民乱民"的大帽子一样，荒唐可笑。

因此，笔者认为，对于文革中因为对军队某某领导人（包括老帅、将军们）和当地驻军"支左"有意见或受到驻军压制、打击而对驻军采取过一些过火行为——包括对个别军界领导人写过"炮轰""火烧"大字报，在军区门口静坐、示威、喊过口号（例如"打倒陈再道"）等行为的人，尤其是青年学生，只要没有公开抢劫解放军的武器、弹药（军方明里暗里送的不算），没有攻打甚至占领军事基地、要塞、机场、舰艇甚至导弹、卫星发射场……没有用武器（包括木头棒子）同解放军打架，就不算反军乱军。对他们的错误可以批评教育，甚至处分，但不能随便定罪为"反军乱军"的"三种人"，让人家一辈子不得翻身。如果这种看法不对，那么对文革中造过毛泽东和中央文革反的"联动"和"7.20"事件中造反者的打击和镇压就毫无错误，后来的平反就更加荒唐。难道真理真的有双重标准吗？难道政治真的就是无理可讲的"强权政治"吗？难道历史真的就是可以任意打扮的小姑娘吗？

91. 抓"五一六"运动的故事

故事之一：唐某某的交待

动力科一个头头唐某某，成了"516"分子。此人胆小怕事，态度很好，交待问题很痛快。

"老实交待，你们的'516'登记表什么样子？"

"是铅印的，第一行是'516'反革命阴谋集团成员登记表，还有编号。下面是纲领和组织纪律。"

"什么纲领？什么纪律？"

"纲领是三忠于，四无限，五保卫。就是忠于毛主席，忠于党，忠于人民。纪律是上不传父母，下不传妻子。"

"还有什么？"

"记不清了。"

"表在哪里？"

"烧了。"

"老实交待！"

"噢，想起来了，运动一开始，让我埋了，全科的'516'登记表都让我埋了。"

"埋在哪儿了？"

"埋在东直门桥底下了。"

于是，军管会调动人马，带着工具，由唐某某带路，连夜赶到了现场。

当时正是冬季，西北风呼呼地吹，东直门桥下臭水河已结了薄冰，这可苦了那些积极分子们。他们按照唐某某指定的地点，开始了艰苦的挖河泥工作，挖了半天也没有找到要找的宝贝。军管会的人火了，拉过唐某某来，追问："说老实话，到底埋在哪儿了？"

不知唐某某是狗胆包天拿军管会开涮，还是被吓得神经错乱，他摸着脑袋，装腔作势地想了一会儿，恍然大悟似地说："该死，我该死，我记错了，不在这儿，在前面拐弯的地方。我用尼龙包包着，装上石头，扔在水里了。"

天哪，前面是一片开阔的臭水河面，半冰半水，那污水估计齐腰深。

当时那个年代，为了革命，人人不惜一切。为了拿到"516"反革命集团的罪证，那真是上刀山下火海，赴汤蹈火在所不辞。这点臭水怕什么？于是，军代表一声令下，工人们一个个走进了冰凉的污水里，弯着腰摸起来。他们不停地同污水接着吻，来回摸呀，摸呀，摸到天亮，又是什么也没找到。许多人冻僵了，浑身成了泥人。

可恨的、可怜的唐某某按常规被揍了个鼻青脸肿，押回厂里继续逼供。

"你除了参加'516'反革命集团，还干过什么坏事？"

"我，我还强奸过妇女。"看来唐某某真是坏透了，"不，不，是她们自己愿意的。"

"老实交待，跟谁？交待得好可以从宽处理，我们给你保密。"

于是，唐某某把他科里稍微年轻漂亮一些的女工一口气说出了十几个人……事后，这些女工一个个被单独谈话，但没有一个人承认。第一没有这回事，第二这种事不能承认。"516"可以承认，以后可以平反，这种事没法平反。

后来，这些气坏了的女工恨不得把唐某某活剥了皮。但是，可恨、可怜、可悲的唐某某已经疯了，不久，便悲惨地死去了。

故事之二："反革命秘密电台"

文革之初，厂里两派总部头头的电话分机都由厂通讯室总机控制。由于通讯室也分两派，于是双方头头的电话常被窃听。"东方红"一派的头头感到这样不安全，便从一墙之隔的兄弟厂总机拉了电话线使用。通讯室反"东方红"的工人怀疑"东方红"的头头们安装了单独的电台。清查"516"运动开始后，有人便揭发了这个问题。

军管会如获至宝，列为"反革命秘密电台"大案进行追查，随后，一些有关人员被关了起来。

由于逼、供、信的"功劳"，一些人承认了有秘密电台存在过，并且据说有人同当时已调到贵州的一个头头通过话。于是，莫须有的东西变成了有声有色的客观存在。看来逼、供、信确是个好办法。

军管会的宗旨是，你不承认我就逼，你供了我就信，信了就关人。一时间，受反革命秘密电台案牵连受审查和关押的有好几十人。可笑的是，被定为"黑电台"台长的竟是一位广播站的老工人。此人仅小学文化程度，但会修收音机，扩音机之类。该老工人同我很熟，我一直称他叫张师傅。

有一天，我在看守们陪同下去食堂打饭，突然发现张师付也来打饭，身后跟着看守。我万没想到他也被关起来，趁看守们不注意，我偷偷地问他："什么问题？"

"电台台长。"张师傅悄声地说。

第二天吃饭时又碰到他。他偷偷地向我手里塞了一团纸。回"牛棚"打开一看，上面写道："根本没有电台，有人揭发我，就把我关起来了。我老母有病，我回不了家。天天逼我，我受不了了。我想承认了好回家，你看如何？"

我看了张师傅的条子，心里十分同情，感慨万千。军管会呀军管会，按说你们绝对不是坏蛋，但为什么对好人这样仇恨？象张师傅这样老老实实的老工人，你们整起来也毫不手软。你们都是身经百战的老革命（后来知道军管会的人没有几个人打过仗），为什么这样敌我不分，草木皆兵，残酷无情？难道这么多人都是你们的敌人吗？你们这样整人，难道自己的良心被狗吃了吗？

有人提醒军管会，电台可能没有那么大的功率，可以从北京直接同贵州通话，要小心上当受骗。可军管会不听，继续逼、供、信。军管会的人说："738厂这个厂子很厉害，臭老九很多，什么有本事的人都有。咱们国家控制原子弹爆炸、卫星发射用的电子计算机他们都能造，造个电台还不容易？一定要一查到底，决不手软。"

可怜那些被关押、被审查的干部、工人倒了霉。他们有苦难言，家中老人孩子病了不能回家。有的人为了过关，军管会需要什么就交待什么，什么都敢承认，什么材料都敢写。政治斗争中有一条策略，叫作引导对方犯错误。738厂的这些干部、工人可怜而又可悲地引导着军管会在错误的道路上越走越远。可是，怪谁呢？

后来，北京市公安局知道了这件事，哭笑不得。他们告知738厂军管会，别查了，再查就查到我们头上来了。

原来，除了广播电台，所有的其他电台全归市公安局管理、备案、侦查。若738厂有秘密电台而公安局又不知道，将是公安局的失职和重大事件，公安局要吃不了兜着走的。

这场闹剧，终于收了场，可是，受害者的眼泪知多少？

738厂的清查"516"反革命集团运动，在军管会的领导下，搞了两年多，被打成"516"分子的职工一千多人，被关押一百多人，关押一年以上30多人，被逼自杀一人，被逼成精神病死亡一人，直接间接造成的损失难以估量。作为文化大革命的一部分，这笔账不知应算到谁头上。

在我被关押、审查期间，军管会对我展开了大规模地内查外调，除了同北航"联合作战"外，据说还派人去西安、四川、武汉、大连、沈阳、长春、哈尔滨、贵州、山东等地反复外调。最可笑的是到我老家调查我父亲是不是烈士时是我四叔接待的，我四叔认为要发展我入党或升官，滔滔不绝地讲了半天家史，并要热情招待外调人员，外调人员不好意思，灰溜溜地走了。

据我后来估算，为审查我一个人，738厂10多年来花费的财力、物力和人力惊人，全厂、全国加起来更是天文数字，看来文化大革命的确是"祸国殃民"。

与我一块分配到738厂的几位北航老同学，几乎全部受到了审查、逼供和批判，有的被开除团籍，受到处分。有位老同学在北航时只不过是北航红旗一名普通群众，没干任何坏事，但军管会不知从哪儿得到信息，说该同学是我发展的"516"分子，在北航干了许多坏事，几次逼我交待该同学的问题，并准备对他实行隔离审查。我实事求是地告诉军管会，不要听信某些人的胡说八道，该同学在北航时什么坏事也没干过。若连他这样的人也关起来，军管会将被动、后悔的。后来由于厂里有人闹翻案，该同学才幸免于难，但仍受到了怀疑和审查，连女朋友也弃他而去。后来，该同学飞黄腾达，成了权力很大的领导干部。

据有人粗略调查，在历时数年（当然是文革十年期间）的抓"516"运动中，全国大约抓出了一千多万个"516"分子（据说这个数字是中央权威部门的人说的），受审查和牵连者不计其数，许多地方在农村的老农民中也大抓特抓"516"分子，被整死、自杀、致伤致残、精神失常、家破人亡者数不胜数。肖华、杨成武、余立金、傅崇碧以及陈伯达、王力、关锋、戚本禹等人都被说成是"516"的黑后台。而据我后来见到肖华、王力等人询问此事时,他们说被关押时从没有人向他们提过"516"问题。

据我所知,全国抓"516"的总指挥当然是"四人帮"之流。总后台当然是伟大领袖毛泽东和他的"亲密战友"们,这件事是秃子头上的虱子——明摆着的。

历史证明了我被审查时的预言,所谓"516反革命集团",不过是"四人帮"之流凭空发明的怪物,正像秦桧陷害岳飞的罪状一样,叫作"莫须有"。

全国轰轰烈烈搞了几年的大运动,整了那么多人,最后不了了之。738厂的军管会撤走时连个屁也没放一下。当初发了那么多中央文件、指示、首长讲话,后来竟然不给全国人民一个明确地交待,更没有向被害者正式赔礼道歉。如果说文革中最大的冤假错案,这绝对是其中之一。后来全盘否定文革时,作为文革的主要组成部分,作为残酷迫害干部、群众的抓"516"运动,某些人也缄口不提,而且至今"金口难开"。就连以平反冤假错案而著名的胡耀邦在这个问题上也"大意失荆州"。这其中的奥妙,只能天知道。

92. 走出"牛棚"

1972年5月13日,军代表带几个人来到了我的"思过斋"(这是我为自己的"牛棚"起的雅号)向我宣布,从今天起,改变审查方式,回车间劳动,但审查未完,要继续检查交待问题。最后,军代表拿出了一份材料。

"戴维堤,你自己看一下,这是揭发你的材料,本来不应该给你看,但已经无所谓了。当初让你交待'516'问题,我们是事出有因的,你不要埋怨我们。"军代表把材料让我看完了交回去。

我一看,是老同学张海写的"关于戴维堤问题的揭发材料"。他的字写得非常漂亮,工工整整,像印刷的一样。

张海用了几十张纸,揭发我在北航发展他参加了"516兵团"反革命组织。有时间、地点、情节,样样俱全,十分逼真,一般人看了必信无疑。怪不得军管会始终逼我交待"516"问题,把我关了这么长时间。

我看了张海写的材料,心里立刻想到张海同学可能吃的苦头太大了。不知道他的单位是怎么整的他,逼、供、信到什么程度。外地天高皇帝远,整起人来无法无天。张海肯定是被折磨得没有办法了,才不得不这样做。否则,一条七尺的汉子,怎么能这样胡说八道呢?

实事求是地说,我当时对张海并无多大的怨恨,我恨那些整他的人。我甚至怀疑,张海可能被整死了,或者被逼疯了。738厂不是也有被整得自杀或疯了的吗?

我对军代表说:"现在你们怎么看这份材料?"

军代表笑了笑,说:"给你看材料,就说明我们的态度。'516'组织登记表问题,谁也说不清楚,我们现在也没见到一份。不过,我们重在罪行,罪行够了,也是'516',这是周总理说的。"

"周总理是这么说的吗?什么时候,在哪儿说的?"我问。

"你出去后自己打听去吧!"军代表说。

当天下午,我恢复了人身自由。从1970年12月26日被关,到1972年5月13日释放,我失去人身自由五百多天。尹聚平仍未释放,但我知道也快了。

我回车间报了到。车间书记十分友好,他开始时相信军管会的话,认为我是"516"分子,带领工人们批斗过我。但后来,他似乎明白了过来,对我十分同情和客气。他让我休息几天,并借给了我路费,让我回河南接孩子。

回厂一打听,光受我牵连被审查、批判的人就有好几十人,其中有的被关了好几个月,有的被"发配"到车间去劳动改造。我向他们一一道了歉,表示了感谢和安慰。

生活中往往有许多无巧不成书的时候。当天晚上,在卫戍区工作的表弟约我去工人体育场看足球。从表弟处得知,厂军管会周主任一直是他的老上级,很熟。我直埋怨表弟为什么不早说。

到了体育场刚坐下,身边过来了几位军人也来看球。我一看,正是"周胡砍"他们。我表弟做了介绍,不料周主任一反常态,握着我的手哈哈大笑说："戴维堤，老朋友，不打不相识，不要见怪。哈哈哈哈！"

当着表弟的而，我只好顺水推舟，"周主任，你关了我一年半，我骂了你一年半，请你也不要见怪。"

"你表哥真行，骂得我们好苦。全厂一千多人都承认了是'516'，就他一个人没承认，好样的。"周主任向我表弟说。我一听，哑然失笑，亏他说得出口。

又过了些日子，在一位老干部儿子的婚礼上，我遇见了军管会的梁代表（"凉半截"），双方都有些不好意思。我端起酒杯，敬了他几杯酒，他很高兴，我们握手言和。

我这人，一般不爱对私人记私仇，何况周主任他们也算老革命，与我无冤无仇。事情已经过去了，文化革命中你整我，我整你，谁都知道是怎么回事，算了。

可是我算了，738厂挨过整的许多工人不算。有好几次，军管会的人在北京大街上被工人们啐了一身唾沫。

101. 李冬民事件

1977年冬，中国的政治气候像天气一样寒冷，但是，地火在燃烧。围绕邓小平的复出问题，中央内外的斗争十分激烈。当时积极呼吁让邓小平出来工作的人很多，大都是老革命家、老干部以及文化大革命的受害者们，说干脆点，造反派不多，但并不是没有，本人就算一个。

本人虽因"吹捧"老邓挨了点整，但比起李冬民来，差远了，小巫见大巫也！李冬民文革中是北京市中学红卫兵"四三"派的头头，铁杆的小造反派，后来当了北京市革委会的常委，同蒯大富、韩爱晶等人一样。

李冬民后来上山下乡，又当了兵，入了党，复员后分到西郊一个工厂当了工人。他在内蒙插队时认识了北航学生李明义和王如山，交了朋友。而李明义和王如山是北航红旗的骨干分子，是我的同学和好朋友。文革中我同李冬民本人不熟，仅见过一次面。

文革后期，李冬民的思想也发生了转变，他主张保邓小平，支持邓小平上台。李冬民保邓小平还有自己的理论，似乎叫什么"第三道路理论"。

一天，老同学王如山从内蒙探家路过北京来看望我，并交给我一封李冬民的信，让我转交李明义，因李明义当时不在北京，这封信我看后就处理了。

李冬民在信里谈了倒华（国锋）拥邓（小平）问题，并谈了他的想法，行动纲领和战略战术之类，当时应当算是一封反革命信，如果落到华国锋手里的话。

李冬民既说又干，他到处联络人，成立了一个组织，准备大干一场。李冬民等人首先在北京市委静坐、"闹事"，又去天安门贴出大标语，要求邓小平上台。

1977年周总理逝世一周年之际，李冬民组织人马在天安门广场刷出大标语：坚决要求邓小平同志出来工作！坚决要求为天安门事件平反！

这件事顿时轰动了北京市。"英明领袖"华国锋和北京市负责人吴德立即把此事定为"反革命事件"，并下令逮捕李冬民极其同伙。

李冬民有一个笔记本，上面记录了许多秘密和朋友们的地址电话，其中就有王如山、李明义等人，谢天谢地，那上面没有我的名字。

李冬民乘公共汽车时，书包不翼而飞，里面有他的绝密笔记本。李冬民万万没料到，偷他书包的不是小偷，而是北京市公安局的侦察员。

到了厂里，李冬民被叫去参加一个大会，在会场上，他突然被两个便衣警察押上台去，台上立即挂出了"批斗李冬民反革命集团大会"的标语。

不久，北京市委向全市公布了"关于李冬民、张兆庆反革命集团的罪行"材料。

当时，我正在厂里劳动，李冬民案件与我毫无关系。

公安局很快把李冬民的"反革命集团"一网打尽，包括我老同学王如山、李明义在内，皆被抓了进去。李明义是在东北某医院里父亲的病床前被北京警察抓走的，李刚被抓走，其父便去世了。王如山是从青海抓到北京的。

李冬民等人在监狱里受到了十分不友好的待遇，据公安局整过李冬民的某警察吹牛说："到了我们手里的家伙，没有好汉。李冬民被我们三下五除二，就趴下了。"

这话对李冬民是极大的侮辱，把人捅死骂人家肉皮不结实，这是标准的强盗逻辑。

一天，我又被叫到了 738 厂保卫部。刁部长皮笑肉不笑地说："戴维堤，你还让不让我们活？你怎么净惹是生非？今天市公安局找你有事调查，你要好好配合。"

我一看，两位警察坐在那里，竟然没有我坐的地方。

"姓名？"一个警察问。

我听清了，没有搭理。我自己找了把椅子坐了下来，点上一支烟。

"问你话呢！老实回答！"

我顿时火冒三丈，大声地说："请问，今天是外调，还是审问？"

保卫部长继续皮笑肉不笑，"别误会，是外调，公安局的同志找你了解李冬民的事，你不要紧张。"

不料那个警察仍然蛮横地说："外调也好，审问也好，你都要放老实点。"

"你先放老实点！"我顿时站了起来，扔掉烟头，指着他说："这里是 738 厂的办公室，不是你们公安局的予审室，有本事你们先把我拷走！"

这时，陪同来的我的科长老王看不下去了，为我抱不平说："你们外调怎么这样？戴维堤是我们的职工，我们认为他是个好同志，你们不是外调吗？你们今天是求他来了，怎么这样谈话呢？"

警察不情愿地说："对不起，我们习惯了。好吧，坐下谈吧！"

这还差不多。

"认识李冬民吗？"警察问。

"算是认识吧，文革中见过面，但没有打过交道。他不认识我。"我如实回答。

"知道李冬民、张兆庆'反革命集团案'吗?"

"听说了。"

"李冬民打着拥护邓小平的幌子,反对华主席和北京市委。他给了你一封信,有这事吧?"

"有,但不是给我的,是让我转交别人的。"

"别人是谁?"

"有必要说吗?"

"不就是李明义吗?他早被抓起来了,你还保他?"

"本人不知道李明义有什么问题。"

"王如山认识吗?"

"认识,老朋友了。"

"信是他给你的?"

"没错。"

"信呢?"

"烧了。"

"你不配合我们?"

"谈不上配合不配合,该配合就配合,想配合也配合不了,烧了就是烧了。"

"信的内容是什么?"

"记不太清了,好像是拥护华主席、打倒邓小平之类的内容吧!"

"你说反了吧?是拥护邓小平、打倒华主席吧!"

"这话可是你们说的。"

"看来你确实不想配合我们。这样吧,你回去好好想一想,回忆一下,把信的内容回忆一下,写一份材料给我们。"

"可以。没做亏心事,不怕——"下面的三个字没说出来。

警察又问了其他一些情况,我如实做了回答。

实事求是地说,公安局的同志都是好人。他们与我无冤无仇,他们是奉命行事。他们专整坏人,保护好人,为党为国为民工作不容易,有时还会遭坏人杀害。但是他们正因奉命行事才总出问题,上面错了,他们就错,常把好人当坏人整,而且往死里整。

李冬民事件，搞得很大，中央发了文件，华国锋、吴德多次批示，说这是建国以来最大的反革命集团案件，抓了许多人。李冬民他们在监狱里受了不少罪。

北京市某些人整人特有办法，怪不得文革以来北京市一把手宝座总是不稳，这叫作天报应。（注：现领导人除外。）为了致李冬民他们于死地，坚决反对邓小平上台，北京市某些人竟然栽赃陷害，故意把李冬民要在天安门"4.5"纪念日时发动数十万人拥邓上台的"邓小平"三字改成"王洪文"。这一改，事情当然就不太好办了。

作为北京中学生红卫兵造反派"四三"派的头头，李冬民帮助邓小平改写了历史。这话决不夸张。

李冬民等人是民间"倒华、拥邓"的英雄代表。

李冬民事件，对老邓们采取果断措施起了催化作用。

李冬民事件，最终以华国锋、吴德等人的下台而告终。小人物斗倒了大人物，这又是一个特例。

李冬民立了大功，平了反，按说应该混个"官"当当，但据说他既未升官也没有发大财。这就对了，革命者本来就是无私的。

李冬民后来自己办了一个"社会研究所"，以维持"生计"，据说买卖十分红火。

102. "母亲打儿子"的故事

1981年的春天，我和同事们正在南京出差，厂里急电要我回厂。在党委周书记办公室里，周书记亲自问我北航批斗彭德怀的事，我如实地向周书记做了交待，内容与本书里写的一样，全是实话。

很奇怪，这些事抓"516"时早讲清楚了，当时党委也做了结论，认为我文革中没有什么大问题，属于一般缺点错误，是好同志。前不久中央某大部还要调我去当"第三梯队"并对我进行了兴师动众地审查和考核，最后同意调动，科里还开了欢送会。因当时国务院各部委暂时人事冻结，办不了手续让我等着（谢天谢地我最后没有混入国家机关）。今天周书记又提出批斗彭德怀的事，又不是外调，看来事出有因。我问周书记怎么回事，周书记让我冷静，并把一份上级文件交给了我。

"你先看看这份文件,咱们再好好谈一谈,事关重大,你要冷静。"周书记对我说。

我拿着文件一看,大吃一惊。这是一份通天文件,内容如下。(注:事过多年,因没法查对原件,记忆有限,语言可能有误,但主要内容如此。我绝不敢伪造中央文件。)

中共中央纪律检查委员会通知

各大军区、各军、兵种党委,国务院各部委、各人民团体党组,各省、直辖市、自治区党委,北京航空学院、国营第738厂党委:

经查实,原北京航空学院学生戴维堤在文革中多次指使人殴打彭德怀同志。在1967年7月19日,伙同韩爱晶等人对彭德怀同志进行了残酷地斗争和迫害,打破了彭德怀同志的头,打断了肋骨,把彭德怀同志打成重伤。在7月26日北航批斗彭德怀同志大会上,戴维堤任总指挥,指使刘向东等人对彭德怀、张闻天等继续迫害,殴打,导致彭德怀同志7年后得了癌症,含冤去世(最后这句话有没有,记不清了)。以上事实皆已查清,证据确凿。望有关单位党委严肃处理,并把处理意见上报中共中央纪律检查委员会……

乖乖!如果不是白纸黑字,红头文件,我绝对认为是天方夜谭。

我气得手直发抖,周书记怕我把文件撕了,赶紧夺了过去。

"你别急,有话慢慢说。事关重大,我们党委研究后决定让你看一下文件。希望你能尽快写出检查。根据你的态度,党委再决定处理意见。"周书记也是部队转业的老干部,但比当年军管会的人态度好,说话很客气。

"你们真要处理我?我告诉你周书记,这份文件是假的,是伪造的,上面全是胡说八道。"我没好气地说。

周书记生气了,拍了一下桌子说:"大胆!你敢说中央文件是胡说八道!你胆子也太大了。你这个态度,我们要保你也没法保了。"

"我不要你们保我,没做亏心事,不怕鬼叫门,北航批斗彭德怀与我毫不相关。67年7月19日批斗会我站在后面听了几句就走了人，抓'516'时我早交待清楚了，当时没人让我参加会议，我一句话也没说，我有什么错？'7.26'批斗大会我不在北京，怎么成了总指挥呢？这不是胡说八道是什么？"我没好气地说。

"什么？7月26日你不在北京？"周书记一惊。

"我祖母病了，我7月25日下午回的山东，坐的十一路电车去北京站。当时天安门广场正开大会，车到东单时走不动了，我记得清清楚楚，26日上午到潍坊下了火车就回老家了。我又没有专机，怎么返回北京主持大会？肯定是北航某些王八蛋栽赃陷害我，欺骗了上级。你们党委要处理就处理吧……"我越说越气，下面的话没说出来——"我操他们八辈子祖宗！我要到中纪委大门口去喊冤、绝食、自焚！让全世界都知道这件事！"

周书记忙说："别急别急，你说的可是实话？"

"好汉做事好汉当，杀人不过头落地。我决不说假话。"

周书记沉思了一会儿，问道："还能不能找出当时的火车票来？"

"这就难说了，十年了，我早丢了。"

周书记点上了一支烟，坐在那里拼命抽了起来，看得出来，他十分为难。事关重大，他一时拿不定主意。上级的文件说"事实已经查清，证据确凿"，让党委直接处理我，他很难办。

"周书记，你们不要为难，该怎么处理就怎么处理吧！我不会骂你们的。我自认倒霉。"我诚恳地说。

"你给我住嘴！"周书记突然站了起来，用拳头用力砸了一下桌子，"你把共产党看成什么人了？共产党决不会冤枉一个好人，但也决不放过一个坏人。你再跟我说一遍，你说的是不是实话？"

周书记这个人，我很尊重他。他也是行伍出身，原来在部队支过左，转业到厂里任书记刚两年。

我向周书记再次保证，我绝没有参与批斗彭德怀，希望党组织相信我。

周书记让我回去好好工作，相信党委和上级会正确处理的。他反复叮嘱我，此事保密，回去不要乱说，更不要胡来。

我不想也不敢胡来，但中纪委（当时的）这样干，不是胡来是什么？这件事太令人可气，放到任何人身上都不可能无动于衷。出格的事我不干，但向中纪委和中央写信申诉一下总可以吧！于是，我写了一封信，用毛笔书写多份，寄给了中纪委和当时的几乎所有中央领导人。此信我留了底稿，内容如下：

紧急申诉

中共中央、中纪委各位首长：

所谓我是 1967 年 7 月 26 日北航批斗彭德怀同志大会现场总指挥一事，纯系诬陷。中纪委有关文件就此事对我的点名指控是无中生有，因而是错误的。对此，我万分痛心并深表遗憾。事实是，1967 年 7 月 25 日下午，我因急事从北京火车站离京了。次日，我在山东半岛。我既无分身之术，也无专机，我不可能赶回北航指挥批彭大会。另外，即使我在北航，这个大会我也没有资格主持。

北航文革中批斗彭德怀同志与我毫不相干，我对天发誓对得起彭老总。之所以发生如此谬误，完全是北京市某些不称职的办案人员粗心大意造成的，我暂无理由怀疑他们是别有用心，执法犯法。而中纪委的有关办案人员偏听偏信，有不可推卸的责任。为了维护我党最高权利机构的崇高信誉和法律之神圣尊严，请中纪委首长百忙中过问此事。如最后事实证明本人是强词夺理，顽固不化，愿受法律之严惩；如系中纪委方面的责任，请求在《人民日报》为我平反。

此致崇高的敬意

北京 738 厂　戴维堤
1981 年 12 月 24 日

结果，我发出的所有申诉信皆石沉大海，这是在我预料之中的。

事后我才知道，原来是分配到东北某单位的一个北航学生刘向东（原名刘汉儒）欺骗了组织。他原是北航红旗造反大队的成员，曾打过彭德怀。我接管保卫部时，把他开除了。组织审查他时，他一口咬定所有坏事都是我让他干的，并说我是批彭大会的总指挥。他的口供差点把我置于死地,可气的是,直至今日,他也没有向我赔礼道歉。文革中一句时髦的话是"触及灵魂"。文革的确触及了每一个人的灵魂,许多人在文革舞台上尽情地表演,打人,整人,干坏事,一旦挨整和面对审查,其丑恶的灵魂更加暴露无遗。

过了几天,我在厂里碰到了工人张某。老张是转业军人,共产党员,他一直被厂里抽调去搞专案,但此人很讲政策和原则。我俩是朋友,但我一直不知道他在厂里搞我的专案。他爱人在农村,生活较困难,我曾接济过他。他爱喝酒,我常请他到家里喝酒。今天我又请他下班后回家喝酒。

老张很高兴,他说:"今天你请我喝酒就对了,我有好消息告诉你。"

"什么好事?"我问。

老张见周围没人,悄悄地跟我说:"我刚从东北回来,你的事否了。"

我一听,又惊又喜,老张说下班回家再说。我立即骑车去商场买酒菜去了。

酒桌上,老张告诉我,为中纪委文件的事,周书记召开了党委紧急会议,研究我的问题。有人主张严肃处理,定为"三种人",开除厂籍,上报就行了,是否刑事处理由上面定。有人主张再调查核实一下,这自然要担风险,因中纪委文件明明说"证据确凿,严肃处理",没有让再调查。基层党委对上级定案的事再调查,这绝对是"犯上",但周书记他们最后决定还是要再调查一下。

"我们要对上级负责,也要对戴维堤负责。文化大革命中的事很复杂,事情又过去多年了,难免出错,再调查一下,我们心里也踏实。上面追究下来,我负责任,这件事我建议几个常委支持我。"周书记征得几位主要党委成员的同意后,立即派专案组赴东北长春调查,并向专案组人员交待了有关问题。老张是专案组成员。

738厂党委派的专案外调人员到达东北长春刘向东的单位时,该单位领导十分不友好,他们拒绝配合,并对738厂的反调查表示吃惊。材料是他们整出来的,他们立了大功,好不容易抓出了"大坏蛋"，你们738厂党委想干什么？

738厂当时是地师级单位。738厂的干部见过世面，专案组的人也不是吃干饭的。他们据理力争，一定要见到当事人刘向东，并核实材料。对方没有办法，只好把刘向东从"牛棚"里押了出来。

当着刘向东单位领导的面，738厂调查人员对刘进行了询问。刘把自己的交待重述了一遍，与原来的交待一致。

"刘向东，那天大会总指挥究竟是谁？"老张问。

"就是戴维堤，我亲眼看见的。他是保卫部长，我们都听他的。"

"你说的是实话吗？"

"绝对是实话。"

"你知道批斗彭德怀大会总指挥，在会上把彭德怀打成重伤是什么性质的问题吗？"

"知道，是反革命罪行，要坐牢的。"

"你同戴维堤有什么矛盾和仇恨吗？"

"没有，我们很熟，关系很好。"

"你好好想想，是不是记错了？时间这么久了，难免记忆有误，张冠李戴，你再好好想想。"

这时，刘向东单位的领导突然站了起来，指责738厂专案人员在搞诱供，双方争吵了起来。

老张当过兵，多年搞专案，见过世面。他指着对方的鼻子说："你们是不是共产党员？你们怕什么？刘记错了的可能性完全存在。我告诉你们，我们有充分的证据，证明戴维堤不在现场，戴26日在山东。你们懂不懂不在现场是什么意思？"

这时，刘向东的头上开始冒出汗珠。

"刘向东，你老实交待，你说的是不是实话？你若欺骗组织，诬陷他人，是要从严处理的！"老张严厉地说。

刘向东的汗都流下来了。他两手捂着头，痛苦地说："让我想想，让我想想，可能我记错了。"

刘向东单位的领导说："刘向东，你想翻案，罪加一等，你欺骗组织可是罪上加罪！"

"我不是欺骗组织，我确实是记错了。我想起来了，那天不是戴维堤主持的大会，我没看见戴维堤，因为跟他熟，我就记成他了。对，我想起来了，是张某某主持的。"

事已至此，只好重写材料。对方极不情愿地在材料上盖了公章。

老张说到这里，我立即站起来，端起一茶杯二锅头，与老张碰了一下杯，一口喝了下去。

老张又说："外调材料已交给了党委。周书记看了后哈哈大笑，说戴维堤这家伙不错，是条汉子。"

第二天，周书记又把我叫到了办公室，说我的事查清了，让我不要背包袱。我对党委表示感谢，并表示一定要为厂里好好工作，但我要求上级向我赔礼道歉，并消除影响，不在《人民日报》平反，也应下文否定原来的文件。周书记让我不要胡闹，说："母亲打几下儿子，哪里有赔礼道歉的？你给我好好干活去吧！"

后来，738厂党委写了报告，附上了外调材料和我本人的申诉材料，上报了上级有关单位。据说当时党委主要领导都在报告上签了字。

此事后来不了了之。"母亲"果然没有必要向"儿子"赔礼道歉，我早知道结果会如此。

令人可气的是，几年之后，周书记调走了，换了新党委书记姓王。在给我做"文革结论"时，按照上面的"旨意"，仍说我参加了批斗彭德怀会议（指7月19日小型预审会）并作为我的主要罪状之一。尽管我提出抗议，但仍以此强行定案。

事实证明，所谓"母亲打儿子"这个比喻文不对题，因为母亲不认为打的是儿子，母亲根本不认这个儿子。这个狠心的母亲把做错了事的儿子扔进井里，还不停地破口大骂。作为儿子，既然苦苦哀求没有用，也只好宣布这个母亲不是自己真正的母亲。自己的真正母亲是真正坚持马列主义、毛泽东思想的中国共产党。那些背叛马列主义、毛泽东思想、走资本主义道路的人不代表真正的中国共产党。写下这些文字，笔者心如刀绞。

写到这里，我又想起了彭德怀。他老人家心直口快，襟怀坦白，功大如山；他一心为民，铁骨铮铮，眼里容不得沙子；他宁为玉碎，不为瓦全，是我学习的好榜样。什么叫男子汉大丈夫，彭德怀是也！他那黑色的囚衣，他那不屈的头颅，时时浮现在我的面前。今天，我要在这里大声地说："彭老总，我对得起你，我问心无愧。我是'小同志'，救不了您的命，请原谅我。我向您老人家鞠躬，愿您老人家的英灵安息。"

北航 1967 年批斗彭德怀之后，彭一直在卫戍区西郊的营房里被"监护"着。令人可笑的是，后来这竟然成了某些人的功劳。后来揭发出来的事实证明，所谓的"监护"，纯粹是关押迫害。专案组整天逼供，某些当兵的甚至他们的副司令也打过彭德怀，不但打倒在地，还货真价实地在彭德怀的胸膛上踏上了一只脚。这些，黄克诚同志的回忆录和有关文章写得很明白。彭老总又熬了漫长的 7 年后才于 1974 年因癌症去世。请问，究竟是谁害死了彭德怀同志？

在后来的文革文章和资料中，关于对彭德怀同志的迫害问题，只提北航红旗和韩爱晶、王大宾两人，连戚本禹、"四人帮"也是一笔带过。韩、王二人依此为主要罪状分别被判刑 15 年和 9 年，这就是历史。奇怪的是，从庐山会议开始直到彭德怀去世，这中间参与批判和迫害彭德怀的人（无论大人物还是小人物）大有人在，为什么只处理北航红旗和韩爱晶、王大宾等人？相信这个问题会有历史的公论。

103. 关于"三种人"

打倒"四人帮"之前，全国轰轰烈烈抓了几年"516"分子，打倒"四人帮"之后，全国又大张旗鼓地抓起了"三种人"。

在一次中央会议上，邓小平说："这次整党的重点，是把'三种人'清理出去。"三种人是指造反起家的人，帮派思想严重的人和打砸抢分子。"

陈云说："如果对'三种人'心慈心软，就给党留下了隐患，一旦让他们东山再起，我们果真要人头落地。三种人对我们这些老家伙，包括你们在座的，都有刻骨的深仇大恨。对他们要统统开除出党。一个也不能留在党内，更不能留在班子里。不这样，将来总有一天他们要挖我们的祖坟！"

邓小平还说："这里我们还应该强调，要着重注意那些造反起家，比较年轻，潜伏下来的，对党危害大的人。当初王洪文跟我斗的时候，就说了一句话：20年后再看是谁的天下。这话对我影响很深。的确，我们老了，他们还年轻。如果我们不谨慎，让他们钻了空子，一旦他们爬上来，那我们的江山还会被他们篡夺去。对那些年轻的三种人，一定要把他们清洗得干干净净。"

薄一波说："我们要特别注意局级、处级及基层单位和企业里的'三种人'，他们有些人还不死心，千方百计地留在党内，等待时机，说10年再见，20年再见。如果不搞出来，就会埋下定时炸弹，这就是隐患，要十分警惕。"

杨尚昆笑着说："三种人在文化大革命中差点把一波同志整死，一波同志恨他们是理所当然的。"

薄一波说："不光是我恨，我看全党全国的正直之士都恨他们。'三种人'比日本鬼子、国民党警匪还要坏，他们戴着红帽子，整起人来最狠。"

胡耀邦说："区分是不是'三种人'的根据，是本人对党对人民造成危害的事实，而不是文化大革命中的头衔或参加哪一个组织，这样规定，有助于我们划清界限，掌握政策。至于那些年岁大了，已经查清和处理过了而又没有发现新的或较大的问题的干部，我的意见一般的就不要再翻老账了。我建议今后取消新账老账一起算的提法和做法。"胡耀邦的话总是同老人们有点差距。

根据以上老人们的指示，全国大张旗鼓地抓开了"三种人"。正像毛泽东号召整走资派时把新有的老干部几乎都打成走资派一样，全国所有的造反派头头和参与过一些造反活动的群众又被整了一遍。被定为"三种人"和"严重政治错误"（二者其实是一回事）的人不在少数。

笔者不反对——也不敢反对整"三种人"。对文革中那些紧跟"四人帮"残酷迫害革命老干部，打死打伤人命者，指挥武斗、冲击军事机关造成严重后果者，应当整，判刑、杀头都可以。但是，不能搞扩大化。对于犯了一般缺点错误的人,特别是青年学生,应当历史地分析,大人不计小人过,手下留情,批评教育,吸取教训,既往不咎,更不能让人家一辈子不得翻身。

据我所知,我一个分配到江苏的老同学由于在外地串联时与造反派们一起冲过军区大院,被定为"三种人",整出一身病,不久便死去了。分到西安的一个老同学在别人打人时仅说了一句:"反革命该打",就被投进监狱,关了两年多,定为"三种人",放出来时当了个体户。分配到河北的一个学生因文革中被别人诬陷打过彭德怀,结果也被定为"三种人",并被开除了厂籍,老婆也离了婚,如今仍孤身一人,没有工作,穷困潦倒,连劳保都没有。结果证明没有此事,就像我的情况一样,后来诬陷他的人也都承认记错了,但至今不给他平反。这种例子不胜枚举。他们(包括笔者)一不认识"四人帮",反是造过,但没有"起家",也没有参加武斗打死打伤人,也没有抢过谁砸过谁,只因响应毛泽东和党中央的号召参与造反而获罪。至于帮派思想严重的人,怎么解释?怎样才算帮派思想严重?文革中谁没有派性和"帮派"思想?说不清。宣判犯人时,在法庭上还允许申诉和请律师辩护一下,而定"三种人"和"严重政治错误"时却不允许人家申诉,更不准请律师辩护,全在当权的共产党基层党委某些人一张嘴。正像当时抓"516分子"一样,说你是,不是也是。

事过多少年之后,笔者始终认为,"三种人"的提法十分不科学,因为它是个模糊数。从老人家们当时咬牙切齿的样子看,"三种人"比"日本鬼子和国民党警匪"还坏。谁都知道"南京大屠杀"和"渣滓洞",这样给"三种人"定义按说在中国找不出几个来。可是,却整了成千上万。如果说毛泽东在文革中错误地估计了国内形势,混淆了敌我,革命"革"错了对象,犯了严重错误,应当全盘否定,那么后来的抓"516"和整"三种人"就无懈可击、完全正确吗?没有冤假错案吗?几十年来,这些被定为"三种人"和"严重政治错误"的人(绝大部分是出身工人、贫下中农、一般干部,共产党一手培养大的所谓"根正苗红"的青年学生——可笑的是,文革后"根正苗红"成了一条罪状)始终不得翻身,始终处于中国社会的最底层。他们成了新时期新权贵和既得利益者的出气筒和发泄仇恨的活靶子,这时血淋淋的历史事实。

中国啊,我们可爱的母亲!共产党啊,我们救命的恩人!您干瘪的胸膛和贫穷的脊梁为什么总适宜生长诸如"右派分子""右倾机会主义分子""反革命修正主义分子""叛徒、特务、走资派""地富反坏造反派""516分子""三种人",再加上如今的贪官污吏、抢劫犯、黑社会、赌场加妓院之类。这些怪物是从哪里冒出来的?什么时候才能绝迹呢?

我不是"三种人",可我比"三种人"还"坏"。738厂当时的党委主要负责人秉承上面某些人的旨意,1986年才给我定案,说我犯有"严重政治错误",主要问题如下:

(一)在北航参加过批斗彭德怀会议。在会上,彭德怀同志被打成重伤,负有领导责任。

关于北航批斗彭德怀同志的全过程,本书已交待得令历史老人汗颜,不再赘述。时至今日,我借此书向国人和全世界申告,文革中北航批斗彭德怀与我毫不相干,我对彭老总问心无愧。某些人后来虽然不得不否定了我是"7。26批彭大会总指挥"这一重大罪状,但仍很不甘心。要是全否定了我的"批彭"问题,就不好把我定为"三种人",他们多年来整人的功劳也没有了,没法向主子们交代。于是,他们丧尽天良地继续对我下毒手。当时,专案组的同志把结论初稿交我看时是这样写的:到过批斗彭德怀会议现场(指"7.19"予审会),经查未发现有任何言行。(注:到过现场又怎么啦!文革中连周总理还参加过批斗陈毅的大会呢!关键是在会上说了什么,干了什么?)按说未发现任何言行的话,写入结论不是脱了裤子放屁多此一举吗?不,可以改一下。于是,某些人大笔一挥,轻轻地改了一下,就强行塞进了本人的档案。这一改,本人便成了迫害彭德坏的坏人;这一改,令文痞姚文元先生汗颜,自叹弗如。我在"7.19"会议室门口站着看了两分钟就走了人,什么屁也没放,也算罪状?真他妈的岂有此理!

（二）向江青写信寻求支持。

抓"516"之后，我对738厂的做法有意见。738厂某些人告诉我，你的问题全是北航捅的材料，你不要埋怨我们。我一打听，北航抓"516"也毫不逊色，连反对北航红旗的许多干部、教工也被打成了"516"分子。鉴于抓"516"运动严重失误和造成的后果，我认为应当向中央如实反映一下基层的情况，于是我给伟大领袖毛主席和党中央写了一封信，告了北航的状。此信我同时正大光明地交给了北航党委和738厂党委各一份，没料到，我成了"自投罗网"。

我的上告信的开头是这样写的：江青同志转伟大领袖毛主席收。

于是，我变成了向江青写信请求支持。

由于时间已经久远，我的上告信又没留底稿，详细内容记不准了，里面可能有"向江青同志问好"并请求中央过问、调查基层抓"5.16"扩大化的内容。我至今认为，就算当时向江青本人写信反映抓"516"运动中的问题，也没有罪。江青当时（1972年）还是中国共产党中央常委，是中共中央文革小组负责人，不是国民党中央文革负责人，更不是法西斯文革负责人。当年连周恩来总理也说过"江青同志是我党杰出的女性！向江青同志学习！向江青同志致敬（我亲耳听过的）!"我有何罪？

（三）北航红旗干的许多坏事，戴维堤负有领导责任。

恕我直言，若每个单位的头头对下属人员干的坏事都要负领导责任并定罪的话，全中国将没有一个好人，包括党中央。

于是，考虑到戴本人出身好，表现也可以，定为"严重政治错误"（即"三种人"，事实上是"敌我矛盾"），上报北京市纪律检查委员会和中纪委。

当时对这个结论本人嗤之以鼻，拒绝签字，但不签字无所谓，照样定案，并装入档案。从此，我成了一辈子不准出国、不准入党、不准当官的"三种人"。

无独有偶，好事成双。作为一条线上的蚂蚱，尹聚平最后也被定为犯有"严重政治错误",罪名是"在王力的黑手指挥下反军乱军"之类。

开始,对这个"严重政治错误"结论似乎没太在乎,犯了"轻敌"的错误。文化大革命就是一场政治大革命、大斗争。文革中犯错误全是政治性的错误,中国连三岁小孩也犯有政治错误,因为三岁小儿也喊过"打倒刘少奇",这不可能是生活错误和经济犯罪。

我个人始终认为自己在文革中说过错话,干过错事,属于一般缺点错误。文革中我认为自己唯一的错误是奉常委之命去大连搞了一些子弹(没有枪支)运回北航,详情本书已经说明。我认为这是文革特殊历史条件下犯的无组织、无纪律、无政府主义的缺点错误,我写个检查也就完了,我不想无限上纲。至于北航红旗文革中犯的错误,某些人干的坏事,如"批斗彭德怀""打死学生""反军乱军"等等,与我毫不沾边,谁干的谁负责,谁指使的谁负责!我一个革委会委员,凭什么负领导责任?文革中,在北航我没参与迫害和批斗过任何一个老干部;没干过任何打、砸、抢的事,甚至连小偷、流氓也没打过;除文革初见过一次江青外,同"四人帮"没有任何联系。文革中,作为北航红旗的原一把手和组织保卫部长,没干过任何坏事,要么不可能,要么就是好样的。实践是检验真理的唯一标准。文革中,北航在我的保卫下,没打破一块玻璃,没丢过一把椅子,没损坏一件教学设备,不求有功,但求无过;文革中,我和我的战友们保管着卫戍区发的数千支各式枪支和弹药,没出任何问题,这件事至今许多人都不相信。当时连卫戍区的同志都说不简单,可惜没给我记功,使我至今耿耿于怀。我万万没有想到,后来我成了犯有"严重政治错误"的"三种人"。王力和许多林彪事件的重要成员才定的"严重政治错误",我们算老几?

很快,我就尝到了这个"严重政治错误"的厉害。

我被分到科室工作后,厂里、科里出国培训、参展的名额很多,我所在的科室成员全部出过国。有的人轮了二次、三次。每次论资排辈该轮到我了,就一下子跳了过去。大学毕业生轮完了,中专生;中专生轮完了,初中生、一般工人去,始终没有我的份。开始,还挺恼火,后来就习惯了。出国算什么,不就是背个彩电回来吗?千万别像吃不到葡萄的狐狸那样下三烂。

由于被派出国的同事大部分是我的同学和好朋友,所以我皆为他们高兴。当时厂里个别人为争出国名额闹矛盾,恨不得出国的人坐飞机摔死才好。而我,每次都去飞机场欢送和迎接他们,我没有那么缺德。当时对我的"伟大壮举",许多人很受感动。"戴维堤他妈的还行,每次都来送占了他出国名额的人。"

一次,同科室小齐又一次跳过我二次出国去西德参加计算机展览会,我又去机场为他送行。

不料第二天,科长老于紧急找到我说:"快上医院,小齐住院了,今天礼拜天,找不到人,你去照顾一下。"

"你喝醉了?小齐昨天不是去西德了吗?我看着飞机起飞的,怎么飞机出事了?"我大为不解。

"飞机没出事,小齐出事了,在西德烫伤了,用专机运回来的,就在咱们职工医院。你快去吧!"老于说。

原来,小齐当天晚上到达西德后,一个人住在一家私人旅馆里洗澡晕了过去。幸亏脑袋在浴缸外面,热水哗哗地流,全身严重烫伤,被房东老太太发现报了警。西德警察和消防人员把它送到了医院,但因医疗费太高,中国大使馆建议回国治疗,正好有一架飞机回国,便把他送了回来。

我立即赶往医院,照顾和侍候小齐,并安慰他。小齐当时未结婚,也未让家人知道。我照顾他多日,直到厂里派人值班。小齐很感动,直谢我。其实,这是人之常情,有什么可谢的呢?

不过,看来我这样的造反派并不见得多坏,倒是真的。

自从被定为犯有"严重政治错误"的"三种人"以后,在共产党执政的中国,我被打入了中国社会的最底层——深渊,成了中国人中的"另类"。这个"严重政治错误",使我一辈子不能入党,不能当官,不能出国,事实上剥夺了我的公民权包括被选举权。在当前已没有地、富、反、坏、右的中国,我辈稀里糊涂地成了这些宝贝的接班人,开始享受当年"地、富、反、坏、右"们的待遇,这真是天大的笑话。

对于自己因为当了一年多造反派头头而得到的"报应"和下场，说心里话，我是死不瞑目的。但是，想想与自己同样遭遇的一大批人，我无话可说，甚至连牢骚也不应该发。

事实上，当年如果走走"后门"，我的命运或许可以改变。但是，我感到靠"后门关系"改变自己的命运，是可耻的，对不起与我共患难、同命运的同辈和当年的战友们。

科学家说，基因决定性格，性格决定命运，这话一点不错。我这人有个缺点，就是不爱求人，更不会吹牛拍马。别人求我行，若要为"五斗米折腰"，打死也不干。文革以后，一直挨整，可说是中国人中的"另册"，心里总感到冤枉，有时喝多了酒也骂骂大街，但就是不愿求人。我父辈和岳父母的老战友、老关系并不少，有当省委书记的，有当中纪委副书记的，有当中组部副部长的，甚至有当总理、总书记的（包括赵紫阳和胡耀邦），应当说官都不算小，有点权力。不说升官发财，在自己挨整（事实上是冤枉的——如中纪委对我的指控）的时候写封信亲自送到他们家里或秘书手里，向他们反映点问题，请他们说句公道话或批个"刀下留人"的条子应当不成问题。可本人死要面子活受罪，从未麻烦过他们。这也算是有"便宜"不沾王八蛋吧！我总感到，为人要正直、正派，走正道，靠自己的本事去生活，去奋斗，不要走邪门歪道。然而如今看来，不走邪门歪道还真的不行，可惜自己始终学不会。

这些年来，在共产党牢固的基层政权国营北京738厂里，我只有老老实实干活，夹起尾巴做人的义务，任何人可以管着我，哪怕同一位小徒工组成一个小组，我也只有当组员的份儿。任何好事都与我无缘，任何坏事都与我沾边。1989年6月4日天安门广场那场"大戏"，我正在汕头，北京有关方面也没有忘记查查我去过天安门广场没有。

2007年

编 后 记

明年，2026 年，是文革发动六十周年。我所熟悉的大学老五届和中学老三届，谢世者已近二十人。40 后和 50 后之中，还活着，且有写作能力和研究兴趣的人，已经所剩无几。文化大革命将随着这些亲历者的逝去，更深地隐入政治的黑洞之中。

历史是中国人的宗教。文化大革命的历史，会因政治的压制而隐退，但是它不会消失。它的意义将在长时段的历史之中显现。大清的盛世并没有磨损"嘉定三屠""杨州十日"的记忆，康雍乾的文网也没有消灭明末三大家的书稿。在掩盖、沉寂了二百多年之后，这些历史事件和学术著作终如"铁函心史"，重见天日。

这套资料选完成了我的一个心愿——文革时期北京五大院校的文革资料至此齐备。我把它作为公祭文革六十周年的祭品。这不是唯一的，但可能是最后的祭品。再过十年，2036 年，文革发动七十周年之时，我是否还能献上祭品？《记忆》的朋友还有几人在世？都未可知。

在编这套书的时候，我所在单位的党委办主任张先生多次找我，警告我不要参与"学术敏感"活动。我问张，什么叫"学术敏感"？他说不出来。我又问他，"学术敏感"与"学术创新"有什么区别？他还是说不出来。我再问他，是不是涉及反右、大饥荒、十年浩劫的著作都属于"学术敏感"？张先生的回答是："我不能说这些词，否则我也敏感了"。

我之所以想起"学术创新"这个词，是因为九年前，党委的书记副书记共计四人找我谈话，不准我在海外出版《毛泽东时代的中国电影》一书。而当这本书以《中国电影：一个制度和观念的历史》在美国华忆出版社问世之后，这位张先生又悄悄地告诉我，某青年学子报考中国电影艺术研究中心的研究生,就是因为某专业人士告诉他,此书填补了中国电影史的空白,是妥妥的学术创新。

这个消息既让我欣慰,又让我惊诧——亚马逊出售的"学术敏感"之书,居然能闯过森严海关,安全地寄到大陆人手中!

在这四卷本的资料集即将完工的时候,我偶然间看到了柴静对几位俄乌战争中的华人士兵的采访。彭陈亮,一个圆脸盘、大眼睛、笑容灿烂的大陆青年,在冲进掩体的最后一米,被俄国人的子弹击中了头部。与他并肩作战的潘文扬,一个有着短粗的眉毛,面容清秀、身材瘦高、谈吐文雅的台湾小伙,在采访者的镜头前,告诉彭陈亮的父母:阿亮是他的战友,是一个善良的人。他不是为了钱,为了名,而完全是出于正义感来到了这块陌生的土地,加入了乌克兰的国际军团。他本来是无人机手,但是,他却要来到死亡率很高的步兵营。潘文扬说,他将重返乌克兰战场,去陪伴那些牺牲的同胞。

我突然想起了鲁迅的话:"无穷的远方,无数的人们,都和我有关。"俄乌战场,彭陈亮与潘文扬,台海的未来,朱明的禁忌,康乾的文网,新时代的敏感词,在一个无形的纽带之中缠绕。善恶正邪,在战场,也在广场;在舞台,也在书斋。

"残山梦最真,旧境丢难掉,不信这舆图换稿!"这四卷本的资料选编,像新时代的很多书一样,因"学术敏感"不能在大陆问世。但我相信,若干年后,它也会像王夫之、黄宗羲、顾炎武的书一样,被视为填补空白的"学术创新"。

2025-4-25,于 Oakland

www.ingramcontent.com/pod-product-compliance
Lightning Source LLC
Chambersburg PA
CBHW060547080526
44585CB00013B/468